reinhardt

Sabine Rohrmann · Tim Rohrmann

# Hochbegabte Kinder und Jugendliche

## Diagnostik – Förderung – Beratung

2., überarbeitete Auflage

Mit 14 Abbildungen und 3 Tabellen

Ernst Reinhardt Verlag München Basel

Dr. *Sabine Rohrmann*, Diplom-Psychologin, approbierte Kinder- und Jugendlichenpsychotherapeutin; eigene Praxis für Bildungsberatung und Begabtenförderung in Braunschweig. Net: www.beratung-rohrmann.de
Dr. *Tim Rohrmann*, Diplom-Psychologe, tätig in Forschung, Fortbildung, Beratung und Konzeptionsentwicklung mit dem Arbeitsschwerpunkt Gender/geschlechterbewusste Pädagogik. Net: www.wechselspiel-online.de
Sabine und Tim Rohrmann leben mit ihren zwei Töchtern in Denkte bei Braunschweig.
Kontakt: Bildungsberatung und Begabtenförderung, Kirchstr. 1a, 38321 Denkte, Tel. 05331/9968399; Mail: info@beratung-rohrmann.de

Bibliografische Information der Deutschen Nationalbibliothek

Die Deutsche Nationalbibliothek verzeichnet diese Publikation in der Deutschen Nationalbibliografie; detaillierte bibliografische Daten sind im Internet über <http://dnb.d-nb.de> abrufbar.
ISBN 978-3-497-02189-5



Printed in Germany
Reihenkonzeption Umschlag: Oliver Linke, Augsburg
Covermotiv: © A. Buss/digitalstock.de
Satz: Fotosatz Reinhard Amann, Aichstetten

Ernst Reinhardt Verlag, Kemnatenstr. 46, D-80639 München
Net: www.reinhardt-verlag.de E-Mail: info@reinhardt-verlag.de

# Inhalt

# Vorwort zur 2. Auflage

In den vergangenen fünf Jahren seit dem ersten Erscheinen dieses Buches ist viel geschehen. Begabungsforschung und Begabtenförderung sind auf breiter Basis etabliert. Früher oft genannte Einwände, dass begabte Kinder und Jugendliche ohnehin schon im Vorteil seien und daher keine besondere Aufmerksamkeit und Förderung benötigten, sind kaum mehr zu hören. In allen deutschen Bundesländern wie auch in den Nachbarländern gibt es Informationen und Angebote zur Begabtenförderung. An vielen Universitäten ist Forschung zum Thema selbstverständlich geworden, und sogar eigene Lehrstühle für Begabtenforschung und -förderung wurden eingerichtet. Fragen der Begabtenförderung werden nicht zuletzt dann zum Thema, wenn Studien dem deutschen Schulsystem insgesamt wieder einmal schlechte Noten bescheinigen.

Gleichzeitig – und vielleicht auch als Resultat der wachsenden Betonung von Leistungsstudien und Vergleichsmessungen im Bildungssystem – hat im letzten Jahrzehnt die Bedeutung psychologischer Diagnostik (wieder) erheblich zugenommen. Psychologische Diagnostik bietet ein immer größeres Spektrum von Erhebungsverfahren an. In den letzten fünf Jahren sind mehr diagnostische Verfahren erschienen als insgesamt in den 15 Jahren davor. Insbesondere in neuen bzw. aktualisierten Intelligenztests fehlt dabei nie der Hinweis auf hohe Begabungen. Diagnostik im Bereich der Begabtenförderung hat sich damit sehr verändert. Schon allein deshalb war eine Überarbeitung und Aktualisierung dieses Buches erforderlich.

Die zunehmende Beschäftigung mit dem Thema hat auch dazu geführt, dass die Frage nach einer besonderen Förderung von Kindern mit Begabungen immer früher gestellt wird. Schon im Vorschulalter fragen sich Eltern, was sie tun müssen, um ihre Kinder optimal zu fördern. Dies verändert auch die Anforderungen an Bildungsinstitutionen, die sich heute mehr als früher mit dem Thema Begabtenförderung befassen müssen.

Trotz der deutlich gewachsenen Anzahl von Angeboten und Projekten zur Begabtenförderung ist jedoch festzustellen, dass sich in der Praxis oft nur wenig verändert hat. Institutionelle Strukturen lassen sich nur schwer verändern. Es ist nach wie vor eine große Herausforderung, Begabung als Chance zu verstehen und anzuerkennen, dass es „normal ist, verschieden zu sein“, auch wenn dieser Satz inzwischen fast zu oft wiederholt worden ist.

Mit der Neuauflage dieses Buches möchten wir pädagogische und psychologische Fachkräfte wie auch Eltern dazu ermutigen, sich auf diese Herausforderung einzulassen, ohne sich von Dramatisierungen und unangemessenen Ansprüchen verunsichern zu lassen.

Denkte, im Mai 2010 Sabine und Tim Rohrmann

# Vorwort und Dank zur 1. Auflage

So ist dieses Buch entstanden: Zwei Psychologen sitzen gemeinsam beim Abendbrot und diskutieren über Begabtenförderung. Sie reflektieren ihren beruflichen Alltag oder entwerfen Modelle und Konzepte, bringen dabei ihre unterschiedlichen persönlichen Hintergründe und theoretischen Zugänge mit ein. Sie will viele Jahre Praxis im Arbeitsfeld Begabtenförderung und Beratung von Hochbegabten auf den Punkt bringen. Er will das Thema in den größeren Kontext der Bildungsdiskussion stellen. Beide wollen das Thema Hochbegabung entdramatisieren und neue Perspektiven für den Umgang mit Vielfalt und Unterschiedlichkeit entwickeln.

Gemeinsam ein Buch zu schreiben – und das als Ehepaar – ist eine Herausforderung, die zu Streit führen und Nächte kurz werden lassen kann. Manchmal haben wir das Projekt verflucht, dann wieder in spannenden Gesprächen völlig die Zeit vergessen. Immer hat sich unser Blick erweitert, haben wir etwas dabei gelernt. Gemeinsam ist uns der Wunsch, dass Menschen sich dafür begeistern, die Potenziale von Kindern und Jugendlichen zu entdecken und sie in ihrer Entwicklung zu begleiten.

Für anregende Diskussionen und vielfältige Unterstützung danken wir zahlreichen Freundinnen und Freunden, Kolleginnen und Kollegen, insbesondere Prof. Franz J. Mönks, Margret Stobbe, Christel van Dieken, Manuela Heuthaler, Petra Schreiber-Bartels, Rüdiger Hansen, Almuth Wendt, Dagmar Zirfas-Steinacker, Gesine Grossmann, Jan Donhauser, Ina Schenker, Wenke Röseler und dem Team der 16. Grundschule Josephine in Dresden.

Ulrike Landersdorfer vom Ernst Reinhardt Verlag gab den Anstoß für dieses Buch und wirkte geduldig und beharrlich darauf hin, dass wir es auch fertig stellten. Inge Prestele, Büro für Gestaltung, hat uns bei den Entwürfen für die Grafiken unterstützt. Nicht zuletzt danken wir unseren Müttern, die uns nicht nur unsere ersten Bücher vorgelesen haben (und wir wollten viele Bücher vorgelesen bekommen!), sondern in einer entscheidenden Zeit den Rücken frei gehalten haben, damit wir dieses Buch fertig stellen konnten.

Vor allem aber geht unser Dank an die vielen Kinder und Jugendlichen sowie ihre Eltern, ErzieherInnen und LehrerInnen, die sich uns mitteilen, uns an ihren Sorgen und Nöten teilnehmen lassen und mit uns neue Perspektiven für Bildung und Begabtenförderung entwickeln.

Denkte, im Juli 2005 — Sabine Rohrmann und Tim Rohrmann

# 1 Einstieg

Wüchsen die Kinder fort wie sie sich andeuten,
wir hätten lauter Genies.

*(Johann Wolfgang Goethe, Dichtung und Wahrheit, 2. Buch, 1812)*

Für viele hochbegabte Kinder beginnt mit Eintritt in die Schule ein schleichender Prozess der Persönlichkeitsveränderung, und psychosomatische Störungen behindern oft ihr Leben.

*(Homepage des Elternvereins „Hochbegabtenförderung e.V.", Mai 2005)*

Hat ein Mensch in deinen Augen Begabung? Lege allem, was er erstrebt, allem, was er unternimmt, Hindernisse in den Weg. Ist seine Begabung echt, so wird er die Hindernisse zu überwinden oder zu umgehen wissen.

*(Stendhal, Rot und Schwarz, 1830)*

Die gezielte Förderung von intellektuellen, künstlerischen, kreativen, sozialen und psychomotorischen Begabungen ist notwendig für die individuelle Persönlichkeitsentwicklung, aber auch für die Gestaltung und Entfaltung unserer Gesellschaft.

*(Empfehlungen des Arbeitsstabes Forum Bildung 2002, 22)*

Generell wird der angeborenen Begabung in Deutschland eine zu große Bedeutung beigemessen (...). Da herrscht bei Lehrern, bei Eltern, bei Schülern die Auffassung, wenn ich begabt bin, fällt es mir zu, und wenn ich nicht begabt bin, dann muss ich gar nicht erst damit anfangen. (...) Jeder kann lernen.

*(Die Bildungsforscherin Elsbeth Stern im Interview zum Projekt „Treibhäuser der Zukunft – Wie in Deutschland Schulen gelingen", zit. nach Kahl 2004, 102)*

Wenn es ums Problemlösen geht, ist diese Gesellschaft auf die Köpfe der Heranwachsenden dringend angewiesen. Es müsste ihr daran gelegen sein, die Vielfalt der Möglichkeiten aller ihrer Mitglieder auszuschöpfen, ohne bestimmte gesellschaftliche Gruppen zu übergehen.

*(Der Bildungsforscher Gerd E. Schäfer in seinem Buch „Bildung beginnt mit der Geburt" 2003, 12)*

Ob unsere Tochter hochbegabt ist oder nicht, ist uns egal. Wir wollen, dass es ihr gut geht – auch in der Schule!

*(Eltern im Vorgespräch zu einer diagnostischen Untersuchung)*

Im Kind die Kraft zu bestärken, sein eigener Lehrer zu sein, darum geht es.

*(Donata Elschenbroich in ihrem Buch „Das Weltwissen der Siebenjährigen" 2001, 13)*

Unser Kopf ist rund, damit das Denken die Richtung wechseln kann.

*(Der Künstler Francis Picabia im Jahre 1922)*

# 2 Herausforderung

Man kann nicht besser sein als das, was einen umgibt,
nicht auf die Dauer.

*(Peter Høeg 1995, 275)*

## 2.1 Das kompetente Kind

Kinder sind kompetent: Diese Erkenntnis hat in den letzten zwei Jahrzehnten unsere Sicht auf kindliche Entwicklung, auf Bildung und Erziehung und auf die Beziehungen zwischen Erwachsenen und Kindern grundlegend verändert. Kinder sind von Geburt an aktive lernende Wesen, die sich mit ihrer Umwelt auseinander setzen. Die empirische Säuglingsforschung hat die beeindruckenden Fähigkeiten schon von Neugeborenen herausgestellt. Sie können bereits alle ihre Sinne gebrauchen und sind von Anfang an in eine interessierte Kommunikation eingebunden. Heute ist uns das Wissen, dass Menschen in der ersten Lebenszeit am intensivsten lernen, selbstverständlich. Weniger selbstverständlich ist, *wie* das geschieht.

Von zentraler Bedeutung für das Lernen ist die Eigenaktivität von Kindern. Der Nürnberger Trichter hat ausgedient: Wissen lässt sich nicht in Kinder hineinfüllen. Mit den Worten von Schäfer (2003, 12): „Wir können zwar etwas dafür tun, dass Kinder ihre Denkwerkzeuge gebrauchen, für sie denken können wir jedoch nicht."

Erweitert wurde das Bild des Kindes durch die Tiefenpsychologie. Sie hat gezeigt, dass Denken, Fühlen und Fantasien sich nicht voneinander trennen lassen. Ein gelungenes Zusammenspiel von Denken und Fühlen ist die Grundlage für die Entwicklung des kindlichen Denkens. Wissen über die Wirklichkeit erhält erst subjektive Bedeutung, wenn es in das „Spiel der Fantasien" gelangt, wie Schäfer (2003, 29) es beschreibt.

Der Familientherapeut Jesper Juul gibt in seinem Buch „Das kompetente Kind" (1997, 15) dem Begriff *kompetent* noch eine andere Wendung. Er betont, dass Kinder als soziale Wesen geboren werden und ihre Reaktionen immer sinnvoll sind. „Zu sagen, Kinder seien kompetent, heißt unter anderem: Kinder sind in der Lage, uns Rückmeldungen zu geben, die es uns ermöglichen können, unsere eigene verlorengegangene Kompetenz wiederzugewinnen, und die uns helfen, unsere unfruchtbaren und nicht liebenswerten Handlungsmuster abzulegen" (1997, 15).

Diese veränderte Sichtweise kindlicher Entwicklung stellt überkommene Vorstellungen von Erziehung, Lernen und Bildung infrage. Eltern können nicht davon ausgehen, dass sie wissen, was ihre Kinder brauchen, sondern müssen eine Bereitschaft zum Dialog mit Kindern entwickeln, die in früheren Generationen unvorstellbar war. PädagogInnen sind nicht mehr als

Wissensvermittler gefragt, sondern müssen zu Lernbegleitern werden. BeraterInnen sollen nicht mehr Defizite analysieren und beheben, sondern Ressourcen aktivieren und an Stärken ansetzen.

## 2.2 Das Drama der Hochbegabten

Hochbegabte, sollte man meinen, sind die kompetentesten dieser kompetenten Kinder. Wie ist es aber dann zu erklären, dass durch die Presse immer wieder Leidensgeschichten von Hochbegabten gehen, denen es scheinbar in keiner Weise gelingt, ihr Leben kompetent zu meistern? Für manche sind die Schuldigen klar: Es ist die Umwelt, die sich nicht genügend auf die besonderen Bedürfnisse begabter Kinder und Jugendlicher einstellt oder diese gar nicht erst erkennt. Auf Internetseiten zum Thema Hochbegabung wird behauptet, dass viele hochbegabte Kinder als Schulversager enden und dass mangelnde Förderung von Begabten nicht nur zu Langeweile führt, sondern auch zu schwerwiegenden Störungen wie Alkoholismus, Depressionen, Kriminalität und Selbstmordgefahr. Seriöse Fachliteratur geht nicht ganz so weit, aber auch hier wird Hochbegabung immer wieder mit Problemen in Verbindung gebracht.

Die Ansicht, dass nicht nur Kinder mit Entwicklungsverzögerungen, Behinderungen oder Lernschwierigkeiten, sondern auch Kinder mit besonderen Begabungen ein Recht auf angemessene Förderung haben, hat sich im letzten Jahrzehnt weitgehend durchgesetzt. Zunächst beschränkte sich das Interesse am Thema Hochbegabung auf eine kleine „Szene“ von Wissenschaftlern, Spezialeinrichtungen, Beratungsstellen und nicht zuletzt privaten Vereinen und Initiativen von „betroffenen“ Eltern. In den letzten Jahren „boomt“ das Thema jedoch. Zahllose Veröffentlichungen sind erschienen, Elternratgeber werden mehrfach wieder aufgelegt, Angebote für Hochbegabte sprießen allerorts aus dem Boden. Auch die häufig vorgebrachte Klage, dass das staatliche Bildungssystem die Förderung von Begabten vernachlässige, kann inzwischen nicht mehr als berechtigt angesehen werden. In vielen Bundesländern ist Begabtenförderung in staatlichen Richtlinien festgeschrieben. Modellprojekte werden durchgeführt, spezielle Angebote gefördert und Fortbildungsmöglichkeiten für Lehrkräfte eingerichtet. Diese Aktivitäten betreffen in erster Linie den schulischen Bereich, beziehen aber zunehmend auch Kindertageseinrichtungen mit ein, nicht zuletzt weil immer wieder die Position vertreten wird, dass das Erkennen und Fördern von besonderen Begabungen möglichst früh beginnen müsse.

Die Diskussion über Hochbegabung ist allerdings von Halbwahrheiten, Mythen und Dramatisierungen geprägt, die in der Realität nur wenig Grundlage haben und bei Eltern, pädagogischen Fachkräften und BeraterInnen für unnötige Verunsicherung sorgen. Hochbegabung ist in erster Linie eine Ressource. Die überwiegende Mehrheit der Hochbegabten kommt gut zurecht und hat Erfolg. Erfolg ist allerdings nicht alles (Platzer 2002). Eltern wollen in erster Linie, dass es ihren Kindern gut geht. Ob die Identifikation ihres Kindes als „hochbegabt“ etwas dazu beiträgt, ist zumindest fraglich. Dies gilt in jedem Fall, wenn es zu Problemen gekommen ist (denn natürlich gibt es Hochbegabte mit Problemen, auch wenn diese nicht die Mehrheit der Hochbegabten darstellen). Hier stellt sich bei genauerer Untersuchung oft heraus, dass die Probleme herzlich wenig mit der Hochbegabung zu tun haben – wenn denn überhaupt eine vorliegt. Denn auch das gibt es: vermeintlich Hochbegabte, deren Eltern in eine Krise stürzen, wenn sich herausstellt, dass der Testwert niedriger ist als erwartet.

Kinder haben heute für Eltern eine andere Funktion als in früheren Zeiten. Im Vordergrund steht die Freude, Kinder aufwachsen zu sehen, oder der Wunsch, durch die Elternschaft dem eigenen Leben einen Sinn zu geben. Gleichzeitig sind die Ansprüche an Eltern erheblich gestiegen – mit der Gefahr der Überforderung. Eltern nehmen sich mehr Zeit für ihre Kinder und geben mehr Geld für sie aus. Oft gibt es nur eins davon, oder vielleicht zwei – und die sollen es natürlich möglichst gut haben. Zunächst verunsichert Eltern die Betonung der Bedeutung der ersten Lebensjahre für die Entwicklung. Müssen Eltern nicht jede Fördermöglichkeit nutzen, um ihrem Kind die besten Chancen für seinen späteren Lebensweg zu sichern? Später führt die Angst vor möglicher Arbeitslosigkeit dazu, dass insbesondere gut ausgebildete Eltern für ihre Kinder den höchstmöglichen Bildungsabschluss anstreben. Wenn sich ihre Kinder nicht so entwickeln wie erwartet, wenn sie sogar Schwierigkeiten haben oder machen, scheuen viele Eltern keine Mühen, um Beratung oder Förderung zu ermöglichen.

Das Interesse von Eltern an einer bestmöglichen Förderung für ihre Kinder ist verständlich. Dennoch fällt auf, dass das Engagement von pädagogisch engagierten Eltern heute in eine andere Richtung geht als in den 1970er bis 1980er Jahren. Damals engagierten sich Eltern in Kinderläden und diskutierten einmal wöchentlich stundenlang über Erziehung (manchmal zum Leidwesen der von ihnen angestellten Erzieherinnen). Sie engagierten sich für Gesamtschulen und gleiche Chancen für alle. Heute fahren Eltern ihre Kinder am Nachmittag von Angebot zu Angebot und suchen die beste individuelle Lösung für ihr Kind. Nicht selten wird das Bemühen um optimale Förderung zum Stress für alle Beteiligten. Was sich in dieser Zeit erstaunlich wenig geändert hat, ist das deutsche Schulsystem – bis zum PISA-Schock.

## 2.3 Die Krise des Bildungssystems

Seit PISA in immer wieder neuen Wellen durch die Medien geht, wächst die Einsicht dafür, dass sich im deutschen Bildungswesen etwas verändern muss. Die PISA-Studien deckten den erschreckend hohen Anteil deutscher

Schüler auf, denen grundlegende Kompetenzen im Lesen und Rechnen fehlen. Sie stellten heraus, dass es einen erheblichen Anteil von Schülern gibt, die mit komplexeren Zusammenhängen große Schwierigkeiten haben. Und sie bescheinigten den deutschen Schulen, dass sie nicht in der Lage sind, soziale Benachteiligungen angemessen zu berücksichtigen und auszugleichen. Ein Kind aus gut situiertem und gebildetem Elternhaus hat – bei gleicher Begabung – eine fast sechsmal größere Chance, das Gymnasium zu besuchen (Deutsches PISA-Konsortium 2001; PISA-Konsortium Deutschland 2004). Auch die Grundschulstudie IGLU belegte, dass durch den sozialen Hintergrund bedingte Leistungsunterschiede in Deutschland „beunruhigende Ausmaße annehmen" (Schwippert et al. 2004, 298).

An diesem Bild änderte auch die neue IGLU-Studie 2007 nichts (Bos et al. 2007). Zwar konnten die Bildungsforscher berichten, dass die Zahl besonders schwacher Schüler, so genannter Risikokinder, gesunken sei, während die der starken Leser zugenommen habe. Auch die Unterschiede zwischen Jungen und den Mädchen, die international beim Lesen stets vorn liegen, sind in Deutschland am Ende der vierten Grundschulklasse nicht so groß wie anderswo. Aber nach wie vor haben es Kinder aus Unterschichts- und Einwandererfamilien in keinem anderen Land so schwer wie in Deutschland. Um eine Gymnasialempfehlung zu bekommen, müssen sie weitaus bessere Leistungen bringen als Kinder aus Akademiker-Elternhäusern.

Im Jahre 2009 wurde die vierte PISA-Erhebung durchgeführt. Die Befunde, die im Dezember 2010 vorgestellt werden sollen, werden erste Rückschlüsse darüber erlauben, inwieweit die im Anschluss an PISA 2000 in Angriff genommenen Veränderungen des deutschen Bildungssystems und realisierten Förderprogramme sich in Bildungserträgen messen lassen. Durch die Analyse der Bedingungen des Kompetenzerwerbs wird PISA 2009 zudem wichtige Erkenntnisse zum Lehren und Lernen liefern und damit aufzeigen, wo Handlungsbedarf besteht, um Lernchancen optimal zu nutzen und gerecht zu verteilen.

Vor dem Hintergrund des gerade in Deutschland festgestellten engen Zusammenhangs zwischen sozialer Herkunft und Kompetenzerwerb stand für die Autoren der ersten PISA-Studie „außer Frage, dass sich die praktische Aufmerksamkeit auf die Sicherung von Basiskompetenzen der leistungsschwächeren Schüler richten sollte" (Deutsches PISA-Konsortium 2001, 393). Eher am Rande wurde festgestellt, dass es in Deutschland auch am anderen Ende der Skala nicht ideal aussieht. In anderen Ländern gelingt es besser, sowohl schwache als auch besonders leistungsstarke SchülerInnen zu fördern, was bedeutet: in der Schule erfolgreich zu differenzieren. Die Kritik am Zustand des deutschen Schulwesens ist vielfältig. Bildungsforscher meinen, dass deutsche Schulen zu leistungs-, aber zu wenig lernorientiert sind. Selbständiges Denken und die Chance, aus Fehlern zu lernen, haben zu wenig Raum an deutschen Schulen. Die frühe Aufteilung von Kindern in verschiedene Schulformen wird (wieder) infrage gestellt. Kritisiert wird schließlich das negative Klima, das an vielen Schulen herrscht.

Auch der Kindergarten gerät in den Blick und wird – manchmal zu Recht, manchmal zu Unrecht – für Defizite verantwortlich gemacht, deren Folgen bei Jugendlichen nicht mehr zu übersehen sind. Im Grunde werden dabei offene Türen eingerannt, denn es gibt seit etlichen Jahren eine große Qualitäts- und Bildungsoffensive in Kindertageseinrichtungen. Manche der in diesem Zusammenhang entwickelten Konzepte sind wegweisend für eine Neuorientierung unseres gesamten Bildungssystems.

Die Etablierung von Begabtenförderung verlief weitgehend unabhängig von der allgemeinen Bildungs- und Qualitätsdiskussion in Schulen und Kindertageseinrichtungen. Es ist etwas seltsam, dass diese beiden Entwicklungen parallel verliefen, aber kaum oder nur oberflächlich in Zusammenhang gebracht wurden. Dabei geht es doch in beiden Fällen darum, Bildungseinrichtungen so weiterzuentwickeln, dass Kinder ihre individuellen Potenziale besser als bisher entfalten können. Wie ist dies zu erklären? Viele Fachleute, die zum Thema Bildung forschen oder zukunftsweisende Modelle für die Praxis entwickelt haben, interessieren sich nicht sonderlich für Hochbegabung. Sie möchten die Bedingungen für alle Kinder verändern und nicht bestimmte Kinder besonders hervorheben. Sie kritisieren, dass das bestehende Bildungssystem individuelle Potenziale von Kindern nicht genügend berücksichtigt und aufgreift, denken dabei aber meist nicht an hochbegabte Kinder und Jugendliche im engeren Sinn. Ihnen fällt daher auch gar nicht auf, dass ihre Theorien und Praxiskonzepte auch und gerade für die Begleitung und Förderung begabter Kinder geeignet sind.

Für Experten in der Begabtenförderung steht dagegen oft die individuelle Entwicklung und Förderung von einzelnen Kindern im Vordergrund. Die Betonung des „Andersseins“ von Hochbegabten erschwert es, Ansätze der Begabtenförderung als Chance für alle Kinder und Jugendlichen zu sehen. Vielen Angeboten der Begabtenförderung liegen diffuse und manchmal irreführende Vorstellungen von Begabung sowie ein veraltetes Bildungsverständnis zugrunde. Im Extrem werden besondere Einrichtungen mit einem besonders anspruchsvollen Programm für Hochbegabte schon im Kindergartenalter eingerichtet. Stattdessen muss die Praxis der Begabtenförderung den Anschluss an die aktuellen Entwicklungen in der Intelligenz- und Bildungsforschung gewinnen sowie moderne pädagogische Ansätze zur Grundlage ihrer Arbeit machen.

Wir sind der Ansicht, dass eine Förderung von begabten Kindern und Jugendlichen kein Spezialprogramm für eine kleine, „sonderbare“ Minderheit sein sollte, sondern eine Chance und Herausforderung für das gesamte Bildungssystem ist. In den letzten Jahren ist es gelungen, Begabtenförderung in Deutschland auf breiter Ebene zu etablieren. Jetzt besteht die Herausforderung darin, gute Ideen und positive Erfahrungen der Begabtenförderung zu nutzen, um Kindergärten und Schulen insgesamt zu verändern und zu verbessern.

## 2.4 Diversity: Vielfalt als Chance

Unsere Gesellschaft ist in erster Linie auf Vielfalt angewiesen, wenn wir den Herausforderungen der Zukunft gewachsen sein wollen. Diversity bezeichnet eine internationale Strategie zur Erhaltung der wirtschaftlichen, kulturellen und sozialen „Vielfalt". Der englische Begriff *Diversity* bedeutet Vielfalt oder Mannigfaltigkeit und umfasst Unterschiede, die durch Geschlecht, Alter, körperliche Merkmale, kulturellen Hintergrund, soziale Lage oder individuelle Lebensentwürfe begründet sein können. Das Konzept des *diversity managements* kommt ursprünglich aus der Personalentwicklung und zielt auf die optimale Ausnutzung personeller Ressourcen. Im Vordergrund steht dabei, individuelle Unterschiede nicht einzuebnen oder als Kriterium für Auslese einzusetzen, sondern zum gegenseitigen Nutzen aller anzuerkennen und zu aktivieren. Es bedeutet, den Blick nicht nur auf die Schwächen und Benachteiligungen von Menschen zu legen, sondern auf ihre Stärken und besonderen Fähigkeiten. Die Wirtschaft hat *diversity management* längst für sich entdeckt. Weil der Bevölkerungsrückgang in Deutschland bereits in fünf bis zehn Jahren einen akuten Arbeitskräftemangel erwarten lässt, werden die Kompetenzen aller dringend gebraucht werden. Merkmale von *diversity management* sind Wertevielfalt und Pluralismus, uneingeschränkte Zugangsmöglichkeit zu allen Funktionen und Positionen, Integration, Abbau von Vorurteilen und Diskriminierung und ein konstruktiver Umgang mit Konflikten.

Man kann die Orientierung an Produktivität und Erfolg, die mit dem Diversity-Ansatz verbunden ist, kritisch sehen. Wir glauben, dass dieser Ansatz richtungsweisend für unser Bildungssystem im Allgemeinen und für die Förderung und Begleitung von begabten Kindern und Jugendlichen im Besonderen sein kann. Das bedeutet eine Entdramatisierung der Diskussion über Hochbegabung: Es ist normal, verschieden zu sein – und das gilt auch für hochbegabte Kinder und Jugendliche. Dies ist ein radikaler Gegenentwurf zu einer Begabtenförderung, die besondere Kinder mit besonderen Programmen fördern will. Gleichzeitig verfolgt sie dasselbe Ziel: Kindern in all ihrer Unterschiedlichkeit gerecht zu werden und einen Rahmen zu schaffen, in dem sie ihre Potenziale verwirklichen können. Wichtig ist dabei nicht, fertige Antworten auf die Fragen von morgen zu haben, sondern sich gemeinsam auf den Weg zu machen.

# 3 Erkennen

Talente sind Freunde fürs Leben. Wenn man sie früh kennen lernt.
*(Plakatwerbung für das Ganztagsschulenprogramm der Bundesregierung 2005)*

## 3.1 Verkannte Hochbegabte: Mythos und Realität

**Fabian** *ist fünf Jahre alt und geht in den Kindergarten; im Sommer soll er eingeschult werden. Am liebsten sitzt er im Büro der Leiterin und unterhält sich mit ihr. Gerade sitzt er mal wieder am Maltisch und zeichnet einen komplizierten Busbahnhof. Wenn er aber etwas mit der Schere ausschneiden soll, stellt er sich wie ein Dreijähriger an. Besonders gern nimmt er elektrische Geräte auseinander und baut sie wieder zusammen. Der Staubsauger hat danach leider nicht mehr gesaugt, sondern gepustet.*

**Dina** *ist sieben Jahre alt und geht in die erste Klasse. Die Lehrerin ist ganz begeistert von ihr, weil sie so wissbegierig und auch hilfsbereit ist. Deshalb wurde sie von den anderen Kindern auch gleich zur Klassensprecherin gewählt. Manchmal langweilt sie sich, weil alles so langsam geht und sie doch schon mit fünf richtig lesen und etwas rechnen konnte. Aber insgesamt findet sie es in der Schule prima.*

**Dennis** *war immer schon ein pfiffiges Kerlchen. Jetzt ist er neun und geht in die dritte Klasse. Die Lehrerin beschreibt ihn als sehr aufgeweckt, nur mit dem Schreiben hapert es nach wie vor. Seine vielen originellen Einfälle sind manchmal eine Bereicherung, manchmal aber auch anstrengend (vor allem, wenn ihr Ziel ist, die anderen Kinder abzulenken). Weil Dennis aber sehr charmant sein kann, sieht ihm die Lehrerin manches nach.*

**Konstantin** *ist zwölf, und die Frage ist, ob er das Gymnasium bewältigt. Die Grundschule hat er relativ problemlos durchlaufen, ohne sich allzu sehr anstrengen zu müssen. In der fünften Klasse wurden seine Leistungen dann aber deutlich schlechter; mit Englisch kommt er gar nicht zurecht. Die LehrerInnen kritisieren sein schlechtes Arbeitsverhalten und meinen, er müsse sich mehr anstrengen. Auch bei seinen Mitschülern ist er nicht sonderlich beliebt; sie finden, er sei ein Angeber.*

**Sarah** *ist 15 und hat noch nie eine Fünf geschrieben. Sie hatte immer gute Noten, und die LehrerInnen haben nie etwas Schlechtes über sie gesagt. Bis vor kurzem war sie ein freundliches, unauffälliges Mädchen, mit dem niemand Probleme hatte. Nun hat die Chorleiterin, die sonst immer so begeis-*

*tert von Sarahs begnadeter Stimme war, die Eltern nach der letzten Chorfreizeit darauf angesprochen, dass „irgendwas mit Sarahs Essverhalten nicht stimmt", und die Eltern sind ganz besorgt.*

Sind Fabian, Dina, Dennis, Konstantin und Sarah hochbegabt? Es gibt verschiedene Mythen darüber, was Hochbegabte besonders auszeichnet und woran sie zu erkennen sind. Der erste dieser Mythen ist, dass Hochbegabten alles leicht falle und man sich daher nicht groß um sie bemühen müsse. Auch ohne große Beachtung würden sie sich durchsetzen und erfolgreich sein – auf Englisch: Cream always rises to the top. Manchmal ist diese Haltung mit verstecktem Neid verbunden: Die haben in die Wiege gelegt bekommen, wofür andere hart arbeiten müssen …

Im Gegensatz dazu lautet ein zweiter Mythos, dass Hochbegabte besonders schwierig sind, häufiger an psychischen Problemen leiden und Gefahr laufen, auf ihrem Lebensweg zu scheitern. Dieser Mythos steht mit zwei weiteren Mythen im Zusammenhang. Zum einen wird angenommen, dass Hochbegabte irgendwie „anders" seien als andere Menschen. Sie hätten andere Interessen, würden anders denken und seien oft so sehr mit irgendwelchen (ungewöhnlichen) Dingen beschäftigt, dass sie keinen Blick für alltägliche Notwendigkeiten hätten. Zum anderen ist das Bild verbreitet, dass das besondere Potenzial von Hochbegabten oft nicht „entdeckt" wird.

Im Gegensatz zum ersten geschilderten Mythos kann mit diesen drei Mythen auffälliges Verhalten von Hochbegabten erklärt oder sogar „entschuldigt" werden. Heute werden sie nicht selten als Begründung verwendet, um besondere Angebote für Hochbegabte zu fordern und zu entwickeln.

Wie alle Klischees spiegeln diese Schilderungen ein Stück Wirklichkeit wider. Es gibt sehr erfolgreiche Hochbegabte, es gibt verkannte Genies, deren Fähigkeiten im Verborgenen bleiben, und es gibt Hochbegabte mit massiven Auffälligkeiten und Störungen. Das Problem der Klischees ist die Verengung des Blicks. Möglicherweise werden begabte Kinder und Jugendliche übersehen, weil sie nicht die „typischen" Eigenschaften haben, die von Begabten erwartet werden. Oder Kinder und Jugendliche werden auf Grund auffälligen Verhaltens für hochbegabt gehalten, obwohl sie es nicht sind.

In der Schule fallen oft leistungsstarke und motivierte Schülerinnen auf, wenn es um Hochbegabung geht. Hier besteht die Gefahr, Hochbegabung mit Hochleistung zu verwechseln. Obwohl tatsächlich viele Hochbegabte auch gut in der Schule sind, ist es wichtig, sich klar zu machen, dass hervorragende Schulleistungen mehr mit Motivation, Arbeitsverhalten und guter Förderung im Elternhaus zu tun haben als mit Intelligenz allein.

Auf der anderen Seite gibt es eine zunehmende Tendenz, alle möglichen Problemverhaltensweisen im Zusammenhang mit einer möglichen Hochbegabung zu sehen. Natürlich kann das im Einzelfall zutreffen, aber es ist unangebracht, ein Kind für hochbegabt zu halten, nur weil es zu Hause pfiffig wirkt, in der Schule aber Schwierigkeiten hat. Selbst wenn tatsächlich eine hohe Begabung vorliegt, muss diese nicht mit den Problemen zusammenhängen. Etwas salopp formuliert: Man muss nicht hochbegabt sein, um sich in der Schule zu langweilen.

Unabhängig von diesen Relativierungen macht es Sinn, genauer hinzuschauen, wenn Kinder sich ungewöhnlich verhalten oder „aus dem Rahmen fallen". In den folgenden Abschnitten geht es darum, Hinweise auf besondere Begabungen zu entdecken und den Blick für die Unterschiedlichkeit des Verhaltens begabter Kinder und Jugendlicher zu schärfen.

## 3.2 Auf der Suche nach dem „besonderen" Kind

„Checklisten" zum Erkennen von Hochbegabten sind in nahezu jedem Ratgeber zu Hochbegabung zu finden und auch im Internet weit verbreitet. Sie bestehen aus einer unsystematischen und teils schwammig formulierten Zusammenstellung von Eigenschaften und Verhaltensweisen, die häufig bei begabten Kindern beobachtet worden sind. Im Sinne einer möglichst frühen Identifizierung geht es dabei meist um Auffälligkeiten im Vor- und Grundschulalter. Der Wunsch nach einer solchen Liste, mit der verlässlich Kinder und Jugendliche mit hohen Begabungen erkannt werden können, ist verständlich. Dennoch ist eine „Diagnose" auf diese Weise nicht möglich. In der neu vom Bundesministerium für Bildung und Forschung (BMBF 2009) herausgegebenen Broschüre „Begabte Kinder finden und fördern" gibt es daher anders als noch vor einigen Jahren keine ausführliche Checkliste mehr, sondern nur noch einige Beispiele für solche Merkmale:

„Das Kind
... überrascht häufig durch originelle Ideen oder Vorschläge.
... hat eine ausdrucksvolle, ausgearbeitete und flüssige Sprache.
... ist sehr selbstständig.
... hat in einzelnen Bereichen ein hohes Detailwissen.
... neigt schnell dazu, über Situationen zu bestimmen.
... kann außergewöhnlich gut beobachten." (BMBF 2009, 21)

Die Zurückhaltung in der Verwendung von Checklisten ist begründet: „Zum einen ist wissenschaftlich nicht ausreichend geprüft, ob die in der Liste aufgeführten Kriterien wirklich typisch für Hochbegabte sind. Außerdem sind die Kriterien so vage formuliert, dass sie oft auch nicht hochbegabten Kindern zugesprochen werden können. Viele der Merkmale sind zudem als bewertende oder quantifizierende Aussagen formuliert (z. B. außergewöhnlich gut, häufig, sehr viel). Nur was heißt genau ‚häufig' oder ‚außergewöhnlich'. Dies zu beurteilen, wird bei den Checklisten jedem selbst überlassen" (BMBF 2009, 21).

Perleth (2010) berichtet von einer Studie, in der Elternchecklisten, also Merkmalslisten zur Hochbegabung, mit denen Eltern ihre Kinder einschätzen können, auf ihre Verlässlichkeit geprüft wurden. Festgestellt wurde, dass mittels der Fragebögen „nicht zufriedenstellend zwischen Hochbegabten und einer (allerdings eher überdurchschnittlich begabten) Vergleichsgruppe differenziert werden kann" (Perleth 2010, 82). Insbesondere Aussagen zu nicht-kognitiven Merkmalen wie Selbstständigkeit, Perfektionismus oder sozialen Kompetenzen, konnten nicht zwischen hochbegabten und nicht hochbegabten Kindern und Jugendlichen unterscheiden.

Ein wichtiger Hintergrund der Verbreitung von Checklisten im populärpsychologischen Bereich ist die Tendenz, Verhaltensauffälligkeiten von Kindern und Jugendlichen zu pathologisieren und in psychiatrische Kategorien einzuordnen. Problematisch ist dabei, dass die Definition eines Verhaltens als „Störung" oft willkürlich und oberflächlich erscheint. Viele Probleme, die noch vor einigen Jahrzehnten als „normale" Auffälligkeiten von Kindern angesehen wurden oder als „vorlaut" oder „unerzogen" bezeichnet wurden, werden heute mit einem psychiatrischen Etikett versehen und als individuelle Störung des jeweiligen Kindes diagnostiziert. Hochbegabung stellt in diesem Zusammenhang natürlich eine weitaus angenehmere Erklärung für Verhaltensauffälligkeiten dar als Bezeichnungen wie „Aufmerksamkeitsstörung", „hyperkinetische Störung" oder gar „Störung des Sozialverhaltens mit oppositionellem, aufsässigem Verhalten".

Ein besonderes Phänomen sind in diesem Zusammenhang die so genannten „Indigo-Kinder". Nach Ansicht von esoterisch bzw. spirituell ausgerichteten AutorInnen und TherapeutInnen gibt es diese Kinder seit Beginn der 80er Jahre als Ergebnis einer „kosmischen Evolution". Sie seien daran zu erkennen, dass sie eine blaue oder indigofarbene Aura haben, und werden als Botschafter einer neuen Spiritualität gesehen. Vor dem Hintergrund weltweiter dramatischer gesellschaftlicher Probleme und Veränderungen hätten sie die besondere Bestimmung, die Welt und die Gesellschaft wieder ins Gleichgewicht zu bringen. Charakteristisch für Indigo-Kinder sei neben ihrer großen Sensibilität ihre geringe Bereitschaft zur Anpassung. Viele dieser Kinder würden deshalb fälschlicherweise als verhaltensgestört oder hyperaktiv eingestuft und bekämen Ritalin. Im Internet veröffentlichte Checklisten zum Erkennen von „Indigo-Kindern" enthalten neben Hinweisen auf übersinnliche Fähigkeiten in erster Linie Stichworte, die auch auf Checklisten zum Thema Hochbegabung zu finden sind. Gleichzeitig werden ADS, Konzentrationsprobleme, Hyperaktivität und antisoziales Verhalten als typische Auffälligkeiten genannt (z. B. Carrol/Tober 1999; Hehenkampf 2002; Hessel 2003).

Sicher ist die Kritik an der zunehmenden Pathologisierung kindlichen

Verhaltens berechtigt, und es ist nicht nur verständlich, sondern auch wünschenswert, dass Eltern „schwierige" Kinder positiv sehen und ihre Stärken wertschätzen. Schwierig wird es, wenn auf ernst zu nehmende Verhaltensprobleme von Kindern nicht mehr reagiert wird, weil die Kinder als „spirituelle Botschafter" idealisiert werden, denen man keine Grenzen setzen dürfe. Vollkommen in die Irre führt die Annahme einer überragenden Intelligenz vieler „Indigo-Kinder" – vor allem angesichts der wiederholten Behauptung, dass der Anteil der Indigo-Kinder an den heutigen Neugeborenen 80 % oder mehr betrage.

Dass die Suche nach besonderen Persönlichkeitsmerkmalen Hochbegabter zuweilen obskure Blüten treibt, zeigt auch die Diskussion um das Konzept der „Overexcitability", worunter eine besondere Empfindlichkeit und Sensibilität verstanden wird. Dieses Konzept ist ein zentrales Element in der „Theorie der positiven Desintegration" von Dabrowski (1996; Mendaglio 2010). Dabei handelt es sich um eine Theorie der Persönlichkeitsentwicklung, mit der menschliche Entwicklung im Allgemeinen erklärt wird. „Overexcitability" ist bei Dabrowski ein ererbtes psychophysiologisches Merkmal und beeinflusst die Intensität, Häufigkeit und Dauer von Reaktionen auf externale und internale Reize. Im wesentlichen wird angenommen, dass die Erregung des zentralen Nervensystems bei Menschen mit „Overexcitability" deutlich höher liegt als bei solchen ohne. Es werden fünf Formen von „Overexcitability" postuliert, die alle vorliegen müssen, um das höchste Niveau menschlicher Entwicklung, das durch eine moralisch-ethische Lebensweise charakterisiert sei, zu erreichen (unterschieden werden sensorische, psychomotorische, imaginationale, intellektuelle und emotionale Overexcitability).

Insbesondere in Nordamerika wird diese Theorie im Bereich der Hochbegabtenförderung verwendet und sogar zur Erfassung von Hochbegabung angewendet. Erwartet wird, dass hochbegabte Personen höhere „Overexcitability"-Werte erzielen als durchschnittlich Begabte. Mendaglio, der sich fast euphorisch für diesen Ansatz ausspricht, gesteht jedoch ein, dass eine Übertragung des Konzepts eine „Rekonzeptualisierung von Hochbegabung" voraussetzt (2010, 191), die nicht mehr von kognitiven Fähigkeiten, sondern einem „Entwicklungspotential" im Sinne Dabrowskis ausgeht.

Insgesamt drängt sich der Eindruck auf, dass hier (wieder einmal) versucht wird, über den Weg vermeintlich „besonderer" Persönlichkeitseigenschaften ein „Anders-Sein" und darüber hinaus eine angeborene Überlegenheit von Hochbegabten zu konstruieren. Schon die Vorstellung, dass nur bestimmte Menschen die „höchste Stufe der Entwicklung" und damit „wahrhaft menschlich" werden könnten (2010, 174), lässt das Konzept als sehr fragwürdig erscheinen.

**Fazit:** Sicher hat es Sinn, über besondere Begabungen nachzudenken, wenn ein Kind sehr früh überraschende Fähigkeiten zeigt, schon als Erstklässler mit seinen Eltern philosophieren will oder nur mit älteren Kindern und Erwachsenen spielt, weil es mit den Spielen der Gleichaltrigen nichts anfangen kann. Schwieriger wird es, wenn Eltern (sich) fragen, ob ihr Kind hochbegabt sei, weil neun der 17 auf der Checkliste genannten Merkmale auf ihr Kind zuzutreffen scheinen. Kinder sind nicht „umso hochbegabter", je mehr der genannten Merkmale sie aufweisen, obwohl der Begriff „Checkliste" ein solches Missverständnis nahe legen kann. Die Listen sind nicht mit zuverlässigen Kriterien vergleichbar, wie sie die psychologische und psychiatrische Diagnostik bereitstellt. Checklisten können den Blick erweitern und erste Hinweise auf besondere Begabungen liefern, aber sie können auch in die Irre führen.

## 3.3 (K)eine kleine Typenlehre

Begabte Kinder sind sehr verschieden und entwickeln ganz unterschiedliche Strategien, ihre Begabungen zu zeigen, zu nutzen oder auch zu verbergen. Die folgenden Beschreibungen stellen keine „Typenlehre" im klassischen Sinne dar. Da sie nichtsdestotrotz in der Erstauflage dieses Buches manchmal so verstanden worden sind, seien einige grundlegende Überlegungen zu Typenlehren vorangestellt.

Typenlehren suggerieren, dass sich verschiedene Gruppen von Menschen grundsätzlich voneinander unterscheiden lassen. In Wirklichkeit ist es in der Regel so, dass sich die für einen „Typ" charakteristischen Eigenschaften auch bei anderen Individuen auffinden lassen, nur in geringerem Ausmaß oder in weniger auffälliger Form. Persönliche Eigenschaften sind bei einer Person mehr, bei einer anderen weniger ausgeprägt, und die Übergänge sind fließend.

Dennoch gibt es immer wieder Versuche, Hochbegabung bzw. Hochbegabte in „Typen" einzuteilen und „typische Profile" zu beschreiben. Ein populäres Beispiel ist die ursprünglich von den Amerikanern George Betts und Maureen Neihart entwickelte Zusammenstellung von Verhaltensmerkmalen, die für den Umgang mit und das Erkennen von Begabten herangezogen werden sollen. Darin werden sechs Profile vorgestellt und beschrieben: Der erfolgreich Lernende, der Herausforderer, der Rückzieher, der Aussteiger, der doppelt oder mehrfach Außergewöhnliche und der Selbstständige (Kempter 2007).

Die folgenden beispielhaften Schilderungen sollen statt dessen die Vielfalt der Persönlichkeiten und Verhaltensweisen von Begabten deutlich machen. Die Aufzählung ist nicht vollständig, und kaum ein Kind oder Jugendlicher entspricht genau einem der geschilderten Typen. Manche der hier bewusst überzeichnet dargestellten Kinder und Jugendlichen sind leicht zu „entdecken“, andere werden für alles Mögliche gehalten, nur nicht für hochbegabt. Und manche tun viel dafür, um möglichst „normal“ zu erscheinen.

Wir haben uns in den Schilderungen teils für die männliche, teils für die weibliche Form entschieden, obwohl alle „Typen“ bei beiden Geschlechtern vorkommen können. Darauf, dass dies nicht ganz zufällig ist, gehen wir im weiteren Verlauf noch ein.

## Die Erfolgreichen

**Der kleine Professor** ist für alles aufgeschlossen, interessiert sich für wissenschaftliche Details und geht Dingen gründlich und ausdauernd nach. Er fertigt ausführliche Listen von Hauptstädten, Dinosaurierarten oder den Büchern in seinem Bücherschrank an oder zeichnet detaillierte Pläne des örtlichen Busbahnhofs. Leider versagt seine Gründlichkeit, wenn es um alltägliche Notwendigkeiten geht. Er kommt mit einem grünen und einem blauen Strumpf zum Frühstück und weiß nie genau, was in seinen Schulranzen gehört. Die Oma sagt: „Irgendwann vergisst du nochmal deinen Kopf.“

**Die Perfektionistin** weiß, was sie will: alles richtig machen. Schon im Kindergarten hat sie manchmal verzweifelte Wut- und/oder Heulanfälle, wenn ihr das nicht gelingt. Dabei hat sie ihre ganz genauen Vorstellungen davon, was „perfekt“ ist, und ihre eigenen Ansprüche sind ihr wichtiger, als dass die Erwachsenen das Ergebnis gut finden. Wenn in der Schule dann in der Klassenarbeit nicht alles richtig ist, ärgert sie sich mehr über ihre Fehler als darüber, dass es keine Eins ist.

Meist ist die Perfektionistin gut in der Schule oder leistet in anderen Bereichen Erstaunliches. Kritik verträgt sie allerdings überhaupt nicht, und das wird mit zunehmendem Alter nicht besser. Dass schon Kleinigkeiten ausreichen können, damit sie sich als totale Versagerin fühlt, ist für andere völlig unverständlich.

**Der Streber** hat gelernt, sich anzupassen, um voranzukommen. Er schreibt in der Regel die beste Klassenarbeit und ärgert sich, wenn das nicht so ist (was er vermutlich niemals zugeben würde). Er wirkt nicht sonderlich originell, hält sich mit Kritik zurück und versucht, es den Lehrern recht zu machen. Seine Individualität und Kreativität kommt dabei leider etwas zu kurz. Wenn es gut geht, hat er Erfolg, wird für Wettbewerbe und Zusatzangebote ausgewählt und ist stolz darauf. Bei den anderen Kindern und Jugendlichen ist er oft weniger beliebt. Möglicherweise werden viele Lehrer ihn trotz seiner exzellenten Leistungen nicht für hochbegabt halten, weil sie meinen, dass begabt nur ist, wer sich für gute Leistungen nicht allzu sehr bemühen muss.

**Die allseits Beliebte** ist nicht nur gut in der Schule, sondern auch sozial kompetent. Sie kann organisieren, verhandeln und in Streitfällen vermitteln. Sie ist freundlich und hilfsbereit, aber kann sich auch durchsetzen, wenn es nötig ist – nicht überraschend daher, dass sie oft zur Klassensprecherin gewählt wird. Sie weiß, was sie will, und sucht selbst aktiv nach neuen Herausforderungen. Wenn es ein spezielles Angebot der Begabtenförderung gibt, erzählt sie ihren Eltern davon oder meldet sich gleich selbst an. Sie nutzt die Möglichkeiten, die sich ihr bieten, und geht ihren eigenen Weg, ohne dabei ständig mit anderen in Konflikt zu geraten.

## Die Schwierigen

**Die nervige Chaotin** fällt immer wieder durch überraschende Einfälle auf, wirkt aber unstrukturiert und kann nur schwer bei der Sache bleiben. Oft hat sie schnell begriffen, worum es geht, und findet es unerträglich, alles langsam (Schritt für Schritt) nachvollziehen zu sollen, bloß weil die anderen nicht hinterherkommen. Dann wird sie „hibbelig“, unruhig und auch laut, und nicht nur Lehrkräfte, sondern auch Eltern finden sie unglaublich anstrengend. Nicht zuletzt die Hausaufgaben sind eine Katastrophe; bis sie endlich angefangen hat, zu arbeiten, wären andere Kinder schon längst fertig.

**Der Eigenbrötler** ist ein „kleiner Professor“, der kaum Kontakt zu Gleichaltrigen hat. Er beschäftigt sich ausgiebig mit oft skurrilen speziellen Interessen und kann nichts mit Leuten anfangen, die dafür kein Verständnis haben. Dass er ihnen das auch ins Gesicht sagt, macht ihn nicht beliebter. Als Jugendlicher vergräbt er sich stunden- und tagelang hinter seinem Computer, den er natürlich besser beherrscht als alle seine Lehrer. Während er sich selbst genug ist, machen sich die Eltern und PädagogInnen Sorgen, weil er sozial so isoliert ist. Ihre Bemühungen, etwas daran zu ändern, sind allerdings meist vergebens.

**Der Rebell** interessiert sich für alles Mögliche, nur nicht für das, was er soll. Er ist unangepasst, oft kritisch, meist disziplinlos. Seine beachtlichen Fähigkeiten setzt er dafür ein, Regeln infrage zu stellen und Grenzen auszutesten. Bereits als Kindergartenkind war er für seine ständigen Warum-Fragen berüchtigt. Später hinterfragt er alles, was Eltern, Lehrer oder auch Berater von ihm wollen, oder er „labert ihnen eine Kante ans Bein“. Lehrkräfte sind oft total von ihm genervt, weil er sich überhaupt nichts sagen lässt und sie sich – nicht ganz zu Unrecht – ständig von ihm angegriffen fühlen. Für hochbegabt halten sie ihn sicher nicht, eher für unerzogen oder renitent. Die Eltern sind spätestens dann am Ende, wenn er ihre Erziehungsbemühungen nur noch ignoriert, was spätestens in der Pubertät der Fall ist.

Wie der Rebell trat **der Aussteiger** schon im Kindergarten ziemlich selbstbewusst auf und machte so richtig nur bei Sachen mit, die ihn interessierten. Durch die Grundschule kam er allerdings relativ mühelos. Weil seine Leistungen meist ganz in Ordnung waren (wenn er nur wollte!), ließen die Lehrer ihm so manches durchgehen. Danach wurde es jedoch schwierig, und in der achten Klasse hat er keine Lust mehr. Zwar meint er, dass er eigentlich alles kann, aber er sieht nicht ein, wofür er sich noch anstrengen soll. Er sitzt teilnahmslos im Unterricht herum, schaut aus dem Fenster oder quasselt die ganze Zeit mit seinem Nebenmann und macht blöde Bemerkungen. Wenn sich die Gelegenheit ergibt, „klemmt er auch schon mal ’ne Stunde ab“.

## Die Unauffälligen

**Die ganz Normalen:** Viele Kinder mögen es nicht, wenn sie aus der Gruppe der Gleichaltrigen herausgehoben werden. „Bloß nicht anders sein als die anderen!“ lautet die Devise des ganz Normalen. Er will nicht auffallen und reagiert abwehrend, wenn Erwachsene ihn auf seine besonderen Fähigkeiten ansprechen. Stattdessen ist ihm in erster Linie wichtig, dazuzugehören. Weil es unter Kindern und Jugendlichen oft nicht „in“ ist, alles richtig zu haben, baut er auch mal Fehler in seine Antworten ein oder setzt sogar eine Klassenarbeit absichtlich in den Sand.

Ist er allerdings als hochbegabt erkannt worden und auf einer Spezialschule gelandet, gelten für „normal sein“ andere Kriterien. Weil es für Hochbegabte angeblich „normal“ ist, erfolgreich zu sein, ohne sich anzustrengen, kommt es nicht gut an, wenn man viel für die Schule tun muss. Darum lernt er heimlich nachts unter der Bettdecke, um Erfolgserwartungen erfüllen zu können, ohne als „Streber“ zu gelten.

Eigentlich ist auch **das fleißige Lieschen** recht erfolgreich in der Schule und bringt immer gute Noten nach Hause. Aber irgendwie fällt es trotzdem nicht auf. Es ist freundlich, brav und hilfsbereit und gibt sich stets Mühe, zu tun, was von ihm erwartet wird – ein typisches Mädchen halt. Weil es so ordentlich und angepasst ist, kommt niemand auf die Idee, Außerordentliches von ihm zu erwarten. Seine Erfolge werden irrtümlicherweise mit Fleiß erklärt, weil noch niemandem aufgefallen ist, wie wenig es sich dafür anstrengen muss.

**Die doppelt Außergewöhnlichen:** Manche Kinder sind so auffällig anders als andere, dass ihre Begabungen hinter der vordergründigen Auffälligkeit übersehen werden. Dies können zum Beispiel Kinder und Jugendliche mit Teilleistungsstörungen und Behinderungen sein oder solche mit Migrationshintergrund.

Erstere können durch ihre Behinderung so beeinträchtigt sein, dass sie gar nicht dazu kommen, mögliche Begabungen zu entfalten. Dem hochbegabten Legastheniker gelingt es möglicherweise, das Schreiben weitgehend zu vermeiden und trotzdem Erfolg zu haben. Vielleicht scheitert er aber auch schon an seiner Grundschullehrerin und schafft den Sprung aufs Gymnasium nicht. Noch schwieriger ist es für Kinder und Jugendliche mit stärkeren Behinderungen, die in sonderpädagogischen Einrichtungen betreut und/oder beschult werden. Das Personal dieser Einrichtungen hat in der Regel keine Erfahrung im Erkennen und Fördern von besonderen Begabungen. Möglicherweise liegt dem die irrige Annahme zu Grunde, dass „Hochbegabung“ und „Behinderung“ grundsätzlich Gegensätze sind. Dabei können natürlich auch blinde, schwerhörige oder massiv körperbehinderte Kinder und Jugendliche hochintelligent sein oder in spezifischen Bereichen herausragende Begabungen haben.

Begabte Migrantenkinder sind eine sehr heterogene Gruppe. Es gibt den ehrgeizigen Emporkömmling, den arroganten „King“, das stille Mauerblümchen unter ihnen – und viele, die möglichst normal sein wollen, auch wenn das im Spagat zwischen den Kulturen eine schwierige Angelegenheit ist. Zweisprachigkeit ist für sie kein Ergebnis besonderer Förderung, sondern selbstverständlicher Alltag. Wenn sie auffallen, dann nicht wegen ihrer Begabung. Drei Stolpersteine können dem Erkennen der Begabungen von Migranten im Weg liegen:

- *Sie sprechen nicht gut genug Deutsch.* Fehler in der frühen Sprachförderung können sich auf die Entwicklung insbesondere der verbalen Fähigkeiten auswirken und dazu führen, dass Kinder sich nicht so differenziert ausdrücken und verständigen können, wie es ihrem Potenzial entspricht.
- *Kulturen unterscheiden sich sehr in ihrer Bewertung von Lernen, Wissen und Leistung.* Wenn Bildung in der Familie und im kulturellen Kontext keinen hohen Stellenwert hat, fehlen Kindern wichtige Grundlagen für Lernerfolge in der Schule. Dies gilt auch für Migrantenkinder der dritten und vierten Generation, die in Deutschland aufgewachsen sind und die deutsche Sprache gut beherrschen.
- *In vielen Kulturen gilt es als unangemessen, sich als Einzelner besonders herauszuheben.* Die Zugehörigkeit zum Kollektiv ist wichtiger als die Individualität des Einzelnen, und sich als außergewöhnlich zu betrachten gilt als überheblich. Auch wenn im Elternhaus schulischer Ehrgeiz gefördert und Leistung belohnt wird, kann es daher sein, dass besondere Begabungen eher heruntergespielt werden. Ein Konzept von Begabtenförderung, das nicht Auslese auf der Grundlage von Leistung, sondern die Individualität des Einzelnen in den Vordergrund stellt, stößt hier auf wenig Verständnis.

## 3.4 Begabte Jungen – begabte Mädchen

Es ist kein Zufall, dass manche der im vorhergehenden Kapitel geschilderten „Typen" Jungen sind und manche Mädchen. Rebellinnen sind seltener als Rebellen, und dem sprichwörtlichen „fleißigen Lieschen" steht kein fleißiges Hänschen mit ähnlichen Eigenschaften gegenüber. Bei hochbegabten Mädchen und Jungen sind dieselben Unterschiede zu finden, die auch sonst für unterschiedliches Verhalten von Mädchen und Jungen typisch sind, ob es nun um Interessen, um die Einstellung zu Erfolg und Leistung oder um ihr soziales Verhalten geht (vgl. Kapitel 4.3). Auf der anderen Seite wirken sich Geschlechtsstereotype auch auf die Wahrnehmung und Bewertung des Verhaltens hochbegabter Mädchen und Jungen durch Erwachsene aus. In diesem Zusammenhang ist bemerkenswert, dass Jungen häufiger für hochbegabt gehalten werden als Mädchen. Dies liegt nicht nur daran, dass sie häufiger mit Verhaltensauffälligkeiten auf sich aufmerksam machen.

Eltern kommen bei ihren Söhnen eher als bei ihren Töchtern auf die Idee, dass sie hochbegabt sind. Zwar ist es heute nicht mehr so, dass Jungen generell wichtiger genommen werden und mehr Wertschätzung bekommen als Mädchen. Trotzdem wird dem „Stammhalter" oft auch heute noch große Bedeutung gegeben. Dass der Junge später als Mann „eine Familie ernähren" und sich „in der Arbeitswelt durchsetzen muss", was von Mädchen nicht erwartet wird, lässt Eltern den Bildungserfolg ihrer Söhne wichtiger nehmen als den ihrer Töchter. Eltern und insbesondere Mütter von Söhnen sind in höherem Maße als Eltern von Töchtern bereit, den z.T. erheblichen Aufwand für besondere Diagnostik und Fördermaßnahmen von (vermeintlich) hochbegabten Kindern auf sich zu nehmen. Hochbegabte Mädchen werden oft quasi nebenbei entdeckt, weil ein Bruder als hochbegabt identifiziert worden ist. Insofern macht es grundsätzlich Sinn, bei testpsychologischen Untersuchungen Geschwister hochbegabter Jungen und Mädchen zu berücksichtigen.

Natürlich wollen viele Eltern, dass auch ihre Töchter einen guten Schulabschluss haben und einen Beruf erlernen – aber nur selten wird es ihnen wichtig sein, ihre Tochter dafür auszurüsten, dass sie sich auch im Wettbewerb um Spitzenpositionen durchsetzen kann. Dazu kommt, dass man sich über gut funktionierende Kinder einfach weniger Gedanken macht. Mit selbständigen, angepassten und kooperationsbereiten Kindern beschäftigen sich auch Erzieherinnen und Lehrkräfte weniger – sie kommen ja zurecht. Die „schwierigen" Kinder – mehrheitlich Jungen – gehen ihnen dagegen nicht aus dem Kopf, und wenn ein Chaot und Rebell irgendwie trotzdem sympathisch und pfiffig wirkt, kann er sich besonderer Aufmerksamkeit gewiss sein. Dann kommt vielleicht auch irgendwem der Gedanke, dass er hochbegabt sein könnte.

Geschlechtsstereotype Bilder und Erwartungen der Erwachsenen sind von besonderer Bedeutung, wenn es um die Einschätzung von Erfolg und

Leistung geht. Erfolg von Mädchen wird oft in erster Linie auf ihren „Fleiß“ zurückgeführt. Daher führen noch so gute Leistungen nicht dazu, dass ihnen eine hohe Begabung zugeschrieben wird. Manche Jungen können sich dagegen eine Menge erlauben und werden trotzdem für begabt gehalten. Nicht zuletzt die Tatsache, dass Jungen im Durchschnitt in der Schule schlechter sind als Mädchen, kann dazu führen, dass hinter der Auffälligkeit eines Jungen eine mögliche Hochbegabung vermutet wird. In der Tat vermeiden manche hochbegabten Jungen, mit allzu guten Leistungen aufzufallen, machen aber möglicherweise anders auf sich aufmerksam. Von daher kann es sogar angemessen sein, in solchen Fällen eher als bei Mädchen eine Hochbegabung anzunehmen. Eine solche Annahme kann aber auch eine bequeme Erklärung für den Schüler selbst sein, da sie für Schulschwierigkeiten nicht diesen selbst, sondern die Umwelt verantwortlich macht.

## 3.5 „Das“ begabte Kind gibt es nicht

Die vorhergehenden Abschnitte haben beispielhaft beschrieben, wie verschieden begabte Kinder und Jugendliche sein können. Sie unterscheiden sich in der Form, in der sie ihre Begabungen zum Ausdruck bringen, und darin, inwieweit es ihnen gelingt, ihre Begabungen in (schulische) Leistungen umzusetzen. Manche sind leicht zu erkennen oder machen sogar selbst auf sich aufmerksam, andere verstecken ihre Fähigkeiten. Manche stellen eine Herausforderung für die Diagnostik dar, und einige werden uns im Kapitel zu Problemen wieder begegnen. Alle zusammen machen sie deutlich, dass Begabte keine einheitliche Gruppe darstellen und ein genauer Blick erforderlich ist.

Immer wieder wird gefragt, wie Lehrkräfte oder ErzieherInnen Hochbegabte erkennen können. Zu Recht wird kritisiert, dass insbesondere Lehrkräfte dazu neigen, „hochbegabt“ mit „leistungsstark“ gleichzusetzen. In diesem Zusammenhang sei darauf hingewiesen, dass es nicht die Aufgabe pädagogischer Fachkräfte ist, Hochbegabte in Kindergarten und Schule zu „identifizieren“. Allein mit Beobachtungen ist dies selbst für ausgewiesene Fachleute nicht möglich. Henze et al. (2006) stellten bei der Evaluation eines Schulversuchs zur integrativen Begabtenförderung in der Grundschule fest, dass sich bei Verhaltensbeobachtungen keine Unterschiede zwischen hochbegabten und leistungsstarken Kindern feststellen ließen, und werteten beide Gruppen daher zusammen aus.

Rohrmann (2009) untersuchte ein im Rahmen eines Schulversuchs zur Begabtenförderung von Lehrkräften entwickeltes schulisches Aufnahmeverfahren. Trotz enormen Aufwandes bei Vorbereitung und Durchführung waren die Ergebnisse mittelfristig kaum aussagekräftig. So gab es kaum Zusammenhänge zwischen den Ergebnissen des Aufnahmeverfahrens und Lehrereinschätzungen am Ende des ersten Schuljahres (2009, 104ff). Die in den Folgejahren durchgeführten intelligenzdiagnostischen Untersuchungen der als „begabt" aufgenommenen SchülerInnen erbrachten völlig uneinheitliche Ergebnisse (2009, 49ff).

Eine sichere Aussage über das Vorliegen einer Hochbegabung erfordert eine psychologische Diagnostik. Für pädagogische Fachkräfte geht es stattdessen darum, überhaupt in Betracht zu ziehen, dass ein Kind hochbegabt sein könnte, und den Blick für die vielfältigen Erscheinungsformen besonderer Begabungen zu schärfen.

In seinem Buch „Der autonome Lerner" unterscheidet Betts (1999) Profile von Hochbegabten anhand der Dimensionen Individualität, Autonomie und Kreativität. Er beschreibt, dass erfolgreiche Hochbegabte sich nicht selten an die Erwartungen von Erwachsenen anpassen und ihr Erfolg auf Kosten der Verwirklichung ihres kreativen Potenzials geht. Auch die unauffälligen Hochbegabten – Betts nennt sie „the underground" – verzichten auf den Ausdruck ihrer Individualität; da sie weniger ehrgeizig sind, werden sie leicht übersehen. „Schwierige" Hochbegabte behaupten dagegen ihre individuelle Autonomie, geraten aber in Widerspruch zu den Anforderungen der Umwelt, was bis hin zum Schulversagen oder auch zur Schulverweigerung führen kann. Als Zielvorstellung formuliert Betts (1999) das Bild des „autonomen Lerners" (autonomous learner). Betts definiert ihn als jemanden, der „durch eine Kombination von divergentem und konvergentem Denken Probleme löst und neue Ideen entwickelt" sowie „in spezifischen Bereichen seiner Bemühungen mit minimaler äußerer Anleitung auskommt" (1999, 12). Autonome Lerner lernen in der Schule, ohne ihre Individualität dem Anpassungsdruck der Schule zu opfern. Sie behalten ihre Kreativität und Autonomie und entwickeln die notwendigen Fähigkeiten und Einstellungen, die Voraussetzung für lebenslanges Lernen sind. Betts formuliert die Entwicklung zum „autonomen Lerner" als Zielvorstellung für möglichst viele Kinder und Jugendliche. Ein besonderes Potenzial für eine solche Entwicklung sieht er bei intellektuell Begabten, aber auch bei kreativ Begabten und bei „Talentierten", womit er Kinder und Jugendliche mit besonderen Stärken in spezifischen Bereichen bezeichnet.

Über den Bereich der Begabtenförderung hinaus ist die Entwicklung zum „autonomen Lerner" eine Zielvorstellung, die auf den pädagogischen Umgang mit Kindern und Jugendlichen allgemein angewendet werden kann. Sie entspricht der im ersten Kapitel geschilderten Betonung der Eigenaktivität von Kindern als entscheidender Grundlage allen Lernens. Ob Kinder oder Jugendliche hochbegabt sind oder nicht, ist damit weit weniger wichtig als die Frage, wie sie mit ihren Möglichkeiten umgehen, ob sie sich möglicherweise selbst im Weg stehen und was sie brauchen, um ihre Potenziale zu entfalten. Gleichzeitig setzt dies voraus, dass Bildungsinstitutionen und die pädagogischen Fachkräfte Kindern und Jugendlichen keinen starren Rahmen vorgeben, sondern Unterschiedlichkeit akzeptieren und ihrer Individualität, Kreativität und Autonomie Raum geben.

Die Aufgabe psychologischer Diagnostik umfasst vor diesem Hintergrund weit mehr als eine Feststellung der Intelligenz. Sie muss ein umfassendes Bild der Stärken und Schwächen des Kindes bzw. Jugendlichen bereitstellen und die Schwierigkeiten identifizieren, die einer Verwirklichung des individuellen Potenzials im Wege stehen. Bevor wir uns aber diesem Thema zuwenden, ist es erforderlich, ein grundlegendes Verständnis der Zusammenhänge von Intelligenz, Begabung und Leistung zu entwickeln.

# 4 Modelle

> Wenn ich etwas schneller lernen kann und dabei noch besser bin als der Durchschnitt, dann bin ich hochbegabt. Dabei spielt es keine Rolle, was ich schneller lernen kann: Hallen-Jo-Jo, Witze machen oder Quantenmechanik.
>
> *(Alexander, 15 Jahre)*

## 4.1 Begabung, Leistung und Intelligenz

Begabung ist ein schillernder Begriff: Lehnen Sie sich einmal zurück und überlegen kurz, was für ein Bild vor Ihren Augen entsteht, wenn Sie hören, ein Mensch sei besonders begabt oder sogar hochbegabt. Wahrscheinlich denken Sie an den außergewöhnlichen Musiker, der in den Konzertsälen der Welt die Menschen mit seiner Musik verzaubert, oder auch an den begnadeten Wissenschaftler, der für seine bahnbrechenden Forschungen oder Erfindungen den Nobelpreis erhält. Vielleicht denken Sie auch an die herausragenden Sportler, die bei internationalen Wettkämpfen viele Auszeichnungen und Preise erhalten. Alle diese Menschen zeigen in der Tat herausragende Leistungen in ganz unterschiedlichen Bereichen.

Gleichzeitig können wir sagen, dass jeder Mensch – jedes Kind – besondere Stärken und Begabungen hat. Obwohl wir im Alltag viel über Probleme und Defizite nachdenken, wissen wir eigentlich, wie wichtig es ist, immer wieder an Ressourcen und Stärken anzuknüpfen. Diese können sich in allen möglichen Bereichen zeigen: in künstlerischen, musischen oder motorischen Fähigkeiten, aber auch im sozialen Bereich oder in einer besonderen Sensibilität. Wenn dabei besonders herausragende Fähigkeiten einzelner Kinder oder Jugendlicher auffallen, kommt der Begriff „Hochbegabung" ins Spiel.

Beim Versuch, das Phänomen Hochbegabung genauer zu erfassen, stößt man auf einen weiteren Begriff: die Intelligenz. Intelligenz ist wie Begabung ein vielfältig angewandter und daher uneindeutiger Begriff. Binet und Simon, die zu Anfang des letzten Jahrhunderts den ersten Intelligenztest entwickelten, verstanden unter Intelligenz die Fähigkeit, „gut urteilen, gut verstehen und gut denken" zu können (zit. nach Holling et al. 2004, 13). Der Begriff ist seitdem so populär geworden, dass er in immer neuen Zusammenstellungen verwendet wird. War er lange Zeit für kognitive Leistungen reserviert, so wird heute von kreativer, sozialer oder praktischer Intelligenz gesprochen. Ganze Bücher widmen sich Themen wie „moralischer Intelligenz" (Coles 2001) oder gar „Herzintelligenz" (Childre 2003). Die Bandbreite reicht dabei von wissenschaftlichen Definitionen bis hin zu alltagssprachlichen Wendungen wie der „Intelligenzbestie". Ein Überblick

**Abbildung 1:**
Intelligenzen

über die Vielfalt der verwendeten Begriffe lässt den Eindruck von Beliebigkeit aufkommen: Wenn jemand irgend etwas gut kann, wird er als begabt oder intelligent bezeichnet (vgl. Abbildung 1).

Dieses Kapitel soll etwas Licht in diesen Begriffsdschungel bringen. Entscheidend sind dabei drei Fragen: Was genau wird unter Intelligenz und Begabung verstanden? Was sind die Voraussetzungen dafür, dass aus Begabung Leistung wird? Und wie stabil ist Intelligenz?

## Multiple Intelligenzen?

Es gibt eine Vielzahl differenzierter und einander widersprechender Modelle von Intelligenz, Begabung und Hochbegabung. Die bei weitem einflussreichste Intelligenzkonzeption des vergangenen Jahrhunderts ist die von Spearman entwickelte Vorstellung einer einheitlichen allgemeinen Intelligenz (general intelligence „g“). Danach ist Intelligenz eine einheitliche Größe bzw. ein einheitlicher Faktor, der intellektuelle Leistungen in unterschiedlichen Bereichen bestimmt („Generalfaktor-Modell“). Diese Vorstellung ist nicht nur Grundlage vieler klassischer Intelligenztests, sondern auch mancher Konzepte von Hochbegabung.

Andere Modelle beschreiben Intelligenz als mehrdimensionales Konstrukt. Einflussreich ist bis heute die Theorie der fluiden und kristallinen Intelligenz von Cattell, die von zwei voneinander unabhängigen generellen Faktoren ausgeht. Mit kristalliner Intelligenz werden kognitive Fertigkeiten bezeichnet, die durch gesellschaftliche und kulturelle Erfahrungen erworben werden. Sie umfasst z. B. Wortschatz und Sprachverständnis und beruht auf Lernerfahrungen. Die fluide Intelligenz bezeichnet grundlegende Denkfähigkeiten, die für die Verarbeitung von neuartigen Informationen erforderlich sind. Dazu gehören logisches Schließen und das Erkennen von Analogien. Angenommen wird, dass die fluide Intelligenz weitgehend angeboren ist und durch Umwelterfahrungen nicht verändert werden kann. Cattell entwickelte sprachfreie, so genannte „kulturfaire“ Intelligenztests, um die fluide Intelligenz möglichst rein erfassen zu können.

Die Annahme, dass die fluide Intelligenz durch Lernerfahrungen nicht mehr verändert werden kann, wird allerdings zunehmend infrage gestellt (Stern 2001). So können auch die Leistungen in sprachfreien Intelligenztests direkt und indirekt durch Übung verbessert werden. Zudem stellte sich heraus, dass sie nicht weniger stark von der Dauer des Schulbesuchs beeinflusst werden als Leistungen in bildungsabhängigen Testverfahren. Eine mögliche Erklärung für die widersprüchlichen Ergebnisse der Intelligenzforschung ist die stärkere Nutzung visueller Medien. Wir leben in einer Welt der Bilder, in der immer mehr Informationen durch Grafiken, Diagramme und Abbildungen visualisiert werden. Bemerkenswert sind weiter die immer schnelleren Schnitte in Filmen, Musikvideos und Werbung, die für Kinder selbstverständlich, für viele ältere Menschen dagegen anstrengend sind. Auch die komplexe Bildsprache von japanischen Cartoons (Mangas) oder Trickfilmen ist für Menschen, die damit keine Erfahrung haben, kaum zu entziffern. Es könnte durchaus sein, dass sich diese Veränderungen auf räumlich-visuelle Basiskompetenzen ausgewirkt haben und daher Testergebnisse in sprachfreien Verfahren heute mehr von Lernerfahrungen abhängen und insgesamt besser ausfallen als in vergangenen Jahrzehnten.

Viele moderne Intelligenzmodelle unterscheiden mehrere Intelligenzbereiche, die in einer Hierarchie spezifischer Fähigkeiten angeordnet sind.

Neuere Untersuchungen geben den spezifischen Bereichen der verbalen, numerischen und räumlich-visuellen Fähigkeiten ein deutlich größeres Gewicht als der allgemeinen Intelligenz (z. B. Lubinski et al. 2001b; Stern 2001; Webb et al. 2007). Ceci (1996) hält selbst diese Dreiteilung noch für zu allgemein, um den Facettenreichtum menschlicher Begabungsunterschiede zu erklären. Er geht stattdessen von „multiplen kognitiven Potenzialen" aus. Diese sind seiner Ansicht nach in großem Ausmaß genetisch bedingt, was aber erst im Laufe der kognitiven Entwicklung an Bedeutung gewinnt. Im Gegensatz zur Annahme eines einheitlichen Generalfaktors, der der Ausbildung spezifischer Intelligenzen zugrunde liegen soll, wird hier angenommen, dass sich Intelligenz aus vielen Einzelfähigkeiten zusammensetzt, die sich im Laufe eines Entwicklungs- und Lernprozesses zu übergeordneten Fähigkeiten herauskristallisieren. Eine hohe allgemeine Intelligenz ist dann das Ergebnis der Integration überdurchschnittlicher Fähigkeiten in verschiedenen Bereichen und nicht ihre Ursache (Stern 2001). Neubauer und Stern (2007) weisen darauf hin, dass dieser Ansatz auch Spezialbegabungen gut erklären kann. Sie betonen außerdem die große Bedeutung von Umweltbedingungen für die Entwicklung der Intelligenz. Eine entscheidende Bedeutung hat dabei bereichsspezifisches Vorwissen. Kompetenzen entwickeln sich in verschiedenen Fähigkeitsbereichen separat, was es erschwert, Aussagen über die „allgemeine intellektuelle Leistungsfähigkeit" zu machen.

Ein aktuelles Verständnis von Intelligenz wird in der Cattell-Horn-Carroll-Theorie (CHC-Theorie, CHC-Modell) der kognitiven Fähigkeiten formuliert (Alfonso et al. 2005). Dabei handelt es sich um ein dreistufiges hierachisches Modell, das Cattells Annahme einer kristallinen und fluiden Intelligenz und die Three-Stratum-Theory von Carroll (Holling et al. 2004) verbindet. Es gibt zehn grundlegende Faktoren im CHC-Modell, die die kognitiven Fähigkeiten eines Menschen umfassend beschreiben. Diese Faktoren sind auf einer zweiten Ebene angeordnet (Stratum II). Ihnen liegen mehr als 70 basale Teilleistungen auf einer ersten Ebene (Stratum I) zugrunde. Kontrovers diskutiert wird, ob auf der dritten Ebene (Stratum III) ein g-Faktor existiert.

Eine Reihe von Modellen geht über ein Verständnis von Intelligenz als kognitiver Leistungsfähigkeit hinaus. So stellt Sternberg (1985) in seiner „triarchischen Theorie der Intelligenz" komplexe kognitive Prozesse wie Planen, Problemlösen und Wissenserwerb in den Vordergrund. Dabei erweitert er den Begriff Intelligenz und unterscheidet zwischen analytischer, kreativer und praktischer Intelligenz. In einer späteren Veröffentlichung, einem populärpsychologischen Ratgeber über „Erfolgsintelligenz", beschreibt Sternberg (1998) 20 Strategien „erfolgsintelligenter" Menschen.

Gardner (1991) unterscheidet in seinem nach wie vor sehr populären Konzept der „multiplen Intelligenzen" sogar mindestens sieben verschiedene Fähigkeitsdimensionen („Intelligenzen"), die voneinander weitgehend unabhängig sein sollen: die linguistische, die mathematisch-logische, die räumliche, die körperlich-kinästhetische, die musikalische, die interpersonale und die intrapersonale Intelligenz. Die letzten beiden Bereiche lassen sich auch als soziale Intelligenz zusammenfassen. In neueren Veröffentlichungen findet Gardner immer weitere Intelligenzen. So stellt er Überlegungen zu „naturkundlicher" „spiritueller" bzw. „existenzieller" Intelligenz sowie „Lebensintelligenz" an (Gardner 2002). Neueste Konstruktionen wie „disziplinierte" oder „respektvolle" Intelligenz (Gardner 2007) lassen den Begriff Intelligenz zunehmend als Worthülse erscheinen, der mit beliebigen Inhalten angefüllt werden kann.

Nichtsdestotrotz erfreut sich der Ansatz der multiplen Intelligenzen großer Beliebtheit nicht zuletzt bei PädagogInnen im Bereich der Begabtenförderung, weil sich in ihm die Vielfalt von individuellen Stärken widerspiegelt, die Kinder zum Ausdruck bringen. Populär ist auch der Begriff emotionale Intelligenz (Goleman 1995). Darüber hinaus werden schließlich in manche Konzeptionen noch Spezial- und Sonderbegabungen mit einbezogen, z. B. musische oder sportliche Begabung.

In der wissenschaftlichen Diskussion werden derartige Konzepte multipler Intelligenzen allerdings kritisch gesehen. Dies liegt vor allem daran, dass viele der im Modell von Gardner und anderen populären Veröffentlichungen genannten Intelligenzbereiche kaum zuverlässig zu messen sind. Daher sind Aussagen über Begabung und Hochbegabung in diesen Bereichen sehr subjektiv. Schon vor Jahren bemängelten Waldmann und Weinert (1990, 19), dass die Theorie multipler Intelligenzen „eher auf einer Analyse anekdotischer Befunde als auf einer empirisch bewährten, soliden psychologischen Theorie über kognitive Fähigkeiten" beruhe. Rost stellt fest, dass dies sich bislang nicht geändert hat, und erklärt die anhaltende Popularität der Theorie multipler Intelligenzen polemisch so: „Je mehr (…) Intelligenzen postuliert werden, desto größer wird die Wahrscheinlichkeit, dass sich eine beliebig herausgegriffene Person in zumindest einer dieser ‚Intelligenzen' zur prestigeträchtigen Gruppe der ‚Hochintelligenten' zählen kann" (2009, 105).

Diese Kritik trifft allerdings nicht auf alle Intelligenzbereiche gleichermaßen zu. So handelt es sich bei verbalen sowie bei mathematisch-logischen Fähigkeiten um gut erforschte Bereiche, in denen Begabungen durch klassische Intelligenztests gut abgebildet werden können. Die Frage ist hier nicht, ob sich Begabungen überhaupt erfassen lassen, sondern welche Verfahren dafür geeignet sind. Dies gilt auch für räumlich-visuelle Fähigkeiten.

Der Bereich der Kreativität widersetzt sich dagegen beharrlich der objektiven Erfassung. Kreativitätstests werden daher von der Wissenschaft generell sehr kritisch gesehen. Zum Beispiel ergab die Durchführung eines Kreativitätstests (TSD-z) im Rahmen der Evaluation eines Schulversuchs zur Hochbegabtenförderung nur eine geringe Stabilität im Verlauf der Grundschulzeit. Zudem waren die Unterschiede zwischen hochbegabten und nicht hochbegabten Schülern in der Regel gering (Henze et al. 2006). So ist zunächst danach zu fragen, was für ein Konzept sich überhaupt hinter der Verwendung des Begriffs Kreativität verbirgt. Oft wird Kreativität in Verbindung mit Kunst gesehen, und gemeint ist in erster Linie ein fantasievoller Umgang mit Materialien. Oder es geht darum, Ideen sprachlich zu formulieren. Manche Kinder wiederum sind außerordentlich kreative technische Erfinder, malen aber ungern und können ihre Ideen auch sprachlich nicht so gut zum Ausdruck bringen. Kreativität kann also ganz unterschiedlich verstanden werden. Dies bedeutet nicht, dass es im Bereich der Kreativität keine Begabungen gibt – vielmehr gibt es keine allgemein gültige Definition von Kreativität, und deswegen ist es nur schwer möglich, diese objektiv zu erfassen.

Musische und sportliche Begabungen wiederum werden als Sonder- oder Spezialbegabungen betrachtet. Während die Zusammenhänge zwischen motorischen und kognitiven Fähigkeiten im Vor- und Grundschulalter generell eher gering sind (Ahnert et al. 2003), sind die Zusammenhänge zwischen musischen und kognitiven Fähigkeiten größer (Rost 2000, 27). Für beide Bereiche wird heute davon ausgegangen, dass für die Entwicklung herausragender Fähigkeiten zahlreiche Faktoren zusammenwirken müssen, wobei am Anfang die Förderung in der Familie steht. Oerter und Montada (2002) stellen fest: „Die Bedeutung der Familie zeigt sich insgesamt darin, dass musikalische Hochbegabung nicht frühzeitig aus Tests oder besonderen Leistungen vorhersagbar ist, sondern dass die besten Prädiktoren das Einkommen und das musikalische Interesse der Eltern sind“ (2002, 796). Entscheidend für die Genese von Hochleistungen ist dann ein hoher Übungsaufwand: gezieltes, konzentriertes und intensives Üben.

Die verschiedenen Konzeptionen von Intelligenz haben in unterschiedlichem Ausmaß Eingang in die Entwicklung von Hochbegabungsmodellen gefunden, die im folgenden Kapitel vorgestellt werden. Differenzierungen in verschiedene Intelligenz- oder Begabungsbereiche werden als Grundlage verschiedener Beobachtungsbögen, Auswahlverfahren und Förderstrategien in unterschiedlichen pädagogischen Zusammenhängen verwendet. Bei der diagnostischen Identifikation eines Individuums als „hochbegabt“ steht dagegen nach wie vor meist ein (Gesamt-)Wert für allgemeine Intelligenz im Vordergrund, nicht zuletzt deswegen, weil im Gegensatz zu anderen Begabungen für diesen Bereich valide psychologische Testverfahren vorliegen.

## Begabung und Leistung

Wie aus Begabung Leistung wird, ist eine der zentralen Fragen der Begabtenförderung und daher auch Gegenstand zahlreicher Modelle zum Thema Hochbegabung, von denen einige im folgenden Kapitel vorgestellt werden.

Grundsätzlich sind dabei drei Aspekte von Bedeutung: der Einfluss von Erbfaktoren und Umweltbedingungen, die Bedeutung von Wissen für die Entwicklung der Intelligenz und die Bedeutung von Attributionen für die Bewertung der eigenen Leistung.

Wenn Begabung oder Hochbegabung als Erklärung für außergewöhnliche Leistungen herangezogen wird, wird gleichzeitig meist davon ausgegangen, dass ein erblicher Anteil vorliegt, der als zeitlich stabil und intraindividuell unterschiedlich angenommen wird. Wird dieser Anteil hoch angesetzt, dann ist damit oft die Vorstellung verbunden, dass auf die Entwicklung der Intelligenz nur sehr begrenzt Einfluss genommen werden kann. Wird dagegen mehr von Umweltfaktoren als bestimmenden Variablen ausgegangen, wird der Begriff „Begabung“ häufig gemieden oder ganz abgelehnt, um deutlich zu machen, dass auf jeden Fall eine Veränderung und Beeinflussung möglich ist. Manchmal wird allerdings auch davon gesprochen, „Begabungen“ zu fördern (und nicht etwa Begabte s. S. 148). Wir halten eine solche Verwendung des Begriff für problematisch, weil dabei unklar wird, was mit Begabung eigentlich genau gemeint ist – ist sie die Voraussetzung oder das Ergebnis von Förderung?

Die Frage, ob Intelligenz angeboren ist, hat viele Jahrzehnte lang zu großen Auseinandersetzungen geführt. Heute besteht weitgehend Einigkeit darüber, dass nicht die Anlage oder die Umwelt entscheidend ist, sondern das Zusammenwirken beider Seiten. Es wird angenommen, dass etwa die Hälfte der individuellen Intelligenzunterschiede auf Erbfaktoren, die andere Hälfte auf Umwelteinflüsse zurückzuführen ist (Weinert 1998, 28). Ein seltsames Phänomen scheint diesem empirisch gut gesicherten Ergebnis zu widersprechen: Wir werden alle immer intelligenter! Seit Beginn der systematischen Intelligenzmessungen steigt der durchschnittliche IQ in der Allgemeinbevölkerung kontinuierlich an, und zwar um drei bis sieben IQ-Punkte im Jahrzehnt. Dieser nach dem neuseeländischen Politikwissenschaftler und Psychologen benannte „Flynn-Effekt“ wurde am deutlichsten in Westeuropa und Japan, aber auch in den USA beobachtet. „Dies bedeutet, dass der durchschnittliche US-Bürger heute so gut abschneidet wie an der Schwelle des 20. Jahrhunderts die oberen zwei Prozent der Gesamtbevölkerung“ (Eliot 2001, 609). Sind unsere Kinder also alle hochbegabt?

Mittlerweile wird allerdings auch eine Umkehrung des Flynn-Effekts diskutiert. Der dänische Psychologe Teasdale zeigte, dass der IQ mit Beginn der 1990er Jahre stagnierte und seit dem Ende der 1990er Jahre sogar wieder abnimmt (Teasdale/Owen, 2005). Dies trifft neben Dänemark z. B. auch auf Deutschland, Österreich, die Schweiz, Frankreich und England zu. Auch Untersuchungen in Norwegen scheinen die Umkehrung des „Flynn-Effekts“ zu bestätigen. Vor allem die Fähigkeit, neue Informationen schnell zu verarbeiten, ohne dabei auf Erfahrungen zurückgreifen zu müssen, habe abgenommen, während Wortschatz und Bildung hingegen unverändert geblieben wären. Teasdale und Owen vermuten, dass die sinkenden IQ-Werte in Dänemark mit dem sinkenden Interesse an einer akademischen Ausbildung zusammenhängen. In Dänemark sei die Zahl der Jugendlichen zurückgegangen, welche ein Gymnasium besuchen. Wenn die Jugendlichen aber nicht mehr an Tests gewöhnt seien, kämen sie auch mit IQ-Tests schlechter zurecht. Dieser Interpretation zufolge würde es sich bei der Umkehrung des „Flynn-Effekts" nicht um einen echten Rückgang der Intelligenz handeln, sondern nur um Schwierigkeiten mit den Tests aufgrund mangelnder Gewöhnung. Flynn selbst führt den Rückgang auf den „Wohlstand" zurück, welcher zu „Dekadenz" geführt habe.

Der Flynn-Effekt ist mit genetischen Faktoren nicht erklärbar. Viele Hinweise deuten darauf hin, dass sich die Verbesserung der Lebensbedingungen, insbesondere eine bessere Ernährung, positiv auf die Intelligenz auswirkt (Eliot 2001). Möglicherweise spielt auch die im Laufe des 20. Jahrhunderts massiv angestiegene Bedeutung visueller Medien eine entscheidende Rolle (s. o.). Dies könnte erklären, dass die IQ-Zunahme im Bereich der visuell-räumlichen Fähigkeiten größer ausfällt als bei den verbalen Fähigkeiten. Inzwischen haben Dickens und Flynn (2001) ein differenziertes Modell entwickelt, das das Zusammenwirken von Erbfaktoren und Umwelteinflüssen erklärt. Ihrer Ansicht nach sind Umweltfaktoren für die Entwicklung der Intelligenz von weit größerer Bedeutung, als lange angenommen wurde, allerdings in anderer Weise als bisher gedacht. Unter anderem stellen sie fest, dass nicht nur die Umwelt sich auf die Intelligenz auswirkt, sondern angeborene Intelligenzunterschiede auch Auswirkungen auf die Umwelt haben. Sie führen zu unterschiedlichen Reaktionen der Umwelt sowie zu unterschiedlichen Vorlieben und Aktivitäten von Kindern. Ein Beispiel: Begabte Kinder, die gern lesen, bekommen dafür Anerkennung und werden ermutigt, noch mehr zu lesen. Kinder „erschaffen" damit quasi ihre eigene Mikroumwelt, die wiederum die Entwicklung ihrer Intelligenz beeinflusst. Eine solche Sicht auf die Intelligenz passt gut zur Betonung der Eigenaktivität für die Entwicklung von Kindern: Kinder bringen nicht nur ein angeborenes Potenzial mit auf die Welt oder werden von der Umwelt beeinflusst, sondern sie entfalten aktiv ihre Möglichkeiten und gestalten dabei ihre Umwelt mit.

Geringe Differenzen im ursprünglichen Intelligenzniveau können so im Laufe der Entwicklung erheblich anwachsen. Dabei gibt es allerdings erhebliche individuelle Unterschiede. So gibt es immer wieder Beispiele dafür, dass hochbegabte Kinder trotz ungünstiger Umweltbedingungen herausragende intellektuelle Leistungen erzielen können. Auf der anderen Seite kann das Intelligenzniveau durch frühe Förderung erheblich gesteigert werden. Programme zur Förderung von Kindern aus einkommensschwachen und benachteiligten Familien berichten neben vielen weiteren positiven Effekten auch eine Erhöhung des Intelligenzniveaus und der akademischen Fähigkeiten der geförderten Kinder (Campbell et al. 2002; Barnett/Hustedt 2005). Eliot (2001) zufolge „wissen wir heute, dass Intelligenz in *größerem* Ausmaß auf Umweltfaktoren in der frühen Förderung als zu irgendeinem späteren Zeitpunkt zurückzuführen ist" (2001, 600). Dies spricht dafür, Kinder möglichst früh zu fördern.

Umstritten ist jedoch, ob positive Auswirkungen von Förderprogrammen Bestand haben. Oft steigt das Intelligenzniveau zu Beginn der Programmteilnahme rapide an, sinkt dann aber allmählich wieder ab, vor allem nach Beendigung der Maßnahme. Dickens und Flynn (2001) zufolge liegt dies daran, dass Förderprogramme die Umwelt von Kindern so sehr bestimmen, dass deren ursprüngliches Intelligenzniveau sich kaum noch auf ihre Umwelt auswirkt. Dies ändert sich im Laufe der Zeit und vor allem nach Beendigung der Maßnahme. Den Autoren zufolge haben Umwelteinflüsse meist nur kurzfristige Auswirkungen. Sie meinen daher, dass die Intelligenz von Erwachsenen durch Fördermaßnahmen für Kinder nur begrenzt erhöht werden kann: „Der IQ von Erwachsenen wird in erster Linie von der Umwelt der Erwachsenen beeinflusst" (2001, 366; übers. T. R.). Barnett und Hustedt (2005) sind dagegen der Ansicht, dass die oft geringen langfristigen Effekte vor allem mit Mängeln der Programme zusammenhängen. Sie stellen fest, dass bessere Programme langfristig größere Wirkungen erzielten (z. B. Campbell et al. 2002), und weisen darauf hin, dass inhaltsspezifische Leistungstests größere Effekte der Programme belegen.

Die Ergebnisse sind also etwas uneindeutig. Vielleicht ist in erster Linie die Qualität von Maßnahmen entscheidend dafür, ob diese nur kurzzeitige Effekte haben oder sich langfristig positiv auf die Entwicklung von Kindern und Jugendlichen auswirken. Vielleicht werden die Möglichkeiten früher Förderung aber oft auch übertrieben, weil auf lange Sicht die Eigenaktivität von Kindern, Jugendlichen und Erwachsenen entscheidender ist als der Einfluss pädagogischer Programme. Zu bedenken ist in diesem Zusammenhang allerdings der „Pygmalion-Effekt": Die Erwartung, dass ein Kind ein besonders gutes Entwicklungspotenzial hat, hat möglicherweise eine positive Wirkung auf seine Intelligenz. Im klassischen Experiment von Rosenthal und Jacobsen nannten die UntersucherInnen den Lehrkräften Namen von Schülern, die angeblich einem Testergebnis zufolge eine „ungewöhnlich gute schulische Entwicklung" nehmen würden. Tatsächlich waren sie zufällig ausgewählt worden. In den höheren Schulklassen hatte die Lehrererwartung nur einen geringen Einfluss. In den unteren Klassen war der Effekt jedoch dramatisch: Am Ende des Schuljahres hatten die vermeintlich „Hochbegabten" einen deutlichen Intelligenzvorsprung gegenüber den anderen Schülern erzielt (Rosenthal/Jacobsen 1992).

Diese Studie wurde in der Folgezeit methodisch kritisiert. Während manche Autoren angeben, dass weitere Untersuchungen den Pygmalion-Effekt bestätigen (z. B. Stöger et al. 2008), ist Rost (2009, 270) gegenteiliger Ansicht und hält ihn für einen „Mythos".

Nach Ansicht von Elsbeth Stern wird der angeborenen Begabung in

Deutschland zu viel Bedeutung beigemessen. Stern (2001, 2003) zufolge ist für hohe Leistungen das bereichsspezifische Vorwissen wichtiger als die Intelligenz. Eine große Rolle spielt in diesem Zusammenhang die Schule, deren Bedeutung für die geistige Entwicklung Stern zufolge leicht unterschätzt wird. Untersuchungen zeigen, dass überdurchschnittliches Wissen Defizite in der allgemeinen Intelligenz kompensieren kann, aber nicht umgekehrt. Die Schlussfolgerung lautet, dass eine noch so hohe Begabung systematisches Lernen und Üben nicht überflüssig macht. Dies ist nicht zuletzt für den Umgang mit Hochbegabten wichtig, die der Meinung sind, dies nicht nötig zu haben. Auf der anderen Seite reicht bloßes „Pauken" zum Aufbau einer intelligenten Wissensbasis nicht aus.

Stattdessen müssen Lernende sich Wissen aktiv aneignen und neue Informationen an ihr bestehendes Wissen anknüpfen. Dies ist ein manchmal mühevoller Prozess der inneren Strukturierung, der vor allem die Eigenaktivität der Lernenden erfordert. „Menschen erbringen nur dann außergewöhnliche Leistungen, wenn sie durch gezielte Übung und Erfahrung eine Wissenbasis aufbauen konnten, die ihnen sowohl Routinehandeln als auch Flexibilität in der Nutzung einzelner Wissenselemente ermöglicht. Ein intelligenter Schachnovize wird immer gegen einen weniger intelligenten Schachexperten verlieren. Selbst wenn es nicht um Expertise auf sehr hohem Niveau geht, ist Wissen der entscheidende Schlüssel zum Können. (...) Allen unseren Kompetenzen, auch den Intelligenztestleistungen, liegt Wissen zugrunde. Wenn es sich um komplexere (...) Kompetenzen handelt, dann erfordert der Erwerb dieses Wissens von allen Menschen gezielte und nicht selten langwierige Übung. Das gilt für intelligente genauso wie für weniger intelligente Menschen. Intelligenz ist keine Garantie für Können" (Neubauer/Stern 2007, 261).

Von entscheidender Bedeutung ist darüber hinaus die Frage, wie Menschen (sich) Erfolg und Misserfolg erklären bzw. attribuieren (zuschreiben). Unterscheiden lässt sich zum einen, ob die Ursachen von Erfolg bzw. Misserfolg eher in der Außenwelt oder in der Persönlichkeit gesehen werden, zum anderen, ob diese eher als stabil oder aber als veränderbar betrachtet werden (Weiner 1976; vgl. Abbildung 2). Für die Bereitschaft zum schulischen Lernen ist es verständlicherweise günstiger, wenn Erfolg mit Anstrengung erklärt wird. Für das Selbstwertgefühl ist es dagegen vorteilhaft, ihn auf die eigene Begabung zurückzuführen. Umgekehrt schadet es dem Selbstwertgefühl, wenn Misserfolg auf die eigene (fehlende) Begabung zurückgeführt wird.

Dieses Modell ist sehr aufschlussreich für das Verständnis von Geschlechtsunterschieden sowie für die Erklärung der Hintergründe von Leistungsproblemen in der Schule. Es lässt sich aber auch auf Ansätze und Modelle zum Thema Hochbegabung anwenden. Während manche Sichtweisen die angeborene Begabung als entscheidend für die Entwicklung und den Erfolg von Hochbegabten ansehen, betonen andere die Umweltfakto-

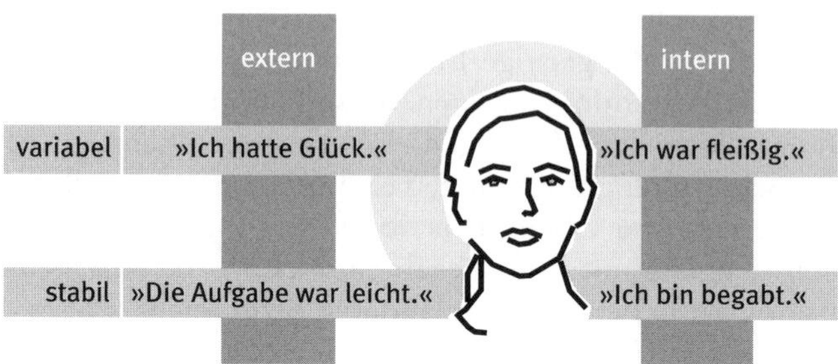


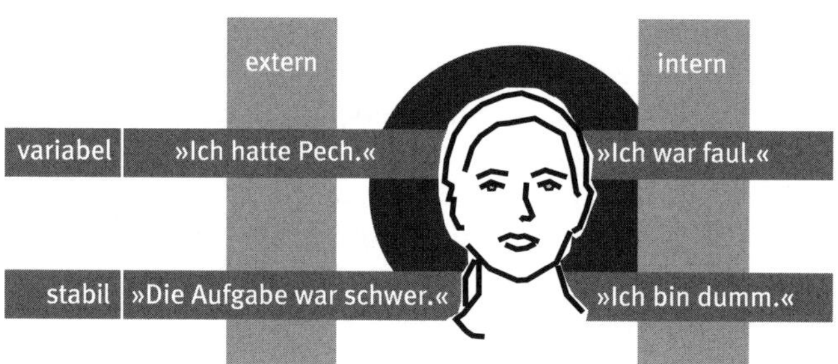


**Abbildung 2:** Erfolgs- und Misserfolgsattribution

ren, die erst ermöglichen, dass aus Begabung Leistung wird. Schließlich gibt es Konzeptionen, die die eigene Anstrengung der Kinder und Jugendlichen in den Vordergrund stellen. Natürlich wirken in der Entwicklung von begabten Kindern und Jugendlichen alle Faktoren zusammen. Dennoch ist es interessant, darauf zu achten, welche Aspekte in verschiedenen Darstellungen und Modellen jeweils besonders hervorgehoben werden – und welche Auswirkungen dies jeweils auf Kinder und Jugendliche haben kann.

## Wie stabil ist die Entwicklung der Intelligenz?

Kinder mit besseren kognitiven Voraussetzungen entwickeln sich schneller als weniger begabte Kinder. Meist erreichen sie im späteren Jugend- und frühen Erwachsenenalter auch ein höheres Niveau kognitiver Fähigkeiten

(Weinert 1998, 24). Entwicklung verläuft allerdings oft in Sprüngen, und die Entwicklung der Intelligenz ist im Kindesalter nicht stabil. Ob herausragende Leistungen auf einem zeitweiligen Entwicklungsvorsprung beruhen oder auf Begabungen, die auch in der weiteren Entwicklung Bestand haben werden, lässt sich vor Schulbeginn daher nicht entscheiden.

Erst im Laufe der Grundschulzeit steigt die individuelle Stabilität der Intelligenztestwerte allmählich an. Die Erkenntnisse über die Stabilität von Intelligenz gehen zum großen Teil auf ältere amerikanische Längsschnittuntersuchungen zurück. Für das 5. und 7. Lebensjahr wurden Korrelationskoeffizienten von .5 angegeben; zwischen dem 8. und 12. Lebensjahr steigt dieser Wert auf .8 bis .9 an. Allerdings wurden in den klassischen amerikanischen Längsschnittuntersuchungen mehrere Messungen im Verlauf eines Jahres in einem Gesamtwert zusammengefasst, was zu einer Überschätzung der Stabilität führen kann. Zudem wurden bei den gleichen Kindern beträchtliche IQ-Schwankungen zwischen benachbarten Messzeitpunkten festgestellt. „So variierte der IQ einer ganzen Reihe von Kindern auch noch im Grundschulalter (und danach) um mehr als 20 Punkte, wobei sich selten ein systematischer Verlauf feststellen ließ“ (Schneider et al. 1998, 57). Genauere Studien zeigten, dass größere Schwankungen nur bei einem kleineren Teil der Kinder festzustellen waren, ohne dass bisher vorausgesagt werden kann, bei welchen Kindern sich auf Grund welcher Umstände später größere Schwankungen ergeben werden.

Die deutsche LOGIK-Studie, in der 200 Kinder über neun Jahre hinweg systematisch untersucht wurden, bestätigte die Ergebnisse der klassischen amerikanischen Längsschnittuntersuchungen nicht: die Stabilitäten der Intelligenztestwerte waren im Wesentlichen mittelhoch und damit deutlich niedriger als in den amerikanischen Untersuchungen. Beim HAWIK, einem mehrdimensionalen Intelligenztest, der in stärkerem Maße erworbene Bildungsinhalte abfragt, ergaben sich ab Beginn der Grundschulzeit recht hohe Korrelationen (um r = .8). In den verwendeten sprachfreien Testverfahren, in denen das logische Denken im Vordergrund steht, fielen die Korrelationen dagegen deutlich niedriger aus (bis zum Alter von 10 Jahren maximal r = .55, 10–12 Jahre r = .65). Eine Erklärung dafür bieten Intelligenztheorien, die davon ausgehen, dass sich Intelligenz bereichsspezifisch entwickelt und ihre Höhe in starkem Maße mit spezifischem Vorwissen zusammenhängt. In der Grundschule stehen mündliche und schriftliche Sprachkompetenzen im Mittelpunkt, räumlich-visuelle Kompetenzen spielen dagegen eine sehr viel geringere Rolle im Unterricht. Verbale Fähigkeiten entwickeln sich darum stabiler als andere Kompetenzen. Wesentlich stabiler als die längsschnittliche Stabilität der IQ-Werte fiel in der LOGIK-Studie im Übrigen die der Schulnoten aus.

In eigenen Untersuchungen des Autors in einem Schulversuch zur Begabtenförderung wurden im Laufe der Grundschulzeit vier Intelligenztests durchgeführt (CFT 1, SPM, CFT 20, PSB-R 4-6). Von 45 Kindern erreichte kein Kind in allen Verfahren ein Ergebnis im Bereich der Hochbegabung, acht Kinder in drei, 13 Kinder in zwei und 11 Kinder in einem Test (Rohrmann 2009a, 45f). Die Werte in den verschiedenen Verfahren lagen bei vielen SchülerInnen sehr weit auseinander. Dies lässt sich nur teilweise durch die Unterschiede zwischen den verschiedenen verwendeten Verfahren erklären. Wie Fallbeispiele zeigen, gibt es erhebliche Unterschiede im individuellen Entwicklungstempo, im Intelligenzprofil und nicht zuletzt in der individuellen Fähigkeit, von guter Förderung zu profitieren (2009, 48).

Es lässt sich zusammenfassen, dass im Vorschulbereich das Entwicklungstempo von Kind zu Kind stark variiert. Stöger et al. (2008, 18) kommen nach Durchsicht der Forschungslage zu dem Schluss, „dass es der derzeitige Forschungsstand nicht erlaubt, hochbegabte Kinder bereits im Vorschulalter zuverlässig zu identifizieren", da Intelligenz „in diesem Alter keineswegs so stabil ist, als dass längerfristige Prognosen wissenschaftlich fundiert wären". Erst im Schulalter gleichen sich die Entwicklungsgeschwindigkeiten allmählich an. Rost (2010) stellt fest: „Im Säuglings-, Kleinkind- und frühen Kindergartenalter spielen sich offensichtlich bedeutsame qualitative Veränderungen und Umstrukturierungen in der Komposition der Intelligenz ab. Erst ab dem Alter von viereinhalb bis fünf Jahren kann man eine für praktische Zwecke zufriedenstellende Strukturstabilität der (Hoch)Begabung über mehrere Jahre hinweg annehmen. Ab dem frühen Jugendalter kann von einer langfristigen, d.h. mehrere Jahrzehnte umfassenden Strukturstabilität von (Hoch)Begabung ausgegangen werden." (2010, 256).

Vor dem Hintergrund der geschilderten Ergebnisse muss von mehr Variabilität in den Veränderungen von Intelligenztestwerten ausgegangen werden, als meist angenommen wird. Von stabiler Intelligenz sollte frühestens am Ende der Grundschulzeit ausgegangen werden. Von Bedeutung ist schließlich, dass die geschilderten Aussagen sich auf die formalen Denkfähigkeiten beziehen, nicht aber für differenziertere Aufgaben, die Wissen voraussetzen. Diese wiederum sind in großem Ausmaße von Übung abhängig. Diese Ergebnisse haben erhebliche Konsequenzen für die Diagnostik und frühe Förderung von Hochbegabten. Sie sprechen nicht dagegen, sich für eine gute Förderung von Kindern bereits vor der Schule einzusetzen. Sie machen aber die Probleme deutlich, die aus einer zu frühen „Identifikation" eines Kindes als „hochbegabt" erwachsen können. Entsprechend fordern auch Stöger et al. (2008) ein „Umdenken" in der Diagnostik: Insbesondere die Zielsetzung der Diagnostik müsse reflektiert werden und jede Identifikation statt der Bestimmung des gegenwärtigen Zustandes viel stärker darauf ausgerichtet werden, wie die optimale Förderung des einzelnen Kindes aussehen könnte.

## 4.2 Was ist Hochbegabung?

### Definitionen

„Hochbegabung" ist wie auch „Begabung" ein unscharfer Begriff. Wie Rost (2000a) in einem Vortrag pointiert bemerkte, ist Hochbegabung „die Extremvariante des unscharfen Begriffs Begabung". Häufig wird vergessen, dass Begabung ein theoretisches Konstrukt ist: Beobachten lassen sich nur Leistungen und Verhaltensweisen, zum Beispiel die Leistungen in einem Intelligenztest. Zudem gibt es eine Fülle von weiteren Begriffen wie Talent, Sonderbegabung oder Spitzenbegabung, die zum Teil als Synonyme, zum Teil aber auch als Ausdruck von Bedeutungsnuancen verwendet werden.

Von Praktikern wird Hochbegabung oft sehr breit definiert, damit möglichst viele Kinder erfasst werden können, die in irgendeiner Weise herausragend sind. Wissenschaftlich wird Hochbegabung dagegen in erster Linie als überragende kognitive Leistungsfähigkeit definiert, wie sie mit Intelligenztests gemessen werden kann. Spezialbegabungen in Bereichen wie Musik, Kunst und Sport werden dagegen im deutschen Sprachraum eher als Sonderbegabungen oder besondere Talente bezeichnet und oft nicht im Zusammenhang mit allgemeiner Hochbegabung betrachtet.

Ab welchem Testwert von Hochbegabung gesprochen wird, ist Definitionssache. In Deutschland hat sich die Übereinkunft durchgesetzt, die zwei bis drei Prozent der Bevölkerung, die in Intelligenztests am besten abschneiden, als hochbegabt zu bezeichnen. Dies entspricht einem Intelligenzquotienten von 130 bzw. einem Prozentrang von 98. Es gibt aber auch großzügigere Definitionen, nach denen 10 bis 15 % der Population als besonders begabt zu bezeichnen sind (z. B. Mönks 2001, 19). Die Begriffe hoch- und höchstbegabt werden uneinheitlich für die Differenzierung im oberen Begabungsbereich verwendet. Im englischen Sprachraum wird z. B. zwischen „mildly" (top 10 %), „moderately" (top 1 %), „highly" (top 1 : 1.000), „exceptionally" (top 1 : 10.000) und „extremely gifted" (top 1 : 100.000) unterschieden (Gagné 2000, 70; ähnlich Gross 2000, 179). Es macht natürlich einen erheblichen Unterschied, ob von 10 % „Hochbegabten" oder von 0,1 % „highly able students" gesprochen wird!

„Weichere" Definitionen von Hochbegabung werden vor allem im Rahmen der Begabtenförderung verwendet, wenn es darum geht, so viele „Begabte" wie möglich zu erreichen. Im englischen Sprachraum ist denn auch in der Regel schlicht von „gifted education" die Rede, wenn es um Begabtenförderung geht. Die Steigerung „Hoch-" ist für den deutschen Sprachgebrauch charakteristisch. Wir verwenden in diesem Buch den Begriff Hochbegabung nur dann, wenn es um die Spitzengruppe von zwei bis drei Prozent geht. Ansonsten sprechen wir von begabten Kindern und Jugendlichen. Manchmal greifen wir auch den häufiger verwendeten Begriff „besondere Begabungen" auf, der offener ist, weil er den Blick auf verschiedene

Begabungsbereiche erweitert. Dabei muss allerdings klar bleiben, dass ein solches Verständnis die Gruppe der „Begabten" deutlich vergrößert, so dass der Begriff „hochbegabt" oder gar die 2%-Definition dann keinen Sinn mehr macht.

Den Beginn der Hochbegabungsforschung markiert die in den 20er Jahren begonnene Längsschnittstudie von Terman (1925). Terman bestimmte diejenigen Schüler als „hochbegabt", die von der Lehrkraft der jeweiligen Klasse zu den drei besten Schülern und Schülerinnen gezählt wurden bzw. in der Klasse die Jüngsten waren *und* in einem Intelligenztest einen IQ von mindestens 135 erzielten. Seine einseitig von guten Schulleistungen und hoher allgemeiner Intelligenz ausgehende Definition wurde allerdings vielfach kritisiert.

Eine breitere, bis heute einflussreiche Definition von Hochbegabung stellte Marland (1971) dem Bericht einer im Auftrag des amerikanischen Erziehungsministeriums durchgeführten Studie zur Situation Hochbegabter in den USA voran:

> „Begabte und talentierte Kinder sind von berufsmäßig qualifizierten Personen identifizierte Kinder, die aufgrund außergewöhnlicher Fähigkeiten hohe Leistungen zu erbringen vermögen. Um ihren Beitrag für sich selbst und für die Gesellschaft zu realisieren, benötigen diese Kinder differenzierte pädagogische Programme, die über das hinausgehen, was reguläre Schulprogramme bereitstellen. Die Gruppe der Kinder, die zu hohen Leistungen fähig sind, schließt diejenigen Kinder ein, die Leistungsfähigkeit zeigen oder potenzielle Fähigkeiten in einem oder mehreren der folgenden Bereiche haben:
>
> allgemeine intellektuelle Fähigkeit,
> spezifische akademische (schulische) Eignung,
> Kreativität und produktives Denken,
> Führungsqualitäten,
> bildende und darstellende Kunst,
> psychomotorische Fähigkeiten."
> (Marland, 1971, IX; zit. nach Fels, 41, übers. T. R.)

Wichtig ist der im ersten Satz erscheinende Hinweis, dass die Identifikation von begabten Kindern und Jugendlichen in die Hände von dafür qualifizierten Fachkräften gehört. Das ist heute noch mehr als in den 80er Jahren ein Problem, weil seitdem das Thema zum Modethema geworden ist und viele Personen, unter anderem „Betroffene", sich selbst zu Experten erklärt haben. Die Identifikation von Hochbegabten ist zunächst eine Frage psychologischer Diagnostik. Diese ist Aufgabe ausgebildeter Psychologen (vgl. Kapitel 5). Im zweiten Satz verweist Marland auf die weiter oben bereits angesprochene Unterscheidung von Begabung und Leistung. Die Tatsache, dass jemand über eine hohe Begabung verfügt, muss keineswegs bedeuten, dass er auch hohe Leistungen erbringt. Von Beginn an ist Marlands zentrales Anliegen neben der Frage der Identifikation die Förderung Hochbegabter. Dies wird daran deutlich, dass Marland dem regulären Schulsystem die Fähigkeit zur ausreichenden Förderung Hochbegabter abspricht. Diese Forderung ist oft auf deutsche Verhältnisse übertragen worden, ohne dass die sehr unterschiedlichen Rahmenbedingungen in Deutschland und in den USA berücksichtigt wurden. Zuletzt differenziert Marland verschiedene Bereiche, in denen sich Begabungen zeigen können. Dabei wird allerdings auf den ersten Blick deutlich, dass eine objektive Erfassung von Fähigkeiten nicht in allen Bereichen gleichermaßen möglich ist.

## Modellvorstellungen von Hochbegabung

In den letzten Jahrzehnten wurden zahlreiche Modelle zum Verständnis von Hochbegabung vorgelegt. Ihnen liegen unterschiedliche Vorstellungen darüber zugrunde, welche Einflussfaktoren bei der Umsetzung von Begabung in Leistung zu beachten sind und in welcher Form sie aufeinander bezogen werden müssen.

Renzulli entwickelte Ende der 70er Jahre das *3-Ringe-Modell der Hochbegabung*. Er kritisierte damit die Definition von Terman, nach der Hochbegabung allein mit außergewöhnlich hoher Intelligenz gleichzusetzen sei. Gleichzeitig wandte er sich gegen die Heterogenität der Definition von Marland. Außerdem berücksichtigte er motivationale Faktoren (Renzulli 1978). Nach seiner Meinung zeigten Untersuchungen an Personen mit herausragenden Leistungen, dass Hochbegabung (giftedness) die Schnittmenge von drei jeweils überdurchschnittlich ausgeprägten, aber nicht notwendigerweise herausragenden Persönlichkeitsmerkmalen bildet:

- *Allgemeine Intelligenz* bzw. *schulische Fähigkeiten*, also allgemeine kognitive Fähigkeiten wie auch spezielle Stärken auf den verschiedensten Wissensgebieten
- *Kreativität*, unter der Renzulli das originelle, produktive, flexible und selbstständige Vorgehen bei der Lösung einer Aufgabe versteht
- *Aufgabenverpflichtung* (task commitment), d. h. die Fähigkeit einer Person, sich einer Aufgabe längere Zeit zu widmen

Renzulli vertrat mit seinem Modell eine stark entwicklungsorientierte Position. Er sprach lieber von „Entwicklung hochbegabten Verhaltens“ und betonte die notwendige Interaktion von Fähigkeiten einer Person und den Bedingungen der Umwelt. Eine Person wird nicht hochbegabt geboren, sondern entwickelt ein hochbegabtes Verhalten, aber auch das nur dann, wenn die Verbindung der drei Faktoren gelingt. Renzullis Ziel war eine Definition, die eine möglichst breite Gruppe von potenziell Hochbegabten erfasst und damit für Förderprogramme interessant macht. Die alleinige Verwendung von Intelligenz- und/oder Schulleistungstests lehnte er dagegen ab, weil damit nur die „schulische Hochbegabung" (schoolhouse-giftedness), nicht aber die kreativ Hochbegabten „entdeckt" würden.

Das „3-Ringe-Modell" wurde seitdem viel beachtet und zitiert, allerdings auch vielfach kritisiert und deshalb auch von Renzulli selbst immer wieder modifiziert und präzisiert. Der Appell Renzullis, möglichst viele (Hoch-)Begabte zu fördern und möglichst kein Potenzial verkümmern zu lassen, wirkt sympathisch und hat sich in der Folgezeit in vielen Identifikations- und Fördermodellen niedergeschlagen. Kritisiert wird dagegen die im Modell dargestellte Gleichsetzung von Begabung und Leistung sowie die Gleichwertigkeit der drei Merkmalsbereiche. Werden Begabung und Leistung gleichgesetzt, müssen Schüler, die in Intelligenztests hohe Werte erzielen, aber dennoch nur schwache Schulleistungen zeigen, übersehen werden. Wenn hohe Motivation und das intensive Interesse an der Auseinandersetzung mit Problemen als notwendige *Bedingung* zur Identifikation einer Person als „hochbegabt" angesehen werden, werden Personen mit hohem kreativem und intelligentem Leistungspotenzial, aber geringem Durchhaltevermögen und geringer Motivation ausgeschlossen. Pointiert formuliert bleibt unklar, ob nicht fast jeder Mensch „hochbegabt" werden könnte, wenn er nur gefördert würde.

Möglicherweise beruhen diese Kontroversen allerdings zum Teil auf Übersetzungsfehlern. In einer neueren Veröffentlichung hält Renzulli am Drei-Ringe-Modell fest, spricht allerdings ausdrücklich nicht von Hochbegabung, sondern von Hochleistung. Er merkt an: „Hochleistungsverhalten oder auch Hochleistung, die Schnittmenge der drei Ringe, ist fälschlicherweise in europäischen Darstellungen der Drei-Ringe-Definition immer mit Hochbegabung gleichgesetzt worden. Das ist allerdings nicht korrekt" (Renzulli et al. 2001, 23f). Das von den Autoren vorgestellte „Schulische Enrichment Modell" (SEM) baut auf den Erfahrungen mit Förderprogrammen für besonders Begabte auf, richtet sich aber nicht nur an diese, sondern an alle Schüler. Der Begriff Hochleistung „entspringt einer situativen Sichtweise, die immer auch sehr eng an das entsprechende Resultat kreativ-produktiver Tätigkeit gekoppelt ist" (2001, 24). Begabung wird nicht als Zustand, sondern als „Einladung zum Tun" verstanden (2001, 20). Damit soll eine breite Förderung aller Schüler ermöglicht, Defizitorientierung vermieden und Tendenzen zur Etikettierung (s. Kapitel 6.4) vorgebeugt werden.

Mönks (1992, 2001) erweiterte das 3-Ringe-Modell von Renzulli zu einem Mehr-Faktoren-Modell, in dem er zusätzlich das soziale Umfeld berücksichtigt, in dem sich das hochbegabte Individuum befindet. Er weist darauf hin, dass Hochleistungen in einem bestimmten sozialen Kontext entstehen und in persönliche Entwicklungsbedingungen eingebettet sind.

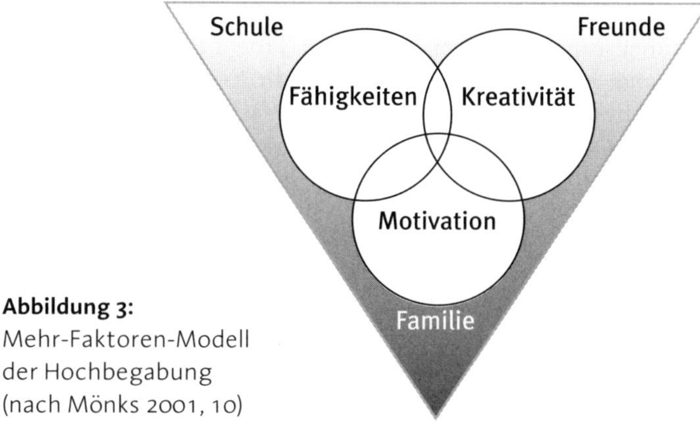


**Abbildung 3:** Mehr-Faktoren-Modell der Hochbegabung (nach Mönks 2001, 10)

Wichtigste Bezugsgruppen sind für Mönks die Familie, die Schule sowie die Peers, also die anderen Kinder und Jugendlichen, mit denen Hochbegabte zu tun haben. Das Modell stimmt überein mit der heute in der Entwicklungspsychologie überwiegenden Sichtweise, dass entscheidend ist, wie die Anlagen und Bedürfnisse des einzelnen Individuums mit der Umwelt aufeinander treffen. Auch Mönks differenziert in neueren Veröffentlichungen deutlich zwischen Begabungspotenzial und Leistung: „Erst bei einem guten Zusammenspiel dieser sechs Faktoren kann sich Hochbegabung entwickeln und zum Ausdruck kommen in besonderer Leistung" (Mönks 2001, 10). Zudem schlägt er vor, die Variable „soziale Kompetenz" mit zu berücksichtigen, da diese Untersuchungsergebnissen zufolge notwendig sei, um die Interaktion zwischen Individuum und Umgebung zu optimieren. Er meint, dass hochbegabte Kinder gerade soziale Kompetenzen schlechter erwerben, da sie oft wenig Anschluss an die Gleichaltrigengruppe finden (Mönks 2001).

Wie Renzulli versteht Mönks sein Modell als Ausgangspunkt für die Entwicklung von differenzierten Fördermaßnahmen und betont, dass „Identifikation und Begabtenförderung ... nicht voneinander losgelöst werden (können)" (Mönks 2001, 9). Seine Aussage, „dass sich individuelle Begabungen nur dann richtig entwickeln können, wenn diese eine unterstützende Umwelt haben und durch fördernde nichtkognitive Persönlichkeitsmerkmale, wie Leistungsmotivation, verstärkt werden" (2001, 10), mag heute selbstverständlich klingen. Sie ist aber sowohl vor dem Hintergrund früherer Definitionen von Hochbegabung als auch angesichts der bis heute mangelhaften Berücksichtigung des Themas in der Aus- und Weiterbildung von Lehrkräften nicht banal. Mönks' Hauptanliegen ist die Verankerung einer differenzierten Förderung individueller Begabungspotenziale im Bildungssystem auf der Grundlage einer Reformpädagogik, die das Kind in den Mittelpunkt stellt.

Auch das *Münchner Hochbegabungsmodell* entstand aus der Unzufriedenheit mit eindimensionalen Definitionen von Hochbegabung und der entsprechenden Praxis, Hochbegabte allein durch die Ermittlung des Intelligenzquotienten zu bestimmen. Entsprechend entwarfen Heller und seine Mitarbeiter ein mehrdimensionales Begabungsmodell und legten es ihrer 1984 begonnenen umfangreichen Längsschnittstudie zugrunde (Heller 1990, 1992). Sie griffen dabei unter anderem auf die Definition von Marland sowie auf die schon erwähnte Theorie der multiplen Intelligenzen von Gardner (1991) zurück, die von verschiedenen Fähigkeitsdimensionen ausgehen. Hochbegabung ist nach Ansicht der Autoren ein Profil von Dispositionen zu besonderen Leistungen. „‚*Hochbegabung*' definieren wir als individuelle kognitive, motivationale und soziale Möglichkeit, Höchstleistungen in einem oder mehreren Bereichen zu erbringen, z. B. auf sprachlichem, mathematischem, naturwissenschaftlichem vs. technischem oder künstlerischem Gebiet, und zwar bezüglich theoretischer und/oder praktischer Aufgabenstellung" (Heller 1990, 87, Hervorhebung im Orig.).

Die Umsetzung der Fähigkeiten in beobachtbare Leistungen wird von etlichen nichtkognitiven Persönlichkeitsmerkmalen sowie Umweltfaktoren beeinflusst. Als entscheidende nichtkognitive Persönlichkeitsmerkmale nennt das Modell Arbeits- und Lerntechniken, Stressbewältigung, Kontrollüberzeugungen, Leistungsmotivation und (Prüfungs-)Angst. Wichtige Umweltmerkmale sind nach Ansicht der Autoren Familie (Bildungsniveau der Eltern, Anregungsgehalt), Schule (Unterrichtsklima, Ausstattung) und kritische Lebensereignisse, die die Entwicklung hoher Begabung hemmen, aber auch fördern können. In dieser Konzeption eines „mehrfaktoriellen Bedingungsmodells der (Hoch-)Begabungs*leistung*" wird Hochbegabung zum Ergebnis des Zusammenspiels zwischen kognitiven und nichtkognitiven Persönlichkeitsmerkmalen sowie Umweltfaktoren. Dies bedeutet ein Wechsel von einem statischen Begabungsmodell, in dem verschiedene Potenziale entscheidend sind, zu einem entwicklungsorientierten Leistungsmodell, das andere Faktoren zur Erklärung mit heranzieht. Die hier wiedergegebene überarbeitete Fassung des Modells (vgl. Abbildung 4) enthält einige zusätzliche Faktoren sowie eine weitere Wechselwirkung zwischen Begabungsfaktoren und Umweltmerkmalen (sic!).

Ziel der Münchner Studie war es, Voraussetzungen und Bedingungen herausragender kognitiver wie auch nichtkognitiver Leistungen zu identifizieren. Damit sollten besondere Leistungen von Hochbegabten umfassend erklärt, aber auch Ansatzpunkte für die Intervention bei spezifischen Lern- und Leistungsschwierigkeiten gefunden werden. Ein solches „Prädiktor-Kriteriums-Paradigma" (Heller 1992, 281) umfasst nach Ansicht der Autoren alle wesentlichen Variablen, die für eine Hochbegabungsdiagnostik notwendig seien, wie sie von der Projektgruppe durchgeführt wurde. Als Ergebnis der Studie stellen Heller und seine Mitarbeiter fest, dass „die meisten Hochbegabungen bereichsspezifisch in Erscheinung treten, also so ge-

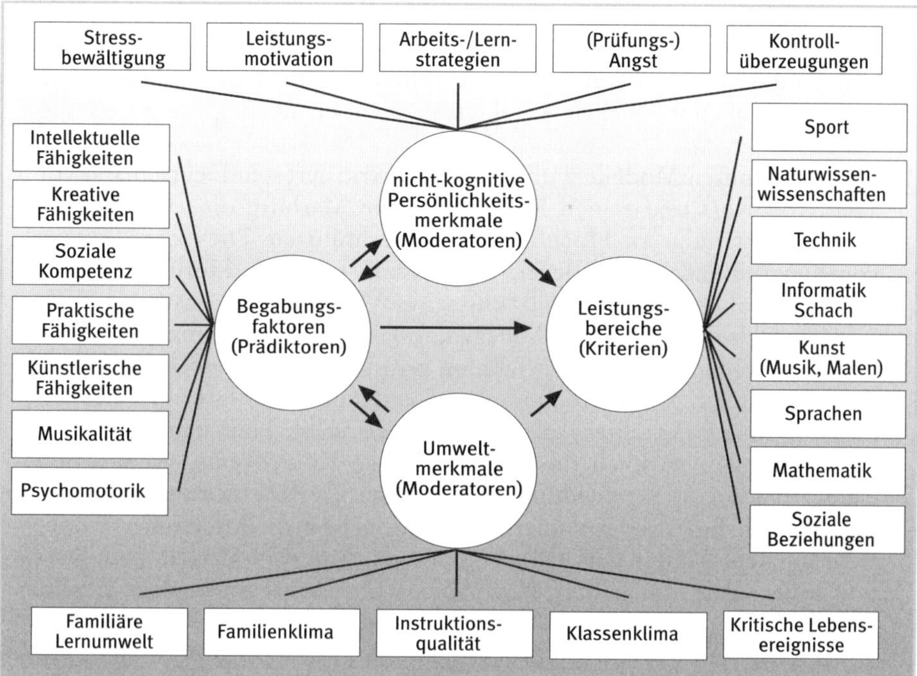


**Abbildung 4:** Das Münchner Begabungsmodell, neuere Fassung (nach Mönks 2001, 11)

nannte universelle Hochbegabungen relativ selten sind" (Heller 1992, 288; Hany 1987).

Damit wurde die einseitige Betonung intellektueller Fähigkeiten in der Definition und Identifikation von Hochbegabung verabschiedet, was der Münchner Studie Anerkennung, aber auch Kritik einbrachte. Der Begriff Hochbegabung, so die Kritik, werde dadurch zunehmend komplexer und unpräziser, wenn die besondere Disposition zu kognitiven, musikalischen, aber auch handwerklichen Leistungen zusammengefasst werde. Außerdem fehle eine wissenschaftliche Definition von Fähigkeitsbereichen wie Musikalität oder Psychomotorik, so dass eine empirische Überprüfung nicht möglich sei. Kreativität schließlich werde nach wie vor kontrovers diskutiert, so dass auch dieser Begriff als Bestandteil einer Konzeption von Hochbegabung problematisch sei (Rost 1991; Tettenborn 1996).

In der Folgezeit wurde das Münchner Begabungsmodell mehrfach überarbeitet und erweitert. Weiterentwicklungen des Modells beziehen Ansätze der weiter unten beschriebenen Expertiseforschung mit ein. Sie berücksichtigen den Verlauf der Entwicklung außergewöhnlicher Leistungen und die dafür erforderlichen aktiven Lernprozesse (Ziegler/Perleth 1997a, b). Die

Vielzahl der in den Modellen aufgeführten Faktoren macht sie sehr komplex und teilweise unübersichtlich. Wie die Faktoren zusammenwirken, können die Modelle dennoch nicht erklären. Letztlich wird nur deutlich, dass es von allen möglichen Aspekten abhängt, ob aus Begabung Leistung wird.

Die genannten Modelle wurden vielfach kritisiert – in Deutschland vor allem von Rost und seinen Kollegen, die in Marburg die zweite große Längsschnittstudie zu Hochbegabung durchführten. Die Vorstellungen von Renzulli und Mönks bezeichnet Rost als trivial und fordert eine genauere Präzisierung des Modells und seiner Variablen. Er konstatiert einen Widerspruch zwischen dem Anliegen, möglichst viele Potenzialträger zu identifizieren und deren Entwicklung positiv zu beeinflussen, und einer Modellvorstellung, die Hochbegabung erst durch erfolgreiches Zusammenwirken der einzelnen Faktoren definiert sieht. Hier handelt es sich allerdings nicht wirklich um eine inhaltliche Kontroverse, sondern um einen Streit um die Verwendung von Begriffen. Zu Recht wird jedoch kritisiert, dass die Beziehungen innerhalb der Modelle nicht differenziert dargestellt werden. Diese Kritik trifft auch auf das Modell von Heller zu. Rost polemisiert, dass es sich im strengen Sinne nicht einmal um Modelle handle. Dies gilt seiner Ansicht nach für viele Modelle von Hochbegabung (Rost 1991). Ob es jedoch sinnvoll ist, aus methodischen Erwägungen völlig auf differenzierte Modellvorstellungen von Hochbegabung zu verzichten, ist zumindest fraglich.

Im Gegensatz zur Münchner Forschungsgruppe und auch zu neueren Aussagen der Intelligenzforschung hält Rost (2000b, 2009) an einem Verständnis von Hochbegabung als hoher allgemeiner Intelligenz fest. Er plädiert „ganz nachdrücklich dafür, den Begriff der Hochbegabung auf das Vorhandensein von statistisch definierten herausragenden intellektuellen Fähigkeiten zu begrenzen“ (2009, 30). Rost lehnt sehr bestimmt mehrfaktorielle Intelligenztests zur Identifikation und Selektion von Hochbegabten ab und begründet diese Ablehnung zum einen mit zahlreichen Untersuchungsergebnissen, die die prognostische Validität der allgemeinen Intelligenz für späteren Erfolg belegen, zum anderen mit methodischen Problemen. Er fasst zusammen, „dass Tests zur Erfassung der Allgemeinbegabung die besten singulären Prädiktoren für den überhaupt aufklärbaren (d.h. systematischen) Varianzanteil vielfältiger Leistungskriterien in unserer Gesellschaft darstellen“ (Rost 2000b, 21). Die einzelnen Faktoren von mehrfaktoriellen Intelligenzmodellen sind seiner Ansicht nach weder hinreichend reliabel noch hinreichend valide zu erfassen. Darüber hinaus seien die Stabilität von Profilen sowie Korrelationen von Untertests oft unklar. Mehrfaktorielle Verfahren würden daher die Entscheidung, ob jemand hochbegabt oder nicht hochbegabt zu nennen sei, unnötig verkomplizieren.

## Wissen ist der Schlüssel zum Können: Expertiseforschung

Ein anderer Zugang zum Thema Begabung und Leistung ist die *Expertiseforschung*. Ein Experte ist eine Person, die auf einem Gebiet Herausragendes leistet. Die Expertiseforschung versucht zu ergründen, wie solche Leistungen entstehen und wodurch sie sich charakterisieren lassen. Relativ häufig wird dazu der Vergleich zu Novizen, also mit Menschen, die in diesem Gebiet bislang keine herausragenden Leistungen erbracht haben, gezogen. Der Vergleich soll die Frage, was Novizen und Experten in ihrem Denken unterscheidet, beantworten. Untersuchungen zeigen, dass es qualitative Unterschiede in der Organisation des Wissens und in Problemlösestrategien gibt, wobei allerdings jahrelanges Lernen und Trainieren notwendig sind. Um Expertise zu erlangen, sind etwa zehn Jahre Vorbereitung und Üben sowie die Unterstützung von Eltern, Lehrern und anderen Institutionen erforderlich – und dies gilt für Hochbegabte gleichermaßen. Neben ausgeprägten kognitiven Fähigkeiten braucht es dazu auch Neugier, hohe Motivation und Ausdauer (Waldmann/Weinert 1990; Schneider 1992, 2000).

In der Expertiseforschung wurde der Begriff „Begabung“ allerdings ursprünglich nicht verwendet. Noch weniger Sinn macht in dieser Sichtweise der Begriff *Hochbegabung*, da davon ausgegangen wird, dass herausragende Leistungen in erster Linie auf Grund von jahrelangem Training erzielt werden. Nicht zuletzt deshalb nimmt die Expertiseforschung bei der Entwicklung von Modellvorstellungen zu Hochbegabung bislang nicht den zentralen Platz ein, der ihr möglicherweise zukommen könnte. Zwar ist inzwischen nicht mehr umstritten, dass auch die höchste Begabung sich nicht in hohen Leistungen zeigen wird, wenn sie nicht durch kontinuierliches Training entwickelt und zum Ausdruck gebracht wird. Dennoch gibt es nach wie vor erhebliche Kontroversen über die Frage der Bedeutung angeborener Begabung für besondere Leistungen, wie eine Diskussion unter zahlreichen bekannten Experten in dem angesehenen Fachblatt „Behavioural and Brain Sciences“ zeigte. Howe et al. (1998) kamen in ihrem Leitartikel auf der Grundlage eines breiten Überblicks über die vorliegende Datenlage zum Schluss, dass die Annahme von „angeborenen Talenten“ („innate talents“) eine Fiktion sei und durch empirische Ergebnisse nicht hinreichend unterstützt wird. Sie belegen das u.a. mit Untersuchungen zu herausragenden musikalischen Fähigkeiten. Andere Autoren widersprachen zum Teil sehr heftig. Angeführt wurde, dass herausragende Fähigkeiten nicht nur mit Förderung und Übung allein erklärt werden können, da selbst bei gleicher Förderung und gleichem Übungsumfang Individuen sehr unterschiedliche Ergebnisse erzielen. Stattdessen müssen weitere Faktoren wie Motivation oder Anstrengungsbereitschaft in Betracht gezogen werden – oder eben doch angeborene besondere Fähigkeiten.

Die neuere Intelligenzforschung greift den Aspekt des Übens und des Aufbaus einer intelligenten Wissensbasis auf und gibt bereichsspezifischen Fähigkeiten große Bedeutung. Aufbauend auf dem Ansatz von Ceci (1996) stellt Stern (2001) zum einen anhand von Untersuchungen im schulischen Matheunterricht dar, dass Vorwissen die entscheidende Voraussetzung für gute Leistungen ist. Zum anderen meint sie, dass der Zugang zu anspruchsvollen akademischen Wissensgebieten in der Regel Fähigkeiten in verschiedenen Kompetenzbereichen voraussetzt. Andererseits kann die Annahme, dass die allgemeine Intelligenz auf der Ausbildung konkreter, spezifischer Fähigkeiten aufbaut, auch Spezial- und Sonderbegabungen erklären. Die Bedeutung spezifischer Fähigkeitsbereiche unterstützen auch US-amerikanische Untersuchungen von Hoch- und Höchstbegabten. Die Erfassung spezifischer Fähigkeiten und das Verhältnis von Teilbegabungen zueinander ermöglicht eine wesentlich bessere Vorhersage ihrer zukünftigen Entwicklung insbesondere bei der Studien- und Berufswahl (Lubinski et al. 2001b). Die Definition von Hochbegabung nur durch einen festen Wert für allgemeine Intelligenz kann dagegen dazu führen, dass hohe Begabung in spezifischen kognitiven Fähigkeitsbereichen übersehen wird.

## Hochbegabung als „developing expertise“

Ein integratives Modell, das Hochbegabung an der Schnittstelle von Begabung und Expertise ansiedelt, wurde von Sternberg (2000, 2001) vorgelegt. Sternberg, einer der führenden Vertreter der kognitionspsychologisch orientierten Hochbegabungsforschung, legt einen theoretischen Ansatz vor, der die Beziehung zwischen Begabung und Expertise klären soll. Beide Konstrukte werden als vollständig miteinander verflochten angesehen („completely intertwined“, Sternberg 2001, 160). Unter „sich entwickelnder Expertise“ versteht Sternberg den fortlaufenden Prozess des Erwerbs und der Konsolidierung von Fähigkeiten, die für ein hohes Leistungsniveau in einem oder mehreren Lebensbereichen verantwortlich sind. Begabte Individuen definiert er dabei wie folgt: „Begabte Individuen sind die, die Expertise schneller erwerben, bis zu einem höheren Niveau oder zu einem qualitativ anderen Niveau als nichtbegabte Individuen“ (Sternberg 2001, 161). Wesentliche Voraussetzung für die Entwicklung von Expertise ist dabei nicht ein bestimmtes, von vornherein festgelegtes Begabungspotenzial, sondern zielgerichtetes Engagement, das mit direkter Unterweisung, aktiver Partizipation, Rollenvorbildern und Belohnung einhergeht.

Das Modell der „sich entwickelnden Expertise“ enthält fünf Schlüsselvariablen, die in großem Ausmaß als bereichsspezifisch angesehen werden: *metakognitive Fähigkeiten*, *Lernfähigkeiten*, *Denkfähigkeiten*, *Wissen* und als zentrales Element *Motivation*. Der Weg vom Novizen zum Experten wird nicht nur einmal zurückgelegt, sondern auf immer höherem Niveau

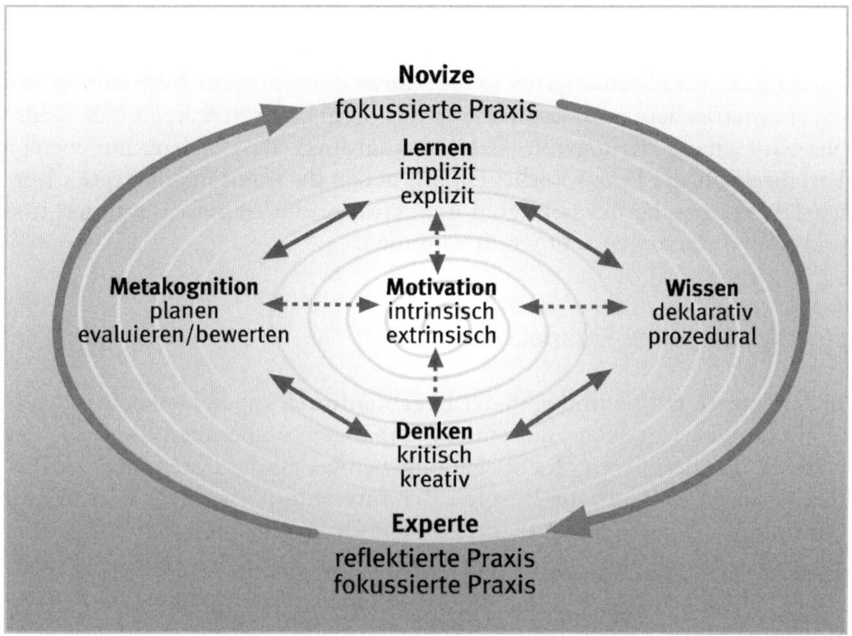


**Abbildung 5:** Das Modell der sich entwickelnden Expertise (nach Sternberg 2001, 163)

wiederholt durchlaufen. Entscheidend ist dabei nicht zuletzt der interaktionale, soziale und kulturelle Kontext, in dem sich Expertise entwickelt (vgl. Abbildung 5; Sternberg 2001, 162ff).

Sternberg (2001) kritisiert die Konzeption allgemeiner Intelligenz als stabiler und entscheidender Struktur menschlicher Intelligenz und begründet dies unter anderem mit interkulturellen Vergleichsstudien. Seiner Ansicht nach repräsentieren intellektuelle und praktische Intelligenz verschiedene Formen sich entwickelnder Expertise. Üblicherweise – d. h. in den schulischen und akademischen Kontexten, in denen die meisten Untersuchungen durchgeführt werden – entwickeln sie sich gemeinsam, aber in besonderen Umständen (z. B. bei Straßenkindern in Brasilien oder Kindern im ländlichen Kenia) können sie sich getrennt voneinander oder sogar entgegengesetzt entwickeln. In diesen Fällen ergibt die Erfassung der allgemeinen Intelligenz kein realistisches Abbild tatsächlicher Fähigkeiten. Wie erfolgreich jemand ist, hängt in entscheidendem Maße davon ab, in welchem Kontext er seine Fähigkeiten entwickeln muss. Sternberg hält es daher für unsinnig, von Hochbegabten als einer singulären Gruppe zu sprechen (Sternberg 2001, 167ff). Stattdessen plädiert er für eine Erweiterung des Blickwinkels auf unterschiedliche Aspekte sich entwickelnder Expertise, die in verschiedenen Kontexten unterschiedlich zum Ausdruck kommen kann.

Der Entwurf Sternbergs überzeugt durch die gelungene Verbindung von psychometrischen und kognitionspsychologischen Ansätzen der Begabungsforschung. Kritisieren lässt sich allerdings, dass bislang nur wenige Verfahren für die Praxis vorliegen, mit denen die im breit angelegten Entwurf Sternbergs berücksichtigten Aspekte erprobt, empirisch validiert und praktisch nutzbar gemacht werden können.

## Eine systemische Perspektive

In den letzten Jahren finden in der Begabtenförderung in Deutschland systemische Überlegungen zunehmend Anhänger. Sie betonen die Rolle der Umwelt und definieren Hochbegabung weniger als das Potential einer Person, sondern vielmehr als Resultat der Interaktion zwischen Person und Umwelt. Ziegler (2005) entwickelt auf der Grundlage dieser Überlegungen ein „Aktiotop-Modell". Im Mittelpunkt dieses Modells stehen die Handlungen, die die Entwicklung von Leistungsexzellenz ermöglichen. Um zu erklären, wie hochbegabte Leistungen zustande kommen, werden vier Komponenten angenommen: das Handlungsrepertoire, der subjektive Handlungsraum, Ziele und die Umwelt. Das Handlungsrepertoire umfasst sämtliche Handlungen, die eine Person durchführen kann. Ziele sind zunächst auf die Befriedigung primärer Bedürfnisse (Essen, Schlafen usw.) gerichtet. Für die Entwicklung von Leistungsexzellenz müssen die Ziele allerdings darauf gerichtet sein, das Handlungsrepertoire in einer bestimmten Domäne weiterzuentwickeln. Die dritte Komponente ist die Umwelt, in der das Handlungsrepertoire erweitert wird (Lerngelegenheiten, Ausstattung und Material, Trainer bzw. Mentoren). Die vierte Komponente schließlich bildet der subjektive Handlungsraum. Damit sind alle potentiellen Handlungen gemeint, die zum Erreichen der anvisierten Ziele in der jeweiligen Umwelt möglich sind. Zentral ist für Ziegler die „Koevolution der Komponenten": „Wenn ein Lernschritt gemeistert ist, muss das erweiterte Handlungsrepertoire im subjektiven Handlungsraum abgebildet werden. Ferner muss ein neues (Lern)Ziel gesetzt werden, das sich auf den nun folgenden Lernschritt bezieht. Und schließlich muss die Lernumgebung so gestaltet werden, dass dieser nächste Lernschritt möglich wird" (Ziegler 2008, 56).

Die Betonung der Bedeutung von Umweltfaktoren, Zielen und Interaktionen ist allerdings nicht neu. Systemisches Denken hat seit langem in den unterschiedlichsten Bereichen Einzug genommen. In der Erziehungs- und Familienberatung, in der Psychotherapie sowie in Organisationsberatung und Managementtrainings gilt systemisches Denken inzwischen vielfach als Basiskompetenz – es sollte damit auch in der Beratung und Begleitung hochbegabter Kinder und Jugendlicher selbstverständlich sein. Insbesondere das Denken in Ursache und Wirkung als eine lineare Denkweise, die durch die Frage „Warum?“ erforscht wird, wird dabei durch die Frage „Wie funktioniert dieses System?“ ersetzt. Die Herausforderung besteht darin, zu konkretisieren, wie dies in der Beratung und Förderung von Begabten umgesetzt werden kann und welche Faktoren des jeweiligen „Systems“ dabei zu berücksichtigen sind.

## Begabung: Mehr als das Potenzial zu Hochleistung

In den bislang vorliegenden Modellen zu Hochbegabung steht immer wieder im Vordergrund, wie aus Begabung Leistung wird bzw. werden kann. Aber inwieweit geht es überhaupt darum, wenn wir Hochbegabung und hochbegabte Menschen verstehen und begleiten wollen? Ist es das entscheidende Ziel von Begabtenförderung, Menschen zu herausragenden intellektuellen Leistungen zu befähigen (vgl. Kapitel 7.1), und ist eine Berücksichtigung nicht-kognitiver Faktoren dabei bestenfalls „Mittel zum Zweck“?

Es ist auch eine andere Perspektive möglich. Wir schlagen vor, bei der Konzeptionalisierung von Hochbegabung emotionale und soziale Faktoren gleichberechtigt neben kognitiven Faktoren zu berücksichtigen.

Ausgangspunkt für die nachfolgenden Überlegungen ist das Selbstkonzept der Begabung. Dieses bildet sich im Laufe der individuellen Entwicklung in der Wechselwirkung zwischen den eigenen erlebten Kompetenzen und den Reaktionen der Umwelt. Das Gefühl kompetent zu sein, ist ein grundlegendes menschliches Bedürfnis. Die Einschätzung der eigenen Fähigkeiten kann jedoch mehr oder weniger realistisch sein. Ein Kind kann sich für ganz „großartig“ halten, aber „nur“ durchschnittliche Fähigkeiten haben. Umgekehrt können sich Kinder mit herausragendem intellektuellen Potential als „ganz normal“ einschätzen oder sogar meinen, sie seien „dumm“. Dies hat große Auswirkungen auf ihr konkretes Handeln, das in vieler Hinsicht nicht in erster Linie vom kognitiven Potential, sondern entscheidend von der Einschätzung der eigenen Fähigkeiten – also dem Selbstkonzept – bestimmt ist.

Ein Schlüsselbegriff ist dabei das Konzept der Selbstwirksamkeit (Bandura 1986, 1997). Selbstwirksamkeit bezeichnet das Vertrauen in die eigenen Möglichkeiten und Kompetenzen, Anforderungen zu bewältigen und eigene Ziele erreichen zu können. Sie lässt sich als wesentlicher Teil der Selbstentwicklung verstehen. Für die Entwicklung der Selbstwirksamkeitsüberzeugung und damit das Vertrauen in die eigenen Fähigkeiten ist die mittlere Kindheit eine besonders wichtige Zeit. Flammer (1996) ist der Ansicht, dass der früheste schulische Leistungsbereich – von der Einschulung bis zum Ende der Grundschulzeit – von entscheidender Bedeutung ist, da in der Schule „viel Wert auf […] präzise Rückmeldung“ gelegt wird und

„die entsprechenden Konzepte (‚sich Mühe geben', […], ‚schwierige Aufgabe' etc.) häufig sprachlich formuliert werden und damit für die Kinder als Erkenntnis- und Interpretationskategorien leicht zur Hand sind" (1996, 261).

Die Erfahrung von Kompetenz bzw. Wirksamkeit hat zentrale Bedeutung für die Motivation. Wer glaubt, dass er bestimmte Dinge erreichen kann, setzt sich auch Ziele, und wer sich ein Ziel setzt, ist auch bereit, dafür Anstrengung auf sich zu nehmen und bei Schwierigkeiten nicht aufzugeben. Dies ist insbesondere für das Verständnis von Underachievement wichtig (vgl. Kapitel 6.2).

Dass man über bestimmte Kompetenzen verfügt, ist allerdings nicht genug. In der Selbstbestimmungstheorie wird darauf hingewiesen, dass zwei weitere Dinge entscheidend sind: das Streben nach sozialer Eingebundenheit und das Streben nach autonomer Handlungsregulation (Deci/Ryan 1993; Krapp/Ryan 2002). Die Autoren sprechen hier von Grundbedürfnissen („basic needs"), deren Erfüllung die Voraussetzung dafür darstellt, sich wohl zu fühlen und mit sich und der Entwicklung, die man nimmt, im Reinen und zufrieden zu sein.

Hier kommt die emotionale Entwicklung in den Blick. So benötigen Menschen Anerkennung für ihre Kompetenzen, aber auch das Gefühl, unabhängig von besonderen Leistungen angenommen zu werden wie sie sind. Gelingende Beziehungen und Bindungen sind für Entwicklung von Begabung von zentraler Bedeutung. Dies beginnt mit sicheren Bindungen an die ersten Bezugspersonen in der Familie und setzt sich mit verlässlichen Beziehungen zu pädagogischen Bezugspersonen fort. Ein Beispiel dafür sind Mentoring-Programme, mit denen begabte Jugendliche und Erwachsene gezielt gefördert werden sollen.

Für eine Konzeptualisierung von Begabung und Hochbegabung bedeutet dies, dass es nicht ausreichend ist, Fragen des Erwerbs von Kompetenzen und Expertise nur auf der kognitiven Ebene zu betrachten. Genauso wichtig ist eine gelingende emotionale Entwicklung sowie das Bedürfnis, als soziales Wesen wahrgenommen zu werden und einer relevanten Bezugsgruppe anzugehören. Krapp und Ryan (2002) betonen, dass „insbesondere die frühen Stadien der Entwicklung einer auf Selbstbestimmung beruhenden Motivation sowie die Annäherung an neue Interessengegenstände […] zu einem wesentlichen Teil auf dem Bedürfnis nach sozialer Eingebundenheit beruhen" (2002, 73).

Begabtenförderung kann sich daher nicht darauf beschränken, kognitive Fördermaßnahmen bereit zu stellen. Sie ist statt dessen aufgefordert, Beziehung und Bindung sowie soziale Integration als gleichwertige Entwicklungsziele neben kognitiven Zielen anzuerkennen und konzeptionell zu berücksichtigen (vgl. Abbildung 6).

Dies wird durch die Aussagen von SchülerInnen illustriert, die an von der Autorin durchgeführten Aufnahmeverfahren für Modell- oder Sonderklas-

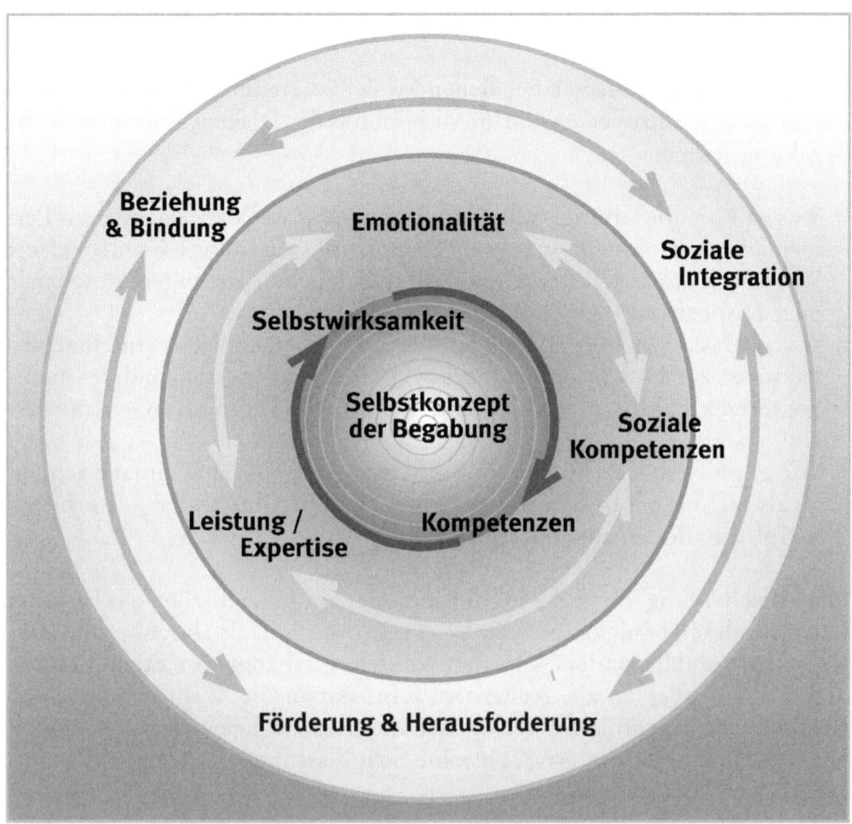


**Abbildung 6:** Begabung im sozial-emotionalen Kontext

sen für besonders begabte SchülerInnen teilnehmen. Auf die Frage danach, warum sie sich für das Angebot bewerben, nennen sie immer wieder drei zentrale Aspekte:

- sie erleben ihre bisherige Schulumgebung als langweilig und suchen neue Angebote und Herausforderungen (Förderung und Herausforderung)
- sie möchten Teil einer Gruppe von Gleichgesinnten sein, die ähnlich wie sie Interesse am Lernen und an neuen Erfahrungen hat (soziale Integration)
- und sie wünschen sich PädagogInnen, die sich für sie interessieren und sie in ihren Interessen begleiten (Beziehung und Bindung).

## Fazit

Es sind, wenn man die verschiedenen Modellvorstellungen betrachtet, drei Fragen oder Kontroversen, die im Mittelpunkt der Diskussionen um Hochbegabung stehen:

- Was ist Hochbegabung? Sollte Hochbegabung als Potenzial oder als Performanz verstanden werden (Dispositions-Leistungs-Kontroverse)? Wie sehr kann aus Testergebnissen auf mögliche Leistungen, Potenziale oder Dispositionen geschlossen werden?
- Was umfasst Hochbegabung? Sollten lediglich spezifische (Intelligenz-) Faktoren zur Definition herangezogen oder müssen auch andere (nichtkognitive) Faktoren berücksichtigt werden (Spezifitäts-Generalitäts-Kontroverse)?
- Wie entwickelt sich Hochbegabung? Sind Hochbegabte einfach schneller als nicht Hochbegabte, oder lernen Hochbegabte anders, verarbeiten sie Informationen auf andere Weise?

Die Entscheidung, ob und wie ein Kind oder ein Jugendlicher, das bzw. der mit besonderen Fähigkeiten oder Leistungen auffällt, als „hochbegabt" diagnostiziert und besonders gefördert werden soll, hängt vom Standpunkt in diesen Kontroversen ab. Außerdem wird davon die Wahrnehmung von Kindern und Jugendlichen beeinflusst, die trotz nachgewiesener Fähigkeiten (z.B. in Intelligenztests) schlechte Schulleistungen erbringen. Zusammenfassend lässt sich feststellen:

- Dispositionen oder potenzielle Fähigkeiten sind wissenschafts- und testtheoretisch a priori nicht zu erfassen, sondern nur indirekt zu erschließen.
- Alle Modelle gehen letztlich davon aus, dass eine hohe Leistung in Intelligenztests für die Bestimmung von Hochbegabung entscheidend und die Messung von Intelligenz prinzipiell möglich ist. Eine Person mit durchschnittlichen Testwerten wird nicht als hochbegabt angesehen. Unterschiede bestehen lediglich darin, welche Aspekte von Intelligenz zusätzlich untersucht, welche Verfahren dafür eingesetzt und was als Grenzwert festgelegt wird.
- Unabhängig davon, in welchem Umfang eine besondere Förderung von Hochbegabten als notwendig erachtet wird, wird die Bedeutung von Umweltfaktoren und Wechselwirkungen zwischen Individuum und Umwelt für das Erbringen hoher Leistungen nicht bestritten.
- Alle Modelle berücksichtigen schließlich, dass es Personen gibt, die ihr Potenzial nicht angemessen in Leistungen umsetzen können, ob diese nun „Underachiever" genannt werden oder nicht.

## 4.3 Bildung, Begabung und Geschlecht

### Jungen: Bildungsverlierer, aber häufiger hochbegabt?

Medienberichte zum Thema Schulleistungen haben in den letzten Jahren ein Thema in den Blickpunkt gerückt, das in der Bildungsdiskussion lange übersehen wurde: Bildung hat ein Geschlecht – und sie ist weiblich. Jungen werden als „Bildungsverlierer" bezeichnet, die Opfer einer „Feminisierung" des Schulbetriebs geworden seien. Richtig daran ist, dass Jungen sowohl in der Schule als auch bei nationalen und internationalen Vergleichsstudien schlechter abschneiden als Mädchen. So sind sie an Haupt- und Sonderschulen deutlich überrepräsentiert, wogegen Mädchen an Gymnasien überwiegen, und verlassen viel häufiger die Schule ohne Abschluss (Diefenbach 2008). Es stimmt auch, dass an Schulen, insbesondere Grundschulen, immer weniger Männer als Lehrer arbeiten, und Kindertageseinrichtungen waren sowieso immer schon eine Frauendomäne (Rohrmann 2008a, 2008b). Die Diskussion darüber nimmt zuweilen dramatische Züge an, wenn z. B. in Buchveröffentlichungen schlicht von einer „Jungenkatastrophe" gesprochen wird (Beuster 2006). Sie hat aber inzwischen auch zu differenzierter Forschung (Budde/Mammes 2009; Schultheis et al. 2006) und zu pädagogischen Konsequenzen geführt (Pech 2009). Auch die Bundesregierung hat Jungenförderung inzwischen als ein wichtiges Thema erkannt.

Obwohl die Fakten, die ein anderes Licht auf die Situation von Jungen werfen, schon seit längerem bekannt sind, wurden Zusammenhänge zwischen Bildung und Geschlecht bis vor kurzem meist unter dem Gesichtspunkt der Benachteiligung von Mädchen thematisiert. So wird seit längerem darauf hingewiesen, dass viele Mädchen auch bei guten Schulleistungen ein geringeres Selbstvertrauen entwickeln und sich nach wie vor für Ausbildungswege, Studiengänge und Berufe mit schlechteren Gehalts- und Aufstiegsmöglichkeiten entscheiden. Im Alltag dominieren nach wie vor oft Jungen das Geschehen in der Klasse, und Potenziale von Mädchen werden seltener entdeckt und aufgegriffen, weil Mädchen angepasster sind und sich weniger auffällig verhalten. Dass heute mehr Mädchen Abitur machen, hat daran nichts geändert. Anstatt die Benachteiligungen der Geschlechter gegeneinander aufzurechnen, muss daher ein differenzierender Blick auf die je spezifischen Chancen und Risiken beider Geschlechter entwickelt werden.

In der Forschung und Praxis zu Hochbegabung und Begabtenförderung ist dieser Perspektivenwechsel noch nicht angekommen. Wenn auf Tagungen oder in Veröffentlichungen überhaupt Geschlechtsunterschiede thematisiert werden, geht es meist um die Förderung von Mädchen. Gleichzeitig stellt sich die Situation in der Praxis auch anders dar. Im Gegensatz zum allgemeinen Trend zu besseren Leistungen von Mädchen überwiegen überall da, wo es um Hochbegabung geht, die Jungen. Sie werden zwei- bis dreimal so häufig wie Mädchen in Beratungsstellen vorgestellt und zur diagnostischen Überprüfung auf Hochbegabung angemeldet; dies ist noch etwas höher als der Jungenanteil an allgemeinen Erziehungsberatungsstellen, der etwa zwei Drittel beträgt (Schilling et al. 2002; Stapf 2003). Die Autorin kann dies aus ihrer langjährigen Beratungstätigkeit bestätigen. Von den knapp 800 Kindern und Jugendlichen, die seit Erscheinen der ersten Auflage dieses Buches zur diagnostischen Untersuchung auf Hochbegabung angemeldet oder im Rahmen von Auswahlverfahren für Modellklassen für Hochbegabte diagnostisch untersucht wurden, waren etwa drei Viertel Jungen. Vor diesem Hintergrund ist es nicht überraschend, dass Jungen den größeren Anteil der TeilnehmerInnen von Sonderkursen und Wettbewerben stellen, insbesondere im naturwissenschaftlichen Bereich (z.B. Heilmann 1999, 87), und in vielen Sonderfördermaßnahmen für Hochbegabte überrepräsentiert sind. Entgegen der gesellschaftlichen Entwicklung zu mehr Gleichberechtigung ist dieser Trend nach Erfahrung der Autorin aus ihrer eigenen Beratungsarbeit und Berichten von Kollegen aus anderen Beratungsstellen nicht nur ungebrochen, sondern in den letzten Jahren sogar verstärkt zu beobachten. Besonders deutlich wird eine Benachteiligung von Mädchen, wenn es um die kostspielige Finanzierung von nicht staatlich geförderten Internatsplätzen in der Sekundarstufe I und II geht.

## Geschlechtstypische Sozialisation

Wie lässt sich der Widerspruch erklären, dass Mädchen besser in der Schule sind, aber weniger als hochbegabt in Erscheinung treten? Manche Wissenschaftler vertreten die Ansicht, dass die Verteilung der allgemeinen Intelligenz bei den Geschlechtern unterschiedlich und die Streuung beim männlichen Geschlecht größer ist. Dies hätte zur Folge, dass an den extremen Enden des Begabungsspektrums Jungen an beiden Seiten überwiegen, und könnte erklären, warum sowohl Hochbegabte als auch leistungsschwache Schüler häufiger Jungen sind (Kasten 1998, 157f). Eine umfangreiche Studie von Jensen (1998) ergab keine Belege für diese Annahme: Weder in der durchschnittlichen Höhe noch in der Variabilität der allgemeinen Intelligenz ließen sich Geschlechtsunterschiede nachweisen. Stöger (2007) fasst für eine Analyse von Berufkarrieren begabter Frauen den Forschungsstand zusammen und stellt fest, dass „nach Auspartialisierung von Sozialisationseinflüssen keine Geschlechtsunterschiede bezüglich der Begabung von Mädchen/Frauen und Jungen/Männern bestehen (2007, 277).

Rost (2009, 174) ist dagegen der Ansicht, dass ideologische Gründe („political correctness") dafür verantwortlich seien, dass heutige Intelligenztests keine Hinweise auf Geschlechterunterschiede in der allgemeinen Intelligenz gäben. Nicht passende Items würden schlicht bei der Testkonstruktion eliminiert. Rost führt Studien an, die einen (wenn auch geringen) Mittelwertunterschied zugunsten von Jungen und Männern berichten; dieser Unterschied führt zusammen mit der größeren Streuung beim männlichen Geschlecht zu ihrer Überrepräsentanz in der Gruppe der Hochbegabten. Rost (2009, 182) spricht in diesem Zusammenhang auch das größere Gewicht und die höhere Neuronenzahl des männlichen Gehirns an (ohne darauf einzugehen, dass diese Merkmale nicht nur mit kognitiven Fähigkeiten, sondern erheblich mit anderen körperlichen Geschlechterunterschieden zusammen hängen).

Zu wenig bedacht wird in diesen Auseinandersetzungen, dass Intelligenz immer ein Konstrukt ist und daher nicht unabhängig von ethischen und normativen Setzungen zu verstehen ist. Was als „Intelligenz“ bezeichnet wird, unterliegt historischen Veränderungen, die ja gerade für die Geschlechterverhältnisse besonders bedeutsam sind. Daher kann es keine „geschlechtsneutrale“ Definition von Intelligenz geben; vielmehr muss immer wieder neu reflektiert werden, wie Intelligenzdefinitionen durch kulturelle Konstruktionen von Geschlecht bedingt sind.

Unabhängig davon ist unumstritten, dass das Phänomen mit Aspekten geschlechtstypischer Entwicklung und Sozialisation in Elternhaus und Schule zusammenhängt. Obwohl sich heute Eltern und PädagogInnen oft „starke Mädchen“ wünschen, werden viele Mädchen nach wie vor auf subtile Weise dazu erzogen, nicht aufzufallen. Viele überdurchschnittlich begabte Mädchen passen sich in ihren Leistungen und Interessen häufig an den Durchschnitt der Mädchengruppe an. Auch wenn sie sich langweilen, fangen sie nicht gleich an, den Unterricht zu stören.

In der männlichen Sozialisation spielt die Notwendigkeit, sich als Junge ständig öffentlich darzustellen, eine entscheidende Rolle. Ihre im Durchschnitt deutlich schlechteren Schulleistungen können damit zusammenhängen, dass es für sie nicht „männlich“ ist, sich an die Anforderungen der Schule anzupassen (Budde 2005; Kaiser 2005; Schnack/Neutzling 2000). Die Zuwendung von Lehrkräften ist ihnen trotzdem sicher – wenn nicht wegen guter Leistungen, dann auf Grund ihres auffälligen Verhaltens. Schon seit langem zeigen Studien, dass Jungen in der Schule mehr Aufmerksamkeit erhalten als Mädchen (Faulstich-Wieland 1995, 125ff). Dies wird bereits im Kindergarten beobachtet. Kindertageseinrichtungen sind zwar weiblich dominierte Räume, in denen typische Interessen von Jungen oft zu kurz kommen. Dennoch zieht ein Teil der Jungen mit auffälligem und störendem Verhalten einen Großteil der Aufmerksamkeit der Erzieherinnen auf sich (Rohrmann 2008a).

Vielleicht sind Mädchen im Durchschnitt besser in der Schule als Jungen, weil die stereotypen Vorstellungen von einem „guten Schüler“ eher zum Bild eines „richtigen Mädchens“ passen als zu dem eines „richtigen Jungen“. Als „hochbegabt“ gelten sie deshalb noch lange nicht. Wesentlich sind in diesem Zusammenhang geschlechtstypisch unterschiedliche Attributionen von Erfolg und Misserfolg. Bei Mädchen werden besonders gute Leistungen von Erwachsenen eher auf Fleiß als auf Begabung zurückgeführt, also auf die eigene Anstrengung. Mädchen übernehmen diese Einstellung und glauben, dass Erfolg auf eigener Anstrengung und dem Wohlwollen der Lehrkräfte beruht. Ungenügende Leistungen sehen sie dagegen eher als persönliche Eigenschaft an: „Ich bin halt zu dumm dafür." Dies kann mit erklären, warum es vielen Mädchen trotz guter Schulleistungen nicht gelingt, ihre Erfolge zum Aufbau eines stabilen Selbstwertgefühls zu nutzen (Freeman 2001; Helmke 1998; Horstkemper 1987; Peters et al. 2000; Stürzer 2003). Bei Jungen wird bei besonders guten Leistungen eher von Begabung ausgegangen („ein schlaues Kerlchen!"). Schlechte Leistungen werden dagegen eher mit mangelnder Anstrengung erklärt („er könnte viel besser, wenn er nur wollte ..."). Das ermöglicht manchen Jungen, ein positives Selbstbild auch trotz schlechter Leistungen aufrechtzuerhalten („eigentlich hätte ich es ja gekonnt, wenn ich mich nur etwas mehr angestrengt hätte"). Diese Attributionen sind der Hintergrund von Gegensatzpaaren wie dem „fleißigen Lieschen" und dem „pfiffigen Kerl" auf der einen Seite, der „dummen Liese" und dem „faulen Bengel" auf der anderen.

Im Gegensatz zu Unterschieden in der allgemeinen Intelligenz wurden Geschlechtsunterschiede in spezifischen kognitiven Fähigkeiten vielfach gefunden (Eliot 2001, 211; Holling et al. 2004, 41ff; Rost 2009, 174–186; Stapf 2003, 72ff). So zeigen sich Mädchen und Frauen bei verbalen Fähigkeiten überlegen, Jungen und Männer dagegen bei räumlichen Fähigkeiten. Im Bereich der mathematischen Fähigkeiten sind erst bei älteren Jugendlichen und Erwachsenen Unterschiede zugunsten des männlichen Geschlechts festzustellen. Am deutlichsten sind diese im oberen und obersten Bereich des Fähigkeitsspektrums ausgeprägt. Insgesamt sind die gefundenen Geschlechtsunterschiede eher gering, und die Ergebnisse verschiedener Untersuchungen stimmen nicht immer überein. Neuere Forschungen weisen zudem darauf hin, dass sich die Leistungen der Geschlechter in den letzten Jahren aneinander angeglichen haben. Es ist daher nicht überraschend, dass nach wie vor keine Einigkeit darüber besteht, inwieweit solche Geschlechtsunterschiede angeboren sind oder von Lernerfahrungen und Umweltfaktoren herrühren.

Dass geschlechtstypische Sozialisation auch zu Unterschieden in der Intelligenzentwicklung beitragen kann, ist zumindest nahe liegend. Schon im Vorschulalter sind geschlechtstypische Orientierungen zu beobachten, die sich über die ganze Schulzeit weiter entwickeln und bis ins Erwachsenenalter hinein auswirken. Eltern, Erzieherinnen und Lehrkräfte behandeln Jungen und Mädchen nach wie vor unterschiedlich, auch wenn sie bewusst möglicherweise sogar das Gegenteil anstreben. So sprechen Mütter mehr und differenzierter mit ihren Töchtern, insbesondere über Gefühle. Väter wiederum verwenden kognitiv mehr herausfordernde Sprache, wenn sie mit ihren Söhnen sprechen; mit ihren Töchtern sprechen sie insgesamt weniger. Bei naturwissenschaftlichen Themen wiederum gehen Eltern davon aus, dass diese für ihre Töchter weniger interessant und schwieriger sind als für ihre Söhne, obwohl sich die Kinder selbst in ihren Fähigkeiten und Interessen nicht unterscheiden (Carli/Bukatko 2000; Tenenbaum/Leaper 2003).

Eine zentrale Rolle spielen außerdem die gleichgeschlechtlichen Gruppen, in denen Mädchen wie Jungen einen großen Teil ihrer freien Zeit verbringen. Möglicherweise sind zum Beispiel die räumlich-visuellen Fähigkeiten von Jungen im Durchschnitt besser, weil sie deutlich mehr raufen und toben als Mädchen. Insbesondere im Grundschulalter betonen die meisten Jungen wie Mädchen die Unterschiede zwischen den Geschlechtern und bevorzugen gleichgeschlechtliche Partner für Spiel und Arbeit (Maccoby 2000; Rohrmann 2008a). Auch in der Jugend sind die gleichgeschlechtlichen Peers der entscheidende Maßstab, an dem das eigene Verhalten gemessen wird. Alle diese Faktoren wirken sich auf Interessen, Leistungen und schließlich auch auf die Berufswahl aus. Schon als Kinder wollen viele Mädchen „Ärztin“ oder auch „Tierärztin“ werden, wogegen Jungen sich mehr für technische Berufe interessieren. Tatsächlich sind dann später Berufswahl und Studienziele nach wie vor sehr geschlechtstypisch geprägt.

## Geschlechtsunterschiede bei Hochbegabten

Die geschilderten Zusammenhänge sind bei Jungen und Mädchen ganz allgemein festzustellen. Gelten sie auch für Hochbegabte? Manchmal wird behauptet, dass hochbegabte Mädchen mehr „männliche“ Interessen hätten als andere Mädchen oder Geschlechtsunterschiede unter Hochbegabten deutlich geringer ausgeprägt seien als im Durchschnitt. Die Belege dafür sind allerdings eher schwach. Untersuchungen zeigen statt dessen deutliche geschlechtstypische Unterschiede in den Spielvorlieben, Interessen und im Arbeitsstil von hochbegabten Mädchen und Jungen.

Stapf (2003) meint zwar, dass Geschlechterunterschiede mit zunehmender Intelligenz geringer werden, nennt aber selbst zahlreiche Untersuchungen sowie Erfahrungen aus eigener Praxis, die deutliche Geschlechtsunterschiede belegen. So beschreibt sie, dass hochbegabte Jungen im Vorschulalter häufig von eigenwilligen „Hobbys“ oder Beschäftigungen berichten, die sie fast „monomanisch“ über einen längeren Zeitraum betreiben, bis sie darin zu herausragenden Experten geworden sind. Bei Mädchen wurde das nie beobachtet: „Die Interessen der Mädchen erscheinen dagegen als eher farblos und unauffällig.“ In jedem Fall sind die Unterschiede zwischen hochbegabten Mädchen und Jungen deutlich größer als die zwischen hochbegabten und durchschnittlich begabten Kindern und Jugendlichen (Hoberg/Rost 2000; Rost/Hoberg 1998). Daher ist es nicht überraschend, dass sich auch hochbegabte Frauen später häufiger für humanwissenschaftliche Studiengänge oder ein Studium der Medizin entscheiden, hochbegabte Männer dagegen eher für mathematisch-naturwissenschaftliche Studiengänge (Lubinski et al. 2001a; Webb et al. 2002; Platzer 2002). Platzer (2002) stellte außerdem fest, dass hochbegabte Männer höhere Studienabschlüsse anstrebten als hochbegabte Frauen, die sich häufiger für ein Lehramtsstudium entschieden. Zudem waren Unterschiede zwischen den Geschlechtern größer als die zwischen Hochbegabten und einer Vergleichsstichprobe.

Dennoch gibt es natürlich immer wieder Hochbegabte, die auffallen, weil sie anders sind als andere Kinder gleichen Geschlechts. Das kann sie in Konflikt mit den anderen Kindern ihres Geschlechts bringen. Dabei gelten unterschiedliche „Gesetze“ in den Gruppen der Mädchen und denen der Jungen. So ist es unter Jungen besonders „uncool“, ein „Streber“ zu sein. Beliebt ist dagegen, wer sportlich ist oder sich körperlich durchsetzen kann – ein besonderes Problem für Jungen, die früher eingeschult wurden oder eine Klasse übersprungen haben und darum jünger als der Altersdurchschnitt ihrer Klasse sind. Wer sich schließlich für „Mädchenthemen“ interessiert, muss schnell damit rechnen, als „schwul“ tituliert zu werden (Rohrmann 2001). Mädchen wiederum werden in der Regel keine blöden Sprüche von ihren Freundinnen zu hören bekommen, wenn sie Wert auf eine ordentliche Heftführung legen. Dafür steht ihnen der Zwang zur Harmonie im Weg, wenn es darum geht, eigene Interessen zum Ausdruck zu bringen und durchzusetzen – Brown und Gilligan (1994) haben von der „Tyrannei des Nettseins“ gesprochen. Viele überdurchschnittlich begabte Mädchen passen sich in ihren Leistungen und Interessen an den Durchschnitt der Mädchengruppe an. Mädchen, die sich nicht in dieses System hineinfügen, kann schon einmal das Mädchensein als solches abgesprochen werden, wie das folgende Beispiel zeigt: In einem Gespräch mit Zweitklässlern über ihre Berufswünsche fiel dem Autor auf, dass im Gegensatz zu vielen Jungen kein einziges Mädchen einen technischen Beruf genannt hatte. Stattdessen wollten viele Mädchen Tierärztin werden. Darauf angesprochen, erwähnten mehrere Kinder ein anderes Mädchen, das an diesem Tag nicht in der Schule war, aber ihrer Ansicht technische Dinge bevorzugen würde. Sofort kommentierten andere Kinder, dass dieses Kind ja „kein Mädchen“ sei.

Manche Forscher gehen davon aus, dass spezifische Begabungen bereits früh einen Beitrag zu unterschiedlichen Orientierungen von Mädchen und Jungen leisten. Sie stellen eine Pädagogik infrage, die eine Gleichverteilung der Geschlechter über das gesamte Spektrum von Ausbildungsgängen und Berufen hinweg anstrebt (Lubinski et al. 2001a). Vor dem Hintergrund, dass die Forscher in einer von ihnen untersuchten Gruppe überdurchschnittlich begabter und erfolgreicher Mathematikstudenten kaum signifikante Geschlechtsunterschiede fanden, sind sie der Ansicht, dass es keine speziellen Förderangebote für Mädchen braucht. Stattdessen komme es hochbegabten Mädchen besonders zugute, wenn Schulprogramme akademische Leistungen fördern und Differenzierung ermöglichen. Heller (2002, 246) zufolge ist dagegen die Unterrepräsentation von Mädchen im mathematisch-naturwissenschaftlichen Bereich nicht oder zumindest nicht primär mit unterschiedlichen Begabungsvoraussetzungen zu erklären. Zudem weist er darauf hin, dass die Geschlechterdisproportion im Spitzenbereich noch ansteigt. Er sieht daher dringenden Nachholbedarf für die Förderung von Mädchen und Frauen. Dabei sollte seiner Ansicht nach in erster Linie an ungünstigen Kognitionen und Einstellungen angesetzt werden (Stöger 2007).

Recht differenziert wurden Geschlechtsunterschiede in leistungsbezogenen Kognitionen von hochbegabten SchülerInnen im Rahmen des Marburger Hochbegabtenprojekts untersucht. Insgesamt fanden die ForscherInnen nur wenige Hinweise darauf, dass die Selbsteinschätzung hochbegabter Mädchen schlechter war als die von Jungen. Allerdings schätzten Mädchen ihre Anstrengungsbereitschaft generell etwas höher ein als Jungen und machten etwas häufiger Glück für Erfolg verantwortlich. Schütz kommentiert: „Insbesondere hochbegabte Mädchen sollten es nicht nötig haben, ihre Leistungsfähigkeit als ‚Glück' zu bezeichnen" (Schütz 2000, 333).

Geschlechtsunterschiede in der Bewertung der eigenen Kompetenz werden immer wieder insbesondere bei mathematischen Kompetenzen berichtet. Bei gleicher mathematischer Kompetenz bewerten Jungen ihre eigene Fähigkeit höher als Mädchen – Jungen neigen dazu, ihre Leistungsfähigkeit zu überschätzen, wogegen Mädchen sie eher unterschätzen. Diese Tendenz wird auch bei Hochbegabten berichtet (Schütz 2000, 314; Heller 2002, 246) und ist schon in der ersten Klasse zu bemerken. In Untersuchungen des Autors im Rahmen eines Schulversuchs zur Begabtenförderung schätzten Mädchen bereits in der ersten Klasse ihre Fähigkeiten in Rechnen deutlich niedriger ein als die Jungen, wogegen die Lehrkräfte im Durchschnitt die Mädchen besser beurteilten (Rohrmann 2009a, 75–77).

Ähnlich stellten Rindermann und Heller (1998) in der Evaluation eines Projekts zur Förderung geometrischer Fähigkeiten bei überdurchschnittlich begabten und interessierten Schülern der 3. und 4. Klassenstufe fest: „Jungen schätzen sich selbst in Mathematik kompetenter ein als es die Mädchen tun, auch ihr Interesse für Mathematik ist höher, obwohl sich der Kurs an eine ausgewählte Stichprobe besonders begabter und interessierter Grundschüler wendet" (Rindermann/Heller 1998, 57). Da Fähigkeitstests nur geringe interindividuelle Unterschiede ergeben hatten, gehen die Autoren davon aus, dass sich in diesen Tendenzen „geschlechtsrollenkonforme Einstellungsmuster manifestieren, die schon in frühen Jahren im Elternhaus oder in der Grundschule erworben werden" (1998, 57).

Faulstich-Wieland (2007) berichtet von einer Befragung von Physiklehrerinnen und –lehrern aus Baden-Württemberg: „In der Kategorie Arbeitshaltung werden die Mädchen sehr häufig als fleißiger, sorgfältiger und genauer eingeschätzt. Im Lernverhalten wird den Mädchen mehr Leistungswille und

-stärke zuerkannt, aber auch die Auffassung, dass Mädchen eher auswendig lernen, ohne den Sachverhalt wirklich zu verstehen" (2007, 143).

Derartige Unterschiede in der Attribution von guten Leistungen wirken sich erheblich darauf aus, welche Kinder und Jugendlichen als hochbegabt erkannt bzw. dafür gehalten werden und welche nicht. Mädchen werden seltener für begabt gehalten, was dazu führen kann, dass sie ihre besonderen Potenziale nicht entfalten. Jungen werden dagegen eher für hochbegabt gehalten, selbst wenn sie es nicht sind. Die Diskussion über Jungen als „benachteiligt" und der Boom des Themas „Hochbegabung" können hier auf eigenartige Weise zusammenwirken: Obwohl sie schlechter in der Schule sind, werden Jungen häufiger für hochbegabt gehalten, wenn sie schlechte Leistungen zeigen und sich auffällig verhalten, weil die Ursache der schlechten Leistungen und Verhaltensauffälligkeiten von Jungen darin gesehen wird, dass die Schule zu wenig auf ihre Bedürfnisse eingeht. In jedem Fall ist es wichtig, diese Zusammenhänge im Rahmen psychologischer Diagnostik zu berücksichtigen.

# 5 Diagnostik

Wissenschaft muss mehr sein als Beschaffung von Daten und die Feststellung von Beziehungen; Daten und Beziehungen, die kein Denken auslösen, sind nicht wert, gewusst zu werden.

*(Hartmut von Hentig 2003)*

Was ist nun der nächste Schritt, wenn vermutet wird, dass ein Kind oder Jugendlicher hochbegabt sein könnte? Die Frage nach der möglichen Hochbegabung eines Kindes von Eltern oder auch Lehrkräften wird zunehmend als Auftrag an Beratungsstellen und niedergelassene Psychologen formuliert. Bundesweit gibt es immer mehr auf das Thema Hochbegabung spezialisierte Beratungsstellen und Fachleute. Dennoch erschweren nach wie vor viele Kontroversen und Mythen, von denen der Umgang mit dem Thema Hochbegabung geprägt ist, eine Einigung auf allgemeine Standards. Vor dem Hintergrund der langjährigen Erfahrung der Verfasser mit der Diagnostik und Förderung von Hochbegabten stellt das folgende Kapitel grundlegende Probleme der psychologischen Diagnostik besonderer Begabungen bei Kindern und Jugendlichen dar, bewertet vorliegende testpsychologische Verfahren und formuliert Standards für diagnostische Untersuchungen und Gutachtenerstellung.

Als die Verfasserin vor über fünfzehn Jahren begann, im Zusammenhang mit Maßnahmen der Begabtenförderung Jugendliche intelligenzdiagnostisch zu untersuchen, bestand die Aufgabe zunächst darin, herauszufinden, ob die Testpersonen hochbegabt waren oder nicht. Bald wurde jedoch klar, dass es darum allein nicht ging. Viele der Untersuchten hatten bereits eine „Karriere" als Problemfall hinter sich und vermuteten oder „wussten" schon lange, dass sie hochbegabt waren. Sie bzw. ihre Eltern hatten nicht selten eine persönliche Theorie entwickelt, in der die Hochbegabung für verschiedenste Probleme in Schule und Familie verantwortlich gemacht wurde.

Wenn die Intelligenzuntersuchung diese Vermutung nun *nicht* bestätigte, half das den Betroffenen oft nicht – die Probleme blieben ja. Aber auch, wenn die Untersuchten tatsächlich hochbegabt waren, reichte diese Erkenntnis zur Erklärung der konkreten Probleme, die in die Beratung geführt hatten, in der Regel nicht aus. Die Untersuchung besonders begabter Kinder und Jugendlicher muss daher grundsätzlich breit angelegt sein und neben der Intelligenzdiagnostik auch andere Bereiche berücksichtigen, um einen differenzierten Blick auf die Hintergründe der jeweiligen Problemlage zu ermöglichen. Diese Notwendigkeit ist in den letzten Jahren noch deutlicher geworden, da – zumindest in der Praxis der Verfasserin – die Zahl der Fälle, in denen eine von Eltern oder Lehrkräften vermutete Hochbegabung nicht bestätigt werden kann, deutlich zugenommen hat.

Die Diagnostik von Hochbegabung muss also der Komplexität der mit Begabung verbundenen Fragen und Phänomene entsprechen. Neben biografischer Anamnese und Beobachtungen in Unterricht und sozialem Miteinander werden dazu in erster Linie Testverfahren eingesetzt. Dabei müssen Alter, Bildungsstand und psychosoziale Lebenssituation des Kindes bzw. Jugendlichen berücksichtigt werden. Außerdem spielt es eine Rolle, was das Ziel einer diagnostischen Untersuchung ist:

- Insbesondere bei jüngeren Kindern geht es Eltern oder auch pädagogischen Fachkräften in erster Linie darum, Klarheit über die Begabungen, Stärken und Schwächen eines Kindes zu gewinnen.
- Wenn bereits Probleme aufgetreten sind, wird mit einer testpsychologischen Diagnostik oft die Hoffnung einer Erklärung oder sogar Lösung dieser Probleme verbunden. Hierauf wird in Kapitel 6 weiter eingegangen.
- Psychologische Diagnostik ist schließlich Voraussetzung oder Bestandteil von Auswahlverfahren für Maßnahmen der Begabtenförderung.

Viele Verfahren der psychologischen Diagnostik stammen aus den 70er Jahren des vergangenen Jahrhunderts, in denen psychometrische Ansätze in der Psychologie einen Boom erlebten. Um die Jahrtausendwende waren viele dieser Verfahren veraltet. In den wenigen Jahren seit Erscheinen der Erstauflage dieses Buches ist jedoch eine bemerkenswerte Anzahl von psychologischen Testverfahren erschienen. Psychologische Diagnostik bietet ein immer größeres Spektrum von Erhebungsverfahren an. Insbesondere wurden zahlreiche Intelligenztests überarbeitet und neu normiert. Dabei fehlt nie der Hinweis auf hohe Begabungen.

Das wieder gestiegene Interesse an psychologischer Diagnostik ist nicht zuletzt im Zusammenhang mit der wachsenden Betonung von Leistungsstudien und Vergleichsmessungen im Bildungssystem zu sehen. Von Tests werden „objektive“ Aussagen über Stärken und Schwächen von Individuen erwartet. Daher ist es wichtig darauf hinzuweisen, dass auch eine gute Diagnostik keine „Wahrheiten“ ergibt. Sie ist ein Werkzeug, das sinnvoll eingesetzt und immer wieder reflektiert werden muss, damit es der Individualität von Menschen gerecht werden kann.

## 5.1 Identifizierung so früh wie möglich?

Müssen besondere Begabungen von Kindern bereits vor Schulbeginn diagnostiziert und hochbegabte Kinder in Familie und Kindergarten besonders gefördert werden? In Fachveröffentlichungen und Elternratgebern ist immer wieder der Hinweis zu finden, eine Identifizierung als hochbegabt müsse so früh wie möglich stattfinden. Nur dann sei gewährleistet, dass das

Kind in seinem Anderssein verstanden werde und keine „falsche" Behandlung erhalte. Vor allem dramatisierende Medienberichte und populärpsychologische Ratgeber erwecken den Eindruck, dass hochbegabte Kinder Gefahr laufen, große Probleme zu bekommen, wenn ihre Begabungen nicht „entdeckt" oder sie nicht angemessen begleitet und gefördert werden. Auffälligkeiten und Verhaltensstörungen werden dabei in erster Linie auf Unterforderung zurückgeführt. Daher sei frühzeitige Förderung nötig, um problematische Entwicklungen und später auftretende Verhaltensstörungen auszuschließen.

Viele Eltern geraten dadurch unter Druck. Sie befürchten, dass sie ihr gesamtes Erziehungsverhalten darauf einstellen müssen, um den erhöhten Anforderungen gerecht werden zu können, die die Erziehung eines hochbegabten Kindes an sie stellt. Außerdem fragen sie sich, in welchem Umfang sie z.T. sehr kostspielige Zusatzmaßnahmen und -angebote bereitstellen müssen, um ihrem Kind eine positive Entwicklung zu ermöglichen. Sie möchten nichts falsch machen und sich auf keinen Fall später vorwerfen lassen, dass sie mögliche Kompetenzen und Fähigkeiten ihres Kindes nicht genügend beachtet und gefördert hätten.

Die Behauptung, dass Hochbegabte so früh wie möglich identifiziert und gefördert werden müssen, verunsichert auch Fachkräfte in Kindertageseinrichtungen. Kindergärten werden entweder mit der Erwartung konfrontiert, besondere Förderangebote bereitzustellen, oder aber als Bildungsinstitution abgeschrieben, weil für begabte Kinder eine frühzeitige Einschulung gefordert wird. Wer für Begabungsdiagnostik und Begabtenförderung schon im Kindergarten eintritt, begründet dies oft mit einer doppelten Argumentation. Zum einen wird behauptet, dass Begabungen in großem Maße angeboren und es sehr früh möglich sei, sie zu erkennen. Zum anderen wird aber auch die Bedeutung der Umwelt hervorgehoben, die für die Ausbildung dieser Begabungen entscheidend sei. Sehr selbstverständlich wird davon ausgegangen, dass eine frühe Ausbildung von Fähigkeiten und eine schnelle Entwicklung grundsätzlich positiv zu bewerten ist. Die Ideologie des „früher, schneller, weiter" wird scheinbar durch neuere Ergebnisse der Hirnforschung unterstützt, die zum Beispiel auf die Bedeutung sensibler Phasen für die Ausbildung vieler Fähigkeiten hinweist. Es ist aber ein Missverständnis, diese Aussagen als Argument für pädagogische Förderprogramme für Kleinkinder zu verstehen. In der Euphorie für frühe Förderung wird manchmal vergessen, dass Reifungsprozesse Zeit brauchen – und es manchmal gar nicht wünschenswert ist, sie zu beschleunigen.

Dies wird besonders deutlich, wenn man ein anderes Gebiet in den Blick nimmt: die Sexualität. In denselben Milieus, in denen frühe kognitive Fähigkeiten von Kindern bewundert und gefördert werden, wird mit Irritation und Missbilligung darauf reagiert, dass heute viele ältere Grundschulkinder nicht nur Doktorspiele spielen, sondern sich auch mit „erwachsener" Sexualität beschäftigen, Bravo lesen und sexuelle Posen aus MTV-Videos einstudieren. Eltern, die davon beeindruckt sind, dass ihr Kind schon mit fünf Jahren lesen und schreiben kann, werden nur wenig begeistert sein, wenn dasselbe Kind mit zwölf Jahren sexuelle Beziehungen zum anderen Geschlecht aufnehmen will. Dies sollte bedacht werden, wenn eine frühe Diagnostik und Förderung von begabten Kindern gefordert wird oder wenn Maßnahmen wie vorzeitige Einschulung und Überspringen von Klassen geplant werden.

Ob nun tatsächlich eine hohe Begabung vorliegt, lässt sich nicht ohne weiteres beobachten. Kinder, die in ihrer Entwicklung Altersgenossen offensichtlich weit voraus sind, sind oft leicht zu erkennen. Dies muss allerdings nicht bedeuten, dass sie hochbegabt sind. Gerade im Kindergartenalter spielt es eine große Rolle, wie gut Kinder im Elternhaus gefördert werden. So galt es früher bereits als ein Anzeichen von besonderer Begabung, wenn ein Kind schon vor der Schule lesen konnte. Heute sind manche Kindergartenkinder zu Hause von Büchern und Lernspielen umgeben. Da ist es nicht verwunderlich, dass viele von ihnen früh lesen lernen. Dass andere Kinder in Elternhäusern leben, in denen überhaupt nicht gelesen, sondern nur noch ferngesehen wird, führt dazu, dass Kinder heute extrem unterschiedliche Bildungserfahrungen mit in den Kindergarten bringen.

Der französische Soziologe Pierre Bourdieu (2001) kommt auf Grund von Untersuchungen des französischen Bildungssystems zu dem Schluss, dass die frühe Ausbildung von intellektuellen Fähigkeiten in großem Ausmaß ein Ergebnis sozialer Privilegien ist. Die hohe Wertschätzung intellektueller „Frühreife“ im Sinne einer angeborenen Begabung ist seiner Ansicht nach ein ideologischer Mechanismus, der diesen Zusammenhang verschleiert. In der Praxis sind es tatsächlich in der Regel gut gebildete Eltern, die Zeit und/oder Geld haben, um sich intensiv um die Entwicklung ihrer Kinder zu kümmern, aufwendige diagnostische Untersuchungen durchführen zu lassen und besondere Fördermaßnahmen für ihr Kind zu realisieren.

Natürlich ist verständlich, dass Eltern, die ihrem Kind in den ersten Lebensjahren gute Entwicklungsmöglichkeiten geben konnten, sich dafür einsetzen, dass ihr Kind auch im Kindergarten und in der Grundschule entsprechend weiter gefördert wird. Es kann aber auch sein, dass beeindruckende Fähigkeiten von Kindern Ergebnis besonders guter Förderung im Elternhaus sind und damit Ausdruck eines Entwicklungsvorsprungs, der nicht unbedingt bestehen bleiben wird. Wie in Kapitel 4.1 dargestellt wurde, kann im Kindesalter noch nicht von einer stabilen Entwicklung der Intelligenz ausgegangen werden. Stöger et al. fassen in ihrem Literaturüberblick klar zusammen, „dass eine Hochbegabtendiagnose im Vorschulalter derzeit nicht möglich ist“, da das Risiko einer fälschlichen Diagnose im Einzelfall „unverantwortlich hoch“ wäre (2008, 18). Die auch von Fachleuten immer wieder vertretene Annahme einer Stabilität von Intelligenz bereits im Vorschulalter sei „diagnostisch gesehen schlicht unseriös“ (2008, 18). Auch eine Berücksichtigung von Motivation, Interessen, besonderen Leistungen oder

der Lernumwelt ändert daran kaum etwas. Wie im folgenden Abschnitt dargestellt wird, gibt es zudem nur wenige psychologische Testverfahren, die für eine Diagnostik hoher Begabung im Vorschulalter geeignet sind.

Was dies in der Praxis bedeutet, zeigen Evaluationsstudien zur integrativen Begabtenförderung an Grundschulen. In der Studie von Henze, Sandfuchs und Zumhasch (2006) erzielten von über 40 im Kindergarten als „hochbegabt“ eingestuften Kindern in Folgeuntersuchungen nur sehr wenige einen IQ-Wert von über 130. Auch einen „weicheren“ Grenzwert, der den Messfehler berücksichtigt, erreichte nur etwa die Hälfte der SchülerInnen, und dies oft auch nur in einer von mehreren nachfolgenden Untersuchungen (Henze et al. 2005, 187). Rohrmann (2009, 105f) stellt dar, dass das Auswahlverfahren eines Schulversuchs zur Begabtenförderung trotz erheblichen Aufwands nicht dazu geeignet war, begabte Kinder zu identifizieren. Zwar schnitten die als „begabt“ bezeichneten Kinder im weiteren Verlauf durchschnittlich etwas besser ab als andere Kinder, aber die Ergebnisse zeigten eine erhebliche Streuung – sowohl in der Gruppe der als begabt eingestuften Kinder als auch in Vergleichsgruppen von nicht als begabt eingestuften Kindern.

Was sich methodisch relativ leicht mit der mäßigen Vorhersagequalität von Intelligenztests im Vorschulalter erklären lässt, kann für die Kinder und Eltern selbst von dramatischer Bedeutung sein. Im besten Falle führt eine Diagnose als „hochbegabt“ dazu, dass ein Kind als begabter wahrgenommen wird und bessere Förderung erhält – was sich wiederum nachweisbar positiv auf die Intelligenz auswirkt (Pygmalioneffekt). Im ungünstigeren Falle kommt es zu einer Krise, wenn ein Kind in der weiteren Entwicklung die Erwartungen nicht mehr erfüllen kann, die an seine „Begabung“ gerichtet werden.

Diese Überlegungen sprechen nicht gegen eine umfassende Diagnostik von Begabung und Intelligenz in ihrem komplexen Bedingungsgefüge im Vor- und Grundschulalter. Eine solche Untersuchung kann verunsicherte Eltern und Fachkräfte entlasten und wertvolle Hinweise für eine anschließende gründliche Beratung sowie für die Förderung in Kindergarten und Grundschule liefern. Die Annahme, dass eine im Vorschulalter gemessene Begabung im Grundschulalter und darüber hinaus Bestand haben wird, kann dagegen fatale Folgen haben. Wenn in der Diagnostik zudem ausschließlich Intelligenzdiagnostik (möglicherweise mit nur einem Intelligenztest) betrieben wurde, ist eine sinnvolle Interpretation des Ergebnisses kaum möglich, weil man nicht weiß, wie die Intelligenz mit anderen Faktoren zusammenwirkt.

Aus den dargestellten Erkenntnissen ergibt sich, dass es im Kindergarten- und auch noch im Grundschulalter sinnvoller ist, von *Entwicklungsvorsprüngen* zu sprechen. Dafür spricht neben den bisher genannten Einschränkungen vor allem ein Grund: Eine fälschliche Zuschreibung von Hochbegabung kann in der Folgezeit zu massiven Problemen führen. Mittlerweile gibt es eine Reihe von Kindern, die früh als hochbegabt „erkannt" wurde, in der Schule aber zunehmend Probleme hatte. Eine spätere Überprüfung ergab dann, dass keine Hochbegabung (mehr) vorlag. In der Zwischenzeit waren jedoch sowohl Eltern als auch das Kind selbst davon ausgegangen, dass viele Probleme mit der (vermeintlichen) Hochbegabung zusammenhingen. Manchmal wurde der Schule die Schuld gegeben, weil sie nicht genügend für die Förderung getan habe. In manchen Fällen übersprangen Kinder auch Klassenstufen und waren schließlich völlig überfordert (vgl. dazu die Fallbeispiele 4 und 13). Umgekehrt gibt es Kinder, die zunächst unauffällig sind und deren kognitive Begabung erst später sichtbar zum Ausdruck kommt. Auch Hochbegabte können „Spätentwickler" sein, wenngleich dies sicher seltener ist als der umgekehrte Fall.

Eine testpsychologische Untersuchung im Vorschulalter sollte darum eher später als früher erfolgen und nur dann, wenn sie wirklich erforderlich ist, zum Beispiel, um die Frage einer vorzeitigen Einschulung zu klären. Falls es für den weiteren Entwicklungs- und Bildungsweg des Kindes für erforderlich gehalten wird, sollte im Alter von 12 Jahren, frühestens aber am Ende der Grundschulzeit, eine weitere diagnostische Untersuchung durchgeführt werden, um die Ergebnisse der früheren Untersuchung zu überprüfen.

Natürlich sollten Kinder mit besonderen Begabungen von Anfang an ihren Potenzialen und Bedürfnissen entsprechend gefördert werden. Ob die Bezeichnung „hochbegabt" dabei hilfreich ist, ist eine andere Frage, denn ein solches „Etikett" kann mehr schaden als nutzen (vgl. Kapitel 6.4). Wichtig ist stattdessen, dass Bildung nicht erst in der Schule beginnt, sondern Kindern bereits im Kindergarten komplexe und anspruchsvolle Themen zugemutet und Bildungsangebote „auf den Spuren der Kinder" entwickelt werden. Hierauf wird in Kapitel 7.3 weiter eingegangen.

## 5.2 Intelligenz- und Leistungsdiagnostik

Was bedeutet es, wenn ein Intelligenztest einen IQ von 130 ergibt? Abbildung 7 zeigt die Normalverteilung mit den in Intelligenztests üblicherweise verwendeten Skalen.

Die Verwendung von Intelligenzmaßen, insbesondere des IQ, ist derart in die Alltagssprache übergegangen, dass oft übersehen wird, dass Testergebnisse grundsätzlich fehlerbehaftet sind. Eine psychologische Untersuchung kann nur angeben, dass die Intelligenz mit großer Wahrscheinlichkeit in einem bestimmten Bereich liegt. Üblich ist die Angabe eines sog. Vertrauensintervalls, in dem der „wahre Wert" mit einer Wahrscheinlichkeit von 95 % oder auch nur 90 % liegt. Holling et al. (2004) weisen darauf hin, dass es sich aus statistischer Sicht hier nicht um „Wahrscheinlichkeit" handelt, denn ein Testwert ist ja kein zufälliger Wert. Richtig wäre es, statt-

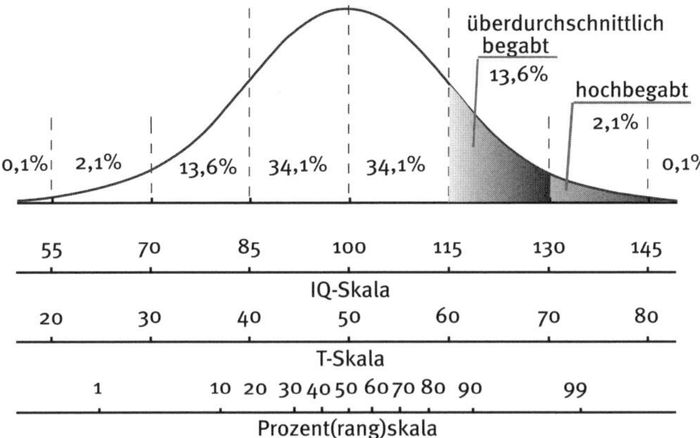


**Abbildung 7:** Die Normalverteilung

dessen von 95 %iger Sicherheit zu sprechen. Was das Ergebnis „unsicher" macht, ist der Messfehler, der umso größer ist, je schlechter die Reliabilität des verwendeten Verfahrens ist. Aus statistischen Gründen führt er am oberen Ende der Normalverteilung zu einer Überschätzung des „wahren Wertes", am unteren Ende entsprechend zu einer Unterschätzung.

Für die Diagnostik von Hochbegabung stellt ein großer Messfehler ein erhebliches Problem dar. Konkret bedeutet das zum Beispiel, dass bei einem IQ-Testergebnis von 130 im KFT 1–3 der „wahre Wert" mit 90 %iger Sicherheit im IQ-Bereich von 121 und 139 liegt. Ein IQ-Wert von 135 im CFT 1 sagt aus, dass der „wahre Wert" mit 95 %iger Sicherheit im Bereich zwischen 125,7 und 144,3 liegt. Im Durchschnittsbereich ist eine solche Spanne nicht so entscheidend. Anders sieht es im Extrembereich aus: Eine strenge Definition von Hochbegabung (Prozentrang (≥ 98) führt dazu, dass in der Regel bei einem sehr hohen Testergebnis das Vertrauensintervall über den engen Bereich der Hochbegabung hinausgeht – was aber bedeutet, dass die getestete Person möglicherweise doch nicht im strengen Sinne hochbegabt sein könnte. Dies ist eine testtheoretische Binsenweisheit, wird aber in der Praxis kaum reflektiert.

Dazu kommt, dass Verfahren zur Messung der Intelligenz auf ganz unterschiedlichen theoretischen Konzepten basieren und daher unterschiedliches Aufgabenmaterial verwenden. Dies bedeutet, dass ein und dieselbe Person in verschiedenen Testverfahren sehr unterschiedliche Ergebnisse erzielen kann. Grundlage für die Erstellung psychologischer Testverfahren zur Messung der Intelligenz sind die in Kapitel 4.1 geschilderten Modellvorstellungen von Intelligenz. Testverfahren zur Messung der Intelligenz lassen sich vor diesem Hintergrund in eindimensionale und mehrdimensionale Tests einteilen. Während in den eindimensionalen, sprachfreien Testverfahren die Erfassung der fluiden Intelligenz im Vordergrund steht, werden mit den mehrdimensionalen Testverfahren auch spezifische Fähigkeiten erfasst. Mehrdimensionale Intelligenztests ergeben ein Profil intellektueller Fähigkeiten, das Aussagen über spezifische Fähigkeiten oder über Stärken und Schwächen möglich macht. Diese spezifischen Fähigkeiten stehen in engem Zusammenhang mit Bildungsinhalten, wie sie zum Beispiel im schulischen Lernen erworben werden, und sind damit vom Bildungsstand abhängig. Dies ermöglicht zwar einen Vergleich der intellektuellen Leistungsfähigkeit des Getesteten mit den für das jeweilige Alter bzw. die jeweilige Schulstufe zu erwartenden Normwerten. Nicht differenzieren lässt sich aber zwischen Begabung (als potenzieller Leistungsfähigkeit) einerseits und in vorangegangenen Lernprozessen erworbenem Wissen andererseits.

In sprachfreien Verfahren wird Intelligenz dagegen als Problemlösefähigkeit, als Fähigkeit zum logischen und zum schlussfolgernden Denken verstanden. Sie verwenden relativ homogenes, figurales Aufgabenmaterial. Ursprünglich wurde davon ausgegangen, dass diese Verfahren milieuunabhängig sind, d. h. Intelligenz unabhängig vom Wissen erfassen, das in familiären Sozialisationsprozessen oder schulischen Lernsituationen erworben wurde. Wie in Kapitel 4.1 dargestellt wurde, stellen neue Untersuchungen diese Annahme allerdings immer mehr infrage. Auch sprachfreie Verfahren sind nicht unbedingt milieuunabhängig. Welche konkreten Umweltfaktoren und Lernerfahrungen es sind, die sich auf die Leistungen in Tests zur fluiden Intelligenz auswirken können, ist bislang nicht geklärt.

Unabhängig davon stimmt es, dass eindimensionale und mehrdimensionale Intelligenzstests unterschiedliche Fähigkeiten erfassen. Tendenziell können in mehrdimensionalen Verfahren, die in stärkerem Maße auf in der Schule vermittelten Grundlagen aufbauen, auch Kinder mit nicht ganz so herausragender Begabung hohe Werte erzielen, wenn sie eine gute Förderung erfahren haben. Allerdings birgt die Verwendung eines einzelnen Gesamtwerts die Gefahr, hochbegabte Kinder zu übersehen, die aufgrund einer Schwäche in einem Teilbereich keinen hohen Gesamtwert erzielen. Mit sprachfreien Verfahren lassen sich dagegen begabte Kinder besser identifizieren, die auf Grund mangelnder Förderung oder anderer Probleme ihre Begabung nicht oder nicht immer entsprechend in Leistung umsetzen können. Dies gilt z. B. für zwei- bis dreisprachig aufwachsende Migrantenkinder aus bildungsfernen Milieus.

Vor diesem Hintergrund ist zu empfehlen, dass für die Identifikation von Kindern mit besonderen Begabungen immer ein mehrdimensionales und ein eindimensionales (sprachfreies) Verfahren eingesetzt werden sollte. Auch Lohman (2005) spricht sich für eine Kombination verschiedener Intelligenztests aus. Er konnte zeigen, dass Testpersonen mit Stärken im nonverbalen Bereich schlechtere Prognosen für die schulische Leistungsentwicklung zeigen als Personen mit hohen Werten im numerischen oder sprachlichen Bereich. Zur Erklärung führt Lohman an, dass nonverbale Tests häufig räumliches Denken erfassen, diese Fähigkeiten in der Schule aber weniger gefragt sind als numerische oder sprachliche Fähigkeiten. Das Risiko für solche SchülerInnen, zum „underachiever" zu werden, ist entsprechend hoch, weil ihre besonderen Fähigkeiten weniger gefragt sind (Lohman 2005; vgl. Preckel 2010).

Auch aktuelle Konzepte der Intelligenz- und Begabungsforschung weisen darauf hin, dass eine alleinige Identifikation von Hochbegabten durch herausragende allgemeine Intelligenz nicht ausreichend ist (vgl. Kapitel 4.1). Sinnvoller ist es, ein Fähigkeitenprofil zu erfassen, das sowohl Begabungsschwerpunkte als auch Schwächen zeigt, und dies für die Planung der weiteren Beratung und Förderung nutzbar zu machen. Die Erfassung spezifischer Fähigkeiten und das Verhältnis von Teilbegabungen zueinander kann wichtige Informationen für eine bessere Beratung bereitstellen, wenn es z. B. um Fördermaßnahmen oder später um die Studien- und Berufswahl geht. Problem dabei ist, dass die Güte von Profilinterpretationen und Ergebnissen einzelner Untertests deutlich geringer ist als die des Gesamttestwerts mehrdimensionaler Testverfahren. Entsprechende Interpretationen müssen daher stets mit großer Vorsicht vorgenommen werden.

Unabhängig vom verwendeten Verfahren sind drei grundsätzliche Probleme zu bedenken, wenn aus Ergebnissen von Intelligenztests eine Aussage über das Vorliegen einer überdurchschnittlich hohen Begabung abgeleitet werden soll:

- Intelligenz ist zumindest im Kindesalter nicht immer stabil.
- Viele Testverfahren differenzieren nicht ausreichend im oberen Begabungsbereich (*Deckeneffekt*).
- Der Durchschnittswert der allgemeinen Intelligenz in der Allgemeinbevölkerung ist veränderlich und über lange Zeit deutlich gestiegen (*Flynn-Effekt*).

**Zu 1. Stabilität:** In Kapitel 4.1 wurde erläutert, dass frühestens ab dem Ende der Grundschulzeit von stabilen Intelligenzwerten ausgegangen werden kann. Veränderungen im Intelligenzniveau können mit der individuellen Entwicklungsgeschwindigkeit eines Kindes oder seinen Bildungserfahrungen zusammenhängen. Sie können darüber hinaus darin begründet liegen, dass die Testverfahren, die zu verschiedenen Zeitpunkten eingesetzt werden, nicht wirklich dasselbe messen – dies nicht zuletzt deswegen, weil bestimmte Fähigkeiten, die für die Bearbeitung eines üblichen Intelligenztests erforderlich sind, bei kleinen Kindern noch gar nicht vorhanden sind.

**Zu 2. Deckeneffekt:** In den letzten fünf Jahren wurden mehrere Verfahren speziell für die Hochbegabungsdiagnostik entwickelt oder bereits eingeführte Verfahren für den oberen Begabungsbereich spezifiziert. Nach wie vor werden aber auch Verfahren eingesetzt, die auch sonst in der Intelligenzdiagnostik verwendet werden. Viele dieser Intelligenztests ergeben die genauesten Messungen im mittleren Begabungsbereich, weil der Anteil von Aufgaben mit mittlerem Schwierigkeitsgrad größer ist als der Anteil leichter und schwieriger Aufgaben. Messungen im über- wie auch im unterdurchschnittlichen Begabungsbereich sind deshalb stark fehlerbehaftet: Wenn die Aufgaben zu schwer für eine Person sind und kaum Aufgaben richtig gelöst werden, ergibt sich ein so genannter Bodeneffekt. Sind die Aufgaben dagegen zu leicht, so dass eine Person nahezu alle Aufgaben richtig löst, zeigt sich ein so genannter Deckeneffekt. Konkret bedeutet dies nicht selten, dass das richtige Lösen einer einzigen Aufgabe den IQ bzw. Prozentrang um mehrere Punkte verändern kann. Boden- wie auch Deckeneffekte lassen eine korrekte Einschätzung der Begabung einer Person nicht zu.

Das Risiko von Deckeneffekten besteht in der Diagnostik von hohen Begabungen bei vielen gebräuchlichen Testverfahren. Hohe Testwerte weisen so zwar auf eine hohe Begabung hin, ermöglichen aber keine zuverlässige Aussage über die tatsächliche Höhe der Begabung. Um Deckeneffekte zu verhindern besteht die Möglichkeit, Aufgabenmaterial zu verwenden, das für ältere Personen entwickelt wurde (above-level-testing). Es liegen allerdings insbesondere für die jüngeren Jahrgänge keine adäquaten Normen vor, so dass sich dieses Vorgehen in der Individualdiagnostik prinzipiell verbietet. Die speziell für die Begabungsdiagnostik entwickelten Verfahren wiederum haben bislang ausschließlich ältere Schulkinder bzw. Jugendliche als Zielgruppe.

**Zu 3. Flynn-Effekt:** Weil sich Durchschnittswerte der Intelligenz in der Allgemeinbevölkerung verändern und im vergangenen Jahrhundert kontinuierlich gestiegen sind, müssen Intelligenztests regelmäßig neu normiert werden. Dies betrifft in den letzten Jahrzehnten möglicherweise insbesondere Verfahren zur Erfassung der fluiden Intelligenz (eindimensionale, sprachfreie Verfahren). Veraltete Normen können wie die mangelnde Differenzierung im oberen Leistungsbereich dazu führen, dass Testergebnisse zu einer Überschätzung des Potenzials und ggf. zu einer nicht korrekten Diagnose als „hochbegabt“ führen.

In der berufbezogenen Eignungsdiagnostik wurde mit der DIN 33430 festgelegt, dass Testnormen nicht älter als acht Jahre sein dürfen. Nach Holling et al. (2004) sollten in der Intelligenzdiagnostik die Normen nicht älter als zehn Jahre sein. Diese Vorgaben sind in der Praxis allerdings nicht streng einzuhalten, weil die aufwändige Neunormierung von Testverfahren nicht so oft erfolgen kann.

Welches Testverfahren im individuellen Fall bevorzugt wird, ist zum Teil Ansichtssache. In der Praxis stehen Diagnostiker oft vor dem Dilemma, dass zur Verfügung stehende Testverfahren entweder veraltete Normen haben, zu wenig im oberen Begabungsbereich differenzieren oder zu aufwändig in der Durchführung sind. Die Lösung kann dann nur darin bestehen, die Entscheidung für oder gegen bestimmte Verfahren transparent zu machen und Einschränkungen der Aussagekraft der verwendeten Verfahren bei der Darstellung der Ergebnisse zu berücksichtigen. Deutlich wird daran, dass es nicht „den" richtigen Test gibt. Stattdessen müssen Diagnostiker die Kriterien, nach denen sie Tests auswählen, immer wieder prüfen und sich über Neuentwicklungen auf dem Laufenden halten.

Der in letzter Zeit zu beobachtende „Boom" der Intelligenzdiagnostik hat dazu geführt, dass derzeit weit mehr aktuelle Testverfahren zur Verfügung stehen als noch vor wenigen Jahren. Die zunehmende Verwendung von computergestützten Auswertungsprogrammen ist dabei nicht unproblematisch, weil immer wieder Fehler in den Programmen vorkommen, die von den Anwendern nicht bemerkt und nicht oder nur schwer korrigiert werden können.

Hingewiesen werden muss schließlich auf das Problem, dass gelegentlich Ergebnisse von Testaufgaben über das Internet verbreitet werden. Dies ist besonders dann problematisch, wenn Jugendliche sich mit solchen Informationen z. B. auf Auswahlverfahren für Fördermaßnahmen vorbereiten, in denen Intelligenztests zum Einsatz kommen.

Im Folgenden werden die in Deutschland verbreiteten Intelligenztests kurz dargestellt. Dabei wird erörtert, inwieweit sie für die Diagnostik für Hochbegabung geeignet und welche besonderen Chancen, aber auch Mängel mit ihnen jeweils verbunden sind. Tabelle 1 stellt die beschriebenen Verfahren in der Übersicht dar. Die Autorenangaben befinden sich im Testverzeichnis am Ende des Buches. Beschreibungen der meisten genannten Verfahren sind auch in den Überblicksdarstellungen von Preckel (2010) und Holling et al. (2004) zu finden.

## Eindimensionale Verfahren

**Grundintelligenztest Skala 1, 20 und 3: Culture Fair Tests (CFT 1, CFT 20, CFT 3):** Ziel dieser auf dem Intelligenzmodell von Cattell aufbauenden Verfahren dieser Reihe ist die Messung der allgemeinen intellektuellen Leistungsfähigkeit oder „Grundintelligenz" im sprachfreien Bereich. Die drei Testverfahren unterscheiden sich in ihrem Schwierigkeitsgrad und sind entsprechend für unterschiedliche Altersgruppen vorgesehen. Der CFT 1 richtet sich an Kinder bis zu einem Alter von neun Jahren.

Für ältere Kinder muss der CFT 20 verwendet werden. Dieser Test wurde 2003/2004 neu normiert und ist seit 2006 als CFT 20-R erhältlich. Im Handbuch wird darauf hingewiesen, dass die Bearbeitung schwierigere Items

**Tabelle 1:** Übersicht über ausgewählte Intelligenztestverfahren

**Testverfahren zur Messung der Intelligenz im Vorschulalter:**

| mehrdimensionale Verfahren | eindimensionale Verfahren |
|---|---|
| HAVIWA III / WPPSI-III | BIVA |
| | NNAT |
| | CFT 1 |

Nicht (mehr) verwendet werden sollten die folgenden Verfahren:

| | |
|---|---|
| HAWIVA | CPM |
| KFT-K | |
| K-ABC | |

**Testverfahren zur Messung der Intelligenz im Grundschulalter:**

| mehrdimensionale Verfahren | eindimensionale Verfahren |
|---|---|
| HAWIK IV | CFT 20-R |
| KFT 4-12+R | SPM / SPM plus |
| MHBT-P | NNAT |
| AID 2 | |

Nicht (mehr) verwendet werden sollten die folgenden Verfahren:

| | |
|---|---|
| KFT 1-3 | FRT |
| KFT 4-13 | |
| HAWIK III / HAWIK-R | |

**Testverfahren zur Messung der Intelligenz von älteren Schulkindern:**

| mehrdimensionale Verfahren | eindimensionale Verfahren |
|---|---|
| HAWIK IV | |
| KFT 4-12+R / MHBT-S | APM |
| PSB-R 4-6 | BOMAT / BOMAT Standard |
| PSB-R 6-13 | NNAT |
| IST 2000 / 2000-R | |
| BIS / BIS-HB | |
| WIT 2 | |
| AID 2 | |
| ZVT (mit Einschränkungen) | |

Nicht (mehr) verwendet werden sollten die folgenden Verfahren:

| | |
|---|---|
| IST 70 | CFT 3 |
| PSB | |
| WIT | |

enthält, um Deckeneffekte zu verhindern und den Test auch für die Diagnostik im oberen Begabungsbereich brauchbar zu machen. Praktische Erfahrungen scheinen aber darauf hinzuweisen, dass der Test nach wie vor eher für die Diagnostik im mittleren als im höheren Bereich geeignet ist (Jacobs/Petermann 2007).

Die schwierigste Version ist der CFT 3, der Jugendlichen ab 14 Jahren vorgelegt werden kann, aber mit Normen von 1971 als völlig veraltet gelten muss. Zusätzlich zur Messung der so genannten Grundintelligenz ermittelt der CFT 1 die Wahrnehmungsgeschwindigkeit, der CFT 20-R mit Hilfe von wahlweise einsetzbaren Zusatzmodulen bestimmte Aspekte mehr bildungsabhängiger Intelligenz. Alle drei Versionen des CFT sind nicht für die Diagnostik im oberen Begabungsbereich konstruiert. Entsprechend vorsichtig sind hohe Testergebnisse zu interpretieren – ein Deckeneffekt (s. o.) ist nicht auszuschließen. Das gilt – wenn auch in geringerem Ausmaß – auch für die überarbeitete Version CFT 20-R.

**Ravens Progressive Matrices (CPM, SPM, APM):** Die Progressiven Matrizen sind eine Gruppe von Verfahren, die sprachfreie intellektuelle Leistungsfähigkeit, insbesondere Beobachtungsvermögen und genaues schlussfolgerndes Denken, bei fortschreitend schwieriger werdenden Aufgaben erfassen. Die Aufgaben bestehen aus geometrischen Mustern oder Figuren mit Lücken, die mit einem passenden Muster ausgefüllt werden sollen.

Neben der Standardversion (SPM) gibt es eine farbige Version für Kinder im Vor- und Grundschulalter (CPM) sowie eine Version mit schwierigeren Aufgaben für überdurchschnittlich begabte Testpersonen (APM). Der APM-Test ist also die Form mit dem höchsten Schwierigkeitsgrad in der Reihe der Matrizentests und soll damit eine klare Identifizierung von Menschen mit überdurchschnittlichen Fähigkeiten ermöglichen. Neuere Untersuchungen weisen allerdings darauf hin, dass auch bei der Anwendung des APM ein Deckeneffekt nicht auszuschließen ist (Preckel 2003; Holling et al. 2004).

Wichtig für die Praxis ist, dass nur die neu normierten Versionen von 1998 bzw. von 2001/2002 verwendet werden. Zudem gibt es die Standard-Version auch als „SPM-plus"-Version, die den Test um einige Aufgaben mit hohem Schwierigkeitsgrad erweitert. Gleichzeitig wurden einige Items mittlerer Schwierigkeit entfernt, um eine genauere Differenzierung im oberen Begabungsbereich zu ermöglichen. An den älteren Normwerten wurde inzwischen kritisiert, dass sie zu zum Teil massiven Überschätzungen der intellektuellen Leistungsfähigkeit führen können.

**Bildbasierter Intelligenztest für das Vorschulalter (BIVA):** Der Bildbasierte Intelligenztest für das Vorschulalter (BIVA) ist ein intelligenzdiagnostisches Verfahren für 3,5- bis 7,5-jährige Kinder. Das erst 2004 neu erschienene Verfahren soll nach Angaben der Autoren differenzierende Aussagen über alle Niveaustufen intellektueller Leistungsfähigkeit hinweg erlauben. Damit sei es sowohl für die Feststellung von Entwicklungsdefiziten oder Entwicklungsverzögerungen geeignet als auch für das Auffinden von Hinweisen auf hohe Begabungen. Anders als die bereits dargestellten Verfahren bezieht der BIVA Erkenntnisse jüngster kognitionspsychologischer Forschung mit ein. In der Tradition dieser Forschung betrachten die Autoren das Vereinfachungsprinzip als wichtiges Wirkprinzip menschlicher Intelligenz. Danach wird intelligentes Verhalten über den zur Lösung eines Problems erforderlichen Denkaufwand bestimmt. Werden Informationen auf intelligente Weise verarbeitet, sind aus der Fülle der Informationen die für eine Entscheidungsfindung wesentlichen herausgefiltert worden. Diese Vereinfachungsleistungen sind in allen Aufgaben des BIVA gefordert. Erfolg in der Aufgabenbewältigung des BIVA hängt damit im Wesentlichen von der individuellen Fähigkeit ab, beim Lösen von Problemen zu vereinfachen und Wesentliches von Unwesentlichem zu trennen.

Der BIVA besteht aus insgesamt acht Untertests mit kindgerechtem bildlichem Material, die sich nach der Komplexität der geforderten kognitiven Operationen unterscheiden. Die vier elementareren Untertests kommen bei den jüngeren, die vier komplexeren Untertests bei den älteren Kindern zur Anwendung. Das Verfahren ist als vielversprechend einzustufen, aber es liegen bislang eher wenig Erfahrungen damit vor.

**Bochumer Matrizentest Advanced (BOMAT):** Dieses Verfahren liegt in einer ausführlichen sowie in einer kurzen Version vor. Es wurde für die Eignungsdiagnostik und Personalentwicklung bei Studierenden entwickelt, ist aber den Angaben der Autoren zufolge auch für die Identifikation von „high potentials“ geeignet. Ziel des sprachfreien Verfahrens ist es, die Allgemeinintelligenz und Intelligenzkapazität im hohen Begabungsbereich zu erfassen. Überprüft werden soll das komplexe, logisch-schlussfolgernde Denken, indem in 5 x 3-Matrizen das leere Feld durch eine von sechs möglichen Antworten korrekt ergänzt wird. Die Aufgaben des anspruchsvollen Verfahrens sind deutlich schwieriger als die des APM. Das Verfahren wurde allerdings nur an Studierenden normiert und kann daher nur für die diagnostische Untersuchung von Oberstufenschülern und Erwachsenen verwendet werden. Ganz neu ist 2010 eine Standardversion erschienen (BOMAT standard). Sie eignet sich nach Angaben der Autoren für alle Fragestellungen, die eine Einschätzung des kognitiven Leistungspotenziales bei Personen ab 14 Jahren erfordern.

**Zahlenverbindungstest (ZVT):** Der Zahlenverbindungstest (ZVT) ist ein spezifischer Intelligenztest zur Messung der kognitiven Leistungs- bzw. Bearbeitungsgeschwindigkeit. Es wird davon ausgegangen, dass diese basale kognitive Verarbeitungsgeschwindigkeit allen Intelligenzleistungen zugrunde liegt, weitgehend milieuunabhängig und genetisch bedingt ist.

Der Test kann ab einem Alter von acht Jahren bis ins hohe Alter angewendet werden. Mit der Erstellung dieses Tests wurde das Ziel verfolgt, eine Alternative zu den üblicherweise gebräuchlichen Intelligenztests zu erstellen, die weniger sprach- und motivationsabhängig und ökonomisch durchzuführen ist. In der Diagnostik von Hochbegabung ist das Verfahren interessant, weil es für die Analyse und Interpretation typischer Klagen von hochbegabten Kindern und Jugendlichen über Langeweile und ständiges Wiederholen hilfreich sein kann. Schüler, die im ZVT extrem hohe Werte erzielen, klagen häufiger über Langeweile und ständiges Wiederholen. Sie schalten in der Folge im Unterricht oft ab, was dazu führen kann, dass sie wichtige Details nicht aufnehmen. Das Verfahren gilt allerdings als veraltet. Es ist bereits 1987 erschienen und seitdem nicht neu bearbeitet und normiert worden.

**Naglieri Nonverbal Ability Test (NNAT):** Dieses interessante neuere Testverfahren ist erst seit kurzem erhältlich. Es liegt lediglich in der US-amerikanischen Originalfassung vor und wurde bislang in Deutschland nicht normiert. Bei einer Anwendung müssten daher deutsche Kinder und Jugendliche mit amerikanischen Gleichaltrigen verglichen werden, was problematisch ist, auch wenn es sich um ein sprachfreies Verfahren handelt. Der NNAT ist ein anspruchsvoller Matrizentest, der auf neueren neuro- und kognitionspsychologischen Arbeiten aufbaut, die grundlegende kognitive Prozesse wie Planen, Aufmerksamkeit, Simultanität und Sukzessivität in den Mittelpunkt stellen. Das Verfahren erfasst schlussfolgerndes Denken und generelle Problemlösefähigkeiten und ist mit Kindern und Jugendlichen von fünf bis 17 Jahren durchzuführen. Ausdrücklich wird von den Testautoren darauf hingewiesen, dass das Verfahren für die Identifikation von Kindern und Jugendlichen für Begabtenförderprogramme geeignet ist. Das Verfahren wird allerdings nach wie vor in Deutschland nicht angewendet.

## Mehrdimensionale Verfahren

**Kognitiver Fähigkeitstest (KFT-K, KFT 1-3):** Die Kognitiven Fähigkeitstests für das Vor- und Grundschulalter (KFT-K und KFT 1-3) sind differenzielle Intelligenztests zur Ermittlung der kognitiven Ausstattung von Kindern zwischen vier und sieben Jahren bzw. von Schülerinnen und Schülern der ersten bis dritten Klasse. Die Tests vermitteln Informationen in den vier Bereichen Sprachverständnis, Erkennen von Relationen, schlussfolgerndes Denken und rechnerisches Denken. Sie dienen damit der Erfassung schulisch relevanter intellektueller Lern- und Leistungsvoraussetzungen. Eine Zeitbegrenzung gibt es bei den Testverfahren nicht. Von der Struktur der Aufgaben her sind beide Verfahren mehrdimensional angelegt. Faktorenanalysen zeigen jedoch, dass der KFT-K im Gegensatz zum KFT 1-3 nur eine Intelligenzdimension erfasst, die als allgemeine Intelligenz interpretiert werden kann.

Die Testverfahren sind ökonomisch in der Durchführung und geben einen guten Einblick in bildungsabhängige Aspekte der Intelligenz. Allerdings stammen die Testnormen beider Verfahren noch aus den 80er Jahren und sind damit veraltet. Als Alternative wurde die Münchner Hochbegabungstestbatterie (MHBT) entwickelt.

**Münchner Hochbegabungstestbatterie Primarstufe (MHBT-P):** Die Münchner Hochbegabungstestbatterie (MHBT-P) enthält zwei Versionen der Kognitiven Fähigkeitstests KFT 4-12+R (s. u.) für den Einsatz in der Hochbegabtendiagnostik. Wie alle KFT-Versionen ermöglichen die Skalen des MHBT-P (KFT-HB 3 und KFT-HB 4) die Erfassung der verbalen, numerischen und nonverbalen Verarbeitungskapazität sowie die Bestimmung eines Gesamtwerts. Sie enthalten schwerere Items als die ursprünglichen Versionen, um Deckeneffekte zu vermeiden.

Neben den genannten Intelligenzskalen enthält die MHBT-P, getreu des allen Kognitiven Fähigkeitstests zugrunde liegenden mehrdimensionalen Münchener Begabungsmodells, verschiedene Selbsteinschätzungsskalen zur Erhebung von nicht-kognitiven Faktoren.

Als Intelligenztest schließt das Verfahren eine Lücke und ermöglicht die Testung hochbegabter Grundschulkinder. Allerdings ist der Test erst ab der Jahrgangsstufe 3 einsetzbar und basiert auf einer (hochbegabten) Normierungsstichprobe, die nur aus einem Bundesland (Bayern) stammt. Ärgerlich sind zudem die völlig unklaren Angaben zur Datengrundlage und die unvollständigen Angaben zu den Skalenkennwerten der Normierungsstichprobe. Das Manual gibt darüber keine Auskunft und stellt keine Normtabellen bereit. Die Auswertung erfolgt ausschließlich über ein Computerprogramm, das ebenfalls keinen Einblick in die Datengrundlage bietet.

**Hannover Wechsler Intelligenztest für das Vorschulalter (HAWIVA) bzw. Wechsler Preschool and Primary Scale of Intelligence (WPPSI-III) Deutsche Version.** Die WPPSI-III stellt einen Intelligenztest zur Erfassung allgemeiner und spezifischer intellektueller Fähigkeiten von Kindern zwischen 3;0 und 7;2 Jahren dar. Sie ersetzt die bisherige Version HAWIVA-III von Ricken et al. (2007). Mit der WPPSI-III kann ein Gesamt-IQ als Maß für den kognitiven Entwicklungsstand eines Kindes im Vorschulalter bestimmt werden. Zusätzlich können vier weitere übergeordnete Werte berechnet werden: Verbal- und Handlungsteil, Verarbeitungsgeschwindigkeit und Allgemeine Sprachskala. Die Testbatterie besteht aus 14 Untertests, die sich in drei Gruppen aufteilen lassen: Kerntests, optionale und zusätzliche Untertests. Die Altersspanne wurde gegenüber der bisherigen Version (HAWIVA-III) nach oben verschoben. Das Verfahren basiert auf aktuellen Normen von 2009. Irblich (2010) warnt allerdings, dass HAWIVA-III wie auch WPPSI-III als intelligenzdiagnos¬tisches Basisverfahren nur eingeschränkt zu verwenden sind, weil Aufgaben zum rechnerischen Denken und zum Arbeitsgedächtnis fehlen. Diese müssten ergänzend aus anderen Testbatterien hinzufügt werden.

**Kognitiver Fähigkeitstest (KFT 4-12+R, KFT 4-13):** Der Kognitive Fähigkeitstest (KFT 4-12+R) ist ein differenzieller Intelligenztest zur Ermittlung der kognitiven Ausstattung von Schülern und Schülerinnen der vierten bis zwölften Klasse. Der Test besteht aus einem verbalen, einem quantitativen und einem nonverbalen Teil. Er vermittelt in jeweils drei Untertests Informationen über das Sprachverständnis, das sprachgebundene Denken, das arithmetische Denken, die Rechenfähigkeiten, das anschauungsgebundene Denken und die konstruktiven Fähigkeiten sowie das kognitive Gesamtleistungsniveau eines Schülers bzw. einer Schülerin. Ähnlich wie bei jeder schulischen Anforderung muss im Kognitiven Fähigkeitstest unter Zeitdruck gearbeitet und intellektuelle Leistung erbracht werden.

Der KFT 4-12+R liegt in einer Lang- und einer Kurzform vor. Auch die Kurzform ist geeignet, um mit geringem Aufwand einen Überblick über das Profil schulbezogener Leistungsfähigkeit zu gewinnen. Die Interpretation des Profils muss sich auf die drei Testteile beschränken. Eine weitergehende Interpretation der Ergebnisse einzelner Untertests ist nicht sinnvoll und auch aus testtheoretischen Gründen fragwürdig. Bei schwierigen Schulkarrieren ist in jedem Fall die Durchführung der Langfassung zu empfehlen.

Der KFT 4-12+R wurde Ende der 90er Jahre normiert und gibt sowohl Alters- als auch Klassennormen an, was insbesondere für die diagnostische Untersuchung von SchülerInnen im Zusammenhang mit akzelerierenden Maßnahmen hilfreich ist. Diese Normen sind allerdings schon recht alt, so dass alternativ die Münchner Hochbegabungstestbatterie für die Sekundarstufe MHBT-S in Betracht zu ziehen ist.

**Münchner Hochbegabungstestbatterie Sekundarstufe (MHBT-S):** Die MHBT-S schließt an die Version für die Primarstufe an und verwendet wie diese modifizierte Versionen des Kognitiven Fähigkeitstests KFT 4-12+R für den Einsatz in der Hochbegabtendiagnostik. Das Verfahren ermöglicht die Erfassung der verbalen, numerischen und nonverbalen Verarbeitungskapazität sowie die Bestimmung eines Gesamtwerts. Auf der Grundlage eines gemeinsamen Aufgabenheftes werden Antwortbögen für alle Klassenstufen von 4 bis 12/13 zur Verfügung gestellt.

Darüber hinaus enthält die Testbatterie etliche weitere Verfahren: Checklisten zur „Grobeinschätzung verschiedener Hochbegabungsformen durch Lehrkräfte“, Kompetenztests und etliche Selbsteinschätzungsskalen für die Ausfüllung durch Schüler (siehe S. 95)

Eine Beurteilung des Verfahrens fällt wie beim MHBT-P (s. o.) schwer, weil die Aussagen zu testtheoretischen Gütekriterien im Manual wie auch im Auswertungsprogramm ausgesprochen dürftig sind. Die (hochbegabte) Normierungsstichprobe der Version für die Sekundarstufe stammt lediglich aus einem Bundesland (Baden-Württemberg). Wie beim MHBT-P fehlen differenzierte Angaben zur Datengrundlage und die Normtabellen. Auch Preckel (2010, 37) kritisiert, dass „unklar bleibt, auf welcher Datengrundlage die angegebenen Kennwerte berechnet wurden".

**Prüfsystem zur Schul- und Bildungsberatung (PSB-R 4-6, PSB-R 6-13):** Bei diesem Verfahren handelt es sich um die revidierten und neu normierten Fassungen des sehr veralteten PSB. Es liegen ein Verfahren für die vierte bis sechste Klassenstufe sowie eines für die sechste bis 13. Klassenstufe vor. Beide Verfahren liefern Aussagen über die allgemeine Intelligenz und über bereichsspezifische Fähigkeiten im verbalen, mathematischen und figuralen Bereich. Außerdem ermöglichen sie eine Einschätzung der Konzentrationsfähigkeit. Darüber hinaus werden schulbezogene Wissensbereiche überprüft, so dass es sich in Teilen um Schulleistungstests handelt. Die Verfahren stellen damit eine Alternative zum KFT 4-12+R dar.

**Intelligenz-Struktur-Test (IST 2000-R, IST 2000):** Der Intelligenz-Struktur-Test, der in seiner ursprünglichen Form seit den 50er Jahren in Gebrauch ist, ermöglicht einen Einblick in die Struktur der Intelligenz sowie eine Aussage über das kognitive Gesamtleistungsniveau. Ähnlich wie bei schulischen Anforderungen sind unter Zeitdruck intellektuelle Leistungen zu erbringen. Er besteht aus einem Grundmodul sowie Erweiterungsmodulen mit Gedächtnis- und Wissensaufgaben. Das Verfahren ergibt jeweils einen Testwert zur fluiden und zur kristallinen Intelligenz sowie Angaben zu bereichsspezifischen Fähigkeiten. Eine Profildarstellung der Ergebnisse erlaubt laut Testhandbuch den Vergleich des Einzelergebnisses mit dem „Durchschnittsprofil" verschiedener beruflicher Bezugsgruppen.

Der IST 2000-R gilt als anspruchsvolles Verfahren und differenziert vergleichsweise gut im oberen Begabungsbereich. Sowohl die Durchführung als auch die Auswertung des Verfahrens sind eher zeitaufwändig. Die Normen des Verfahrens wurden Ende der 90er Jahre erhoben und sind damit schon recht alt. Kritisch ist außerdem anzumerken, dass Geschlechtsunterschiede zugunsten männlicher Testpersonen berichtet werden, auf eine Erstellung geschlechtsspezifischer Normen jedoch verzichtet wurde.

**Berliner Intelligenzstruktur-Test (BIS-4, BIS-HB):** Das Verfahren basiert auf dem Berliner Intelligenzstrukturmodell von Jäger (Holling et al. 2004). Das Verfahren kann ab dem Alter von 15 Jahren bei Personen mit gymnasialer Bildung eingesetzt werden und deckt ein breites Spektrum intellektueller Fähigkeiten ab. Über die Bereiche verbaler, mathematischer und figuraler Fähigkeiten hinaus werden auch die „operativen Fähigkeiten" Einfallsreichtum, Merkfähigkeit, Verarbeitungsgeschwindigkeit und Verarbeitungskapazität erfasst.

Für die Diagnostik hochbegabter Jugendlicher besonders interessant ist die Neubearbeitung des BIS (BIS-HB), die u.a. anhand einer speziellen Hochbegabtenstichprobe normiert worden ist (Holling et al. 2004, 132). Auch der BIS-HB basiert auf dem Berliner Intelligenzstrukturmodell (BIS) und erfasst die in diesem Modell spezifizierten Intelligenzdimensionen: Einfallsreichtum, Bearbeitungsgeschwindigkeit, Merkfähigkeit, Verarbeitungskapazität, die Fähigkeit zum Umgang mit verbalem, figuralem und numerischen Material sowie als Integral aus diesen Fähigkeiten die allgemeine Intelligenz. Der BIS-HB deckt somit ein breites Spektrum verschiedener Intelligenzleistungen ab. Die empirische Fundierung der Normen basiert nicht nur auf durchschnittlich Begabten, sondern auch auf einer Stichprobe von über 500 intellektuell hoch begabten Schülerinnen und Schülern. Der BIS-HB erlaubt damit eine allgemeine wie auch eine bereichsspezifische Begabungs- und Underachievementdiagnostik. Es ist allerdings nicht auszuschließen, dass die gemessenen IQ-Werte erhebliche Unterschätzungen darstellen, weil in der Normstichprobe Gymnasiasten und Akademikerkinder deutlich überrepräsentiert sind (Frenzel/Nett 2008). Verwendet wird der BIS-HB bislang vornehmlich in der Forschung und zur differenzierten (personalpsychologischen) Intelligenzdiagnostik. Das mag auch daran liegen, dass das Verfahren sehr zeitaufwändig und in den Verbrauchsmaterialien eher kostspielig ist.

**Hamburg-Wechsler-Intelligenztest für Kinder (HAWIK-III, HAWIK-IV):** Die Hamburg-Wechsler-Intelligenztests sind die in Deutschland am meisten durchgeführten Verfahren zur Messung der Intelligenz. Die Verfahren bestehen ursprünglich aus zwei Teilen, dem Handlungs- und dem verbalen Teil. Über die sich daraus ergebenden zwei Testwerte hinaus werden Angaben zu etlichen Untertests gemacht, die als Profil interpretiert werden können. Diese Teilung in Verbal- und Handlungsteil wurde im HAWIK-IV aufgegeben. Es werden nun fünf Intelligenzwerte erfasst: Sprachverständnis, Wahrnehmungsgebundenes Logisches Denken, Arbeitsgedächtnis, Verarbeitungsgeschwindigkeit sowie der Gesamt-IQ-Wert. Diese Indizes ermöglichen es, ein differenziertes Bild des kognitiven Entwicklungsstandes zu erstellen. Zusätzlich können auf der Untertestebene weitere Analysen vorgenommen werden. Profilanalysen ermöglichen sehr differenzierte Aussagen über Stärken und Schwächen eines Kindes. Im Gegensatz zu den vorgenannten Verfahren lässt sich der HAWIK-IV wie alle Wechsler-Verfahren nur als Einzeltests durchführen.

Der HAWIK-IV wird für die Diagnostik im Alter von sechs bis knapp 17 Jahren verwendet. Die Normierung erfolgte 2005/2006. Der HAWIK-IV löst damit die 1999 vorgelegte dritte Version des Verfahrens (HAWIK-III) ab. Schon in der Testbeschreibung wird darauf verwiesen, dass das Verfahren auch zur Diagnostik von Hoch- und Minderbegabung sowie für die Diagnose individueller kognitiver Stärken und Schwächen eingesetzt werden kann. Ein entsprechender Nachweis, dass anders als im HAWIK-III keine Deckeneffekte entstehen, steht allerdings noch aus.

Ebenfalls im Handbuch wird aufgezeigt, dass im Bereich hoher Begabung oft extreme Leistungsunterschiede zwischen den vier Indexwerten vorkommen. Dies erschwert die Interpretierbarkeit des Gesamt-IQ, so dass bei Hochbegabten bzw. bei Gesamt-Testwerten ab einem IQ von 120 die Berechnung eines Allgemeinen-Fähigkeits-Index (AFI) empfohlen wird. Das Verfahren dafür wird allerdings nicht im Handbuch angegeben, sondern muss einem Fachartikel entnommen werden (Daseking et al. 2008).

**Adaptives Intelligenz-Diagnostikum 2, AID 2:** Auch das AID ist ein Individualtest, der für die Untersuchung von Sechs- bis 15-Jährigen eingesetzt werden kann. Ähnlich wie in den ursprünglichen Formen der Wechsler-Tests ergibt das Verfahren zwei allgemeine Werte, hier für verbal-akustische sowie für manuell-visuelle Fähigkeiten. Das Konzept eines Werts für die allgemeine Intelligenz war ursprünglich nicht vorgesehen, wurde aber wegen der starken Nachfrage aus der Praxis nachträglich durch ein zusätzliches Auswertungsblatt ermöglicht. Im Vordergrund der Auswertung steht allerdings die Interpretation eines Profils der elf Untertests und drei Zusatztests. Das Verfahren wird insbesondere für die förderorientierte Diagnostik von Teilleistungsstörungen empfohlen.

Die Besonderheit des Verfahrens ist das adaptive Vorgehen: Je nachdem, welche Aufgaben eine Testperson korrekt löst, erhält sie im weiteren Verlauf Aufgaben, die an ihr Leistungsniveau angepasst sind. Dies wird als Vorteil für die Diagnostik hochbegabter Kinder und Jugendlicher angesehen, weil zum einen die auf diese Weise vorgelegten Items „informativer“ sind und eine höhere Messgenauigkeit versprechen. Zum anderen ist es möglich, die Leistungsmotivation aufrecht zu erhalten, weil zu leichte wie auch zu schwierige Items weggelassen werden. Obwohl der Test nicht speziell für die Verwendung im oberen Begabungsbereich konzipiert ist, hat das nach Meinung der Autoren auch und gerade in der Hochbegabungsdiagnostik Vorteile (Kubinger/Holocher-Ertl 2010). Holling et al. (2004) kritisieren allerdings, dass das Verfahren den Befunden der Intelligenzforschung widerspricht und nur geringe Korrelationen zu anderen Intelligenztests zeigt. Im Rahmen einer Diagnostik auf Hochbegabung sollte es auf keinen Fall als einziges Verfahren zur Bestimmung der Intelligenz verwendet werden.

**Kaufmann-ABC:** Dieses Testverfahren richtet sich an Kinder und Jugendliche im Alter von 2½ bis 17 Jahren und ist nur als Einzeltest durchführbar. Ermittelt werden zum einen *intellektuelle Fähigkeiten*, die in *einzelheitliches Denken* und *ganzheitliches Denken* untergliedert werden. Hieraus ergibt sich ein Wert für die allgemeine Intelligenz. Zum anderen wird mit der Skala *Fertigkeiten* Faktenwissen erhoben. Der Test wurde unter anderem zur Abklärung von Minderbegabung entwickelt, was schon darauf hinweist, dass die Aufgaben für die Diagnostik hoher Begabung zu leicht sind. Zudem ist er mit Normen, die ungefähr 20 Jahre alt sind, deutlich veraltet. Er ist in diesem Zusammenhang daher nicht zu empfehlen.

**Wilde Intelligenz-Test-2:** Seit 2008 neu auf dem Markt ist der Wilde Intelligenz-Test (WIT-2). Nach Angaben der Autoren dient der WIT-2 der differenzierten Erfassung klar unterscheidbarer und theoretisch fundierter kognitiver Fähigkeiten von Jugendlichen und Erwachsenen. Ausgangspunkt des Tests ist das modifizierte Modell der Primary Mental Abilities (MM-PMA). Seine Differenzierungsfähigkeit ist für den Altersbereich von 14 bis 42 Jahren nachgewiesen. Der WIT-2 eignet sich für die Intelligenzdiagnostik im Allgemeinen sowie für die Forschung und Eignungsdiagnostik im Besonderen und erlaubt eine Vorhersage des Erfolgs in Ausbildung, Schule und Beruf. Die Verfahrenshinweise zum WIT-2 orientieren sich explizit an den Anforderungen der DIN 33430. Das Verfahren wurde umfassend auf Zuverlässigkeit und Gültigkeit geprüft, beruht aber insbesondere auf beruflichen Bewerbungssituationen.

Erfahrungen mit der Testung von Hochbegabten liegen unseres Wissens bislang nicht vor. Das Verfahren ist allerdings als vielversprechend einzuschätzen.

## 5.3 Diagnostik von nichtkognitiven Persönlichkeitsfaktoren, Selbstkonzept und sozial-emotionaler Situation

In Kapitel 4 ist deutlich geworden, dass es beim Thema Hochbegabung nicht nur um die einfache Erfassung intellektueller Leistungsfähigkeit geht, sondern die Entfaltung von Begabungen als Ergebnis eines komplexen Zusammenspiels vieler Faktoren verstanden werden muss. Daher erfordert eine gründliche psychologische Untersuchung, über die Intelligenzdiagnostik hinaus zusätzliche Informationen über das Lern- und Arbeitsverhalten, Motivation und andere nichtkognitive Faktoren zu erheben.

Wie bereits dargestellt, ist insbesondere das Selbstkonzept der eigenen Begabung wesentlich für das Verständnis von Begabung und des Zusammenhangs von Begabung und Leistung. Selbstbezogenen Einschätzungen kommen für das Erleben und Verhalten eines Menschen besondere Bedeutung zu, weil sie wesentlich zur Verhaltenssteuerung beitragen. Das schulische Selbstkonzept beeinflusst die Ausdauer bei der Bearbeitung von Aufgaben, das Wahlverhalten und steht mit Interessen und Leistungsmotivation in engem Zusammenhang. Die Erfassung schulischer Selbstkonzepte, für die eine Reihe aktueller Verfahren vorliegen, kann zusammen mit einer Messung der kognitiven Leistungsfähigkeit erklären helfen, wie die tatsächliche Schulleistung zustande kommt.

Bei den nachfolgend geschilderten Verfahren handelt es sich um Fragebogenverfahren, die überwiegend für Schülerinnen und Schüler ab der fünften Klasse geeignet sind. Aus testtheoretischer Sicht ist die Qualität dieser Verfahren sehr unterschiedlich und zum Teil gering. Sie erlauben aber einen systematischen Überblick und geben Hinweise auf mögliche Stärken und Defizite, die Ausgangspunkt für eine vertiefende Anamnese sowie Beratung und Behandlung sein können. Die Autorenangaben befinden sich im Testverzeichnis am Ende des Buches.

**Lern- und Arbeitsverhaltensinventar (LAVI):** Das Lern- und Arbeitsverhaltensinventar (LAVI) ist ein Fragebogen, der die Analyse von Lern- und Leistungsschwierigkeiten von Schülerinnen und Schülern ab der fünften Klassenstufe ermöglichen soll. Der Fragebogen besteht aus drei Skalen, die das Lern- und Arbeitsverhalten beschreiben. Die erste Skala erfasst die *Arbeitshaltung*. Sie kann interpretiert werden als grundsätzliche Bereitschaft, pflichtbewusst, konzentriert und gründlich zu lernen. Niedrige Werte auf dieser Skala weisen auf eine problematische Grundhaltung zum Lernen hin. In der zweiten Skala *Stressbewältigung* geht es um die Fähigkeit, Lernprozessstörungen zu meistern, also mit Schwierigkeiten und Belastungen umzugehen. Ein hoher Wert auf dieser Skala zeigt eine gut ausgeprägte Fähigkeit an, mit Stress und Druck umzugehen, ist also im Allgemeinen positiv zu werten. In der dritten Skala *Lerntechnik* wird die Fähigkeit des Jugendlichen zur wirksamen Stoffverarbeitung überprüft. Erfasst wird, inwieweit der Einzelne über Strategien und Methoden des Lernens verfügt. Bei niedrigen Werten auf dieser Skala müssen Methoden des Lernens und Arbeitens erworben werden. Hierauf wird in Kapitel 8.6 eingegangen.

Problematisch, aber bei schwierigen Schulverläufen (nicht nur hochbegabter Kinder und Jugendlicher) häufig zu beobachten, ist die Kombination von geringer Arbeitshaltung, hoher Stressresistenz und durchschnittlichen oder sogar mangelhaften Lern- und Arbeitstechniken. In diesen Fällen hat sich die ursprünglich positive Eigenschaft einer hohen Stressresistenz in ihr Gegenteil verkehrt: Schüler legen sich ein „dickes Fell“ zu und nehmen ihre möglicherweise sehr problematische Situation nicht oder jedenfalls nicht realistisch wahr. Im Zusammenhang mit geringer Lern- und Arbeitsbereitschaft und/oder nur mangelhaft ausgebildeten Lerntechniken ist fraglich, ob pädagogische Maßnahmen bei solchen SchülerInnen überhaupt greifen können. Soll eine wirksame Veränderung erreicht werden, muss zunächst an den Einstellungen und Haltungen der Schule gegenüber gearbeitet werden. Das alleinige Üben und Trainieren von Lern- und Arbeitstechniken oder die Aufforderung, „doch endlich mehr zu tun“, wird wirkungslos bleiben.

**Arbeitsverhaltensinventar (AVI):** Das Arbeitsverhaltensinventar (AVI) ist ein Fragebogen, der nicht nur die Güte der Lern- und Arbeitstechniken von Probanden testet, sondern gleichzeitig motivationale, emotionale, personale und psychosoziale Determinanten erfasst. Der Fragebogen ist laut Handbuch ab der zehnten Klasse zu verwenden, aber in der Diagnostik von Hochbegabten auch ab der achten Klasse einsetzbar. Das Verfahren ist sehr aufwändig: Die Befragten müssen 200 Aussagesätze zu Arbeitsverhalten, Motivation, Lerntechniken und emotionalen und sozialen Einflussfaktoren beantworten. Die Auswertung ergibt Werte auf 20 Skalen. Kritisch zu bewerten ist, dass die Konstruktion des über 20 Jahre alten Verfahrens aus testtheoretischer Sicht mangelhaft ist.

Dennoch ist das Verfahren gut einsetzbar, weil der breit angelegte Überblick dabei hilft, Ressourcen und Problembereiche zu identifizieren. Schüler sind von den Ergebnissen des AVI oft überrascht, sie fühlen sich „ertappt“, aber auch wahrgenommen. Die Ergebnisse sollten nicht als valide Einschätzungen des Arbeitsverhaltens des Schülers angesehen werden, sondern zum Einstieg in ein Gespräch dienen, das die jeweiligen Bereiche in den Blick nimmt und an den Angaben von Schüler und evtl. Eltern überprüft. Das Verfahren rückt insbesondere den Zusammenhang von Begabung und Anstrengungsbereitschaft (oder eben -vermeidung) in den Mittelpunkt.

**Angstfragebogen für Schüler (AFS):** Der Angstfragebogen für Schüler (AFS) ist ein mehrfaktorieller Fragebogen, der ängstliche und unlustvolle Erfahrungen von Schülern zwischen neun und 17 Jahren erfasst. Er kann ergänzend zum LAVI oder AVI durchgeführt werden. Die Auswertung ergibt Werte für drei Skalen: *allgemeine Angst*, *Prüfungsangst* sowie *Schulunlust*. Während in der ersten Skala ermittelt wird, wie ängstlich der bzw. die Betreffende in verschiedenen Situationen (Alleinsein, Gewitter etc.) ist, erfasst die zweite Skala sehr konkret das Ausmaß von Prüfungsangst. Ein hoher Wert auf der letzten Skala *Schulunlust* kann mit negativen Schulerfahrungen und problematischen Schulkarrieren zusammenhängen, die zu Rückzug und Vermeidungsverhalten und in der Folge zu Anstrengungsvermeidung geführt haben. Hochbegabte bzw. überdurchschnittlich begabte Schülerinnen und Schüler zeigen oft verstärkt hohe Werte auf der Skala *Schulunlust*, was sich als Hinweis auf Unzufriedenheit mit der bestehenden schulischen Situation interpretieren lässt. Kritisch ist anzumerken, dass das Verfahren schon sehr alt ist.

**Anstrengungsvermeidungstest (AVT):** Der Anstrengungsvermeidungstest (AVT) ist ein Fragebogen, der die Neigung von Schülerinnen und Schülern, schulischen Anstrengungen aus dem Weg zu gehen, erfasst. Der Test ist mit SchülerInnen ab der fünften Klassenstufe durchführbar. Eine Erweiterung des Verfahrens um eine Fassung für das Vor- und Grundschulalter ist in Vorbereitung.

Thema des Tests ist die Dynamik, die zwischen Kind bzw. Jugendlichen und Erwachsenen entsteht, wenn mit Anforderungen umgegangen werden soll. „Anstrengungsvermeider“ zeigen Vermeidungsstrategien gegenüber allen Anforderungen der Umwelt. Erfolg bedeutet für sie, sich Leistungsanforderungen wirksam entzogen zu haben. Dabei lassen sich (mindestens) zwei Gruppen unterscheiden. Zum einen handelt es sich um Kinder und Jugendliche, die einen in starkem Maße desorganisierten Arbeitsstil aufweisen. Zum anderen gibt es Kinder und Jugendliche, die eher apathisch und lethargisch wirken. Deutlich mehr Jungen als Mädchen zeigen Tendenzen der Anstrengungsvermeidung.

Der AVT ist ausgezeichnet für die Diagnostik und Beratung von hochbegabten SchülerInnen mit schwierigen Schulkarrieren geeignet, weil er ein anderes Licht auf die Hintergründe dieser Schwierigkeiten wirft. Anstelle einer pauschalen Kritik an schulischen Bedingungen lenkt er den Blick auf die eigene Verantwortung der SchülerInnen für ihr Verhalten und ihre Leistungen.

**Differentielles Angst-Inventar (DAI):** Das differentielle Leistungsangstinventar (DAI) ist ein aufwändiges verhaltenstherapeutisches Verfahren, das sehr differenziert Angstphänomene von Auslösern bis hin zu Bewältigungsstrategien erhebt. Es erfasst getrennt die verschiedenen Aspekte von Angstauslösung, Angsterscheinungsweisen, Angstverarbeitung und Angststabilisierung in Leistungssituationen. Ausgangspunkt bildet die genaue Erfassung der Situationen, die Angst auslösen.

Das DAI eignet sich gut für die Arbeit mit älteren Jugendlichen, die schon zu Beginn überrascht sind, wenn man aus dem Test ihre problematischen Strategien im Umgang mit Angst und Anforderungen herausliest. Es leuchtet ihnen in der Regel ein, dass es sinnvoll wäre, noch andere und vor allem effiziente Strategien zur Verfügung zu haben. Auf Grund der Differenziertheit des Verfahrens stellt es eine gute Grundlage für die individuelle beratende und therapeutische Arbeit dar.

**Skalen zur Erfassung der Lern- und Leistungsmotivation (SELLMO):** Die Skalen zur Erfassung der Lern- und Leistungsmotivation (SELLMO) sind zum Einsatz in den Klassenstufen 4 bis 10 geeignet. Sie ermöglichen, Ziele von SchülerInnen in Lern- und Leistungssituationen zu erfassen. Dabei können verschiedene motivationale Orientierungen und entsprechend unterschiedliche Ziele differenziert werden, die im Fragebogen mit Hilfe von vier Skalen erfasst werden. Die erste Skala *Lernziele* ermittelt, inwieweit das Ziel, die eigenen Fähigkeiten zu erweitern, verfolgt wird und generell Interesse besteht, etwas Neues zu lernen. Im Unterschied zu Lernzielen, die auf eine Erweiterung der Kompetenzen und des Wissens einer Person ausgerichtet sind, erfassen zwei Skalen zu *Leistungszielen* das Bestreben, anderen gegenüber die eigenen Fähigkeiten zu demonstrieren bzw. eigene mangelnde Fähigkeiten zu verbergen. Die vierte Skala *Arbeitsvermeidung* erfasst, inwieweit die Motivation hauptsächlich in dem Bemühen besteht, möglichst wenig Arbeit in die Erledigung von Aufgaben zu investieren.

Interessant ist dieses Verfahren insbesondere bei SchülerInnen, die sehr leistungsorientiert sind und daher häufig von Lehrkräften für hochbegabt gehalten werden. Nicht selten erleben diese Schüler das Lernen und die Schule als Ganzes weniger als interessante Anregung und Bereicherung, sondern eher als Verpflichtung. Dies zeigt sich in der Testauswertung darin, dass Vermeidungstendenzen deutlich über positive Lern- und Leistungsziele dominieren. Eine solche Kombination ist ein starker Indikator für motivationale Defizite: Diese SchülerInnen sind zwar daran interessiert, gute Leistungen zu erbringen. Dabei geht es ihnen aber mehr darum, wie ihre Leistungen nach außen zur Geltung kommen, und weniger um den eigenen Lernprozess, das Engagement und den persönlichen Lernfortschritt. Dies kann dazu führen, dass sie in Anbetracht von Schwierigkeiten schnell das Interesse an einer Sache verlieren und sich lieber Felder suchen, in denen leichter Erfolge zu erzielen sind.

**Skalen zur Erfassung des schulischen Selbstkonzepts (SESSKO):** Die Skalen zur Erfassung des schulischen Selbstkonzepts (SESSKO) bestimmen das generelle schulische Fähigkeitsselbstkonzept von SchülerInnen der Klassenstufen 4 bis 10. Die Selbsteinschätzung der eigenen schulischen Fähigkeiten ist ein wesentlicher Faktor bei der Suche nach möglichen Ursachen von Minderleistung. Es kann angenommen werden, dass sowohl die vorangegangene Leistung einer Person das Fähigkeitsselbstkonzept beeinflusst als auch umgekehrt das Selbstkonzept der eigenen Fähigkeit die Leistung einer Person. Das Selbstkonzept stellt damit einen bedeutsamen Faktor beim Zustandekommen von Schulleistungen dar. Im Einzelnen erfasst das Verfahren, wie eigene Fähigkeiten im sozialen Vergleich, im Vergleich mit früheren Fähigkeiten, gemessen an sachlichen Kriterien sowie ohne explizite Vorgabe einer Bezugsnorm eingeschätzt werden. Dies ist bei hochbegabten und überdurchschnittlich begabten Kindern und Jugendlichen, die schon lange als begabt gelten, im Gespräch oft nur schwer zu erfassen, weil sie dort oft nicht tatsächliche Befindlichkeiten mitteilen, sondern Einschätzungen von Eltern oder Lehrkräften reproduzieren.

**Fragebogen zur Erfassung emotionaler und sozialer Schulerfahrungen von Grundschulkindern (FEESS):** In den Fragebögen zur Erfassung emotionaler und sozialer Schulerfahrungen von Grundschulkindern der Klassen 1 und 2 (FEESS 1-2) bzw. der Klassen 3 und 4 (FEESS 3-4) werden Wahrnehmungen und verschiedene Aspekte von sozialen und emotionalen Schulerfahrungen aus der Sicht von Schulkindern erfasst. Im Einzelnen wird erfragt, wie die Kinder ihre eigene Leistungsfähigkeit selbst einschätzen, wie sie sich in ihre Klasse integriert fühlen und wie sie die Lehrkräfte und die Schule und das Schul- und Lernklima insgesamt wahrnehmen. Das Verfahren erfasst damit subjektive Theorien der Kinder über die eigene Person und ihre schulbezogene Umwelt. Es besteht aus zwei Teilfragebögen: Der TF-SIKS (Teilfragebogen zur sozialen Integration, zum Klassenklima und Selbstkonzept) erfasst das Selbstkonzept der Schulfähigkeit sowie zentrale Aspekte der sozialen Beziehungen in der Klasse, nämlich die soziale Integration und das Klassenklima. Der TF-SALGA (Teilfragebogen zur Schuleinstellung, Anstrengungsbereitschaft, Lernfreude und dem Gefühl des Angenommenseins) bezieht sich auf Aspekte des schulischen Erfahrungsraumes der Kinder, nämlich das Lernen, die Lehrkräfte sowie die Schule als Ganzes.

Im Zusammenhang mit der Diagnostik von begabten Kindern ist das Verfahren in zweierlei Hinsicht interessant. Zum einen lässt sich die Vermutung überprüfen, dass begabte Kinder auf Grund ihres „Andersseins“ und ihres Leistungsvorsprungs soziale Schwierigkeiten haben oder isoliert sind. Zum anderen ermöglicht das Verfahren eine differenzierte Einschätzung des Kindes, wenn das Überspringen einer Klassenstufe anvisiert wird, und gibt damit wichtige Hinweise für die bei einem solchen Schritt erforderliche Begleitung von Eltern, Lehrkräften und den jeweiligen Kindern selbst. Allerdings bestehen zwischen den Skalen hohe Korrelationen, so dass die Interpretierbarkeit eingeschränkt ist.

**Differentielles Schulisches Selbstkonzept-Gitter (DISK-Gitter):** Das DISK-Gitter (mit SKSLF-8; Skala zur Erfassung des Selbstkonzepts schulischer Leistungen und Fähigkeiten) dient ähnlich wie der bereits genannte SESSKO der Erfassung des allgemeinen schulischen Selbstkonzepts sowie fachspezifischer Selbstkonzeptfassetten bei Schülerinnen und Schülern der 7. bis 10. Klassenstufe. Je nach Fragestellung können mit dem DISK-Gitter das allgemeine schulische Selbstkonzept (SKSLF-8) und/oder fachspezifische Selbstkonzepte (DISK-Gitter) erfasst werden. Das Verfahren liefert damit wichtige Informationen zur Erklärung schulischen Lern- und Leistungsverhaltens, insbesondere auch bei schulischen Problemen.

**Münchner Hochbegabungstestbatterie (MHBT-P und MHBT-S):** Die Münchner Hochbegabungstestbatterien für die Primar- und Sekundarstufe enthalten zahlreiche Selbsteinschätzungsskalen zu verschiedenen nicht-kognitiven Persönlichkeitsvariablen, z. B. Arbeitsverhalten, Motivation und Attribution. Mithilfe eines computergestützten Auswertungsprogramms lassen sich verschiedene „Profilanalysen“ vornehmen, mit denen verschiedene „Hochbegabungstypen“ identifiziert und spezifische diagnostische Fragestellungen beantwortet werden sollen.

Dabei ist jedoch zu bemängeln, dass kaum Angaben zu den konzeptionellen Grundlagen sowie zur Konstruktion der vielen angebotenen Skalen gemacht werden. Weder im Handbuch noch im Auswertungsprogramm werden die Skalen näher beschrieben; teilweise werden noch nicht einmal die für einzelne Skalen verwendeten Begriffe erläutert. Auch die Datengrundlage für die angebotenen Profilvergleiche ist nicht nachvollziehbar.

In dieser Form genügen die Skalen daher nicht den Ansprüchen, die an psychologische Testverfahren gestellt werden müssen.

**Tabelle 2:** Übersicht über Verfahren zu nichtkognitiven Persönlichkeitsfaktoren, Selbstkonzept und sozial-emotionaler Situation

| | | Lern- und Arbeitsverhalten | Motivation und Selbstkonzept | emotionale Befindlichkeit | soziale Situation |
|---|---|---|---|---|---|
| **LAVI** | Lern- und Arbeitsverhaltensinventar | ● | | | |
| **AVI** | Arbeits- und Verhaltensinventar | ● | ● | ● | ● |
| **AFS** | Angstfragebogen für Schüler | | | ● | |
| **AVT** | Anstrengungsvermeidungstest | | ● | | |
| **FKL** | Fragebogen zur Kausalattribuierung in Leistungssituationen | | ● | | |
| **DAI** | Differentielles Angst-Inventar | | | ● | |
| **SELLMO** | Skalen zur Erfassung der Lern- und Leistungsmotivation | ● | ● | | |
| **SESSKO** | Skalen zur Erfassung des schulischen Selbstkonzepts | | ● | | |
| **FEESS** | Fragebögen zur Erfassung emotionaler und sozialer Schulerfahrungen von Grundschulkindern | ● | ● | ● | ● |
| **DISK** | Differentielles Schulisches Selbstkonzept-Gitter | | ● | | |
| **MHBT-P**<br>**MHBT-S** | Münchner Hochbegabungstestbatterie<br>Versionen für Primar- und Sekundarstufe | ● | ● | | ● |
| **FLM 4-6**<br>**FLM 7-13** | Fragebogen zur Leistungsmotivation<br>Zwei Versionen | ● | ● | ● | |

**Fragebogen zur Leistungsmotivation von Schülern der 4- bis 6. Klasse (FLM 4–6) und Schülern der 7. bis 13. Klasse (FLM 7-13):** Die Leistungsmotivationstests für Schüler der Klassen 4 bis 6 bzw. 7 bis 13 sind Selbstbeurteilungsverfahren, die wesentliche Aspekte der Leistungsmotivation erfassen. Es handelt sich um eine aktualisierte, auch inhaltlich stark überarbeitete und neu normierte Versionen des Leistungs-Motivations-Tests (Herman et al. 1978). Die Fragebogen enthalten vier bzw. fünf Skalen, mit denen verschiedene Dimensionen der Leistungsmotivation bei 10- bis 19jährigen Jugendlichen erfasst werden und können in der Diagnostik von Lern- und Leistungsproblemen von begabten SchülerInnen eingesetzt werden. Besonders interessant in der Beratungsarbeit mit begabten SchülerInnen ist die Skala „Angst vor Erfolg", die in keinem anderen Verfahren zu finden ist.

Rost und Bachmann (2010) berichten allerdings von Fehlern in beiden Fragebogenverfahren. Ihre gründliche Durchsicht der Fragebögen ergab insbesondere, dass die Auswertungsschablonen falsch sind und unbrauchbare Werte bzw. Fehlinterpretationen ergeben. Diese Fehler sollten baldmöglichst korrigiert werden, damit das ansonsten ansprechende Verfahren eingesetzt werden kann.

## 5.4 Klinische Auffälligkeiten und Störungen

Über die beschriebenen Aspekte nichtkognitiver Persönlichkeitsfaktoren hinaus werden Zusammenhänge zwischen Hochbegabung und verschiedenen klinischen Auffälligkeiten und Störungen thematisiert. So taucht in Elternberatungen und auf Fortbildungen für pädagogische und psychologische Fachkräfte immer wieder einmal die Frage nach Teilleistungsstörungen bei Hochbegabten auf. Häufig wird auch angenommen, dass viele Hochbegabte gleichzeitig hyperaktiv oder aufmerksamkeitsgestört sind oder vermehrt an klinischen Störungen wie Autismus oder Depression leiden. Im Umkehrschluss kann dies zur Vermutung führen, dass sich „hinter" den genannten Auffälligkeiten „in Wirklichkeit" eine Hochbegabung befindet. Ein extremes Beispiel ist in diesem Zusammenhang das schon erwähnte Phänomen der „Indigo-Kinder" (s. S. 21).

Grundsätzlich ist dazu festzustellen, dass es keine Belege dafür gibt, dass die genannten Störungen und Auffälligkeiten bei Hochbegabten gehäuft auftreten (s. Kapitel 6.1). Es gibt aber durchaus Hochbegabte, die gleichzeitig auch lese-rechtschreib-schwach, aufmerksamkeitsgestört oder autistisch sind. Eine sorgfältige differentialdiagnostische Untersuchung ist hier insbesondere deshalb erforderlich, weil diese Klienten meist große Schwierigkeiten im Leistungsbereich haben und im Gesamteindruck nicht dem Bild des leistungsstarken, erfolgreichen Hochbegabten entsprechen. Insbesondere viele Lehrkräfte können sich kaum vorstellen, dass diese Kinder oder Jugendlichen hochbegabt sind: „Der kann doch nicht einmal richtig schreiben!" Für die diagnostische Untersuchung bedeutet dies, dass neben der sorgfältigen Erhebung von Intelligenz und nichtkognitiven Persönlichkeitsfaktoren die vermuteten Störungsbilder systematisch überprüft werden müssen.

## Teilleistungsstörungen

Teilleistungsstörungen werden zu den Entwicklungsstörungen gerechnet. Konkret geht es dabei um die Lese-Rechtsschreib-Schwäche (LRS) sowie um Dyskalkulie. Während Letztere kaum einmal im Zusammenhang mit Hochbegabung erwähnt wird, wird LRS gelegentlich auch bei Hochbegabten festgestellt. Für die Diagnose einer Teilleistungsstörung wird in der ICD-10 gefordert, dass die gefundene Minderleistung in einem Teilbereich bedeutsam unterhalb dessen liegen muss, was auf Grund der Intelligenz und des Alters zu erwarten ist. Es fehlen allerdings klare Kriterien dafür, wie die Ergebnisse von Intelligenz-, Rechtschreib- und Lesetests zueinander in Bezug gesetzt werden können. Schulte-Körne, Deimel und Remschmidt (2001) stellen eine Tabelle vor, mit deren Hilfe in der Diagnostik der Lese-Rechtschreib-Störung verlässlich Entscheidungen getroffen werden können. Diese Tabelle weist ab einem Intelligenzquotienten von 118 einen kritischen Prozentrang von 16 in einem Rechtschreibtest aus, der unterschritten werden muss, damit von einer Teilleistungsstörung gesprochen werden kann.

Eine durchschnittliche Leistung in Rechtschreibtests kommt bei Hochbegabten häufiger vor und stellt kein klinisch relevantes Problem dar. Liegt allerdings tatsächlich eine Lese-Rechtschreib-Schwäche vor, ist neben therapeutischen Maßnahmen für den Betroffenen, die sich an den bei LRS üblichen Verfahren orientieren kann, Aufklärung und Beratung der zuständigen Lehrkräfte notwendig. Diesen muss vor allem vermittelt werden, dass die schwachen Rechtschreibleistungen und das oft katastrophale Schriftbild in keiner Weise einen Schluss auf die allgemeine kognitive Leistungsfähigkeit zulassen.

## Aufmerksamkeitsdefizit-/Hyperaktivitätsstörung

Im Zusammenhang mit Aufmerksamkeitsstörungen und Hyperaktivität muss zunächst der inflationäre Gebrauch dieser Diagnose problematisiert werden. Manchmal entsteht der Eindruck, dass heute die Mehrheit der Kinder von diesen Problemen betroffen sei. Kritiker meinen, dass die Kriterien dieser Störungen im Grunde eine Liste unerwünschter Eigenschaften bei Kindern darstellen (Pagel 2003). Besondere Kritik gibt es in diesem

Zusammenhang an der explosiven Zunahme der Verschreibung von Ritalin® (Hüther/Bonney 2002; Pagel 2003). Tatsächlich sind die vorliegenden Diagnoserichtlinien klar und differenziert und fordern eine zumindest orientierende Intelligenzdiagnostik. Werden diese Richtlinien eingehalten, dann sinkt der Anteil der betroffenen Kinder beträchtlich und liegt zwischen 4 und 7 %, wobei Jungen weit häufiger betroffen sind als Mädchen (Döpfner et al. 1998; Report Psychologie 2002). Es ist dann auch nicht zu befürchten, dass Hochbegabte irrtümlich für hyperaktiv gehalten werden.

Auf der anderen Seite hat die wachsende Popularisierung des Themas Hochbegabung dazu geführt, dass heute Eltern häufiger ein Kind zur Überprüfung auf Hochbegabung anmelden, tatsächlich aber Probleme im Bereich Hyperaktivität/Aufmerksamkeit vorliegen. Dies wird ihnen durch verbreitete Aussagen nahe gelegt, in denen behauptet wird, dass Lehrkräfte oder sogar Psychologen die Bedürfnisse hochbegabter Kinder nicht erkennen und sie fälschlicherweise als hyperaktiv oder aufmerksamkeitsgestört diagnostizieren würden. So meint Stapf (2010, 315), dass „bei Hochbegabten in nicht zu unterschätzendem Ausmaß die Gefahr (besteht), fälschlicherweise als aufmerksamkeitsgestört zu gelten“. Sie muss allerdings einräumen, dass quantitative Aussagen dazu nicht vorliegen, und begründet ihre Ansicht in erster Linie mit Beispielen aus ihrer Beratungspraxis.

Natürlich kann es sein, dass ein hochbegabtes Kind sich in der Schule langweilt und deswegen nicht mehr aufmerksam ist oder herumzappelt. Von Lehrkräften sind dann nicht selten Beschwerden darüber zu hören, dass das Kind „anstrengend“ oder „problematisch“ sei. Im Allgemeinen korellieren Hyperaktivität und Aufmerksamkeitsstörungen aber eher mit niedriger Intelligenz. Döpfner et al. (1998) geben an, dass die Intelligenzleistungen von Kindern mit hyperkinetischen Störungen um etwa sieben bis 15 IQ-Punkte vermindert sind. Möglicherweise hängt dies allerdings damit zusammen, dass die Testleistungen auf Grund von Aufmerksamkeitsdefiziten in der Testsituation niedriger ausfallen (1998, 3).

In der differentialdiagnostischen Untersuchung lässt sich relativ leicht klären, worum es im Einzelfall konkret geht. Eher selten wird sich dabei herausstellen, dass sowohl eine ausgeprägte Hochbegabung als auch eine klinisch relevante Aufmerksamkeitsstörung oder Hyperaktivität vorliegt.

## Asperger-Syndrom

In letzter Zeit wird vermehrt das Asperger-Syndrom mit Hochbegabung in Zusammenhang gebracht. Dies liegt vermutlich daran, dass diese leichtere Variante des Autismus im Gegensatz zu anderen Formen nicht mit einer Intelligenzminderung einhergeht, sondern mit durchschnittlicher oder auch überdurchschnittlicher Intelligenz. In Einzelfällen werden von Menschen mit autistischen Störungen herausragende und erstaunliche Fähigkeiten in sehr speziellen Bereichen berichtet, die herausragenden Leistungen Hochbegabter entsprechen. Darüber hinaus kann auch die Betonung des „Andersseins" von Hochbegabten eine Assoziation von Hochbegabung und Autismus nahe legen.

Tatsächlich ist davon auszugehen, dass die Phänomene sich in der klinischen Praxis gut voneinander unterscheiden lassen und ein gemeinsames Auftreten von Asperger-Syndrom und Hochbegabung selten ist. Wissenschaftliche Belege für einen erhöhten Zusammenhang der beiden Phänomene gibt es bislang nicht. Vielmehr ist davon auszugehen, dass es sich bei den berichteten Hinweisen entweder um Einzelfälle handelt, die unzulässig verallgemeinert werden, oder aber um Überinterpretationen individueller Auffälligkeiten.

## Weitere klinische Störungen

Insgesamt sind klinische Störungen im Zusammenhang mit Hochbegabung selten. Dass sie aus der Praxis von Hochbegabtenberatungsstellen häufiger berichtet werden, hängt in erster Linie damit zusammen, dass diese häufiger von Menschen mit Problemen aufgesucht werden, wogegen unauffällige und gesunde Hochbegabte dort seltener in Erscheinung treten.

Dies gilt in zunehmendem Maße auch für Spezialeinrichtungen für hochbegabte Jugendliche. Je mehr Begabtenförderung auf breiter Ebene etabliert wird und zunehmend wohnortnah zu erreichen ist, um so mehr konzentrieren sich in Spezialeinrichtungen Jugendliche mit besonderen Problemen, die in Regeleinrichtungen nicht zurechtkommen. In dieser Gruppe können dann auch klinische Auffälligkeiten gehäuft auftreten, weshalb in entsprechenden Einrichtungen klinische bzw. psychotherapeutische Fachkompetenz erforderlich ist.

Generell sollte mit der Zuschreibung einer klinischen Störung dagegen sehr vorsichtig umgegangen werden. Manchmal wird eine Tendenz zum Grübeln bei Hochbegabten irrtümlich als Hinweis auf Depression gesehen. Depression wird in letzter Zeit bei Schulkindern zwar insgesamt häufiger diagnostiziert, ist aber kein spezielles Problem von Hochbegabten. In der Regel reicht es aus, entsprechende Vermutungen und Fragen von Eltern im Anamnese- bzw. Auswertungsgespräch aufzugreifen.

## 5.5 Leitlinien für diagnostische Untersuchungen und Gutachtenerstellung

Hochbegabung ist ein gutes Geschäft: Rechnungen in Höhe von 400 bis 500 € für die Durchführung einer diagnostischen Untersuchung sind keine Seltenheit; manchmal wird noch deutlich mehr berechnet. Ob die dafür gelieferte Leistung einem solchen Preis immer entspricht, ist allerdings fraglich. Manche Gutachter beschränken sich auf eine simple Standarddiagnostik, die im Gutachten stichwortartig zusammengefasst wird. Zudem haben nicht alle Fachleute auf dem Markt für Hochbegabungsdiagnostik eine wissenschaftliche Ausbildung als Psychologen – auch Sozialpädagogen, Lehrer oder sogar Volkswirte tummeln sich auf dem Markt. Auch entsprechen die verwendeten Verfahren nicht immer fachlichen Standards. Manche selbst ernannte Experten verwenden selbst entwickelte Verfahren, die wissenschaftlichen Kriterien nicht standhalten. Sie profitieren von der Unsicherheit von Eltern, die unbedingt wissen wollen, „was mit ihrem Kind los ist“, und bereit sind, erhebliche Summen zu investieren, um dies herauszufinden.

Auch gut ausgebildete Praktiker vertrauen oft auf langjährige Erfahrung mit einem bestimmten Verfahren und verwenden dieses zum Teil selbst dann noch weiter, wenn Neuentwicklungen desselben Verfahrens vorliegen. In Erziehungsberatungsstellen und in der staatlichen Schulpsychologie liegt das zum Teil daran, dass Gelder für die Anschaffung der teils sehr teuren Verfahren fehlen. Die Erkenntnis, dass sowohl Normen als auch Aufgabenstellungen veralten können, stellt diese Praxis infrage. Von Fachleuten ist zu erwarten, dass sie, wenn möglich, aktuelle Verfahren verwenden und über neue Entwicklungen informiert sind.

Nicht akzeptabel ist, wenn Formulierungen wie die folgenden, die realen Gutachten entnommen wurden, als Begründung für Fördermaßnahmen verwendet werden:

*Auszug aus einem Gutachten, das auf Grund von Underachievement eine Förderung nach § 35a befürwortete:*

**Testdiagnostik Intelligenz: CFT 20: Prozentrang 76; IQ 111.**

Das intellektuelle Leistungsvermögen liegt in diesem Test im durchschnittlichen Bereich.
(...)
In der Intelligenztestsituation war der Junge mit Eifer bei der Sache und erzielte gute Ergebnisse.

*Vollständiger Text eines Gutachtens im Zusammenhang mit der Frage nach Aufnahme in ein spezielles Angebot für Hochbegabte:*

Betrifft: Testdiagnostische Untersuchung von N.N.

Durchgeführt wurde das Adaptive Intelligenzdiagnostikum. Es ergab sich als Gesamtwert ein IQ von 123. Ich empfehle daher die Eingruppierung in Förderkurs C.

(Unterschrift)

Zu bemängeln ist, dass die Testverfahren nicht beschrieben, bei den Angaben der Testwerte keine Vertrauensintervalle angegeben und die Ergebnisse nicht im Gesamtzusammenhang erläutert und interpretiert werden. Dass eine Testperson aus Sicht des Psychologen „mit Eifer bei der Sache“ war, ist dagegen irrelevant, zumal die Behauptung „guter Ergebnisse“ im ersten Beispiel dem eher durchschnittlichen Testergebnis widerspricht.

Auch wenn eine Intelligenzdiagnostik wie im zweiten Beispiel zunächst nur für die Eingruppierung in ein konkretes Förderangebot durchgeführt wird, ist zu bedenken, dass eine Aussage über die Intelligenz weit reichende Folgen für das Selbstbild der Testperson und seine Angehörigen haben kann. Möglicherweise hängen spätere Entscheidungen über Bildungswege und Fördermaßnahmen davon ab und/oder es ist damit zu rechnen, dass das Gutachten – wie in diesem Beispiel – später an anderer Stelle vorgelegt wird. Daher müssen Gutachten in jedem Fall grundlegende Standards erfüllen.

Diagnostik ist niemals Selbstzweck. Immer stellt sich stattdessen die Frage: Diagnostik – und was dann? Es kann nicht darum gehen, lediglich die Höhe der Begabung festzustellen und den Eltern zum möglicherweise hochbegabten Kind zu gratulieren. Diagnostik ist immer nur der Anfang eines komplexen Prozesses, in dem mit den jeweiligen Klienten reflektiert wird, was die Diagnostik ergeben hat und für den weiteren Schul- und Lebensweg bedeutet. Oft muss dies im begrenzten Umfang des Auswertungsgesprächs geschehen, was hohe Anforderungen an Berater stellt. In anderen Fällen wird das Ergebnis Ausgangspunkt für einen längeren Beratungsprozess sein müssen (vgl. Kapitel 8).

Abschließend stellt die folgende Übersicht Leitlinien für diagnostische Untersuchungen und Gutachtenerstellung zusammen. Diese können auch Eltern, Erzieherinnen und Lehrkräften eine Orientierungshilfe an die Hand geben, wenn sie die Qualität von psychologischen Untersuchungen einschätzen wollen.

**Leitlinien für Begabungsdiagnostik und Gutachtenerstellung**

1. Intelligenzdiagnostik sollte grundsätzlich von Diplom-Psychologen durchgeführt werden, die Erfahrungen mit Diagnostik, am besten auch in der Diagnostik von Hochbegabung, haben.
2. Im Anamnesegespräch muss neben Angaben zum Lebenslauf und zur aktuellen Situation in Familie und Kindergarten bzw. Schule thematisiert werden, welchen Stellenwert und welche Konsequenzen eine Diagnose als hochbegabt für den/die zu Testende(n) bzw. für seine/ihre Bezugspersonen hätte.
3. Verwendet werden sollen nur Tests, die für die Diagnostik von Hochbegabung geeignet sind. Wenn Testverfahren vorliegen, die nachweislich im oberen Begabungsbereich differenzieren, sollten diese vorrangig verwendet werden. Andernfalls muss die eingeschränkte Aussagekraft der Ergebnisse benannt und im Gutachten vermerkt werden.
4. Verwendet werden sollen nur Tests mit aktueller Normierung. Intelligenztests, deren Normierung länger als 10 bis 15 Jahre zurückliegt, können in der Regel als veraltet gelten und überschätzen die Leistungen. Die Verwendung von aktuellen Normen in der Hochbegabungsdiagnostik erscheint umso wichtiger, weil davon auszugehen ist, dass die auf dem Markt befindlichen Intelligenztests nicht an der Gruppe intellektuell Hochbegabter normiert wurden.
5. Empfehlenswert ist die Durchführung von jeweils einem mehrdimensionalen (bildungsabhängigen) und einem eindimensionalen (sprachfreien) Intelligenztest. Der Vergleich der Ergebnisse ergibt ein differenzierteres Bild der getesteten Person als Grundlage für konkrete Empfehlungen zur Förderung.
6. Wissenschaftlicher Konvention zufolge wird in Deutschland intellektuelle Hochbegabung in der Regel als Fähigkeitsausprägung verstanden, die mindestens zwei Standardabweichungen über dem Mittelwert liegt (d. h. IQ = 130; PR = 98). Der Hinweis auf die psychologischen Testverfahren inhärenten Messfehler und eine Erklärung von Irrtumswahrscheinlichkeit und Vertrauensintervallen darf in keinem Fall fehlen.
7. Ein eher restriktiver Umgang mit dem Begriff Hochbegabung ist umso mehr zu empfehlen, je jünger die Kinder sind. Im Vorschulalter sollte die Diagnose „hochbegabt“ möglichst überhaupt nicht, im Grundschulalter nur mit großer Zurückhaltung formuliert werden. Zu empfehlen ist stattdessen, von Entwicklungsvorsprüngen zu sprechen.
8. Im Auswertungsgespräch sind die Testergebnisse allgemeinverständlich auf der Grundlage der verschiedenen Modellvorstellungen zu beschreiben. Die Ergebnisse müssen im Zusammenhang interpretiert werden.

9. Das differenzierte schriftliche Gutachten sollte eine Beschreibung der verwendeten Verfahren sowie die vollständige Angabe der erzielten Testwerte (Prozentränge oder T-Werte) einschließlich der Vertrauensintervalle enthalten. Vereinfachende Schlussfolgerungen müssen vermieden werden.
10. Soll darüber hinaus eine sozialpädagogische oder psychologische Maßnahme begründet werden, wie das bei der Beantragung von Jugendhilfemaßnahmen oder von Psychotherapie der Fall ist, muss die Diagnostik in jedem Fall weitere Bereiche wie Arbeitsverhalten, Motivation oder sozial-emotionales Befinden beinhalten.

# 6 Problemverhalten

> Es kann leicht passieren, dass man verrückt wird bei dem Schwachsinn, der einem jeden Tag begegnet.
>
> *(Sascha, 15 Jahre, hochbegabt)*

## 6.1 „Hilfe, mein Kind hat Hochbegabung"

Wenn man Ratgeberliteratur oder Erfahrungsberichte „betroffener" Eltern liest, könnte man meinen, dass Hochbegabung fast so etwas wie eine Krankheit sei. Die oft im Vordergrund stehenden Schilderungen von dramatischen Leidenswegen Hochbegabter können den Eindruck entstehen lassen, dass Hochbegabung unweigerlich mit schweren Problemen verbunden sein muss. Für den Fall, dass eine Hochbegabung nicht „erkannt" und ausreichend gefördert wird, werden schrecklichste Folgen bis hin zu „Selbstmordgefahr!" prognostiziert.

Eine andere Argumentation stellt Hochbegabung in eine Reihe mit Behinderungen. Insbesondere manche Elternvereine kritisieren immer wieder, dass Kinder und Jugendliche am unteren Ende des Begabungsspektrums, also Lern- und geistig Behinderte, in erheblichem Maße von staatlichen Zuschüssen und Förderung profitieren, wogegen dies für Kinder und Jugendliche am anderen Ende des Begabungsspektrums nicht gelte. So klagte die Mutter eines Jugendlichen, die ihren Sohn an einer Sonderfördereinrichtung für Hochbegabte angemeldet hatte: „Wenn ich ein behindertes Kind hätte, könnte ich alle möglichen Leistungen beantragen. Für mein hochbegabtes Kind dagegen muss ich immer nur zahlen!"

Bereits dargestellt wurde, dass bei der Suche nach Ursachen von Verhaltensauffälligkeiten und psychischen Problemen von Kindern und Jugendlichen manchmal Hochbegabung in einem Atemzug mit Hyperaktivität, Lese-Rechtschreib-Schwäche oder Autismus genannt wird. Während allerdings die Behandlung von Krankheiten darauf abzielt, diese zu heilen oder zumindest ihre Auswirkungen zu lindern, gilt dies für Hochbegabung natürlich nicht. Vielmehr wird erwartet, dass die Umwelt sich auf die Besonderheit der Begabten einstellt und ihnen optimale Möglichkeiten gibt, ihre Potenziale zu entfalten.

Je mehr Hochbegabung als „Krankheit" oder „Behinderung" verstanden wird, umso weniger werden von den Hochbegabten selbst Anstrengungen zur Bewältigung ihrer Probleme erwartet. Stattdessen wird häufig die Schule für Schwierigkeiten verantwortlich gemacht oder von Fördermaßnahmen die Lösung aller Probleme erhofft. Bedauerlicherweise kann es vorkommen, dass solche unrealistischen Hoffnungen durch unsolide Diagnostik und tendenziöse Beratung von Experten unterstützt werden. Der folgende im Ergebnis schon fast absurde Fall schildert, wozu dies in der Praxis führen kann.

**Fallbeispiel 1: Thomas**

*Thomas ist 14 und hat seit längerem massive Probleme in der Schule. Zum einen hat er Lernprobleme und sehr schlechte Schulleistungen, insbesondere in den sprachlichen Fächern. Zum anderen kommt er mit seinen Mitschülern überhaupt nicht zurecht; diese halten ihn für einen gnadenlosen Angeber. Thomas war am Ende der Grundschule testdiagnostisch untersucht worden. Im Gutachten des Psychologen wurde als Ergebnis formuliert, dass Thomas „zweifelsfrei hochbegabt sei" und daher „unbedingt einer besonderen Förderung bedürfe".*

*In der Folge hatten die Eltern die Probleme ihres Sohnes zunehmend im Zusammenhang mit seiner Hochbegabung gesehen und verschiedene Fördermaßnahmen initiiert. Unter anderem hatten sie Thomas zu Lerntrainings geschickt und sein Lernverhalten untersuchen lassen. In einer Beratungsstelle für Hochbegabte wurde festgestellt, dass Thomas akustisch besser lernen könne als visuell. Dies wurde von der Beraterin in den Zusammenhang eines behaupteten „Andersseins" von Hochbegabten gestellt und dahingehend gedeutet, dass Thomas nicht wie andere Kinder Vokabeln lernen könne.*

*Die Eltern beschlossen daraufhin, Thomas das Vokabellernen ganz zu erlassen. An die Spezialschule für Hochbegabte, auf die er inzwischen aufgenommen worden war, richteten sie die Forderung, ihn in diesem Bereich nicht zu benoten. Thomas selbst machte sich keine Gedanken mehr darüber, wie ihm das Erlernen einer Fremdsprache gelingen könnte („Ich kann das halt nicht") – ohne deswegen in irgendeiner Weise an seiner Hochbegabung zu zweifeln.*

Was bei einem Verständnis von Hochbegabung als „Problem" völlig aus dem Blick gerät, ist, dass hohe Begabung in erster Linie eine Ressource darstellt. Hochbegabte haben nicht schlechtere, sondern bessere Chancen als durchschnittliche oder gar Minderbegabte, Leistungsanforderungen erfolgreich zu bewältigen und im Leben gut zurechtzukommen. Dies belegen zumindest alle Studien, die nicht nur kleinere Stichproben von Beratungsfällen untersucht haben. Allgemein ist festzustellen, dass die Intelligenz der beste Prädiktor für die Vorhersage von Ausbildungs-, Trainings- und Berufserfolg ist (Holling et al. 2004, 50). Positive Beziehungen gibt es auch zwischen der allgemeinen Intelligenz und Faktoren wie Ansehen und Sozialprestige, Sozialstatus und sozialem Aufstieg und nicht zuletzt dem Einkommen, wie zahlreiche Untersuchungen belegt haben (Rost 2009).

Die Ansicht, dass Hochbegabte sozial oder psychisch besonders auffällig sind, wird von wissenschaftlichen Untersuchungen nicht unterstützt. Umfangreiche Längsschnittuntersuchungen von hochbegabten Kindern und

Jugendlichen in Marburg (Rost 1993, 2000b) und München (Heller 1992) berichten übereinstimmend von einer harmonischeren Persönlichkeitsstruktur der besonders begabten Jungen und Mädchen im Vergleich zu durchschnittlich begabten Mitschülern. Der deutlichste Unterschied zwischen den beiden Gruppen war in beiden Untersuchungen das höhere akademische Selbstkonzept der begabten und hochbegabten Schüler. Außerdem zeigten sie sich überlegen in der Aufmerksamkeitssteuerung. Die oft konstatierten emotionalen Schwierigkeiten und Selbstwertprobleme wurden dagegen nicht gefunden. Im Gegenteil zeigten sich die hochbegabten Schülerinnen und Schüler als gut angepasst und in der Schule erfolgreich.

Untersuchungen zum Zusammenhang von affektiven Variablen (wie z. B. Selbstvertrauen) und Schulleistungen zeigen, dass diese nichtkognitiven Persönlichkeitsfaktoren von großer Bedeutung für Leistungsunterschiede zwischen Schülern sind. Schüler mit großem Vertrauen in ihre Fähigkeiten sind in Lern- und Leistungssituationen anstrengungsbereiter, zielgerichteter und weniger störanfällig als Schüler, die sich nichts zutrauen (Rost/Czeschlik 1990; Helmke 1992; Rost 1993; Rost/Hanses 2000). Die Ergebnisse dieser Untersuchungen legen die Vermutung nahe, dass Hochbegabte deutlich weniger Schwierigkeiten mit der Stoffverarbeitung und dem Lernen haben. Die genannten Studien lassen sich dahingehend zusammenfassen, dass kein Grund besteht, Hochbegabte insgesamt als Problemgruppe zu betrachten. Insofern besteht entgegen manchmal geäußerten Forderungen auch kein Anlass für eine generelle staatliche Finanzierung von Angeboten für Hochbegabte im Sinne einer Förderung von „Benachteiligten“ oder „Behinderten“.

Dies bedeutet natürlich nicht, dass Kinder und Jugendliche mit besonderen Begabungen keine Schwierigkeiten hätten oder ihre Probleme überhaupt nicht mit ihrer Begabung zusammenhingen. Zunächst haben begabte Kinder und Jugendliche Probleme wie andere Kinder auch. Sie langweilen sich in der Schule, ärgern sich über ihre Lehrer oder finden in der Klasse keinen Anschluss. Sie können in Trotzphasen oder Pubertätskrisen ihre Eltern zum Wahnsinn treiben und dabei alle Möglichkeiten einsetzen, die ihre Begabung ihnen bereitstellt. Trotzdem ist es irreführend, solche Krisen immer in einem ursächlichen Zusammenhang mit Begabung zu sehen.

Viele aus Familien berichtete Konflikte haben weniger mit der Begabung der Kinder als mit dem Erziehungsverhalten der Eltern und Unsicherheiten über den richtigen Erziehungsstil zu tun. So kann die große Bedeutung, die Kinder für Eltern haben, und das starke Engagement vieler Eltern für die Förderung ihres Kindes von diesen mit Passivität beantwortet werden. Seit längerem wird auch festgestellt, dass es vielen heutigen Eltern schwer fällt, Grenzen zu setzen – Bücher wie „Kinder brauchen Grenzen“ (Rogge 2000) haben seit langer Zeit Konjunktur. Das Bemühen, partnerschaftlich zu erziehen und möglichst keinen Druck auszuüben, kann den Boden für end- und fruchtlose Diskussionen oder eskalierende Konflikte bereiten. Pfiffige

Kinder und wortgewandte Jugendliche sind da natürlich in ihrem Element. Dennoch sind daraus resultierende Probleme in keiner Weise spezifisch für besonders Begabte – und erfordern daher auch keine spezifischen Strategien für die Erziehungs- und Familienberatung (vgl. Kapitel 8).

Dies gilt auch für die Auswirkungen familiärer Krisen- und Belastungssituationen. Übertriebener Trotz, „Aufsässigkeit“ und Aggressionen, aber auch Depressionen und psychosomatische Probleme können mit ungelösten Konflikten der Eltern zusammenhängen. Trennung und Scheidung führen auch bei hochbegabten Kindern nicht selten zu Rückzug und Leistungsabfall in der Schule. Diese Aussagen mögen banal erscheinen, sind aber von grundsätzlicher Bedeutung, da das vermeintliche „Anderssein“ bzw. „Besonderssein“ von Hochbegabten nicht nur Eltern, sondern auch Fachleute zu der Annahme verleiten kann, dass diese grundsätzlich „anders“ funktionieren und daher das vorhandene Wissen über Erziehung, psychische Probleme und das Entstehen und Bewältigen von Krisen auf sie nicht anwendbar sei.

Nicht zuletzt haben Hochbegabte auch ganz normale Probleme mit ihren Eltern – oder umgekehrt Eltern mit ihren hochbegabten Kindern. Zum Beispiel kommen viele Eltern, insbesondere Mütter, nicht so gut damit zurecht, wenn sich ihre Kinder in der Adoleszenz von ihnen zurückziehen.

**Fallbeispiel 2: Joachim**

*Frau K. kommt mit ihrem Mann wegen ihres vierzehnjährigen Sohnes Joachim in die Beratung. Seine Schulleistungen seien in letzter Zeit schlechter geworden, und er habe überhaupt keine Lust mehr, zur Schule zu gehen. Frau K. sieht dies im Zusammenhang mit einer im Grundschulalter diagnostizierten überdurchschnittlichen Begabung ihres Sohnes, auf die in der Schule nicht angemessen eingegangen werde, und möchte sich über alternative Möglichkeiten der Beschulung informieren.*

*Die Anamnese ergibt, dass Frau K. nach der Geburt ihres einzigen Sohnes ihre beruflichen Ambitionen als Pädagogin zurückgestellt hatte, um sich ganz der Erziehung ihres Sohnes zu widmen, zu dem sie eine sehr enge Beziehung hatte. Herr K. hatte in dieser Zeit seine Praxis als Rechtsanwalt aufgebaut. Seit ungefähr zwei Jahren hat die Mutter mehr und mehr Probleme mit Joachim, der sich von ihr zurückzog und z.T. massiv abgrenzte, indem er ihr aus dem Weg ging oder sie manchmal sogar beschimpfte. Anders als in der Grundschulzeit ging er nicht mehr auf ihre zahlreichen Vorschläge für verschiedenste Aktivitäten ein. Insbesondere verweigerte er sich den von ihr vorgeschlagenen Freizeitangeboten, die sich speziell an Hochbegabte richteten.*

*Für Frau K. bedeutete dies eine erhebliche Einschränkung ihres bisherigen Aktivitätsradius, der sich wesentlich auf Kontakte zu anderen „betroffenen“ Eltern beschränkt hatte. Gleichzeitig beginnt deutlich zu werden, dass die Eltern sich auseinander gelebt haben und Frau K. sich von ihrem Mann überhaupt nicht gesehen und unterstützt fühlt.*

Frau K. interpretiert sowohl Joachims Schulschwierigkeiten als auch ihre eigenen Probleme mit ihm nur vor der „Folie“ seiner Hochbegabung. Tatsächlich handelt es sich vermutlich um eine „ganz normale“ Pubertätskrise zwischen Mutter und Sohn, die durch die verdeckten Ehekonflikte noch angeheizt wird. Das Insistieren der Mutter auf der Hochbegabung ihres Sohnes trägt eher zur Verschärfung der Problemlage bei.

Über die hier beispielhaft geschilderten „normalen“ Probleme von Hochbegabten hinaus gibt es auch spezifische Schwierigkeiten von Kindern und Jugendlichen mit besonderen Begabungen. Zu nennen ist zunächst das oft diskutierte Phänomen des „Underachievement“, also der Unfähigkeit, die eigene Begabung in Leistung umzusetzen. Weiter können psychische und soziale Probleme in verschiedener Weise mit Begabungsfaktoren zusammenhängen. Andere Probleme wiederum entstehen möglicherweise erst dadurch, dass ein Kind oder Jugendlicher als „hochbegabt“ bezeichnet wird – und zwar sowohl, wenn diese Diagnose zutrifft, als auch, wenn dies gar nicht der Fall ist. Diese Themen werden in den folgenden Kapiteln näher betrachtet.

## 6.2 Underachievement: Wenn Begabung nicht zu Leistung führt

Einstein war ein schlechter Schüler: Dies ist eine beliebte Anekdote, wenn es um den Zusammenhang von genialer Begabung und Schule geht. Interessanterweise wird sie in der Regel nicht als Beleg dafür verwendet, dass man es auch mit mittelmäßigen Schulleistungen im Leben zu etwas bringen kann, sondern als Kritik an einem Schulsystem, das Begabte nicht erkennt. Schon in den ersten Studien zum Thema Hochbegabung fielen den Untersuchern Schüler auf, die trotz hoher intellektueller Leistungsfähigkeit keine oder geringe Erfolge in der Schule verzeichnen konnten. Dieses Phänomen der so genannten „Underachiever“ ist eine entscheidende Quelle für das verbreitete Bild von Hochbegabten als problembeladenen Schulversagern sowie, davon ausgehend, die Forderung nach speziellen Fördermöglichkeiten für Hochbegabte in der Schule.

Der Begriff Underachievement stammt aus dem Konzept der so genannten „erwartungswidrigen Schulleistung“ (Orthmann 1998, 313). Dabei werden die Schulleistungen eines Schülers in Beziehung gesetzt zu seinem mit einem Intelligenztest gemessenen Leistungsniveau. Übersteigen die Schulleistungen das Leistungsniveau, spricht man von *Overachievement*, liegen die Leistungen weit unter dem Leistungsniveau, wird von *Underachievement* gesprochen. Dieses Konzept ist in der wissenschaftlichen Forschung allerdings umstritten, vor allem, weil nicht davon ausgegangen werden kann, dass schulische Leistungen in erster Linie mit der kognitiven Leistungsfähigkeit zusammenhängen. Zwar ist der mittlere Zusammenhang zwischen Intelligenz und Schulleistung mit r = .5 relativ hoch (Holling et al. 2004, 47). Dennoch hängen individuelle Unterschiede zwischen den Schulleistungen von SchülerInnen nur zum geringeren Teil mit Intelligenzunterschieden zusammen: Die so genannte „Varianzüberlappung“ von Intelligenz und Schulleistung beträgt nur zwischen 20 und 25 %, je nachdem, welche Operationalisierung und Stichprobe herangezogen wird (Hanses/Rost 1998, 53). 75 bis 80 % der Varianzen von Schulleistungen müssen also durch andere Variablen außer Intelligenz erklärt werden, zum Beispiel durch Faktoren wie bereichsspezifisches Vorwissen, Leistungsmotivation oder Anstrengungsbereitschaft.

In der Hochbegabungsforschung besteht weitgehend Einigkeit darüber, dass es hochbegabte Underachiever gibt und Underachievement ein Problem ist, mit dem sich Forschung und Begabtenförderung befassen müssen. Weniger Einigkeit gibt es darüber, wie hoch der Anteil von Underachievern an der Gruppe der Hochbegabten ist. In Medienberichten und Elternratgebern wird zum Teil der Eindruck erweckt, dass die meisten Hochbegabten „Minderleister“ oder „Leistungsversager“ seien. Peters et al. (2000) beginnen ihren Überblicksartikel mit einer Angabe von Richert (1991), nach der „mindestens 50 %“ der durch Intelligenztests identifizierten Hochbegabten akademische Underachiever sind. Empirische Belege dafür, dass der Anteil von hochbegabten Underachievern höher ist als statistisch zu erwarten wäre, gibt es allerdings kaum. Angesichts der großen Rolle, die die Diskussion um Underachievement in Beratung und Forschung zu Hochbegabung spielt, ist es erstaunlich, dass es bislang nur wenige Versuche gibt, den Anteil hochbegabter Underachiever empirisch genau zu überprüfen.

Entscheidend sind dabei die Kriterien, die für die Bestimmung von Underachievement herangezogen werden. Die Festlegung dieser Kriterien ist in der Regel willkürlich. Ist es „erwartungswidrig“, wenn ein hochbegabtes Kind mehrmals nacheinander eine Drei nach Hause bringt? Müssen Hochbegabte immer die besten Schüler in der Klasse sein? Weil ein großer Teil der Varianz von Schulleistungen nicht mit Begabung, sondern mit anderen Faktoren zusammenhängt, ist die Erwartung unbegründet, dass hochbegabte Schüler immer auch herausragende Schulleistungen erbringen müssten. Hanses und Rost (1998) wählten daher für die Untersuchung von Grundschulkindern der vierten Jahrgangsstufe im Rahmen der Marburger Hochbegabungsstudie die folgende Definition: Sie definierten diejenigen Hochbegabten als Underachiever, deren Notendurchschnitt nicht besser als der Notendurchschnitt einer Vergleichsgruppe durchschnittlich begabter Schüler war. Es stellte sich heraus, dass der Anteil dieser Schüler mit 11,9 % in etwa dem Anteil entsprach, der bei einer angenommenen Korrelation von .45 zwischen Intelligenz und Leistung auch statistisch zu erwarten wäre (IQ > 130, Notendurchschnitt < Prozentrang 50; Hanses/Rost 1998, 68). Die Autoren betonen, dass es sich bei diesen Schülern in der Regel nicht um besonders leistungsschwache oder gar versetzungsgefährdete

Schüler handelt. Eine Analyse von Selbst- und Fremdeinschätzungen dieser Schüler ergab aber deutliche Hinweise auf das Vorliegen eines „Underachievement-Syndroms“ in dieser Altersgruppe, was Berichte über das Vorliegen derartiger Problemlagen bei Schülern unterstützt.

Auch Freund-Braier (2000) ermittelte in einer Untersuchung zu Persönlichkeitsmerkmalen Hochbegabter etwa 15 % der Gesamtgruppe als Underachiever und geht daher davon aus, dass die meisten Hochbegabten im normalen Schulsystem integriert sind und auch entsprechend gute Schulleistungen erbringen. Underachievement kommt also unter Hochbegabten nicht gehäuft vor. Peters et al. (2000) kritisieren an der Definition von Hanses und Rost, dass dort Hochbegabte mit durchschnittlichen oder leicht überdurchschnittlichen Schulleistungen nicht als Underachiever in Betracht gezogen werden (Peters et al. 2000, 610). Würde die Gruppe der Hochbegabten breiter definiert, z. B. mit einem Prozentrang > 90, und das Kriterium für die erwarteten Schulleistungen in dieser Gruppe höher angesetzt, z. B. ein Notendurchschnitt im oberen Viertel des Notenspektrums, ergäbe sich natürlich ein wesentlich höherer Anteil von Underachievern.

Die Erfassung der Häufigkeit von Underachievement ist damit – wie der Begriff Hochbegabung – in erster Linie eine Frage der zugrunde gelegten Definition. Diese Aussage erscheint banal, gewinnt jedoch Bedeutung vor der Tatsache, dass – anders als für Intelligenztests – keine Normtabellen für Schulleistungen vorliegen, erst recht nicht differenziert für einzelne Schulfächer oder Jahrgangsstufen. Stattdessen beruhen Annahmen über zu erwartende Schulleistungen in der Regel auf z.T. unbewussten Vorannahmen und individuellen Erfahrungswerten. Dabei macht das Konzept der „erwartungswidrigen Schulleistung“ im Grunde nur Sinn, wenn Erwartungswerte für Schulleistungen einigermaßen objektiv bestimmt werden könnten. Unabhängig davon wird aus den empirischen Untersuchungen deutlich, dass viele Probleme von Hochbegabten, die in populärwissenschaftlichen Ratgebern beschrieben werden, tatsächlich nur in einer kleinen Gruppe, eben der hochbegabten Underachiever, zu finden sind.

Abbildung 8 stellt die Zusammenhänge von Begabung und Leistung im Überblick dar. Hochbegabte sind mehrheitlich auch in der Schule erfolgreich. Hochbegabte Underachiever sind dagegen eine kleinere Gruppe. Andererseits muss man nicht hochbegabt sein, um Erfolg in der Schule zu haben. In ihrem Verhalten sind hochbegabte und hochleistende SchülerInnen nicht grundsätzlich unterschiedlich. Ein besonderes Problem stellen schließlich SchülerInnen mit durchschnittlichen oder unterdurchschnittlichen Schulleistungen dar, die irrtümlich für hochbegabt und daher für Underachiever gehalten werden, obwohl sie es in diesem Sinne nicht sind. Hierauf wird in Kapitel 6.5 weiter eingegangen. Schließlich sei noch darauf hingewiesen, dass es vereinzelt hochbegabte Underachiever mit so massiven Entwicklungsdefiziten gibt, dass ihnen die nötigen Kompetenzen für das erfolgreiche Bearbeiten von Intelligenztests fehlen (z. B. verwahrloste

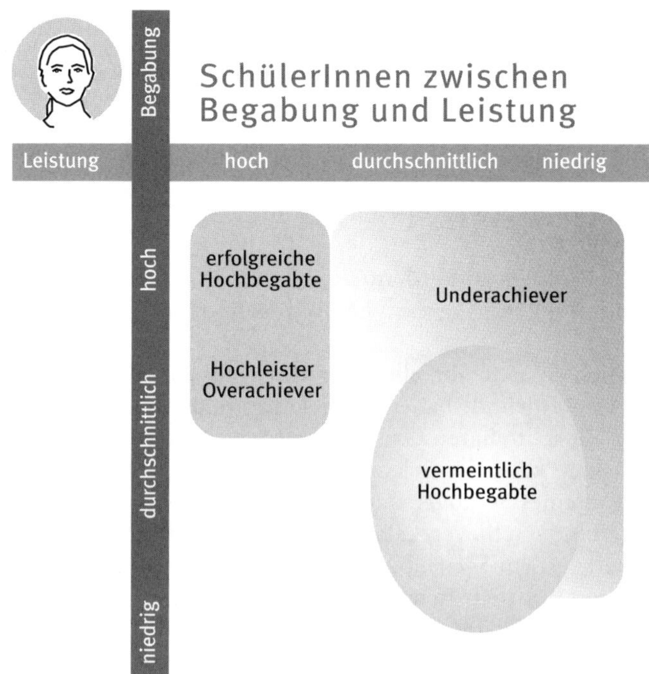


**Abbildung 8:** Begabung und Leistung

Straßenkinder). Diese können auch durch übliche Intelligenztests nicht zuverlässig identifiziert werden.

Underachiever unterscheiden sich in der Symptomatik in der Regel nicht von überdurchschnittlich begabten, aber eben nicht hochbegabten Underachievern (Tettenborn 1996, 93ff). Deutliche Unterschiede gibt es aber im Vergleich mit anderen Schülergruppen. Hanses und Rost (1998) fassen die Ergebnisse von wissenschaftlichen Untersuchungen folgendermaßen zusammen: Underachiever sind durch „ineffektives Arbeitsverhalten und auch Arbeitsprobleme gekennzeichnet, zeigen geringeres Interesse an schulischen Aktivitäten und sind weniger erfolgs- und stärker misserfolgsorientiert, haben eine deutlicher ausgeprägte Schulunlust und eine negative Einstellung gegenüber allem, was mit Schule zusammenhängt. Sie sind ängstlicher und emotional labiler, haben ein eher negativ getöntes Selbstkonzept und fallen durch höhere Impulsivität, geringere Selbstkontrolle und allgemeine emotionale und soziale Anpassungsprobleme auf" (1998, 55). Sie sind also echte Problemkinder. Hintergrund dafür, dass (hoch)-begabte Kinder und Jugendliche nicht in der Lage sind, ihre Fähigkeiten in Leistungen umzusetzen, können zahlreiche Risikofaktoren sein. Dazu gehören (Freeman 2001; Peters et al. 2000):

- eine anregungsarme Umwelt (im geographisch-ökologischen Sinn)
- Armut und psychosoziale Not
- mangelhafte Bildungsmöglichkeiten
- gestörte Eltern-Kind-Beziehungen sowie Trennung und Scheidung
- die Zugehörigkeit zu benachteiligten Gruppen (z.B. Behinderte, Migranten)
- überdurchschnittliche Kreativität und unangepasstes Verhalten („verhaltensoriginelle Kinder")
- psychische Probleme und Identitätsschwierigkeiten
- soziale Auffälligkeit, Aggressivität und Delinquenz

Diese Übersicht macht vor allem deutlich, dass Underachievement verschiedenste Hintergründe haben kann. Insbesondere der Aspekt der Zugehörigkeit zu benachteiligten Gruppen wird in der Diskussion über Hochbegabung bislang kaum berücksichtigt. Henze et al. (2005, 192) fanden in der Evaluation eines Schulversuchs zur Begabtenförderung nur vereinzelt hochbegabte Underachiever, „aber eine größere Gruppe von Kindern, die trotz guter oder sogar weit überdurchschnittlicher Intelligenz erhebliche Schwierigkeiten mit dem Erwerb der Schriftsprache aufweisen. Dies sind fast ausschließlich Kinder aus Migrantenfamilien [...]" (2005, 192). Dies bestätigt die Aussagen von PISA und anderen Schulvergleichsstudien zur Benachteiligung von Migrantenkindern. Hier liegt, so die Autoren, „ein breites Begabungspotential brach".

Im Gegensatz dazu wird in vielen Veröffentlichungen zum Thema Hochbegabung vor allem Langeweile und schulische Unterforderung als Ursache von Underachievement genannt. Zwar können diese Faktoren Ausgangspunkt von problematischen Entwicklungen sein, aber sie allein können Underachievement nicht erklären.

Über die genannten Punkte hinaus sind geschlechtsbezogene Aspekte von Bedeutung. Die Aussagen darüber, ob Jungen oder Mädchen eher gefährdet sind, zu Underachievern zu werden, sind widersprüchlich. In manchen Veröffentlichungen wird allein die „Zugehörigkeit zum weiblichen Geschlecht" zu den Risikofaktoren von Underachievement gezählt. Tettenborn (1996) berichtet, dass in Studien zu Underachievement Jungen in der Regel überwiegen. Sie vermutet: „Entweder wird die spezifische Form der Leistungsverweigerung bei Mädchen eher akzeptiert, was angesichts zumindest formulierter Chancengleichheit fatal wäre, oder aber die bei Jungen im Schulalter allgemein häufiger diagnostizierten Verhaltensauffälligkeiten schlagen sich auch hier nieder" (1996, 96).

Zunächst können reale Benachteiligungen Ausgangspunkt von Underachievement sein. Trotz langjähriger Bemühungen um gleiche Bildungschancen für Mädchen und Jungen gibt es immer noch spezielle Benachteiligungen von Mädchen. Ein Beispiel ist, dass Jungen früher und häufiger einen eigenen PC besitzen als Mädchen und damit auch mehr Gelegenheit haben, entsprechende Fertigkeiten zu entwickeln. Benachteiligungen von Frauen bestehen auch fort, wenn es um höhere akademische Positionen oder Führungspositionen in der Wirtschaft geht. Andererseits weist die in den letzten Jahrzehnten zu beobachtende deutliche Verschlechterung des Schulerfolgs von Jungen darauf hin, dass es auch Benachteiligungen von Jungen gibt (Diefenbach 2008). So wird darauf hingewiesen, dass im Deutschunterricht der Grundschule von Mädchen bevorzugte Inhalte eine erheblich größere Rolle spielen als die von Jungen (Röhner 2006; Rohrmann 2008b).

Es sind allerdings nicht nur Benachteiligungen und fehlende (Bildungs-) Angebote, die sich ungünstig auf Motivation und Arbeitsverhalten auswirken können. Auch das Gegenteil, nämlich das bereitwillige und großzügige Ermöglichen unterschiedlichster Förderungen und Freizeitaktivitäten kann Underachievement hervorrufen. Immer wieder berichten Eltern, dass sie allen Neigungen und Interessensbekundungen ihrer Kinder nachgekommen seien und mit erheblichem, vor allem hohem finanziellen Aufwand die unterschiedlichsten Aktivitäten ihrer Kinder unterstützt hätten. Diese hätten die ihnen gebotenen Möglichkeiten aber kaum genutzt. Zwar würden die Kinder oft mit großem Eifer starten, hätten aber bald das Interesse verloren und neue Wünsche entwickelt.

Problematisch daran erscheint weniger das Verhalten der Kinder und Jugendlichen, die sich in den unterschiedlichsten Gebieten ausprobieren wollen. Fraglich ist vielmehr, warum die Eltern diese häufigen Wechsel mitmachen. Möglicherweise unterstützen sie ihre Kinder zu wenig darin, auch bei auftretenden Schwierigkeiten dabei zu bleiben und Hürden zu überwinden. Auch in Zeiten wirtschaftlicher Anspannung ist es weniger die materielle Versorgung als vielmehr die emotionale Unterstützung und Begleitung der Kinder und Jugendlichen, die zu kurz kommt.

Sowohl bei Jungen als auch bei Mädchen können darüber hinaus problematische Attributionen verhindern, dass intellektuelle Potenziale entfaltet werden (vgl. Kap. 4.3). Bei hochbegabten Mädchen ist es die Attribution von Erfolg auf „Fleiß", die dazu führen kann, dass ihre Begabungen nicht angemessen wahrgenommen und gefördert werden. In der Folge kann es dazu kommen, dass Mädchen bestimmte Herausforderungen von vornherein vermeiden und sich damit Chancen verbauen („das kann ich sowieso nicht"). Bei Jungen wird dagegen trotz schlechter Schulleistungen von guter Begabung ausgegangen („er könnte, wenn er nur wollte"). Vor diesem Hintergrund entwickeln Jungen eher als Mädchen die Haltung, dass sie es als Hochbegabte „nicht nötig hätten", sich anzustrengen, was in der Folge ihre Probleme verstärkt.

Underachiever geraten im Laufe der Zeit in einen Teufelskreis. Dieser beginnt oft damit, dass die Kinder sich Leistungsanforderungen verweigern. Wenn sie damit „durchkommen", fehlen ihnen Lern- und Übungserfahrungen, was schließlich dazu führt, dass ihnen bestimmte Fertigkeiten tatsächlich fehlen. Da sie dies wiederum nicht zugeben können, verweigern sie

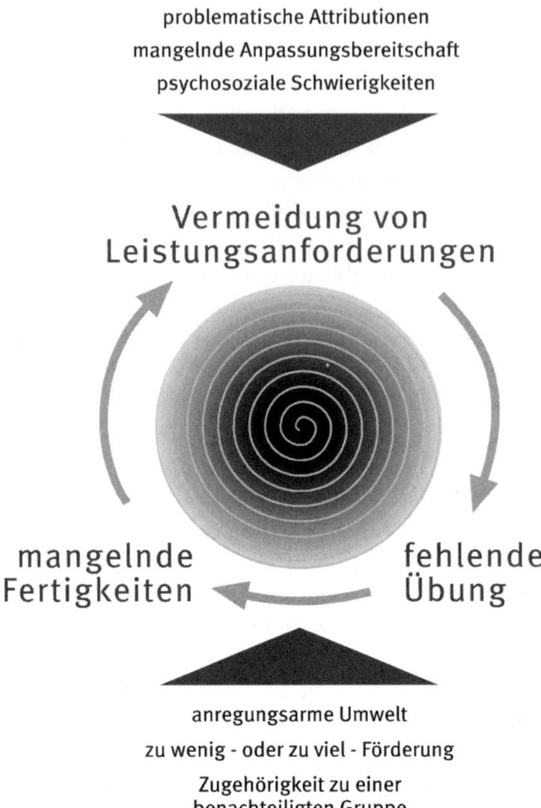


**Abbildung 9:** Teufelskreis Underachievement

sich weiter (vgl. Abbildung 9). Insbesondere, wenn Kinder bzw. Jugendliche sich für hochbegabt halten oder dafür gehalten werden, fällt es ihnen schwer, zuzugeben, dass sie etwas tatsächlich nicht können. Im Resultat führt diese Entwicklung dazu, dass viele Underachiever nicht nur nicht leisten *wollen*, sondern tatsächlich auch nicht oder nicht mehr leisten *können*. Pointiert fassen dies Newman, Dember und Krug (1973) in einer Untersuchung zu hochbegabten Underachievern zusammen: „I can, but I won't. I won't, so I don't. I don't, so I can't. I can't, but I'll say I won't" (1973, 85). Es kann allerdings auch sein, dass reale Defizite der Ausgangspunkt problematischer Entwicklungen sind. So kann mangelndes bereichsspezifisches Vorwissen dazu führen, dass interessante Herausforderungen vermieden werden. Dies ist möglicherweise einer der Gründe für das geringere Interesse von Mädchen und Frauen an technisch-naturwissenschaftlichen Fächern und Ausbildungsgängen.

Der „Einstieg" in diesen Teufelskreis kann also an jeder Stelle erfolgen:

Sowohl fehlende Übung oder mangelnde Fertigkeiten als auch Vermeidungsstrategien vor dem Hintergrund dysfunktionaler Attributionen können der Beginn einer Entwicklung sein, die Erfolg verhindern oder sogar zu Versagen führen kann. Dabei sind nicht alle Formen von Underachievement gleichermaßen offensichtlich. Dies verdeutlicht das folgende Fallbeispiel.

**Fallbeispiel 3: Hat Herr N. Underachiever in seiner Klasse?**

*Herr N. ist Mathematik-, Physik- und Klassenlehrer in der 8. Klasse eines Gymnasiums, das als Projektschule das Thema Begabtenförderung in ihr Schulprogramm aufgenommen hat. Nach der Teilnahme an einer Fortbildungsveranstaltung über Hochbegabung fragt er sich, ob es auch in seiner Klasse, die als ausgesprochen „schwierig" gilt, hochbegabte Underachiever gibt. Insbesondere denkt er dabei an Marvin und seinen Freund Alex sowie an Betty. Marvin ist ausgesprochen dominant und bestimmt oft das Geschehen in der Klasse. Er ist rebellisch und disziplinlos, blockiert das gemeinsame Arbeiten und mischt mit hämischen und destruktiven Kommentaren die ganze Klasse auf. Viele Schüler haben Angst vor seinen abwertenden Bemerkungen. Seine Schulleistungen schwanken stark, wobei er besonders in Mathe oft einen erstaunlichen Durchblick hat, obwohl er nur selten konzentriert mitarbeitet.*

*Marvins engster Vertrauter ist Alex, mit dem er meist zusammen ist. Wenn es in der Klasse hoch hergeht, ist Alex immer voll dabei. Auch seine Leistungen schwanken stark. Er ist aber eher bereit, mitzuarbeiten, insbesondere wenn ihn das Thema interessiert, und kommt dann auch zu passablen Ergebnissen. Herr N. ist der Meinung, dass beide Jungen sehr viel mehr leisten könnten, wenn sie ihre Energien voll auf den Unterricht konzentrieren könnten.*

*Bei Betty weiß Herr N. dagegen gar nicht so recht, woran er ist. Sie ist eine totale Außenseiterin und wird von niemandem gemocht. Auf der einen Seite ist sie oft rebellisch und trotzig, auf der anderen Seite sieht sie sich selbst immer als Opfer und ist, so Herr N., „unerträglich jammerig". Dazu kommt, dass sie sich außerordentlich unattraktiv zurechtmacht; sie ist etwas dick, hat ungepflegte Haare und bevorzugt als einzige Schülerin der Schule „punkige" Klamotten. Dass sie nie ihre Arbeitsmaterialien dabeihat, sondern meist nur einen Block und Stift mitbringt (wenn überhaupt), nervt Herrn N., der Wert auf eine gewisse Ordnung legt, besonders: „Sie kann ja meinetwegen herumlaufen, wie sie will – wenn sie wenigstens ihre Sachen dabeihätte!" Ihre Schulleistungen liegen eher im unteren Durchschnittsbereich. Sie kann allerdings sehr gut beobachten und Dinge auf den Punkt bringen und ist manchmal außerordentlich schnell (wenn sie will). Außerdem kann sie sehr witzig und pointiert erzählen, geschliffen formulieren und hervorragende Aufsätze schreiben, wenn sie denn bereit ist, sich auf das Thema einzulassen. Die Deutschlehrerin ist daher davon überzeugt, dass weit mehr in Betty steckt, als auf den ersten Blick zu erkennen ist.*

*Als Herr N. diese Fälle in einer Supervisionssitzung der Projektgruppe darstellt, fällt den Kolleginnen auf, dass hier zwei typische „Kerle" und ein sehr untypisches Mädchen geschildert werden – was denn mit den anderen Mädchen sei? Eine Kollegin, die in der Klasse Französisch und Geschichte unterrichtet, bringt daraufhin Antonia ins Gespräch. Antonia lässt sich durch den Trubel, den Marvin in der Klasse oft auslöst, kaum ablenken. Ihre besten Leistungen hat sie in den Fremdsprachen, und sie interessiert sich sehr für Frankreich; allerdings fällt ihr das freie Sprechen schwer. Insgesamt liegen ihre Leistungen im oberen Durchschnittsbereich, was vor allem daran liegt, dass sie sich kaum mündlich beteiligt. Ihre schriftlichen Leistungen sind deutlich besser und liegen immer wieder einmal im Spitzenbereich der Klasse. Herr N. schätzt Antonia als eine ruhige, verlässliche und immer gut vorbereitete Schülerin, wäre aber nie auf die Idee gekommen, dass sie hochbegabt sein könne.*

Dieses Fallbeispiel ist etwas konstruiert: In Wirklichkeit stammen Marvin, Alex, Betty und Antonia nicht aus einer Klasse. Schon statistisch wäre es sehr unwahrscheinlich, vier hochbegabte Underachiever in einer einzigen Klasse zu finden. Es gibt aber Schüler und Schülerinnen wie die beschriebenen Jugendlichen, und sie können in jeder Klasse vorkommen. In der Analyse stellen sich nun zwei Fragen:

- Handelt es sich bei den geschilderten Jugendlichen tatsächlich um Underachiever?
- Wenn ja: Sind die Schüler hochbegabt oder „nur" überdurchschnittlich begabt?

Die bloße Vermutung, dass ein Schüler mehr erreichen könnte, wenn er sich nur mehr anstrengen würde, reicht für die Diagnose „Underachievement" nicht aus – dann würde nämlich ein großer Teil der Schüler insbesondere in der Sekundarstufe I als Underachiever bezeichnet werden müssen (dass viele Schüler in der Schule nicht ihr volles Potenzial verwirklichen, hängt weniger mit ihrer Begabung und mehr mit der generellen Qualität von Schule zusammen!). Stattdessen muss es konkrete Hinweise darauf geben, dass ein Schüler ein deutlich größeres Potenzial hat, als in seinen Leistungen im Allgemeinen zum Ausdruck kommt. In den Fallbeispielen sind dies zum Beispiel der „erstaunliche Durchblick" bei manchen Aufgabenstellungen (Marvin), besonders schnelle Auffassungsgabe (Betty), herausragende verbale Fähigkeiten (auch wenn diese nicht immer an „passender" Stelle eingesetzt werden; Marvin und Betty) oder eine große Diskrepanz zwischen schriftlichen und mündlichen Leistungen (Antonia).

Den Schilderungen von Marvin, Betty und Antonia liegen tatsächliche Fälle von Hochbegabten zugrunde. Marvin erreichte im sprachfreien Verfahren (APM) einen Prozentrang von 94 und im bildungsabhängigen Verfahren (KFT) eine Prozentrang von 93; er war also nicht im strengen Sinne hochbegabt, aber weit überdurchschnittlich begabt. Antonia erreichte in beiden Verfahren einen Prozentrang von 98. Bettys Testergebnisse waren – wie Betty überhaupt – ein Phänomen: Sie erledigte die Aufgaben des sprachfreien Verfahrens (APM) nahezu fehlerfrei in der Hälfte der zur Verfügung stehenden Zeit. Noch unglaublicher war ihr Arbeitstempo im ZVT, einem Test zur Messung der basalen Informationsgeschwindigkeit. Im bildungsabhängigen Intelligenztest erreichte sie dagegen „nur" einen Prozentrang von 92, was allerdings immer noch deutlich überdurchschnittlich ist.

Andererseits müssen Jugendliche nicht sehr überdurchschnittlich begabt sein, um Verhaltensweisen und Auffälligkeiten wie die geschilderten zu zeigen. Jugendliche müssen nicht hochbegabt sein, um zum „Rädelsführer" oder zur Außenseiterin zu werden, und gut angepasste Schülerinnen mit Leistungen im oberen Durchschnittsbereich gibt es etliche. Oft liegen Intelligenztestwerte von Schülerinnen und Schülern, die wegen des Verdachts auf Underachievement zur Beratung vorgestellt werden, im überdurchschnittlichen, aber nicht im Spitzenbereich. Typisch sind Ergebnisse im Prozentrangbereich von 75 bis 85. Dies bedeutet eine gute bis überdurchschnittliche Begabung, mit der auf dem Gymnasium durchaus gute Leistungen zu erzielen sein müssten. Gelingt dies nicht, kann also zu Recht von Underachievement gesprochen werden, nicht aber von Hochbegabung. In der Symptomatik unterscheiden sich diese Kinder und Jugendlichen jedoch nicht von hochbegabten Underachievern, so dass auf eine testdiagnostische Untersuchung im Zweifelsfall nicht verzichtet werden kann. In manchen Fällen liegen die Werte auch nur im Durchschnittsbereich oder sogar darunter.

Diese Zusammenhänge lassen sich am Beispiel von Alex illustrieren. Alex kann durchaus ein hochbegabter Junge sein, der sich an einen „Störenfried" anschließt – vielleicht als Gegenpol zu pädagogisch bemühten Eltern. Er kann, und das ist weit häufiger der Fall, gut bis überdurchschnittlich begabt sein, gute Leistungen in der Schule aber, wie viele Jungen in der Pubertät, zurzeit weniger wichtig finden als die Anerkennung der Gleichaltrigen, die mit coolen Sprüchen wesentlich besser zu erreichen ist als mit Wohlverhalten im Unterricht. Möglich ist schließlich auch, dass seine Leistungen durchaus im Bereich seiner Fähigkeiten liegen – und er mit seiner manchmal großen „Klappe" kompensiert, dass er schulisch oft an seine Grenzen stößt.

Für die Frage des Umgangs mit Underachievement ist letztlich relativ unwichtig, ob die betreffenden SchülerInnen hochbegabt oder „nur" überdurchschnittlich begabt sind. In jedem Fall geht es darum, einen besseren Zugang zu den vorhandenen Potenzialen zu finden, und in jedem Fall werden dabei Fragen des Lern- und Arbeitsverhaltens und der Motivation größeren Raum einnehmen müssen als die Frage nach der Intelligenz. Es wird in der Regel nicht ausreichen, die betreffenden Schülerinnen und Schüler „einfach mehr zu fordern".

In der klassischen Begabtenförderung wurde und wird dagegen oft davon ausgegangen, dass Underachievement in erster Linie eine Folge schulischer Unterforderung ist. Vor diesem Hintergrund wird nicht selten das Überspringen einer Klassenstufe als Lösung vorgeschlagen (vgl. Kapitel 7.5). Dass diese Maßnahme bei Underachievern problematisch sein kann, verdeutlicht das folgende Fallbeispiel.

**Fallbeispiel 4: Jasmin**

*Jasmin war im Kindergarten ein aufgewecktes und lebhaftes Kind, das alle Anforderungen spielend bewältigte. Die sehr engagierten Eltern hatten begonnen, sich über Hochbegabung zu informieren, und ihr Kind in Checklisten zu Hochbegabung „wiedererkannt".*

*In der Grundschule kommt sie anfangs ganz gut zurecht, tut sich allerdings mit dem Schreiben eher schwer. Die Lehrerin beschreibt sie als verträumt und bemängelt, dass sie sehr langsam arbeite und es ihr schwer fiele, bei der Sache zu bleiben. Als es in der dritten Klasse das erste Mal Noten gibt, liegt Jasmin im unteren Durchschnittsbereich. Die Eltern vermuten nun, dass Jasmin unterfordert sei, und untermauern dies mit einem psychologischen Gutachten, das ihr eine „überdurchschnittliche intellektuelle Leistungsfähigkeit" bescheinigt. Auf Antrag der Eltern wird Jasmin daraufhin in die vierte Klasse versetzt.*

*Jasmin bewältigt den Klassenwechsel recht gut, aber ihre Leistungen liegen weiterhin im unteren Durchschnittsbereich. Auch ihr Verhalten verändert sich nicht zum Besseren; insbesondere ist sie sehr ablenkbar und auch unwillig, wenn sie Routineaufgaben erledigen oder Verbesserungen von Diktaten und Klassenarbeiten anfertigen soll. Am Ende der Grundschulzeit erhält sie eine Realschulempfehlung. Die Eltern erreichen aber eine Einschulung auf das Gymnasium. Hier werden ihre Leistungen noch schlechter. Am Ende der 7. Klasse ist die Versetzung gefährdet; in beiden Fremdsprachen hat Jasmin eine Fünf.*

*Daraufhin stellen die Eltern Jasmin erneut in einer (anderen) psychologischen Beratung vor. Eine gründliche diagnostische Untersuchung ergibt nun, dass Jasmin zwar überdurchschnittlich, aber nicht hochbegabt ist (sprachfreies Verfahren (APM): Prozentrang 84, bildungsabhängiges Verfahren (KFT 4-13): Prozentrang 79). Außerdem stellen sich erhebliche Probleme und Defizite im Lern- und Arbeitsverhalten sowie bei Motivation und Attributionen heraus. Die Schülerin verfügt über keinerlei Arbeitstechniken, kann Stresssituationen nicht gut bewältigen, hat eine sehr negative Einstellung zur Schule und klagt über Schulunlust. Sie zeigt kaum Anstrengungsbereitschaft, sondern geht davon aus, dass sie eigentlich allein auf Grund ihrer hohen Begabung erfolgreich sein müsse.*

*Im Gespräch mit den Eltern stellt sich heraus, dass ihnen diese Probleme im Grunde seit langem bekannt sind. Frühere Untersuchungen und Beratungen hatten aber immer die hohe Begabung in den Vordergrund gestellt und andere Faktoren nicht berücksichtigt. Während die Eltern ihre Tochter in der Beschreibung der Testergebnisse gut wiedererkennen können und Ansatzpunkte für einen veränderten Umgang mit Anforderungen sehen, reagiert die inzwischen dreizehnjährige Jasmin beleidigt. Für sie scheint es schwer zu verdauen zu sein, dass sie – zum ersten Mal in ihrem Leben – plötzlich selbst für Erfolg oder Misserfolg in der Schule verantwortlich gemacht wird.*

Dass bei solchen Ergebnissen Eltern erleichtert sind („wir haben das eigentlich geahnt"), Jugendliche dagegen „eingeschnappt" oder verärgert reagieren, ist nicht ungewöhnlich. Es gibt aber auch Jugendliche, die eine solche Rückmeldung positiv aufnehmen, weil sie sich gesehen und ernst genommen fühlen. Letztlich führt kein Weg an der Einsicht vorbei, dass Jugendliche für ihr Verhalten und ihre Leistungen in der Schule und für die Entscheidungen über ihren weiteren Weg selbst Verantwortung übernehmen müssen.

Natürlich kann Underachievement auch noch viel dramatischere Formen annehmen, wenn dies auch nicht so häufig vorkommt, wie dramatisierende Medienberichte über schwierige Lebensläufe Hochbegabter nahe legen könnten. Manchmal wird eine Hochbegabung erst erkannt, wenn es zu spät ist. In Einzelfällen suchen Erwachsene nach einer gescheiterten Schulkarriere und mehreren abgebrochenen Ausbildungen eine Beratung auf. Sie benötigen in der Regel längerfristige Begleitung und Therapie, da sich im Laufe der Zeit problematische Verhaltensweisen und Bewältigungsstrategien verfestigt haben.

**Fallbeispiel 5: Herr S.**

*Herr S. meldet sich zur Beratung an, weil er wissen möchte, warum es ihm nicht gelingt, eine Ausbildung erfolgreich abzuschließen. Er vermutet, dass er überdurchschnittlich begabt ist, hat aber mit 21 Jahren weder einen höheren Schulabschluss noch einen Ausbildungsabschluss erreicht. Nach der Grundschule war er zunächst aufs Gymnasium gekommen. Nach Umzug und Trennung der Eltern sackte er in der Schule ab und wechselte zunächst auf die Realschule. Auch dort kam er nicht zurecht, so dass er auf die Hauptschule wechseln musste, die er mit der 9. Klasse abschloss.*

*Eine Maßnahme mit dem Ziel des erweiterten Hauptschulabschlusses fand er so „blöde und langweilig", dass er nach einiger Zeit nicht mehr hinging, bis er „rausgeworfen wurde". Monatelang hatte er psychosomatische Probleme und machte ansonsten „gar nichts". Einen weiteren Ausbildungsversuch (Berufsgrundbildungsjahr) brach er ebenfalls nach wenigen Monaten ab, weil die Tätigkeit „ihm nicht entsprach". Zurzeit wird er sozialpädagogisch betreut und befindet sich in einer Fördermaßnahme mit dem Ziel,*

*Kfz-Mechaniker zu werden – ein Beruf, der ihn überhaupt nicht interessiert. Nicht zuletzt findet er es „unerträglich, ständig schmutzige Hände zu haben".*

*Herr S. lebt allein, wirkt äußerlich verwahrlost und hat außer zu seinem Betreuer keine sozialen Kontakte. Zu einem zweiten vereinbarten Beratungstermin erscheint er nicht mehr.*

In anderen Fällen werden Eltern oder andere Menschen im Umfeld des Betreffenden auf die Möglichkeit einer hohen Begabung aufmerksam und bemühen sich um Förderung oder Beratung.

**Fallbeispiel 6: Christian**

*Frau P. ist Klassenlehrerin einer 7. Klasse des Hauptschulzweiges einer Gesamtschule. Nachdem sie einen Vortrag zum Thema Hochbegabung besucht hat, kann sie nicht mehr aufhören, über Christian nachzudenken. Dieser beschäftigt sie schon seit Monaten, und jedes Mal, wenn sie ins Lehrerzimmer kommt, wird sie auf ihn angesprochen. Er ist der Störenfried in der Klasse, und sowohl Mitschüler als auch manche Lehrer haben Angst vor seinen aggressiven Ausbrüchen. Seine Schulleistungen sind meist schlecht, aber der Lehrerin ist aufgefallen, dass er in manchen Unterrichtssituationen blitzschnell Zusammenhänge herstellen kann. Zudem ist er sehr wortgewandt und fordert die Lehrerin immer wieder dazu heraus, Anforderungen sehr genau zu begründen.*

*Christian wächst mit seiner Mutter und mehreren jüngeren Geschwistern auf. Die finanzielle Situation der Familie ist schwierig, und die Mutter hat kaum Kraft und Energie, um sich viel um Christian zu kümmern. Dem Vorschlag der Lehrerin, Christian psychologisch auf Hochbegabung untersuchen zu lassen, steht sie eher gleichgültig gegenüber, ist aber damit einverstanden, nachdem die Lehrerin die Finanzierung geklärt hat.*

*In der testdiagnostischen Untersuchung tritt Christian der Psychologin wach und forsch gegenüber. Er streift im Beratungszimmer herum, und es ist notwendig, ihm klare Grenzen zu setzen. Die Ergebnisse der Diagnostik sind dann exzellent: Im sprachfreien Verfahren erreicht er im Vergleich mit seiner Altersgruppe einen Prozentrang von 97, im bildungsabhängigen Verfahren einen Prozentrang von 89. Auffällig ist dabei, dass er im rechnerischen Bereich logische Aufgaben (z.B. Zahlenreihen) brillant erledigt, bei einfachen Rechenaufgaben aber deutliche Schwierigkeiten hat; mehrfach benötigt er Zuspruch und beklagt (vermutlich zu Recht), dass er „das in der Schule noch nicht gehabt habe".*

*Die Lehrerin fühlt sich in ihrer Vermutung bestätigt, dass Christian mehr kann, als bisher von ihm verlangt worden ist. Sie wird dazu ermutigt, ihn inhaltlich mehr herauszufordern und vor allem Möglichkeiten zu geben, eigenständig seine Fähigkeit zur Problemlösung weiter zu entwickeln. Gleichzeitig benötigt er klare Richtlinien und Grenzen. Der Mutter wird empfohlen, Erziehungsberatung in Anspruch zu nehmen, um die prekäre Fami-*

*liensituation besser in den Griff zu bekommen und sicherer im Umgang mit Christians provokanten Verhaltensweisen zu werden. Gleichzeitig soll sie auch seine Fähigkeiten und Stärken mehr wahrnehmen und wertschätzen.*

In der testpsychologischen Untersuchung von Fällen wie dem geschilderten ist oft festzustellen, dass der Gesamttestwert, der in einem sprachfreien Verfahren erreicht wird, deutlich über dem Wert in einem mehrdimensionalen, bildungsabhängigen Verfahren liegt. Insbesondere Aufgabenbereiche, die Schulwissen im engeren Sinne voraussetzen (z.B. Faktenwissen oder mathematische Begriffe), werden von solchen Kindern bzw. Jugendlichen oft, wenn auch nicht immer, schlecht bewältigt. Hier kann es erforderlich sein, die Einzelergebnisse verschiedener Aufgabenbereiche differenziert zu betrachten und ggf. mit Auskünften über die aktuelle Situation in der Schule abzugleichen. Auch wenn das den Testaufgaben zugrunde liegende Basiswissen laut Lehrplan bereits vermittelt worden sein soll, kann es sein, dass dies in der Praxis insbesondere in Hauptschulen nicht oder noch nicht geschehen ist.

Sollte sich der Verdacht auf eine überdurchschnittliche Begabung bestätigen, ist daraus nicht die unmittelbare Notwendigkeit eines Klassen- oder Schulwechsels abzuleiten. Ein solcher Schritt könnte eine zusätzliche Belastung bedeuten, die die Gefahr des Scheiterns erhöht. In der Regel fehlen den Kindern bzw. Jugendlichen fachliche und methodische Kompetenzen, die sie benötigen würden, um in einer höheren Klasse oder Schulform zu bestehen. Stattdessen sollten sie, wenn möglich, in der vertrauten Umgebung anders als bisher gefordert und gefördert werden. Mittel- bis langfristig kann damit auch ein späterer Wechsel zu einer höheren Schulform angebahnt werden.

Beispiele wie diese belegen im Übrigen die Notwendigkeit von Begabtenförderung auch an Haupt-, Real- und Gesamtschulen.

## 6.3 Entwicklungsprobleme und psychosoziale Auffälligkeiten

Bisher wurde zum einen dargestellt, dass Kinder und Jugendliche mit besonderen Begabungen nicht überdurchschnittlich häufig an psychischen Problemen leiden. Zum anderen zeigten viele Fallbeispiele, dass Probleme im Leistungsbereich in der Regel mit psychosozialen Auffälligkeiten einhergehen oder Letztere sogar im Vordergrund stehen. Im Folgenden werden Entwicklungsprobleme und psychosoziale Auffälligkeiten genauer dargestellt, die mit besonderen Begabungen zusammenhängen oder auch irrtümlich mit ihnen in Verbindung gebracht werden. Dabei wird ein Verständnis zugrunde gelegt, das den subjektiven Sinn des Verhaltens von Kindern und Jugendlichen betont und Auffälligkeiten und Risikoverhaltensweisen als Bewältigungsstrategie altersspezifischer Entwicklungsaufgaben begreift.

## Asynchrone Entwicklung

In Kapitel 5.1 wurde begründet, dass es bei Kindern mit herausragenden kognitiven Fähigkeiten sinnvoll ist, eher von Entwicklungsvorsprüngen als von Hochbegabung zu sprechen, auch wenn sich häufig im weiteren Verlauf eine hohe Begabung herausstellt. Was bedeutet nun ein kognitiver Entwicklungsvorsprung für die gesamte Entwicklung eines Kindes? Oft wird die Position vertreten, dass der Vorsprung vor allem im kognitiven Bereich besteht, die körperliche Reife sowie die motorische, emotionale und soziale Entwicklung dagegen dahinter zurückbleiben. Anders formuliert: Die verschiedenen Persönlichkeitsbereiche fallen in der Entwicklung auseinander. Dies wird als asynchrone Entwicklung bezeichnet.

Zunächst ist festzustellen, dass auch bei durchschnittlich Begabten nicht von einer synchronen Entwicklung der Persönlichkeitsbereiche ausgegangen werden kann. Selbst innerhalb der einzelnen Bereiche kann es sehr unterschiedliche Entwicklungsgeschwindigkeiten geben. Für die Annahme, dass bei Hochbegabten derartige Asynchronien besonders ausgeprägt sind, gibt es kaum Belege. Stapf (2003) kommt zum Ergebnis, dass im kognitiven und psychosozialen Bereich die Entwicklung Hochbegabter eher synchron verläuft. Es stimmt also nicht, dass das Sozialverhalten von Kindergartenkindern mit kognitiven Entwicklungsvorsprüngen besonders häufig noch „so kindlich" ist, was nicht ausschließt, dass dies im Einzelfall dennoch vorkommen kann. Uneindeutiger sieht es im Bereich der körperlichen und motorischen Entwicklung aus. Für alle Kinder und damit auch für Hochbegabte gilt, dass der körperliche Entwicklungsstand und die kognitive Entwicklung in keiner Altersstufe eng miteinander zusammenhängen und dass hier erhebliche individuelle Unterschiede bestehen. Für eine allgemein höhere Entwicklungsgeschwindigkeit von Hochbegabten gibt es keine Belege. Sie kommen zum Beispiel nicht früher in die Pubertät (Stapf 2003, 94). Dies bedeutet aber, dass zumindest in manchen Entwicklungsphasen die körperliche Entwicklung Hochbegabter hinter ihren kognitiven Fähigkeiten „hinterherhinkt".

Stapf (2003, 92) geht genauer auf die Entwicklung fein- und grobmotorischer Fähigkeiten ein. Sie beschreibt, dass hochbegabte Kinder die Diskrepanzen zwischen dem, was sie „im Kopf haben", und dem, was sie mit ihren Händen und Fingern umsetzen können, intensiv als Mangel wahrnehmen und unter ihrem „Versagen" leiden. Dies kann ein Hintergrund für den ausgeprägten Perfektionismus sein, den manche begabte Kinder entwickeln. Manchmal bewältigen sie diesen Konflikt, indem sie Tätigkeiten völlig verweigern, manchmal reagieren sie ihre Frustration in heftigen Wutausbrüchen ab. Beides führt – verständlicherweise – zu Spannungen in der Familie, mit Erzieherinnen und anderen Kindern. Der Konflikt zwischen eigenem Anspruch und eigenen Möglichkeiten ist nicht nur für begabte Kinder charakteristisch. Eltern wie PädagogInnen tun sich allerdings bei begabten

Kindern besonders schwer, diesen Perfektionsanspruch und die mit Frustration einhergehenden heftigen Gefühle von Wut und Verzweiflung zu verstehen, weil sie die Leistungen der Kinder ja bereits beeindruckend finden.

In anderen Fällen besteht tatsächlich eine erhebliche Diskrepanz. Dies fällt insbesondere da auf, wo sie durch geschlechtstypische Tendenzen und Präferenzen verstärkt werden, z. B. die Tendenz vieler Jungen im Kindergarten, feinmotorischen Tätigkeiten wie dem Malen und Basteln zunehmend aus dem Weg zu gehen. Werden solche Jungen dann auf Grund eines kognitiven Entwicklungsvorsprungs vorzeitig eingeschult, ist in der Grundschule nicht selten ein mangelhaftes Schriftbild festzustellen. Diese Jungen am Durchschnitt zu messen oder sie eventuell sogar nicht einzuschulen ist unsinnig. Andererseits ist es auch keine Lösung, die Mängel einfach zu ignorieren in der Hoffnung, dass sich diese Fähigkeiten im Laufe der Zeit schon entwickeln werden. Da spezifische feinmotorische Fähigkeiten im Wesentlichen erlernt sind, werden sie sich ohne systematisches Training auch im weiteren Entwicklungsverlauf nicht von allein einstellen.

Maßnahmen der Akzeleration (vorzeitige Einschulung oder Überspringen) verschärfen die geschilderten Probleme auch deshalb, weil begabten Kindern und Jugendlichen dabei die gleichaltrige Bezugsgruppe verloren geht. Die sowieso vorhandene Diskrepanz zwischen der eigenen körperlichen und geistigen Entwicklung wird dann dadurch verschärft, dass die Klassenkameraden über die körperlichen Fähigkeiten verfügen, die die Hochbegabten an sich (manchmal schmerzlich) vermissen.

## Probleme im Sozialverhalten

Problemschilderungen Hochbegabter enthalten regelmäßig auch Hinweise auf soziale Schwierigkeiten mit Gleichaltrigen. Dabei werden beide Extreme geschildert, sowohl nach außen gerichtete Verhaltensstörungen als auch Tendenzen zu Rückzug und sozialer Isolation. Im Gegensatz zum Eindruck, dass Hochbegabte besonders viele soziale Probleme haben, stehen Ergebnisse aus der Marburger Hochbegabtenstudie. Unter dem bezeichnenden Titel „Beliebt und intelligent? – Abgelehnt und dumm?“ berichten Rost und Czeschlik (1994), dass intelligente Grundschulkinder häufiger positiv gewählt, weniger intelligente Kinder häufiger abgelehnt wurden. Die Autoren erklären dies unter anderem mit einer immer wieder beobachteten positiven Beziehung zwischen allgemeiner Intelligenz und der so genannten sozialen Intelligenz. Intelligente Kinder erkennen soziale Probleme besser, sind einfühlsamer und weniger intelligenten Kindern bei der Suche nach alternativen Lösungen in sozialen Konflikten überlegen. Systematische Untersuchungen, die belegen würden, dass begabte Kinder besonders viele soziale Probleme haben, gibt es dagegen nicht.

Dies heißt natürlich nicht, dass alle begabten Kinder gut mit ihren Peers zurechtkommen. Betrachten wir das folgende Fallbeispiel.

**Fallbeispiel 7: Alexa**

*Alexa ist vier Jahre alt und geht in den Kindergarten. Zu Hause beschwert sie sich häufiger über den Kindergarten. Dieser sei langweilig und doof. Alexas Eltern halten das für plausibel und kommen deshalb zur Beratung, um die Möglichkeit einer vorzeitigen Einschulung abzuklären. Sie berichten, dass die Erzieherinnen im Kindergarten bei Alexa keine besondere kognitive Leistungsfähigkeit wahrgenommen, stattdessen aber auf Probleme im Sozialverhalten hingewiesen hätten. Alexa würde ständig Aufmerksamkeit beanspruchen und den Erwachsenen gegenüber unangemessen fordernd auftreten. Sie wolle immer im Mittelpunkt stehen und im Spiel der Kinder alles bestimmen, womit die anderen Kinder aber nicht einverstanden wären. Würde sie von den anderen Kindern abgelehnt, könne sie das nicht ertragen. Sie wirft sich dann auf den Boden, trampelt und schlägt ihren Kopf gegen die Wand.*

*Die Eltern erleben derartige Dinge zu Hause nicht. Wenn sie sich intensiv mit ihrer Tochter beschäftigen, ist sie sehr interessiert und zugänglich – kurz: „das netteste Mädchen der Welt". Der Frage nach möglichen Schwierigkeiten weichen die Eltern zunächst aus. Schließlich wird erzählt, dass Alexa heftig zu weinen anfängt, wenn man sich nicht die ganze Zeit um sie kümmert und ihre Wünsche erfüllt. Es stellt sich heraus, dass die Mutter ihren ganzen Tagesablauf an Alexas Bedürfnissen orientiert und es ihr nicht gelingt, sich in Konflikten mit ihrer Tochter konsequent zu verhalten.*

In diesem wie in vielen anderen Fällen stellt sich heraus, dass die sozialen Auffälligkeiten mit der Begabung des Kindes im Grunde kaum etwas zu tun haben. Sicher wollen nicht alle Kinder immerzu alles bestimmen, und nicht jedem Kind gelingt es, Erwachsenen gegenüber selbstbewusst und fordernd aufzutreten. Hochbegabt muss man dazu jedoch auch nicht sein. Vielmehr lässt sich diese Art von Problemen weitgehend durch unsicheres und inkonsequentes Verhalten von Erwachsenen gegenüber selbstbewusst auftretenden, interessierten und gut begabten Kindern erklären. Andererseits verfügen begabte Kinder über besondere Stärken, die ihnen durchaus eine wichtige und ggf. dominante Rolle in Kindergruppen ermöglichen können. Logisches Denken, gute verbale Fähigkeiten und interessante Ideen reichen dafür allerdings nicht immer aus. Dazu müssen soziale Fähigkeiten und Empathie kommen, die nicht alle begabten Kinder gleichermaßen entwickelt haben.

Wie reagieren Kinder oder auch Jugendliche, denen es nicht gelingt, ihre besonderen Stärken und Potenziale in die Gemeinschaft einzubringen? Wie bei Jungen und Mädchen überhaupt sind auch im Sozialverhalten hochbegabter Kinder und Jugendlichen zunächst geschlechtstypische Unterschiede zu beobachten. Jungen sind – im Durchschnitt! – unruhiger, lauter und dominanter als Mädchen. „Störenfriede“ und „Problemkinder“ sind häufiger männlich. Mädchen sind – im Durchschnitt! – sozial „verträglicher“, „braver“, besser angepasst. Auch wenn sie sich langweilen, fangen sie nicht gleich an, den Unterricht zu stören. Stapf (2003) berichtet aus einer Untersuchung im Rahmen ihrer Beratungsarbeit, dass sie bei 76 % der Jungen störendes Verhalten wie Clownereien feststellte, wogegen nur bei 24 % der Mädchen die Eltern Verhaltensauffälligkeiten als Anlass für eine psychologische Untersuchung angaben – und dies, obwohl Mädchen viel stärker über Langeweile klagten als Jungen (2003, 86).

Im Schulalltag nehmen manche Kinder die Sonderrolle des Klassenkaspers ein. Diese Rolle ist besonders „attraktiv“ für Jungen, die jünger und eventuell auch kleiner als der Klassendurchschnitt sind, zum Beispiel weil sie vorzeitig eingeschult wurden. Der Vorteil des Klassenkaspers ist, dass er Aufmerksamkeit erhält, verrückteste Ideen umsetzen darf und sich unangenehmen Anforderungen entziehen kann. Der Nachteil ist, dass ein großer Teil der Aufmerksamkeit negativ ist und die Rolle des Klassenkaspers langfristig oft wenig Entwicklungspotenziale bietet.

Viele Begabte mit sozialen Schwierigkeiten schlagen aber einen anderen Weg ein: Sie ziehen sich zurück. Dieser Rückzug kann verschiedene Formen annehmen. Manche begabte Kinder richten sich in der Rolle eines „seltsamen Vogels“ ein, der zwar toleriert wird, aber keine nahen Freundschaften hat. Andere – besonders Jungen – entwickeln sich zu Experten für bestimmte Themen, die am allgemeinen sozialen Leben wenig teilhaben, aber bei konkreten Problemen konsultiert werden. In diesem Zusammenhang ist besonders der Rückzug an den PC zu nennen, der bei Jungen allgemein häufig zu beobachten ist. Anders als manche andere Jungen spielen Begabte am PC nicht nur Ballerspiele, sondern programmieren komplexe Programme oder knacken die Passwörter ihrer Schule. Wieder eine andere Möglichkeit ist der Versuch, durch Überanpassung „unsichtbar“ zu werden, um sozialen Problemen aus dem Weg zu gehen. Diese häufiger bei Mädchen anzutreffende Strategie zeigt sich in stets freundlichem, bravem, hilfsbereitem Verhalten. Gleichzeitig bleiben diese Mädchen distanziert und wenig greifbar, äußern keine eigenen Bedürfnisse und haben keine näheren Freundschaften. Weil sie auch in der Schule angepasst und leistungsbereit sind, fallen sie oft nicht weiter auf. Ob hochbegabte Jungen und Mädchen sozial gut integriert sind oder nicht, hängt damit entscheidend vor allem mit zwei Aspekten zusammen: ihren sozialen Kompetenzen und ihrer Anpassung an die Normen der gleichgeschlechtlichen Peergruppe.

**Fallbeispiel 8: Hermann**

*Hermann kommt aus einem bildungsfernen Elternhaus, in dem für seine Begabung und seine ungewöhnlichen Interessen überhaupt kein Verständnis aufgebracht wird. Obwohl er in der Schule keine besonderen Leistungen zeigte und oft eher abwesend und distanziert wirkte, fiel einem Mathematiklehrer auf, dass „mehr in ihm steckte". Dieser Lehrer informierte den Sechzehnjährigen über die Möglichkeit, eine Sonderfördereinrichtung für Hochbegabte mit angeschlossenem Internat zu besuchen. Es gelang Hermann, seine Eltern dazu zu überreden, ihn dort aufnehmen zu lassen, was auf Grund seiner hervorragenden Intelligenztestergebnisse im Aufnahmeverfahren auch ermöglicht wurde.*

*An der Schule hat er kaum Kontakt zu den anderen Jugendlichen. Der schlaksige Junge macht immer einen blassen Eindruck, schlurft über den Schulhof und scheut den Augenkontakt. Intensiveren Gesprächen geht er aus dem Weg. Stattdessen sitzt er viel in seinem Zimmer und arbeitet am PC. Die anderen Jugendlichen finden ihn etwas seltsam, tolerieren ihn aber. Erst im Laufe der Jahre, zum Teil noch nach Abschluss der Schule, ergeben sich nähere Kontakte zu den Klassenkameraden. In einem solchen Gespräch bringt er zum Ausdruck, dass er durchaus positive Erinnerungen an seine Zeit an der Sondereinrichtung habe: „Sie ist das Beste gewesen, was mir passieren konnte."*

Dieses Fallbeispiel zeigt drei wichtige Aspekte auf, die für den Umgang mit Hochbegabten mit sozialen Schwierigkeiten wesentlich sind. Erstens ist der Mathematiklehrer hervorzuheben, der hinter der distanzierten Fassade das Potenzial des Jungen wahrnahm. Zweitens ist zu bemerken, dass manche Jugendlichen mit einem Sozialverhalten, das andere (Peers, Pädagogen, Psychologen) als defizitär wahrnehmen, durchaus zufrieden sein können. Drittens ist dieses Beispiel ein Beleg dafür, dass es in manchen Fällen – wenn auch keineswegs immer – außerordentlich wichtig sein kann, begabten Jugendlichen die Begegnung mit anderen zu ermöglichen, die ähnlich „seltsam" sind wie sie selbst.

## Psychische Störungen

Immer wieder wird behauptet, dass psychische Störungen im Allgemeinen sowie spezifische Störungen im Besonderen bei Hochbegabten besonders häufig auftreten. So wird vermutet, dass sie häufiger an Depressionen bis hin zur Suizidalität oder an Essstörungen leiden. Diese Annahmen beziehen sich in der Regel auf Erfahrungen mit Einzelfällen, die nicht verallgemeinerbar sind.

Dass Hochbegabte insgesamt weniger von psychischen Problemen betroffen sind als durchschnittlich oder unterdurchschnittlich begabte Kinder und Jugendliche, wurde bereits dargestellt. Empirische Belege für ein gehäuftes Auftreten *bestimmter* psychischer Probleme bei Hochbegabten gibt es nicht. Diese wären allerdings auch deshalb nur schwer zu erbringen, weil angesichts der geringen Zahl von Hochbegabten, die überhaupt psychische Probleme haben, dazu sehr große Untersuchungsstichproben erforderlich wären. Die Alternative wäre, theoretisch überzeugend darzulegen, inwiefern hohe Begabung ein Risiko für bestimmte Krankheiten darstellt; entsprechende Darstellungen liegen aber ebenfalls nicht vor.

Zum anderen wird Hochbegabung als alternative Erklärung von Symptomen angenommen, die in der Regel als Hinweis auf klinische Störungen gesehen werden. Die in diesem Zusammenhang am häufigsten genannten Störungsbilder sind ADS/Hyperaktivität sowie in jüngerer Zeit das Asperger-Syndrom, eine leichtere Form von Autismus. Auf die Frage einer hier erforderlichen Differentialdiagnose wurde bereits in Kapitel 5.4 eingegangen.

Dass psychische Störungen bei Hochbegabten nicht gehäuft auftreten, bedeutet natürlich nicht, dass es keine Zusammenhänge und Wechselwirkungen zwischen Begabung und klinischen Störungen gibt. Insbesondere in Beratungsstellen sowie in Sonderfördereinrichtungen können Hochbegabte mit klinischen Auffälligkeiten einen erheblichen Teil der Klientel ausmachen (was auch erklärt, warum die dort Beschäftigten nicht selten annehmen, dass diese Häufung für Hochbegabte insgesamt charakteristisch sei). Dieses Phänomen hat in den letzten Jahren deutlich zugenommen.

Zum einen ist Hochbegabung als „Erklärung" für Probleme „salonfähig" geworden, so dass eine solche Vermutung von Eltern bei psychischen Störungen eher in Betracht gezogen wird. Zum anderen haben spezielle Einrichtungen für Hochbegabte angesichts der allgemeinen Ausbreitung von Angeboten der Begabtenförderung z.T. Schwierigkeiten, ausreichend Interessenten für ihre Einrichtungen zu finden. Psychisch stabile und gut integrierte Kinder und Jugendliche benötigen keine Sondereinrichtung, wenn in ihrer Region ein Angebot für Begabte besteht. Der Anteil von Kindern und Jugendlichen, die vor dem Hintergrund schwererer psychosozialer Probleme in eine spezialisierte Einrichtung für Hochbegabte aufgenommen werden, steigt dagegen an. Einrichtungen, die dies ausdrücklich in ihrer Konzeption berücksichtigen, gibt es allerdings kaum (s. Kapitel 8.5).

## Sexualität

Das Thema Sexualität ist ein „blinder Fleck" der Hochbegabungsforschung und Begabtenförderung. In der umfangreichen Literatur zum Thema wird es unseres Wissens nie erwähnt. Hochbegabte scheinen asexuelle Wesen zu sein. Selbst dort, wo nicht die kognitiven Fähigkeiten im Vordergrund stehen, sondern auch die soziale und emotionale Entwicklung Hochbegabter in den Blick genommen wird, wird Sexualität nicht zum Thema. Wie ist dies zu erklären?

Vielleicht hängt es mit der verbreiteten Sichtweise zusammen, dass Hochbegabte grundsätzlich anders seien als andere Kinder und Jugendliche. Die besondere Aufmerksamkeit für die höheren geistigen Welten, in denen Hochbegabte sich aufhalten, verstellt den Blick auf die „niederen" sexuellen Bedürfnisse und Verhaltensweisen. Obwohl darüber kaum einmal offen gesprochen wird, scheint die Annahme verbreitet zu sein, dass Hochbegabte sich nicht für Sexuelles interessieren. So wird ihnen zum Beispiel nachgesagt, dass sie nicht flirten könnten. Ein reges Sexualleben scheint nicht zum Bild des Hochbegabten als verschrobenem Sonderling zu passen, der sich schon mit einfachen sozialen Kontakten schwer tut.

Der Realität entspricht dies natürlich nicht. Hochbegabte spielen Doktorspiele, reißen schmutzige Witze, verlieben sich, befriedigen sich selbst, machen erste sexuelle Erfahrungen und schlafen ungeschützt miteinander wie andere Kinder bzw. Jugendliche auch. Natürlich gibt es auch Hochbegabte, die sexuelle Spiele komisch finden und dabei nicht mitmachen, die die Beschäftigung mit Sexualität vermeiden, sich schämen, wenn sie sexuelle Fantasien haben und Beziehungen zum anderen Geschlecht erst aufnehmen, wenn sie 25 sind. Auch dies ist allerdings nichts, was sie grundsätzlich von anderen Kindern und Jugendlichen unterscheidet. Es gibt zudem auch hochbegabte Jugendliche, die entdecken, dass sie sich von Angehörigen ihres eigenen Geschlechts mehr angezogen fühlen als von denen des anderen Geschlechts. Und schließlich machen auch Hochbegabte schlimme und belastende Erfahrungen von Missbrauch und sexueller Gewalt. Dies alles ist so selbstverständlich, dass es schon verwundert, dass nie davon die Rede ist. Die Ausblendung des Themas wirkt insbesondere befremdlich, wenn es um Jugendliche geht, die in Ferienprogrammen für Hochbegabte wochenlang Tag und Nacht zusammen sind oder gar in Internaten zusammenleben.

Wenn es nicht die begabten Kinder und Jugendlichen sind, die sich nicht für Sexualität interessieren, müssen die Ursachen für die Vermeidung des Themas woanders gesucht werden. Natürlich ließe sich einwenden, dass Sexualität in unserer Gesellschaft nach wie vor ein Tabuthema ist und dies insbesondere für den Bereich der Schule gilt. Andererseits ist Sexualaufklärung an deutschen Schulen inzwischen selbstverständlich (womit noch nichts über ihre Qualität ausgesagt ist). Vielfältige und differenzierte Konzepte der Sexualpädagogik sind in viele Bereiche der Arbeit mit Kindern und Jugendlichen eingegangen. Und die Bundeszentrale für gesundheitliche Aufklärung trägt mit zahlreichen Studien und Materialien dazu bei, einen reflektierten Umgang mit Sexualität in allen Bereichen der Pädagogik, Sozialarbeit und Beratung zu ermöglichen.

Möglicherweise ist es das spezifische Milieu der Begabtenförderung, das eine Berücksichtigung des Themas Sexualität als selbstverständlichem Teil des Lebens auch von begabten Kindern und Jugendlichen erschwert. Der offene Umgang mit sexuellen Fragen ist in gewissem Sinn ein Erbe der Studentenbewegung und der antiautoritären Erziehung der 70er Jahre, obwohl die heutigen Konzepte der Sexualpädagogik sich weit von diesen Ursprüngen entfernt haben und keineswegs einen grenzenlosen Umgang mit Sexualität propagieren – ganz im Gegenteil. Im bildungsbürgerlichen Milieu, in dem die Beschäftigung mit Hochbegabung verankert ist, wird die Beschäftigung mit Sexualität eher als Privatangelegenheit gesehen und nicht als etwas, das ausführlich Thema in pädagogischen Institutionen sein sollte. Je mehr zudem Bildung im traditionellen Sinn der Vermittlung von Wissen, von anspruchsvollen Themen und Inhalten im Vordergrund von pädagogischen Ansätzen steht, umso weniger passt Sexualität hinein als ein Bereich, in dem es in erster Linie um *Erfahrungen* geht, die Kinder und Jugendliche weitgehend unter sich machen.

Diese Überlegungen müssen Spekulation bleiben. Unabhängig davon halten wir es für wesentlich, dass das Thema Sexualität Eingang in die Hochbegabungsforschung und die Praxis der Begabtenförderung findet. Einige Beispiele, die diese Notwendigkeit begründen, seien abschließend genannt:

- Kinder, die auf Grund von Akzelerationsmaßnahmen deutlich jünger als ihre Klassenkameraden sind, werden durch diese früher als andere Kinder mit sexuellen Themen und Verhaltensweisen konfrontiert. Wie geht es einem zehnjährigen Jungen, wenn die Jungen in seiner Klasse sich Pornos aufs Handy laden, während die Mädchen sich aufs nächste Casting vorbereiten?
- Gemischtgeschlechtliche Internate sind für rege Kontakte und Beziehungen zwischen den Geschlechtern bekannt, auch wenn die offiziellen Regeln dies einschränken oder verbieten. Manche Jugendlichen kompensieren den Verlust der alltäglichen Vertrautheit in der Familie mit frühen Liebesbeziehungen, die zwar oft nicht stabil, dafür aber umso intensiver sein können. Wie gehen ihre pädagogischen Bezugspersonen damit um, wenn sie mitbekommen, dass ein vierzehnjähriges Mädchen aus ihrer Wohngruppe „leicht zu haben“ sei?
- „Doppelt Außergewöhnliche“ haben wir Hochbegabte genannt, die neben ihrer Begabung eine andere Besonderheit haben, die sie zu Außenseitern macht. In diese Gruppe gehören auch gleichgeschlechtlich orientierte Jugendliche. Wie werden homosexuelle Hochbegabte damit fertig, nicht nur auf Grund ihrer Begabung, sondern auch auf Grund ihrer sexuellen Orientierung anders zu sein als die meisten oder alle anderen Menschen in ihrer Umgebung?

## 6.4 Etikettierung: überhöhte Erwartungen und falsche Selbstbilder

Nicht nur überdurchschnittliche Begabung selbst ist ein bedeutsamer Faktor für die Entwicklung von Kindern und Jugendlichen. Unabhängig von der tatsächlichen Höhe der Begabung hat es Folgen, wenn ein Kind oder

Jugendlicher als „hochbegabt" identifiziert und bezeichnet wird. Dies wird mit dem Konzept der „Etikettierung" erfasst. Gemeint ist damit in erster Linie, dass Eltern das Verhalten ihrer Kinder vor dem Hintergrund einer Hochbegabung interpretieren und ihre Erwartungen daran ausrichten. Dies ist natürlich auch dann möglich, wenn ihr Kind überhaupt nicht hochbegabt ist; hierauf wird im folgenden Kapitel noch eingegangen. In diesem Kapitel steht aber zunächst im Vordergrund, welche Auswirkungen es auf hochbegabte Kinder und Jugendliche hat, wenn ihrer Begabung von Eltern oder auch anderen Bezugspersonen große Bedeutung beigemessen wird.

Voraussetzung für die Etikettierung eines Kindes als besonders oder hochbegabt ist, dass es als solches identifiziert worden ist. Hintergrund ist häufig, dass Eltern nach Erklärungen für das auffällige Verhalten ihres Kindes suchen. Manchmal reicht es schon aus, dass Eltern ihr Kind auf Checklisten oder in Fernsehdokumentationen zum Thema Hochbegabung „wiedererkennen". Eine wichtige Rolle können Elterninitiativen spielen, in denen sich „Betroffene" gegenseitig in der Wahrnehmung bestärken, dass das Verhalten ihrer Kinder mit hoher Begabung zusammenhängt. Entscheidend ist schließlich, wenn eine testpsychologische Untersuchung ergibt, dass das Kind tatsächlich hochbegabt ist, denn damit wird die Vermutung „offiziell bestätigt". Ein hochbegabtes Kind erzählt: „Als wir vom Test nach Hause fuhren, murmelte meine Mutter immer vor sich hin: ‚Ich wusste, dass es so ist. Ich wusste, dass es so ist.' Ich war verwirrt und erstaunt und fragte mich: Was meint sie nur? Was ist denn jetzt anders? Stimmt irgendetwas mit mir nicht?"

Ein weiterer Ausgangspunkt für Etikettierungsprozesse kann die Aufnahme von Kindern oder Jugendlichen in Sonderfördermaßnahmen für Hochbegabte sein. Auch für Eltern, Kinder und Jugendliche, die einer möglichen Hochbegabung bis dahin keine so große Bedeutung beigemessen haben, bekommt diese dadurch einen anderen Stellenwert. Sowohl die Prozesse unter den Kindern oder Jugendlichen selbst als auch Gespräche unter den Eltern machen das „Hochbegabtsein" zu einem bedeutsamen Thema, auch wenn dies vorher in der Familie nicht so war.

**Fallbeispiel 9: Was heißt eigentlich „hochbegabt"?**

*In einem Projekt zur integrativen Begabtenförderung an der Grundschule unterhalten sich Erstklässler darüber, was das Besondere an ihrer Schule sei. Johanna sagt: „Hier gehen nur hochbegabte Kinder hin." Andere Kinder widersprechen ihr und weisen darauf hin, „dass hier auch Kinder ganz normal reinkommen". Es entwickelt sich ein reges Gespräch, in dem einige Kinder erwähnen, dass sie einen Test machen mussten, um an die Schule zu kommen. Am Nachmittag desselben Tages fragt der (als hochbegabt aufgenommene) Pascal seine Mutter: „Mama, was ist eigentlich ‚hochbegabt'?"*

Nicht alle Eltern sind erfreut oder erleichtert, wenn sich herausstellt, dass ihr Kind hochbegabt ist (vgl. Kapitel 8.4). Viele Eltern versuchen denn auch, das Thema der Begabung ihres Kindes im Alltag mit ihm eher herunterzuspielen. Für manche Eltern bekommt die Hochbegabung ihres Kindes dagegen eine herausragende Bedeutung. Sie wird als Ursache für alle Probleme des Kindes oder Jugendlichen angenommen. Die Eltern – oft vor allem die Mütter – beschaffen sich alle erhältlichen Ratgeber zum Thema und engagieren sich in Elterninitiativen. Der Alltag und viele Aktivitäten der Familie werden an den vermeintlich besonderen Bedürfnissen Hochbegabter ausgerichtet. Was kann erklären, warum sich Eltern von der Möglichkeit angesprochen fühlen, ein hochbegabtes Kind zu haben? Es gibt verschiedene Gründe, die dies für Eltern oder auch Jugendliche selbst „attraktiv" machen können.

Vor dem Hintergrund der vielfachen Kritik am heutigen Schulsystem ist es für viele Eltern nahe liegend, bei Problemen in der Schule nicht die Fähigkeiten ihres Kindes infrage zu stellen, sondern Ursachen in der schulischen Umgebung zu suchen. „Nicht mein Kind hat versagt, sondern das Schulsystem" ist die Quintessenz vieler Aussagen zu problematischen Schulkarrieren Hochbegabter. Kinder und Jugendliche werden als Opfer einer Umwelt gesehen, die sich nicht angemessen auf sie einstellt, und nicht als aktiv Handelnde, die für ihre Leistungen selbst (mit) verantwortlich sind. Dass Hochbegabung manchmal auch als „Erklärung" für Probleme angenommen wird, die ihre Ursachen in ganz anderen Bereichen haben, wurde bereits mehrfach erwähnt. Dies gilt auch dann, wenn gar keine Hochbegabung vorliegt (s. dazu das nächste Kapitel). Schließlich kann die Annahme von Hochbegabung als „Ursache" von Verhaltensauffälligkeiten einen Hintergrund in familiären Strukturen und Konflikten haben.

Welche Auswirkungen hat es auf Kinder und Jugendliche, wenn sie als hochbegabt etikettiert werden? Die Annahme, besonders begabt zu sein oder ein besonderes Talent zu haben, kann für Kinder oder Jugendliche eine große Motivation bedeuten, sich bestimmten Aktivitäten intensiv zuzuwenden. Selbst wenn eine solche Begabung gar nicht vorliegt, kann dies zu herausragenden Leistungen führen.

Auf der anderen Seite kann die Aussage, dass ein Kind oder Jugendlicher „unbegabt" sei, entmutigend und demotivierend wirken. Dies ist zum Beispiel im Bereich Musik zu beobachten. Die weit verbreitete (unzutreffende) Annahme, dass für den Erwerb musikalischer Fähigkeiten in erster Linie Begabung erforderlich sei, hat zur Folge, dass viele Menschen sich für „unmusikalisch" halten. Die eigentliche Ursache dieser Einstellung ist oft schlechter Musikunterricht und nicht tatsächlich mangelnde Musikalität.

Allerdings kann auch die Einstellung, dass es *keine* angeborene Begabung gibt, zu Problemen führen. Die Annahme, dass jeder Mensch zu herausragenden Fähigkeiten in der Lage ist, kann in Verbindung mit großem

Leistungsdruck dazu führen, dass schlechtere oder sogar durchschnittliche Ergebnisse auf Faulheit zurückgeführt und als Versagen interpretiert werden. Dies ist zum Beispiel im extrem leistungsorientierten japanischen Bildungssystem zu beobachten.

Problematisch ist es, wenn die Zuschreibung von Hochbegabung zu überhöhten Erwartungen von Eltern an ihre Kinder führt. Die erstaunlichen Leistungen der Kinder, für die sie anfangs von ihren Eltern bewundert worden sind, werden zunehmend für selbstverständlich gehalten. Vielen Eltern ist nicht klar, dass die große Ausdauer und Begeisterung, mit denen Kinder ihren eigenen Interessen nachgehen können, nur wenig damit zu tun haben, wie sie damit umgehen können, wenn Leistungsanforderungen von außen an sie herangetragen werden. Wenn ihr Kind mit Letzterem nicht zurechtkommt, neigen diese Eltern dazu, der Schule die Schuld daran zu geben. Die Kritik, dass Lernbegeisterung und Interessen von Kindern in der Schule oft zu wenig aufgegriffen werden, ist sicherlich berechtigt. Trotzdem ist die Annahme falsch, dass besondere Begabungen bei richtiger Förderung in der Schule automatisch gute Leistungen zur Folge haben müssen. In manchen Fällen projizieren Eltern eigene unerfüllte Wünsche nach Erfolg auf ihre Kinder. Statt für die tatsächlichen Fähigkeiten und Bedürfnisse ihrer Kinder interessieren sie sich nur für Leistung und Erfolg. Dies ist besonders problematisch, wenn die Kinder zu Perfektionismus und Selbstüberforderung neigen (Peters et al. 2000; Freeman 2001; Mönks/Ypenburg 2005).

**Fallbeispiel 10: Etienne**

*Etienne ist 13 Jahre alt und besucht die neunte Klasse einer Spezialschule für Hochbegabte. Sein Vater ist Professor für Mathematik, seine Mutter Gymnasiallehrerin. Die Familie hat eine Zeit lang im Ausland gelebt, wo Etienne bereits eine Spezialeinrichtung für Hochbegabte besucht hat. Bereits damals war er sehr erfolgreich; in der neuen Schule gehört er zur Klassenspitze. Gleichzeitig gilt er als Sonderling. Mit lebenspraktischen Dingen kommt er überhaupt nicht zurecht – ein typischer Fall von „zerstreuter Professor". Seine Klassenkameraden irritiert seine außerordentlich gewählte, manchmal gestelzte Sprache. Obwohl er nicht ausgegrenzt wird, hat er keine Freunde. Trotz dieser Auffälligkeiten hat niemand den Eindruck, dass Etienne unglücklich ist.*

*Eines Tages kommt Etienne in die offene Sprechstunde der Schulpsychologin. Sein Anliegen ist unklar; es scheint, dass er mit der Psychologin über den Sinn des Lebens philosophieren möchte. Interesse an festen Terminen oder gar an einer Therapie hat er nicht – er sei ja nicht krank. Er greift aber die angebotene Möglichkeit auf, immer wieder einmal in die offene Sprechstunde zu kommen.*

*Im Laufe der Beratung wird deutlich, dass Etienne unter unheimlichem Leistungsdruck steht. Es ist zunächst schwer zu fassen, woran das liegt, weil weder Eltern noch Lehrkräfte direkten Druck auf ihn ausüben. Allerdings gehen alle – und auch Etienne selbst – wie selbstverständlich davon aus, dass er mit hohen Anforderungen zurechtkommt und stets gute Leistungen erbringt.*

*Gespräche über Etiennes Lebensgeschichte lassen das Bild eines Jungen entstehen, der nie wirklich Kind sein konnte. Seine Eltern hatten sich stets bemüht, Etienne optimal zu fördern, ihm aber wenig Gelegenheit gegeben, zweckfrei zu spielen oder einfach nur Spaß zu haben. Bis heute fühlt er sich fortwährend unter Zwang, etwas „Sinnvolles" zu tun. Dass sich jemand einfach für ihn interessieren könnte, ohne dass er dafür eine Leistung erbringen muss, kann er sich nicht vorstellen.*

In manchen Fällen wird die massive Erwartung von Eltern, dass ihre Kinder „etwas aus ihren Begabungen machen", erst in der Phase der Studien- und Berufswahl deutlich, dann aber umso massiver. Gerade wenn Eltern viel in Fördermaßnahmen für ihre hochbegabten Kinder investiert haben, sind diese Erwartungen oft besonders hoch, ohne dass ihnen das immer bewusst wird. Wenn sich ihr Kind „nur" für ein wenig anspruchsvolles Berufsziel interessiert, vielleicht gar nicht studieren will, werden viele Eltern hochbegabter Kinder damit Schwierigkeiten haben – auch dann, wenn sie eigentlich nur wollen, „dass unser Kind glücklich wird". Diese Zusammenhänge müssen insbesondere in der Studien- und Berufsberatung von Hochbegabten berücksichtigt werden (vgl. Kapitel 8.5).

Dass sich Kinder und Jugendliche selbst für hochbegabt halten, kann zu problematischen Attributionen führen. Eine Etikettierung als „hochbegabt" legt nahe, Erfolg auf Begabung zurückzuführen und nicht auf Anstrengung. Das kann zur Folge haben, dass Jugendliche der Meinung sind, dass Hochbegabte es nicht nötig hätten zu lernen. Manche eigentlich leistungsbereite Hochbegabte geraten dann in ein Dilemma, wenn sie vor Leistungsanforderungen stehen, die sie nicht mehr spielend bewältigen können. In Umgebungen, in denen Hochbegabte miteinander zusammenkommen, zum Beispiel in Internaten von Sonderfördereinrichtungen, kann es als „uncool" gelten, lernen zu müssen, um Erfolg zu haben. Dies trifft insbesondere auf Jungen in der Sekundarstufe I zu, deren Männlichkeitsvorstellungen oft einer Anpassung an schulische Erwartungen und Anforderungen entgegenstehen. In Einzelfällen kann das zur Folge haben, dass Jungen heimlich nachts unter der Decke lernen, um Erfolgserwartungen zu erfüllen. Würden sie dies offen tun, müssten sie befürchten, dass ihre Hochbegabung infrage gestellt und sie als „Streber" tituliert würden.

Wenn dies auch verquer wirken mag, so ist doch positiv zu vermerken, dass hier zumindest noch Leistungsbereitschaft vorhanden ist. Häufiger verbindet sich die problematische Haltung, dass Hochbegabte kein Lernen nötig hätten, mit einer starken Tendenz zur Anstrengungsvermeidung. Manche Kinder und vor allem Jugendliche werden im Laufe der Zeit völlig lethargisch. Trotzdem erhalten sie oft das Bild aufrecht, dass sie ja „könnten, wenn sie nur wollten". Je länger die Umwelt sie in ihrem Bild bestätigt, hochbegabt zu sein, und sie vor Anforderungen und Belastungen schützt, umso schwieriger wird es für die Betroffenen, wieder aktiv zu werden und Verantwortung für sich selbst zu übernehmen. Dies gilt besonders für den Umgang mit Leistungsanforderungen in der Schule. Die hier geschilderte Problematik ist häufig Hintergrund in schwierigen Fällen von Underachievement.

Verstärkt werden können derartige Probleme, wenn ErzieherInnen, Lehrkräfte oder Berater verunsichert auf „erkannte" Hochbegabte reagieren. Auch erfahrene Fachleute, die aber mit dem Thema Hochbegabung wenig Erfahrungen haben, fragen sich oft, ob sie Hochbegabte „ganz normal" behandeln dürfen. Möglicherweise interpretieren sie normales Verhalten von SchülerInnen wie Langeweile oder Quatschmachen fälschlicherweise als Ausdruck von Unterforderung. Oder sie laufen Gefahr, selbstverständliche Anforderungen an Hochbegabte nicht zu stellen, weil sie der irrigen Auffassung erlegen sind, dass Hochbegabte keine Übungsphasen brauchen. Es ist wichtig, sich bewusst zu machen, dass sie damit zu Etikettierungsprozessen beitragen und problematische Attributionen begünstigen können.

## Untersuchungen zu Etikettierung

Untersuchungen zum Thema „Etikettierung Hochbegabter" gibt es nur wenige. Tettenborn (1996) fand in ihrer gründlichen Recherche lediglich acht US-amerikanische bzw. englische Studien zu Effekten des Labels „hochbegabt". Dies ist erstaunlich angesichts der Selbstverständlichkeit, mit der immer wieder ein frühes Erkennen und Fördern von Hochbegabten gefordert wird. Aufschlussreich sind die beiden folgenden Untersuchungen, in denen die Entwicklung „etikettierter" Hochbegabter einer Vergleichsgruppe hochbegabter Kinder gegenübergestellt wurde, die nicht als hochbegabt etikettiert wurde.

Freeman (1979, 2001) verglich 70 Kinder, deren Eltern Mitglied in einer nationalen Organisation zur Förderung Hochbegabter waren, mit Kindern aus zwei Vergleichsgruppen. Auf der Grundlage der Ergebnisse eines Intelligenztests (SPM) wurden jeweils Dreiergruppen gebildet: Jedem Kind der Zielgruppe wurde jeweils ein Kind von etwa gleicher Intelligenz zugeordnet sowie ein zufällig ausgewähltes Kind. In der Annahme, dass die Kinder der Zielgruppe zur Spitzengruppe der Begabten gehörten und es daher schwierig sein würde, Kinder mit gleicher Intelligenz zu finden, hatte die Autorin ein kompliziertes schulenübergreifendes Untersuchungsdesign entwickelt. Dies stellte sich als unnötig heraus: Zu ihrer Überraschung gelang es Freeman, für die Kinder der Zielgruppe Vergleichskinder mit annähernd gleicher Intelligenz in den eigenen Schulklassen der Kinder zu finden(!). Dieses Design ermöglichte ihr, den Effekt familiärer Einflüsse genauer zu untersuchen.

Mit verschiedenen z.T. standardisierten Fragebogen wurden die Eltern, die Kinder und auch die Lehrer befragt. Deutlich wurde, dass die Eltern der Zielgruppe herausragende Fähigkeiten an ihren Kindern beobachteten und mit den Schulen unzufrieden waren. Sie beschrieben ihre Kinder als sehr schwierig und anders als andere und meinten, dass auch die Kinder diese Andersartigkeit fühlen würden. Sie berichteten weiter über deutlichere Verhaltensauffälligkeiten ihrer Kinder, was von deren Lehrern bestätigt wurde. Die Eltern der Kinder aus den Vergleichsgruppen, insbesondere der Vergleichsgruppe der nicht etikettierten hochbegabten Kinder, berichteten nicht von besonderen Auffälligkeiten und Schwierigkeiten. Dies kann als Hinweis auf Effekte der Etikettierung bei annähernd gleicher Intelligenz gewertet werden.

Umfangreiche Studien über die Auswirkungen einer Etikettierung als „hochbegabt" stammen von der Forschungsgruppe um Cornell (Cornell 1984; Cornell/Grossberg 1989). Er untersuchte Familien, in denen mindestens ein Kind an einem Sonderprogramm für Hochbegabte teilnahm, und verglich diese in den ersten Untersuchungen mit einer nach Sozialstatus der Familien, Geschlecht, Geburtsposition und Alter der Kinder parallelisierten Vergleichsgruppe, später mit den Normdaten der verwendeten Fragebogen. Neben den Fragebogen führte Cornell Interviews mit den Eltern, den Kindern und den Lehrern. Deutlich wurde, dass Eltern, die ihr Kind für hochbegabt hielten, mehr Stolz auf ihr Kind zum Ausdruck brachten und nach eigenen Angaben eine engere Beziehung zu ihm hatten. Diese Eltern, die explizit den Begriff „hochbegabt" für ihre Kinder verwendeten, waren selbst durch eine höhere Leistungsorientierung und eine geringere Offenheit für die Gefühle der anderen Familienmitglieder gekennzeichnet. Sie bezeichneten die allgemeine Anpassung der Kinder als weniger gut als Eltern, die den Begriff „hochbegabt" nicht für ihr Kind verwenden wollten.

Allerdings bezeichneten nur 37 % der Eltern ihre Kinder übereinstimmend als tatsächlich hochbegabt. Bei Beurteilungsdifferenzen war es immer die Mutter, die das Kind als hochbegabt bezeichnete, während der Vater das trotz der Teilnahme an einem besonderen Programm bezweifelte. In diesem Fall konnten negative Auswirkungen des Etiketts besonders für das nicht hochbegabte Geschwisterkind beobachtet werden. Das nicht hochbegabte jüngere Geschwisterkind zeigte sich insgesamt weniger gut angepasst (schüchterner, ängstlicher, leichter aus der Ruhe zu bringen und weniger aus sich herausgehend) als die Zweitgeborenen aus der Vergleichsgruppe.

Cornell untersuchte weiter, wie Eltern und Lehrer die psychosoziale Anpassung der hochbegabten Kinder beurteilten. Vergleicht man die als hochbegabt identifizierten Kinder mit denen, die zusätzlich von ihren Eltern explizit als hochbegabt bezeichnet werden, ergaben sich diesbezüglich deutliche Differenzen. Ähnlich wie in der Untersuchung von Freeman (1979) nahmen Eltern, die ihre Kinder explizit als hochbegabt bezeichneten, diese eher als problematisch und schwierig wahr. Die Kinder selbst schrieben sich im Vergleich zur Normgruppe ein höheres Selbstwertgefühl und weniger Ängste zu. Die befragten Lehrer berichteten in einer Untersuchung von einem hohen akademischen Selbstbild der Kinder, in späteren Untersuchungen ergaben sich dagegen keine Unterschiede zwischen den Gruppen.

## Hintergründe von Etikettierungsprozessen

Obwohl testpsychologische Untersuchungen oft den Auftakt für Etikettierungsprozesse darstellen oder zunächst die Suche nach Ursachen von Verhaltensauffälligkeiten im Vordergrund steht, sind die entscheidenden Hintergründe von Etikettierungsprozessen und den damit verbundenen negativen Auswirkungen in der Regel in den familiären Strukturen Hochbegabter zu finden. So kann die Konzentration auf ein hochbegabtes Kind ein Ausweichen vor der Bearbeitung ungelöster Beziehungsprobleme in der Familie oder persönlicher Probleme der Eltern ermöglichen. Darüber hinaus gibt es oft Zusammenhänge zur eigenen Kindheit der Eltern. Immer wieder vermuten Eltern hochbegabter Kinder, dass sie selbst als Kinder hochbegabt waren. Meist sind damit schlechte Erinnerungen an die Schule verbunden oder die Enttäuschung darüber, von den Eltern nicht ausreichend anerkannt und gefördert worden zu sein. Im nachfolgenden Fallbeispiel kommen mehrere dieser Faktoren zusammen.

**Fallbeispiel 11: Petra**

*Petra ist neun Jahre alt und ein neugieriges und eigenwilliges Kind. Schon im Kindergarten hatte sie soziale Probleme. In der Grundschule kam sie nicht mit ihren Klassenkameraden zurecht. Nachdem Gespräche mit der Schule keine Verbesserung der Situation brachten, sucht die Mutter die Beratung auf. Dabei ist ihr besonders wichtig, dass auf Petras hohe Begabung eingegangen wird.*

*In der Anamnese stellt sich heraus, dass die berufliche Karriere der Mutter durch die Geburt des Kindes einen massiven Knick erfahren hatte. Ein Wiedereinstieg in den Beruf ist trotz hoher Qualifikation der Mutter aus familiären Gründen zurzeit nicht möglich.*

*Die vertiefende Anamnese der Familiengeschichte der Mutter ergibt, dass diese selbst eine sehr erfolgreiche Schülerin war, aber ähnliche soziale Schwierigkeiten hatte wie heute ihre Tochter. Von ihren Eltern war sie kaum gefördert worden; so wurde ihr zum Beispiel nicht ermöglicht, ein Instrument zu lernen. Als besonders kränkend erinnert sie, dass sie von ihnen kaum Anerkennung für ihre Erfolge bekommen hatte. Als Mutter hat sie nun den*

*Anspruch, alles anders zu machen und ihrer Tochter so viel wie möglich anzubieten: Klavier, Ballett, Reiten sind nur einige der Aktivitäten, zu denen sie Petra regelmäßig begleitet. Diese nimmt die Angebote sehr selbstverständlich in Anspruch, ist aber nicht in der Lage, wertzuschätzen, welche Einschränkungen die Mutter auf sich nimmt, um sie zu ermöglichen.*

*Die Mutter vermittelt der Tochter die Botschaft „Nutze jede Möglichkeit, die sich dir bietet, und sei erfolgreich – dann hast du später ein gutes Leben“. Petra übernimmt dieses Motto. Unter der Oberfläche des erfolgreichen und selbstbewussten Kindes wirkt sie aber angestrengt und hat Angst, den Ansprüchen der Mutter nicht zu genügen.*

Viele Eltern erkennen sich in ihren Kindern wieder. Sie wollen an ihnen „nachholen“, was ihnen selbst in ihrer Kindheit gefehlt hat, und investieren viel Zeit, Geld und Liebe in ihre Kinder. Sie erwarten dafür, dass Kinder diese Möglichkeiten aufgreifen und Potenziale entfalten, die sie selbst als Kind nicht hatten entfalten können. Dieser Wunsch ist sehr verständlich, bringt aber immer das Risiko mit sich, dass der Blick auf die realen Bedürfnisse der Kinder verstellt wird. Wenn diese sich dann den Angeboten und der Fürsorge der Eltern verweigern, keinen Erfolg haben oder gar „schwierige Kinder“ werden, kann dies für die Eltern eine erhebliche Kränkung bedeuten.

Das Phänomen, dass Kinder stellvertretend für ihre Eltern berühmt und erfolgreich sein müssen, ist insbesondere für Mutter-Sohn-Beziehungen charakteristisch. Hintergrund dafür sind die gesellschaftlichen Geschlechterverhältnisse, die es Männern bis heute leichter machen, Status zu erlangen und herausragende Positionen zu erreichen. Soweit wir in der Geschichte zurückblicken können, war es den meisten Frauen nicht oder nur sehr eingeschränkt möglich, ihr volles Potenzial zu entfalten. Wenn sie sich nicht selbst verwirklichen können, verwirklichen sie ihre Ambitionen möglicherweise durch ihre Söhne.

Diese Übertragungen können auch heute noch in Mutter-Sohn-Beziehungen wirken. Dies wird zum Beispiel deutlich, wenn Frauen ihre berufliche Karriere beenden, um „ganz für die Kinder da zu sein“. Gerade begabte und gut ausgebildete Frauen richten dann ihre gesamte Energie auf ihr Kind und dessen Entwicklung. In der gleichen Lebensphase – den ersten Jahren nach der Geburt eines Kindes – arbeiten Männer oft noch mehr als zuvor, so dass sie den Frauen nur wenig als Partner zur Verfügung stehen. Pointiert formuliert dies Pilgrim (1986) in seiner provozierenden Studie über „Müttersöhne“: „Die Gefühle der Frauen, die von den arbeitsabberufenen Männern nicht erwidert werden, richten sich auf die Söhne und bleiben dort hängen“ (1986, 12). Dieser Mechanismus kann immer dann im Hintergrund stehen, wenn Mütter sich grenzenlos engagiert um die schulischen Belange ihres Sohnes kümmern und jede erdenkliche Maßnahme in die Wege leiten, um ihn noch besser zu fördern. Verbunden ist dieses Muster in der Regel mit einer Idealisierung des Sohnes durch die Mutter. Je beeindruckender die tatsächlichen Fähigkeiten und Leistungen eines Jungen sind, umso leichter fällt es der Mutter, ihn zu idealisieren.

Im Extremfall werden die Kinder als Teil des eigenen Selbst erlebt. Alice Miller (1979) hat dies in ihrem Klassiker „Das Drama des begabten Kindes" als „narzisstische Besetzung" des Kindes durch die Mutter beschrieben. Diese „schließt eine affektive Zuwendung nicht aus, im Gegenteil. Das Kind wird als Selbstobjekt der Mutter von ihr heiß ‚geliebt', aber nicht in der Art, wie das Kind es brauchen würde. [...] Für die Entwicklung intellektueller Fähigkeiten ist das kein Hindernis, wohl aber für die Entfaltung eines reichen Gefühlslebens" (1979, 31f; in der Neubearbeitung des Buches von 1994 wurde der zitierte Absatz von der Autorin gestrichen). Mit dem Begriff „begabt" meinte Miller nicht kognitive Begabungen, sondern eine besondere Sensibilität von Kindern für die Bedürfnisse der ihnen nahe stehenden Erwachsenen. Das „Drama", von dem sie schreibt, besteht darin, dass es diesen Kindern oft noch als Erwachsenen nicht gelingt, zu sich selbst zu finden, weil sie ganz auf das Wohl der Mutter ausgerichtet sind.

Der Ansatz von Miller ist von verschiedenen Seiten stark kritisiert worden. Insbesondere ist ihr zum Vorwurf gemacht worden, grundsätzlich und undifferenziert den Eltern die Schuld für die Probleme ihrer Kinder zu geben. An dieser Stelle soll weder der gesamte Ansatz von Miller verteidigt noch sollen Eltern Schuldgefühle eingeredet werden. Ihre Beschreibung ist aber hilfreich, wenn es darum geht zu verstehen, wie sich manche hochbegabte Kinder so sehr an Erwartungen und Zuschreibungen ihrer Eltern anpassen, dass sie eigene Wünsche und Ziele kaum noch entwickeln können.

## 6.5 „Hochbegabung wäre eine prima Erklärung"

Viele der in den vorangegangenen Abschnitten genannten Probleme treten verschärft auf, wenn sich herausstellt, dass ein Kind oder Jugendlicher fälschlicherweise für hochbegabt gehalten wird. Eine solche Fehleinschätzung kann verschiedene Ursachen haben. Zum einen kann es sein, dass der Einschätzung als hochbegabt eine unseriöse psychologische Diagnostik zu Grunde liegt. Wie in Kapitel 5.5 beschrieben, kommt dies leider häufiger vor, als zu wünschen wäre. Es gibt auf das Thema Hochbegabung spezialisierte Beratungsstellen und Fachleute, die mit der Diagnose „hochbegabt" zu großzügig umgehen. Zum Teil werden genau diese Stellen von Elternvereinen empfohlen. Es kann auch sein, dass ein Test im Vorschul- oder Grundschulalter solide durchgeführt worden ist, den Eltern aber nicht vermittelt wurde, dass sich in diesem Alter Intelligenzwerte noch verändern können und daher nicht von stabiler Hochbegabung ausgegangen werden kann.

Zum anderen kann es sein, dass es den Eltern ursprünglich gar nicht um Hochbegabung im engeren Sinn ging, sondern um bessere Fördermöglichkeiten für ihr Kind. So haben Modellprojekte der Begabtenförderung oft ein besseres Angebot als die zuständige Regelschule, was sie für viele Eltern und Kinder interessant macht. Zulassungskriterien von Fördermaßnahmen setzen oft eine Einstufung als „hochbegabt" voraus, haben dabei aber meist sehr großzügige Kriterien, damit möglichst viele Kinder von ihnen profitieren können. Das hat zur Folge, dass Kinder oder Jugendliche als hochbegabt etikettiert werden, auch wenn sie es möglicherweise gar nicht sind. Bei Eltern kann dies in manchen Fällen zu einer fordernden Haltung führen. Da ihr Kind ja hochbegabt sei, müsse es in der Folge auch entsprechend gefördert werden. Dies gilt natürlich insbesondere, wenn Eltern den Besuch einer Einrichtung finanzieren müssen oder dafür großen Aufwand wie z. B. Fahrzeiten in Kauf nehmen.

**Fallbeispiel 12: Markus**

*Markus ist sieben Jahre alt und in ein Sonderförderprogramm für Hochbegabte an der Grundschule aufgenommen worden. Nachdem er für einen Vortrag nur eine Drei bekommen hat, beklagt sich sein Vater bei der Klassenlehrerin, sein Sohn sei seitdem nicht mehr zum Lernen motiviert. Dieser habe sich sehr auf den Vortrag vorbereitet und brauche dann ein Erfolgserlebnis, damit sich der Fleiß auch auszahle. „Schließlich fahren wir ihn durch die ganze Stadt zu Ihnen, damit Markus gern lernt!"*

Schließlich gibt es Eltern, die sich so sicher sind, dass ihr Kind hochbegabt ist, dass sie dies auf keinen Fall überprüfen lassen wollen. Hintergrund einer solchen Haltung können schlechte Erfahrungen mit PsychologInnen und PsychotherapeutInnen oder eine (manchmal ja nicht unberechtigte) kritische Haltung zu den vermeintlich objektiven Methoden der wissenschaftlichen Psychologie sein. Ein Extremfall ist auch in diesem Zusammenhang das Phänomen der „Indigo-Kinder" (s. S. 21). Die Schwierigkeit liegt hier darin, dass möglicherweise gerade die Bezeichnung des Kindes als verhaltensauffällig als „Beweis" dafür verstanden wird, dass das Kind tatsächlich in positivem Sinn herausragend und besonders ist. Die Idealisierung des Kindes, die auch bei hochbegabten Kindern anzutreffen ist, aber im Fall der Indigo-Kinder auf die Spitze getrieben wird, kann zu problematischen Erziehungshaltungen führen, z. B. dass keine konsequenten Reaktionen auf unangemessenes Verhalten erfolgen. Häufig bilden sich Gruppen oder „Szenen" betroffener Eltern, die sich in ihren Wahrnehmungen bestärken und in denen bestimmte Autoren oder Therapeuten idealisiert werden.

Dass Eltern an der Vorstellung festhalten, dass ihr Kind hochbegabt ist, selbst wenn sich dies nicht bestätigen lässt, lässt sich mit denselben Gründen erklären, die im vorangegangenen Abschnitt über Etikettierung bereits genannt worden sind. So kann die fälschliche Annahme einer Hochbegabung ihren Hintergrund in familiären Konflikten oder in der eigenen Lebensgeschichte der Eltern haben. Hier sei auf das im vorangegangenen

Kapitel geschilderte Fallbeispiel 11 erinnert, in der es der Mutter gar nicht wichtig war, zu klären, ob tatsächlich eine Hochbegabung vorlag. Schließlich gibt es Fälle, in denen Hochbegabung ein „Familienthema" ist, weil andere Familienmitglieder für hochbegabt gehalten werden und/oder besonders erfolgreich sind. Diese Annahme ist ja zunächst einmal nahe liegend. Schließlich ist Intelligenz zu einem nicht unerheblichen Teil vererbt, und insbesondere bei Geschwisterkindern macht eine diagnostische Überprüfung grundsätzlich Sinn. Manchmal geht es in diesen Fällen allerdings gar nicht um die Begabung, sondern darum, dass Leistung, Erfolg und hoher gesellschaftlicher Status als normal angesehen werden. Dies gilt zum Beispiel für traditionsreiche Familien der gesellschaftlichen Elite, in denen es (zumindest für die Söhne) selbstverständlich ist, zu studieren und danach eine bedeutende und verantwortungsvolle Position im Familienunternehmen, im Wissenschaftsbetrieb oder in gesellschaftlichen Institutionen einzunehmen. In diesen Familien kann es völlige Irritation auslösen, wenn ein Sprössling nicht in dieses Muster passt. Dann kann mit der Erklärung, dass es sich in diesem Fall um einen „schwierigen" Hochbegabten handele, das Bild aufrechterhalten werden, dass die Familie insgesamt herausragend ist. Die Schuld an der unerwarteten Entwicklung des Kindes wird dem Bildungssystem gegeben.

Welche Folgen hat eine unzutreffende Etikettierung als hochbegabt für die Entwicklung der Kinder und Jugendlichen selbst? Möglicherweise überhaupt keine, denn die Bedeutung der Erwachsenen für die Entwicklung ihrer Kinder wird manchmal überschätzt. Hochbegabung kann aber auch eine „angenehme Erklärung" für Jugendliche sein, die Leistungsanforderungen vermeiden und keine Verantwortung für ihr eigenes Verhalten übernehmen wollen. Der verbreitete Ansatz, dass Probleme von Hochbegabten in erster Linie durch Unterforderung verursacht seien und man sie daher vor allem mehr fordern müsse, kann sich bei diesen Jugendlichen allerdings als kontraproduktiv herausstellen. Da die Kinder oder Jugendlichen die Leistungen, die von ihnen als „hochbegabt" erwartet werden, gar nicht erbringen können, kommt es zu Überforderung. Wenn sie dies wiederum nicht direkt äußern, sondern mit Schulunlust und Vermeidung reagieren, kann es zu einem Teufelskreis kommen, indem die Anzeichen der Überforderung wiederum als fortbestehende Unterforderung missverstanden werden.

**Fallbeispiel 13: Philipp**

*Philipp wird von seinen Eltern vorgestellt, weil er in eine Sonderfördermaßnahme für Hochbegabte aufgenommen werden soll. Im Alter von sieben Jahren hatte eine Untersuchung ergeben, dass Philipp hochbegabt sei. Daraufhin hatte er eine Klassenstufe übersprungen. Wie bereits zuvor klagte er jedoch über Langeweile und Konzentrationsschwierigkeiten in der Schule; zudem wirkte er zunehmend niedergeschlagen. Außerdem hatte er kaum soziale Kontakte. Mit neun Jahren wurde er auf eine Privatschule mit anspruchsvollem Schulprogramm eingeschult. Ein zweiter Intelligenztest in der fünften Klasse bestätigte erneut eine Hochbegabung (K-ABC, PR = 97). Daraufhin ließen die Eltern den Jungen erneut eine Klasse vorversetzen. Nun verschärfte sich die Problematik jedoch. Philipp kam mit den Leistungsanforderungen der Schule überhaupt nicht zurecht. Zudem war er inzwischen zwei Jahre jünger als seine Klassenkameraden und fand überhaupt keinen Anschluss. Bei einer dritten Untersuchung wurde den Eltern erneut eine Hochbegabung mitgeteilt (HAWIK-R, PR = 98).*

*In der aktuellen Beratung werden die Eltern auf Mängel in den bisherigen testpsychologischen Untersuchungen und Gutachten hingewiesen. Eine erneute differenzierte Überprüfung ergibt jetzt, dass Philipps Intelligenz lediglich im oberen Durchschnittsbereich liegt, wobei das sprachfreie Verfahren noch darunterliegt (KFT, PR = 76; SPM, PR = 61). Weitere Untersuchungen ergeben außerdem eine große Tendenz zur Anstrengungsvermeidung sowie extrem hohe Angstwerte. Angesichts der massiven Belastungs- und Überforderungssituation, in der der Junge sich befindet, sind diese Ergebnisse nur zu verständlich. Die beabsichtigte Aufnahme in eine Sonderfördermaßnahme kann vor diesem Hintergrund nicht befürwortet werden. (Das Fallbeispiel wird weiter unten fortgesetzt).*

Auf der anderen Seite muss darauf hingewiesen werden, dass Unterschiede zwischen hochbegabten und überdurchschnittlichen Begabten graduell sind, da das Kriterium der Unterscheidung willkürlich ist. Im Gegensatz zu allen Annahmen von der „Andersartigkeit" Hochbegabter können viele überdurchschnittlich begabte Kinder und Jugendliche durchaus Leistungen erbringen, die von „Hochbegabten" erwartet werden, wenn ihre Anstrengungsbereitschaft halbwegs gut ausgeprägt ist. Problematischer als der Leistungsbereich sind daher die Folgen für die persönliche Entwicklung der betreffenden Kinder und Jugendlichen einzuschätzen.

Kinder und Jugendliche, die in Sonderfördermaßnahmen für Hochbegabte aufgenommen worden sind, können eine Einstufung als hochbegabt in ihr Selbstkonzept übernehmen, auch wenn sie dies nicht oder nicht im strengen Sinne sind. Ihnen sind die oft großzügigen Kriterien der Aufnahme in der Regel nicht klar, und daher denken sie: „Ich bin aufgenommen worden, also bin ich hochbegabt." Dass eine Selbsteinschätzung als „hochbegabt" selbst bei Kindern und Jugendlichen, die tatsächlich hochbegabt sind, zu Problemen zum Beispiel im Lern- und Arbeitsverhalten führen kann, wurde bereits mehrfach beschrieben. Umso mehr ist dies der Fall, wenn gar keine Hochbegabung vorliegt. Da in der Folgezeit meist keine weitere Überprüfung oder testpsychologische Untersuchung mehr erfolgt, wird ein solches Bild oft bis ins Erwachsenenalter hinein beibehalten. Dies kann unter anderem die Fähigkeit beeinträchtigen, sich selbst realistisch einzuschätzen und mit berechtigter Kritik umzugehen.

Was bedeutet dies nun für Diagnostik und Beratung? Wenn die Annahme einer Hochbegabung für Eltern eine große Bedeutung hat, zum Beispiel weil sie als Erklärung von Schwierigkeiten herangezogen wird, ist grundsätzlich eine testpsychologische Untersuchung des Kindes oder Jugendlichen zu empfehlen, um den tatsächlichen Sachverhalt zu klären. Dies mag nicht immer im Interesse ihres Kindes sein, denn vielen Kindern und Jugendlichen ist die Höhe ihrer Begabung egal, und sie haben keine große Lust auf Gespräche mit PsychologInnen. Für die in jedem Fall erforderliche Beratung ist es aber hilfreich, „schwarz auf weiß zu haben", ob tatsächlich eine Hochbegabung vorliegt. Auch bei Eltern, die Tests eher skeptisch gegenüberstehen, kann eine gründlich und transparent durchgeführte testpsychologische Untersuchung der Beraterin bzw. dem Berater die Autorität verleihen, die erforderlich ist, um die dahinter liegenden Probleme ansprechen und bearbeiten zu können. Eine diagnostische Überprüfung ist immer anzuraten, wenn Kinder oder Jugendliche selbst glauben, dass sie hochbegabt seien, denn sonst ist zu befürchten, dass eine solche Annahme auf problematische Weise in das Selbstkonzept eingebaut wird.

## Reaktionen auf Testergebnisse, die eine vermutete Hochbegabung nicht bestätigen

Wie reagieren Kinder bzw. Jugendliche und ihre Eltern, wenn eine diagnostische Untersuchung aufdeckt, dass sich eine vermutete Hochbegabung nicht bestätigen lässt? Die folgenden Fallbeispiele zeigen, dass die Reaktion der Beteiligten sehr unterschiedlich ausfallen kann.

**Fallbeispiel 13 (Fortsetzung)**

*Die Eltern von Philipp reagieren auf die Ergebnisse der Untersuchung entsetzt – verständlicherweise, weil die Ergebnisse sämtlichen vorhergehenden Empfehlungen widersprechen. Auf die Möglichkeit, dass Philipp überfordert sein könnte, waren sie in den vielen vorangegangenen Beratungen noch nie aufmerksam gemacht worden. Sie werden darauf hingewiesen, dass unterschiedliche Testwerte in verschiedenen Verfahren nicht ungewöhnlich und die in den vorhergehenden Tests verwendeten Verfahren nicht ausreichend seien, um eine zuverlässige Aussage über die Hochbegabung eines Kindes zu begründen. Anzunehmen ist, dass Philipp gute Ergebnisse dort erreicht, wo er durch die Eltern intensiv gefördert wurde, z.B. im Bereich des allgemeinen Wissens. Darauf hatten auch schon die Ergebnisse des K-ABC hingewiesen, die im Bereich der erworbenen Fertigkeiten deutlich über den Ergebnissen in den anderen Bereichen lagen. Offen bleibt, warum der Unterschied zwischen den verschiedenen Untersuchungen so extrem ausfällt.*

*Philipp nimmt das Ergebnis der Untersuchung erstaunlich ungerührt zur Kenntnis. Es macht den Eindruck, als ob er nicht allzu enttäuscht wäre, wenn es nicht zur Aufnahme in die Sonderfördermaßnahme käme, die mit einem erneuten Schul- und auch Ortswechsel verbunden gewesen wäre. Die Eltern können das Ergebnis der Untersuchung dagegen nicht akzeptieren. Sie sind niedergeschlagen und fragen sich, ob sie bisher alles falsch gemacht haben. Das Angebot zu weiterer Beratung wird von ihnen nicht in Anspruch genommen.*

**Fallbeispiel 14: Denise**

*Die zwölfjährige Denise wird von ihren Eltern zur diagnostischen Untersuchung angemeldet, weil sie seit längerem erhebliche Schulprobleme hat. Im Alter von sieben Jahren war Denise als hochbegabt diagnostiziert worden und daraufhin von der zweiten in die dritte Klasse gesprungen. Nun, in der sechsten Klasse, ist sie lethargisch und kümmert sich kaum um die Schule. Ihre Leistungen sind schlecht, und es ist fraglich, ob sie auf dem Gymnasium bleiben kann.*

*Die testdiagnostische Untersuchung ergibt eine überdurchschnittliche, aber keine Hochbegabung (KFT 4-12+R, PR = 80, APM, PR = 76). Außerdem werden erhebliche Schwierigkeiten im Lern- und Arbeitsverhalten deutlich. Dieses Ergebnis ist für die Eltern ein Schock. Sie sind sprachlos, und die Mutter bricht in Tränen aus. Ihnen wird deutlich, dass sie die Probleme ihrer Tochter lange Zeit einseitig als Folge mangelnden Eingehens der Umwelt auf ihre Hochbegabung interpretiert hatten. Da sie davon ausgingen, dass es nicht an Denise liege, dass sie in der Schule nicht zurechtkäme – „die Begabung hat sie ja" –, hatten sie erhebliche Summen an Zeit und Geld in zusätzliche Fördermaßnahmen investiert. Sie selbst dagegen hatten sie wenig gefordert und immer wieder in Schutz genommen, wenn von außen Ansprüche an sie gestellt wurden.*

*Trotz ihrer Fassungslosigkeit sind die Eltern auch erleichtert. Die Einstufung ihres Kindes als „hochbegabt" hatte sie verunsichert. Weil immer wieder von besonderen Bedürfnissen von Hochbegabten die Rede war, hatten sie sich gefragt, ob sie überhaupt in der Lage wären, ihre Tochter gut genug zu fördern. Nun fühlen sie sich ermutigt, mehr „nach dem gesunden Menschenverstand zu handeln" und normale Anforderungen an sie zu stellen.*

*Denise selbst reagiert ungläubig und unwirsch und stellt das Ergebnis des aktuellen Tests infrage. Die im Grundschulalter erfolgte Diagnose als „hochbegabt" hatte zur Folge, dass sie meint, nicht lernen zu müssen, um in der Schule Erfolg zu haben. Von dem neuen Test hatte sie eine Bestätigung ihrer Hochbegabung erwartet. Diese sollte ihr Möglichkeiten einer besseren Beschulung eröffnen, von der sie sich eine Verbesserung ihrer Leistungen erhoffte. Dass sie ihr eigenes Lern- und Arbeitsverhalten ändern muss, um zu besseren Leistungen zu kommen, ist ihr in keiner Weise klar.*

**Fallbeispiel 15: Robert**

*Robert ist 16 und besucht die zehnte Klasse des Gymnasiums. Seine Leistungen sind mittelmäßig bis schlecht, und sowohl Mutter als auch Lehrkräfte meinen, dass er besser sein könnte, „wenn er nur wollte". Die Lehrer kritisie-*

*ren außerdem sein problematisches Sozialverhalten. Er stört im Unterricht und lenkt andere Schüler ab. Erwachsenen gegenüber tritt er anmaßend und respektlos auf. Nachdem sie etliche Male in die Schule zitiert worden ist, kommt Roberts Mutter mit ihm zum Test, um zu klären, ob seine Probleme mit einer möglichen Hochbegabung zusammenhängen, was als Vermutung schon lange im Raum steht.*

*Die Psychologin fragt Robert vor Beginn des Tests, was es für ihn bedeuten würde, wenn als Ergebnis eine Hochbegabung festgestellt würde. Er grinst und antwortet wörtlich: „Das wär 'ne prima Erklärung für mein beschissenes Verhalten." Der Mutter klappt der Kiefer herunter. Ihr wird in diesem Moment überdeutlich, dass ihr Sohn kein Interesse hat, selbst etwas zu verändern. Die Psychologin hat im ersten Moment den Impuls, den Test nicht durchzuführen, um nicht Gefahr zu laufen, den Jungen in seinen problematischen Haltungen zu bestätigen.*

*Natürlich ist eine Klärung trotz oder gerade wegen dieser Haltung sinnvoll und notwendig. Das Ergebnis der Diagnostik fällt dann „leider" nicht nach Roberts Wunsch aus: Er ist zwar überdurchschnittlich, aber nicht hochbegabt. Robert reagiert relativ gelassen auf das Ergebnis, da es sowieso nicht seine Idee war, den Test durchzuführen. Die Mutter steht vor der schwierigen Aufgabe, ihren Sohn zu entidealisieren und ihn selbst die Verantwortung für die Konsequenzen seines Verhaltens übernehmen zu lassen.*

**Fallbeispiel 16: Jörn**

*Auch Jörn ist 16, in der zehnten Klasse und schlecht in der Schule. Wie im vorhergehenden Fallbeispiel glauben Eltern und Lehrkräfte, dass er mehr leisten könnte, und die Vermutung einer Hochbegabung wurde wiederholt geäußert. Als Jörn mit seinen Eltern zur diagnostischen Untersuchung kommt, erklärt die Psychologin ihm zuerst, dass eine Testuntersuchung über die bloße Feststellung einer Hochbegabung hinaus ihm auch Einsichten über Stärken und Schwächen vermitteln könne. Damit gelingt es, ihn für die Mitarbeit zu motivieren.*

*Die Intelligenzuntersuchung ergibt eine überdurchschnittliche, aber keine Hochbegabung (KFT 4-12+R, PR = 89, APM, PR = 69). Weitere Testverfahren ergeben, dass Jörn zwar keine Motivationsprobleme hat, ihm aber Lern- und Arbeitstechniken fehlen. Außerdem hat er Schwierigkeiten bei der Bewältigung von Stresssituationen. Nicht überraschend ist schließlich ein hohes Ausmaß an Schulunlust. Im Auswertungsgespräch tritt die Mutter ganz in den Hintergrund. Stattdessen ergibt sich ein intensives Gespräch zwischen Jörn und der Psychologin, in dem nach konkreten Handlungsansätzen für die deutlich gewordenen Probleme gesucht wird. Da Jörn sich gut am PC auskennt, wird ihm ein PC-gestütztes Lernprogramm zu Lern- und Arbeitstechniken empfohlen. Interessiert reagiert er auch auf den Vorschlag, an einem Entspannungstraining teilzunehmen, um besser mit Belastungssituationen umgehen zu können.*

An den verschiedenen Fallbeispielen wird mehreres deutlich. Zunächst weisen sie nachdrücklich darauf hin, dass mit der Verwendung des Begriffs „hochbegabt" im Vor- und Grundschulalter vorsichtig umgegangen werden muss, wenn Probleme wie die beschriebenen vermieden werden sollen. Weiter machen sie deutlich, dass eine Klärung der Situation in diesen Fällen ein sehr behutsames Vorgehen erfordert. Für die Veränderung der dysfunktionalen Bewältigungsstrategien sowie der Probleme im Lern- und Arbeitsverhalten ist oft eine längere Beratung erforderlich. Es lässt sich zusammenfassen: Je „normaler" wir Hochbegabte behandeln, desto weniger besteht die Gefahr, dass Hochbegabung fälschlich zugeschrieben bzw. eine solche Zuschreibung symbolisch aufgeladen wird.

## 6.6 Zusammenfassung

Das vorangegangene Kapitel hat einen breiten, vielfältigen und manchmal vielleicht verwirrenden Einblick in die Zusammenhänge von Begabung, Leistung, Verhaltensauffälligkeiten und psychosozialen Problemen gegeben. Im Gegensatz zur Annahme, dass Hochbegabung „an sich" ein Problem darstellt oder zu psychosozialen Problemen führt, sind diese Zusammenhänge sehr komplex. Deshalb geben wir hier abschließend einen zusammenfassenden Überblick. Die aufgeführten Erklärungen sind nicht „trennscharf": Es gibt Überschneidungen, Zwischenformen, und in konkreten Fällen können mehrere Erklärungen zutreffen. Die Übersicht verdeutlicht aber, dass die Realität weit vielfältiger ist als manche verbreitete Einstellungen zum Thema Hochbegabung und Problemverhalten.

### Mögliche Zusammenhänge zwischen Begabung und Problemen

**1. Probleme stehen in keinem Zusammenhang zur Begabung:** Es besteht kein Zusammenhang zwischen Problemen und der Begabung eines Kindes oder Jugendlichen. Der Versuch, einen solchen Zusammenhang herzustellen, führt in die Irre.

**2. Psychosoziale Probleme sind Ursache von Leistungsproblemen Begabter:** Psychosoziale Probleme wirken sich negativ auf die Fähigkeit von Kindern und Jugendlichen aus, ihre Begabungen zu entfalten und in Leistung umzusetzen.

**3. Begabung ist Ursache von Auffälligkeiten:** Auffälligkeiten hängen direkt mit der Begabung bzw. dem unangemessenen Umgang der Umwelt mit dem begabten Kind/Jugendlichen zusammen

**4. Begabung ist Moderator bzw. Verstärker von Auffälligkeiten:** Die Ursachen und Hintergründe von Auffälligkeiten sind in anderen Bereichen zu suchen, die konkrete Form bzw. das Erscheinungsbild der Auffälligkeiten wird aber durch die Begabung verändert oder verstärkt.

**5. Begabung wird zur Bewältigung von Problemen eingesetzt:** Verhaltensweisen von Kindern und Jugendlichen sind dadurch erklärbar, dass sie ihre Begabung nutzen, um psychosoziale Probleme zu bewältigen. Die Bewältigungsstrategien können dabei mehr oder weniger konstruktiv sein.

**6. Begabung beeinflusst die Reaktion auf Interventionen:** Begabung steht nicht in ursächlichem Zusammenhang mit den beobachteten Auffälligkeiten und Problemen, bestimmt aber die Reaktion auf pädagogische, psychologische und therapeutische Interventionen entscheidend mit (hierauf wird in Kapitel 8, Beratung weiter eingegangen).

**7. Auffälligkeiten sind Folge einer Zuschreibung von Hochbegabung (Etikettierung):** Probleme, Auffälligkeiten und dysfunktionale Bewältigungsstrategien sind Folge einer Zuschreibung des „Etiketts" Hochbegabung. Dabei ist es besonders problematisch, wenn eine hohe Begabung gar nicht oder nicht im angenommenen Ausmaß vorliegt bzw. sich eine frühe Diagnose als „hochbegabt" im weiteren Entwicklungsverlauf nicht bestätigt.

**8. Irrtümliche Annahme von Hochbegabung als Erklärung von Auffälligkeiten:** Auf der Grundlage von „Checklisten", unsoliden psychologischen Untersuchungen oder bloßen Vermutungen wird eine Hochbegabung angenommen und als Erklärung für Auffälligkeiten herangezogen, obwohl gar keine besondere Begabung bzw. Hochbegabung vorliegt.

# 7 Förderung

Wir brauchen Treibhäuser der Zukunft.

*(Reinhard Kahl 2004)*

## 7.1 Wozu Begabtenförderung?

Was brauchen Mädchen und Jungen, um ihre Potenziale zu entfalten? Wie können Kindergärten, Schulen und Einrichtungen der Kinder- und Jugendhilfe sich weiterentwickeln, um den Bedürfnissen begabter Kinder und Jugendlicher besser gerecht zu werden? Wo über Hochbegabung gesprochen wird, ist der Ruf nach Begabtenförderung nicht weit. Inzwischen hat sich die Ansicht durchgesetzt, dass auch begabte Kinder und Jugendliche ein Recht auf Förderung haben, und entsprechende Angebote gibt es allerorten. Was vor einigen Jahren mit vereinzelten Angeboten und Spezialeinrichtungen für Hochbegabte begann, hat inzwischen zu einer großen Vielfalt von speziellen Angeboten, Veröffentlichungen und Qualifizierungsmaßnahmen geführt. Aber brauchen Hochbegabte überhaupt besondere Fördermaßnahmen?

Viele Begabte kommen auch ohne spezielle Förderung gut zurecht. Besser als andere Kinder sind sie dazu in der Lage, sich selbst Wissen aktiv anzueignen und auch aus weniger idealen Bedingungen das Beste herauszuholen. Andererseits besteht kein Zweifel daran, dass nicht nur hochbegabte, sondern auch überdurchschnittlich begabte oder auch „nur" besonders interessierte und leistungsstarke Kinder im Kindergarten und in der Schule unterfordert sein können. Sie alle können von einer Lernumgebung profitieren, die mehr Anregungen und Herausforderungen für sie bereithält.

In Einzelfällen müssen auch besondere Maßnahmen ergriffen werden, um problematischen Entwicklungen vorzubeugen oder neue Orientierungen zu ermöglichen, wenn „das Kind schon in den Brunnen gefallen ist" – wenn aus Langeweile Schulunlust geworden ist, wenn Kinder und Jugendliche problematische Einstellungen zu Lernen, Arbeit und Leistung entwickelt haben oder im momentanen Lernumfeld keine Perspektiven mehr für sie entwickelt werden können. Auch wenn es zu solchen Entwicklungen gekommen ist, sind pädagogische Fördermaßnahmen allerdings kein Allheilmittel. Sie können sogar kontraproduktiv wirken, wenn grundlegende Probleme der Betroffenen nicht bearbeitet werden. Dies gilt insbesondere für Maßnahmen, die auf kognitive Förderung hin ausgerichtet sind und in erster Linie eine anspruchsvolle Lernumgebung zum Ziel haben.

Andererseits wird oft von „ganzheitlicher" Förderung gesprochen, wobei meist nicht so recht klar ist, was mit der Worthülse „Ganzheitlichkeit" eigentlich gemeint ist. Nicht selten führt es in der Praxis zu einem Sammelsurium, das von Töpfern über Autogenes Training bis hin zu Chinesischunterricht alles Mögliche umfasst, was man Kindern oder Jugendlichen anbieten kann.

Der Boom des Themas hat dazu geführt, dass bei aller Aktivität zwei grundlegende Fragen oft unbeantwortet bleiben: Was sind die konkreten Ziele, die mit der Durchführung von besonderen Fördermaßnahmen verbunden werden? Und welche Wirkungen haben die durchgeführten Maßnahmen tatsächlich?

In jüngster Zeit wird diskutiert, ob statt von Begabtenförderung nicht vielmehr von Begabungsförderung gesprochen werden sollte. Der Begriff Begabungsförderung mache deutlich, dass es nicht darum geht, eine ausgewählte Elite besonders zu unterstützen, sondern darum, jeden Einzelnen mit seinen Begabungen wahrzunehmen und zu fördern – und dafür zu sorgen, dass das in unserem Bildungssystem auch möglich ist. Das klingt sympathisch und eröffnet vielfältige Möglichkeiten, ganz allgemein über Erziehung und Bildung nachzudenken.

Dennoch muss eingewendet werden, dass nicht Begabungen, sondern Individuen gefördert werden müssen. Schließlich geht es bei Begabungen nicht um Rohstoffe, die durch pädagogische Maßnahmen „ans Tageslicht gehoben“ werden müssen, sondern um Menschen mit eigenen Interessen und Zielvorstellungen. Sie haben ein Recht darauf zu erfahren, warum und mit welchem Ziel sie gefördert werden sollen, und müssen ihre Zustimmung dazu geben. Förderung braucht ein Gegenüber, also jemanden, der gefördert wird bzw. gefördert werden will. Auch „Begabungsförderung“ muss sich damit der Frage stellen, zu welchem Ziel und Zweck sie betrieben wird.

**Warum sollte es Begabtenförderung geben?**

... damit begabte Kinder und Jugendliche sich in Kindergarten und Schule nicht langweilen?

... damit Begabung zu Erfolg führt und begabte Kinder und Jugendliche herausragende Leistungen erzielen?

... damit besonders Begabte und durchschnittlich Begabte voneinander profitieren können und auf diesem Weg alle bessere Leistungen erzielen?

... damit begabte Kinder und Jugendliche sich möglichst vielseitig entwickeln können?

... damit begabte Kinder und Jugendliche sich in Kindertageseinrichtungen und Schule wohl fühlen?

*... warum sonst noch?*

Keine dieser möglichen Antworten ist an sich „richtig" oder „falsch". Natürlich können mehrere Antworten bejaht werden, und es gibt hier keine „Wahrheit". Nicht alles kann aber im Vordergrund stehen, wenn es um die Planung pädagogischen Handelns in der alltäglichen Praxis geht. Dies wird deutlich, wenn zu entscheiden ist, welche Ziele im Vordergrund konkreter Fördermaßnahmen stehen sollen.

Worum sollte es Ihrer Ansicht nach bei der Förderung von Kindern und Jugendlichen mit besonderen Begabungen in erster Linie gehen?

**Was ist das Wesentliche an Begabtenförderung?**

- ☐ Das Wesentliche an Begabtenförderung ist, Kinder und Jugendliche mit besonderen Begabungen ihre eigenen Wege des Lernens gehen zu lassen.
- ☐ Das Wesentliche an Begabtenförderung sind anspruchsvollere Inhalte.
- ☐ Das Wesentliche an Begabtenförderung ist es, Methoden an den speziellen Bedürfnissen besonders begabter Kinder und Jugendlicher auszurichten.
- ☐ Das Wesentliche an Begabtenförderung ist die Berücksichtigung sozialer und emotionaler Zusammenhänge.
- ☐ Das Wesentliche an Begabtenförderung sind Hintergrundwissen zu Hochbegabung und Selbstreflexion der pädagogischen Fachkräfte.
- ☐ Es braucht keine spezifische Begabtenförderung, sondern gute Pädagogik für alle Kinder und Jugendlichen.

*Welche Antwort spricht Sie am ehesten an? Vielleicht haben Sie noch eine ganz andere Antwort?*

________________________________________

________________________________________

Derartige Fragen werden in Projekten zur Begabtenförderung oft kaum gestellt, geschweige denn beantwortet. Oft ist dafür keine Zeit, weil Erzieherinnen und Lehrkräfte unter dem Druck stehen, möglichst schnell „etwas für Begabte zu tun" und deshalb alles Mögliche ausprobiert wird. Dies gilt insbesondere, wenn Einrichtungsleitung, Schulbehörde oder anspruchsvolle Eltern von „getesteten" Kindern dies von ihnen erwarten – oder Stiftungen Mittel für Begabtenförderung bereitgestellt haben und zu Recht erwarten, dass belegt wird, wie das Geld verwendet wird.

Es ist vor diesem Hintergrund nicht überraschend, dass die Wirksamkeit von Maßnahmen der Begabtenförderung bislang nur selten wissenschaftlich untersucht worden ist (vgl. dazu Kapitel 7.8). Ein kritischer Blick auf bestehende Angebote der Begabtenförderung zeigt, dass diese nicht selten etwas beliebig wirken oder der (z. T. selbst erzeugte) Druck, möglichst viel anbieten zu müssen, zu Stress und Überforderung bei allen Beteiligten führt.

## Bildung ist Selbstbildung von Geburt an

Wir gehen von einem anderen Ansatz aus, der zum einen die Lernbedürfnisse und Selbstbildungsprozesse von Kindern in den Mittelpunkt stellt, zum anderen Begabtenförderung nicht als individuelles Angebot für Einzelne versteht, sondern als Bestandteil der Weiterentwicklung des gesamten Bildungssystems. Grundlegend für ein solches Verständnis sind zwei Erkenntnisse der Forschung der letzten Jahrzehnte zu Bildungsprozessen in der Kindheit:

- Bildung beginnt mit der Geburt.
- Bildung ist immer Selbstbildung.

Kinder zeigen von Anfang an gerichtetes Interesse oder wenden sich von Dingen ab, die für sie ohne Belang sind. Kinder setzen sich aktiv mit ihrer Umwelt auseinander und machen sich ihr eigenes Bild von der Welt. Sie formen mit ihren Anlagen die Umwelt, die dann wieder auf sie zurückwirkt. Kinder sind nicht passive Objekte pädagogischen Handelns, sondern entscheiden selbst, ob sie sich auf Anregungen und Bildungsziele einlassen, die Erwachsene ihnen setzen. Bildung ist daher wie Intelligenz immer das Ergebnis der Eigenaktivität von Kindern – in diesem Sinne sind Kinder „unbelehrbar".

Eine solche Sichtweise steht im Gegensatz zu einem Bildungsverständnis, das Kinder schon im Kindergarten „voranbringen" will, an Erwachsenenmaßstäben misst und von Erwachsenen entwickelte Programme bereitstellt, mit denen Kinder gefördert werden sollen. In der aktuellen Bildungsdebatte ist viel von Bildungszielen, Basisqualifikationen, Schlüsselkompetenzen oder lebenslangem Lernen die Rede. Solchen Begriffen liegt ein Bildungsverständnis zu Grunde, das von den Anforderungen der Erwachsenenwelt ausgeht und die Frage des individuellen Zugangs des Kindes zu dieser Welt außer Acht lässt. Niemand wird in Abrede stellen, dass es gewisse Dinge gibt, die Kinder einfach lernen müssen, ob sie Lust dazu haben oder nicht, und auch gegen den Erwerb von Schlüsselkompetenzen und lebenslanges Lernen ist sicher nichts einzuwenden. Wenn wir Kinder aber als Akteure ihrer eigenen Entwicklung ernst nehmen und die Begeisterung aufgreifen wollen, mit der sie von Anfang an auf die Welt zugehen, dann benötigen wir einen anderen Zugang.

Aus der Überlegung, dass Bildung in erster Linie Sache der Kinder ist, ergibt sich die Frage, wozu es überhaupt Pädagogen braucht. Um zu einem besseren Verständnis der Bedeutung der Erwachsenen für die Bildungsprozesse von Kindern zu gelangen, hat der Kindheitsforscher Hans-Joachim Laewen vorgeschlagen, zwischen *Bildung* und *Erziehung* zu differenzieren. Ansetzen lässt sich dazu am 200 Jahre alten Bildungsbegriff von Wilhelm von Humboldt, der trotz der etwas antiquierten Sprache erstaunlich aktuell ist. Hartmut von Hentig fasst zusammen: Bildung im Sinne von Humboldt ist „die Anregung aller Kräfte eines Menschen, damit diese sich über die Aneignung der Welt in wechselseitiger Ver- und Beschränkung harmonisch-proportionierlich entfalten und zu einer sich selbst bestimmenden Individualität oder Persönlichkeit führen, die in ihrer Idealität und Einzigartigkeit die Menschheit bereichere“ (von Hentig 1996, 40).

Davon ausgehend bezeichnet Laewen mit *Bildung* die Tätigkeit des Kindes: die „Aneignung der Welt“. Kinder machen sich über ihre Sinneserfahrungen und Handlungen ein Bild von der Welt und gleichzeitig ein Bild von sich selbst als Teil dieser Welt, auf dem alles spätere Denken und Fühlen aufbaut. Dies ist eine Aktivität, die niemand für sie übernehmen kann, und daher immer Selbstbildung im doppelten Wortsinn. Bildung wird damit „zum größten Abenteuer, das alle Menschen von Geburt an bestehen müssen, zur Konstruktion einer ganzen Welt in Kopf und Körper“ (1996, 41).

Der Begriff *Erziehung* bezeichnet dagegen die Tätigkeit der Erwachsenen: die „Anregung der Kräfte“. Auch wenn Bildung immer Selbstbildung ist, haben die Erwachsenen große Bedeutung, denn sie stellen das Umfeld bereit, in dem Selbstbildungsprozesse stattfinden können (oder eben auch nicht). Erziehung als Aktivität der Erwachsenen umfasst nach Laewen (2002, 73) zum einen die *Gestaltung der Umwelt des Kindes*:

- die Architektur und Gestaltung von Innen- und Außenräumen
- die materielle Ausstattung von pädagogischen Einrichtungen
- die Gestaltung von Zeitstrukturen und Situationen

Zum anderen beinhaltet Erziehung die *Gestaltung der Interaktionen zwischen Erwachsenen und Kind*. Dazu gehört:

- die Zumutung von Themen durch die Erwachsenen
- die Beantwortung von Themen der Kinder durch die Erwachsenen
- die Fähigkeit zum wirklichen Dialog mit Kindern

Der Hinweis auf „Zumutung von Themen“ macht deutlich, dass es hier keineswegs darum geht, dass Kinder nur tun sollen, wozu sie gerade Lust haben. Es ist absolut notwendig, Kinder an Themen heranzuführen, auf die sie von allein nicht kommen würden, und sie mit Anforderungen zu konfrontieren, denen sie sich gern entziehen – dies gilt für Hochbegabte genauso wie für andere Kinder. Bildung wird daraus aber nur, wenn Kinder bereit sind, sich auf solche Anregungen und Zumutungen einzulassen: „Erziehungsziele können nur in dem Maß Bildungsziele werden, wie sie vom Kind als eigene Ziele akzeptiert oder aus eigener Initiative als Ziele seiner Konstruktionsleistungen gesetzt werden" (2002, 100).

Was hier recht allgemein formuliert ist, erhält sehr konkrete Bedeutung gerade dann, wenn wir es mit begabten Mädchen und Jungen zu tun haben, die schon früh darauf bestehen, ihren eigenen Weg zu gehen, uns immer wieder herausfordern und mit Fragen, Themen und Wünschen konfrontieren, die „aus dem Rahmen fallen" oder unsere Vorstellungen von normaler altersgemäßer Entwicklung über den Haufen werfen. Wir halten das hier skizzierte Verständnis von Bildung und Bildungsprozessen für die Förderung von Kindern und Jugendlichen mit besonderen Begabungen nicht zuletzt deshalb für grundlegend, weil es ermöglicht, auf individuelle Lerninteressen und Bedürfnisse von Begabten einzugehen, ohne diese als „besonders" oder „andersartig" auszuwählen und herauszuheben. Dies ist zum einen wichtig, solange nicht von der Stabilität einer herausragenden Begabung ausgegangen werden kann, in jedem Fall also im Vorschulalter, zum anderen angesichts der in Kapitel 6.4 geschilderten problematischen Folgen, die Etikettierungsprozesse nach sich ziehen können.

Der Ansatz von Laewen und Andres beruht auf Forschungen in Kindergärten, ist aber in seinen Grundzügen auf pädagogische Arbeit mit Kindern und Jugendlichen übertragbar. Im Gegensatz zu traditioneller Kindergartenpädagogik und herkömmlichem Schulunterricht stellt er das selbstgesteuerte Lernen in den Vordergrund. Der Schwerpunkt liegt auf den individuellen Interessen und Lernbedürfnissen von Kindern und Jugendlichen. Für Erzieherinnen und noch mehr für Lehrkräfte kann dies eine radikale Umorientierung bedeuten. Sie müssen den Anspruch aufgeben, zu wissen, was Kinder brauchen und welche Wissensinhalte Kinder erwerben müssen. Stattdessen müssen sie sich auf den manchmal mühsamen, immer aber spannenden Weg machen, Bildung „auf den Spuren der Kinder" zu entdecken. Anstatt zu Wissensvermittlern werden sie dabei zu LernbegleiterInnen und MentorInnen.

Ein solcher Ansatz geht über viele verbreitete Ansätze der Begabtenförderung hinaus. Unserer Ansicht nach wird eine Begabtenförderung, die sich auf Zusatzangebote und spezielle Programme für Hochbegabte beschränkt, den Bedürfnissen von begabten Kindern und Jugendlichen nicht gerecht. Zudem benachteiligt sie andere Kinder, die genauso von interessanten Angeboten und ungewöhnlichen methodischen Zugängen profitieren könnten, wie sie in Projekten für Hochbegabte verwirklicht werden. Erforderlich ist stattdessen eine grundlegende Neuorientierung unserer Bildungseinrichtungen, die Vielfalt und Differenzierung im bestehenden Rahmen ermöglicht – eine Sichtweise, die im Übrigen ganz im Einklang mit der wissenschaftlichen Bildungsdiskussion „nach PISA“ steht.

Aus dem bisher Gesagten ergibt sich ein klares Plädoyer für eine integrative Förderung begabter Kinder und Jugendlicher. Begabtenförderung sollte zunächst immer im aktuellen Lernumfeld und im regionalen Lebensraum ansetzen, in dem die jeweiligen Kinder und Jugendlichen zu Hause sind. Individuelle Förderung von Begabten ist in jedem Kindergarten und in jeder Schule möglich und auch sinnvoll. Sie macht Spaß und bereichert den Alltag. Damit dies gelingen kann, muss sich die Rolle und Funktion von PädagogInnen verändern. Voraussetzung dafür sind Wissen, Neugier, eine gesunde Skepsis, Selbstvertrauen und der Mut, neue Wege zu gehen.

Die folgenden Kapitel gehen darauf ein, wie sich ein solcher Ansatz in Kindergarten und Schule realisieren lässt. Dies bedeutet nicht, dass „klassische“ Maßnahmen der Begabtenförderung generell abzulehnen sind. In Kapitel 7.5 werden Maßnahmen der Akzeleration dargestellt und erläutert, wann im Einzelfall vorzeitige Einschulung bzw. Überspringen von Klassenstufen zu empfehlen ist. Kapitel 7.7 befasst sich mit Chancen und Problemen von speziellen Angeboten für Hochbegabte und stellt außerschulische Angebote sowie Spezialeinrichtungen für Hochbegabte vor.

Abschließend sei bemerkt, dass die Überlegungen zu Bildung als Selbstbildung natürlich auch für Erwachsene gelten – für StudentInnen gleichermaßen wie für ErzieherInnen und Lehrkräfte auf Fortbildungen zum Thema Hochbegabung. Die Erwartung, Programme und „Rezepte“ für den Umgang mit Hochbegabten in die Hand zu bekommen, kann kein Handbuch und kein Seminar erfüllen. Stattdessen geht es auch hier darum, Selbstbildungsprozesse anzuregen und zu begleiten. Die Aufgabe von Fach- und Praxisberatung besteht nicht zuletzt darin, die Frage nach Sinn und Zielen von Begabtenförderung immer wieder neu zu stellen. Wesentlich ist dabei, dass Begabtenförderung kein schwieriges Unterfangen ist, das nur von Experten bewältigt werden kann, sondern eine gemeinsame Entdeckungsreise, die für alle Beteiligten immer wieder Überraschungen bereithält. Gemeinsam begleiten wir die Reise der Kinder in die Welt …

> „Das Kind ist reich und stark an allem. Das erfordert Angebote, die reich und stark sind. Kinder haben ein Recht darauf zu reisen. Dafür müssen sie ausgestattet werden: Sie sollten möglichst viele kleine Köfferchen mitbekommen, damit die Reise lang werden kann! Wenn wir ihnen nur ein Stück Brot und Käse in die Hosentasche stecken, müssen sie immer in der näheren Umgebung bleiben.“
>
> *(Loris Malaguzzi)*

## 7.2 Pädagogen als Lernbegleiter

Wie werden Pädagogen zu Lernbegleitern? In einem Interview im Rahmen des Projekts „Treibhäuser der Zukunft" formuliert der Erziehungswissenschaftler Jürgen Oelkers: „Wir können Lernen nicht einfach verordnen, weil es im Lehrplan steht: Man muss lernen, es mit den Betroffenen auszuhandeln, und es fällt den Lehrkräften natürlich schwer, sich vorzustellen, dass das gut ist" (Kahl 2004, 93). Warum fällt Lehrkräften dies oft schwer? Zum einen stehen sie unter Druck, die Anforderungen des Lehrplans zu erfüllen. Dieser Druck wird durch die Einführung von Vergleichsarbeiten, Zentralabitur oder ähnlichen staatlichen Vorgaben nicht geringer. Daran ändert zunächst auch die wachsende Autonomie der einzelnen Schulen nichts. Zum zweiten sind sie in der Lehrerausbildung kaum auf diese Aufgabe vorbereitet worden. Zum dritten haben sie auch in ihrer eigenen Schulzeit nur selten die Erfahrung gemacht, dass mit ihnen ausgehandelt wurde, worum es in der Schule gehen soll.

Für ErzieherInnen ist es zunächst selbstverständlicher, im Alltag auf Themen und Interessen der Kinder einzugehen (auch wenn das nicht so einfach ist, wie es sich zunächst anhört). Wenn allerdings vom Kindergarten gefordert wird, er solle „besser auf die Schule vorbereiten" oder „mehr Bildungsangebote machen", dann besteht die Gefahr, dass ein leistungs- und programmorientiertes Verständnis von Pädagogik in den Kindergarten einzieht. Bildung ist dabei etwas, was von Erwachsenen in Kinderköpfe hineingebracht werden muss. Diese Gefahr besteht auch dann, wenn in Bildungsplänen zahlreiche Bildungs- und Erziehungsziele detailliert formuliert werden, selbst wenn im selben Bildungsplan ein Grundverständnis von Kindern als „Akteuren im Bildungsprozess" festgeschrieben worden ist (als Beispiel: Bayerisches Staatsministerium 2006, 24). Die Ergebnisse der neueren Bildungsforschung und die Erfahrungen aus anderen Ländern weisen in eine andere Richtung. Nicht Bildungsziele und Leistungsanforderungen, sondern die Fähigkeiten, Bedürfnisse und Eigenaktivität der Kinder müssen im Mittelpunkt der Pädagogik stehen.

### Auf den Spuren der Kinder

Weil sich nicht allgemein formulieren lässt, was Kinder und Jugendliche brauchen, muss pädagogisches Handeln immer von den aktuellen Themen und Lernbedürfnissen des individuellen Kindes oder Jugendlichen ausgehen. Themen der Kinder zu erkennen ist allerdings schwieriger, als es zunächst den Anschein hat. Es ist nicht damit getan, Jungen und Mädchen zu fragen, was sie interessiert, und dies dann als Ausgangspunkt für die Planung von Unterrichtsvorhaben oder Projekten zu verwenden. Mit „Beantwortung der Themen der Kinder" ist mehr und etwas anderes gemeint:

Themen oder Fragen von Kindern müssen pädagogisch interpretiert werden, damit ihre Bedeutung erschlossen werden kann. Jüngere Kinder können ihre Lerninteressen oft noch nicht konkret benennen. Fragt man sie nach ihren Wünschen, reproduzieren sie in erster Linie das, was sie bereits kennen – und darum geht es ja eben gerade nicht, wenn etwas Neues entdeckt werden soll. Die Themen, die sie innerlich beschäftigen, bringen sie eher im Spiel oder in symbolischen Inszenierungen zum Ausdruck. Aber auch ältere Kinder und Jugendliche können nicht immer formulieren, welche Themen für sie gerade eine besondere Herausforderung darstellen.

Der Schlüssel für ein Verständnis kindlicher Bildungsprozesse ist daher die Beobachtung. Möglichkeiten und Schwierigkeiten der Begabtenförderung werden in konkreten Alltagssituationen besonders deutlich. Zur Orientierung können dabei die folgenden Fragen dienen.

**Situationsbeschreibung**

*Was ist passiert? Wie hat sich das Kind/haben sich die Kinder verhalten?*
*Was habe ich getan – wie habe ich reagiert?*

**Reflexion**
*Was löst die Situation in mir aus?*
*Wie habe ich mich gefühlt?*
*Was fällt mir dazu ein, was denke und vermute ich?*

**Perspektivenwechsel**
*Wie fühlen sich wohl die beteiligten Kinder bzw. Jugendlichen? Vollenden Sie die folgenden Sätze aus der Sicht der Kinder bzw. Jugendlichen:*
*„Ich will …"*
*„Ich brauche …"*
*Wie engagiert sind die beteiligten Kinder und Jugendlichen?*

**Verstehen der Selbstbildungsprozesse**
*Welche Fragen beschäftigen das Kind/die Kinder im Moment?*
*Welche Themen erschließen sie sich?*

**Analyse von Hintergründen**
*In welchen Bereichen vermuten Sie Ursachen und Zusammenhänge zum Verhalten des Kindes/der Kinder in der beschriebenen Situation?*
*Pädagogische Anforderungen und Angebote: Situationskontext*
*Pädagogische Anforderungen und Angebote: allgemeine Situation*
*Soziale Situation*
*Familiäre Situation*
*Besondere Begabungen des Kindes/der Kinder*

**Konsequenzen**
*Welche Konsequenzen ergeben sich für das weitere pädagogische Handeln?*

Durch eine Analyse konkreter Situationen ist es möglich, begünstigende und hemmende Faktoren zu identifizieren, die für die Förderung der Selbstbildungsprozesse begabter Kinder und Jugendlicher von Bedeutung sind. Dabei kann es sich um das spezifische Lern- und Arbeitsverhalten oder das Sozialverhalten einzelner Kinder handeln oder auch um bestimmte Aspekte des gemeinsamen Lernens und sozialen Miteinanders unterschiedlicher Kinder.

Aus der Dokumentation und Reflexion von Beobachtungen ergeben sich Strategien, Inhalte und Methoden für pädagogisches Handeln. Je weniger eindeutig Verhalten und Interessen eines Kindes oder Jugendlichen zu verstehen sind, umso mehr Raum wird für Reflexion benötigt, die allein, aber auch mit Kollegen oder in Praxisberatung und Supervision erfolgen kann. Die Auswirkungen der pädagogischen Angebote und Interventionen sind dann wiederum Ausgangspunkt für die weitere Beobachtung, womit sich der Kreis schließt.

**Abbildung 10:** Pädagogisch Handeln

Was kann dies nun in der Praxis mit Hochbegabten bedeuten? Betrachten wir als Beispiel einen zwölfjährigen Jungen, der seine freie Zeit überwiegend vor dem Computer verbringt – ein nicht nur bei hochbegabten Jungen zu beobachtendes Phänomen.

**Fallbeispiel 17: Torben**

*Der hochbegabte Torben ist zwölf Jahre alt und interessiert sich vor allem für seinen Computer. Er geht in eine Spezialklasse für Hochbegabte auf einem Internat und ist dort kein ausgesprochener Außenseiter, hat aber kaum Sozialbeziehungen. In der Schule zeigt er durchschnittliche Leistungen, wirkt aber oft gelangweilt bis genervt.*

*Sowohl Eltern als auch Lehrkräfte und eine an der Schule beschäftigte*

*Sozialpädagogin haben immer wieder versucht, Torben für verschiedene Angebote zu interessieren: schulinterne AGs, Sportverein, Ausflüge und Gruppenaktivitäten im Freizeitbereich. Torben kommt mit, wenn es sich nicht vermeiden lässt – und ist anschließend froh, wenn er wieder hinter dem PC verschwinden kann.*

*Die Situation eskaliert im Zusammenhang mit einem Gruppenabend in seiner Wohngruppe, an dem diverse organisatorische Fragen geklärt werden sollen. Um den Abend für die Schüler interessanter zu gestalten, hatte die Sozialpädagogin außerdem eine gemeinsame Pizza-Backaktion vorbereitet. Am Abend pflaumt Torben sie unwirsch an, sie solle „mit ihrem sozialpädagogischen Pillepalle aufhören". Es sei schon schlimm genug, dass er sich mit dem organisatorischen Kleinkram beschäftigen müsse; für das andere hätte er weder Zeit noch Lust. Anschließend verschwindet er in seinem Zimmer.*

*In der kollegialen Praxisberatung findet die Sozialpädagogin zunächst Verständnis: Alle KollegInnen kennen vergleichbare Situationen. Schwieriger ist der Versuch, hinter dem unerquicklichen Verhalten des Jungen seine tatsächlichen Themen und Bedürfnisse zu erkennen. Beim Perspektivenwechsel stellt sich schnell heraus, dass sowohl die schulischen Angebote als auch die sozialpädagogischen Bemühungen an Torben weitgehend vorbeigehen. Zwei Ansätze stellen sich schließlich als hilfreich heraus: zum einen die Frage danach, was Torben denn eigentlich am Computer macht, zum anderen der Blick auf die emotionalen Themen und Bedürfnisse, die hinter Torbens häufigem Rückzug stehen.*

Was macht den Computer auch und gerade für hochbegabte Jungen so interessant? Nicht ungewöhnlich ist, dass sie sich dort mit anspruchsvollen und hochkomplexen Programmen beschäftigen, die sie mehr interessieren und herausfordern als der tägliche schulische Kleinkram. Die Alternative kann nicht einfach in größeren kognitiven Anforderungen in der Schule liegen, sondern nötig sind Anforderungen, die auch in den Augen der Jungen Sinn haben, zum Beispiel die Entwicklung eines Programms oder einer Datenbank, die in der Schule oder an einem anderen Ort tatsächlich gebraucht wird.

Es kann aber auch sein, dass es am PC überwiegend um Fantasy, Gewalt und Sex geht – Themen, die im Schul- und Internatsalltag kaum aufgegriffen werden und die manche PädagogInnen am liebsten aus dem Leben von Jugendlichen verbannen würden. Hier geht es darum, eine Sprache zu finden, die PädagogInnen einen Zugang zu den mit diesen Themen verbundenen Fragen, Unsicherheiten und Sehnsüchten von Jungen ermöglicht (Rohrmann 2001).

Der genauere Blick auf die emotionalen Aspekte der Situation macht einen weiteren wichtigen Aspekt deutlich: Hochbegabte Kinder und Jugendliche brauchen nicht nur gut gemeinte Förderung, sondern auch und vor allem ein klares Gegenüber, mit dem sie sich auseinander setzen und an dem sie sich reiben können. Torben wirkte nicht umsonst am engagiertesten in dem Moment, in dem er der Sozialpädagogin seinen Frust um die Ohren knallt. Damit pädagogische Angebote auch für Jungen wie Torben mehr als „Pillepalle" sein können, ist zum einen Konfliktfähigkeit erforderlich, zum anderen die Bereitschaft, sich auf die Welt des anderen einzulassen.

## Bedingungen pädagogischen Handelns

Wenn Lehrkräfte und ErzieherInnen zu Lernbegleitern werden sollen, müssen die strukturellen Bedingungen dies ermöglichen. Erforderlich ist aber auch die Bereitschaft zur Arbeit an der eigenen Person und an der eigenen Rolle als Pädagoge/Pädagogin. Zum Dritten werden Methoden benötigt, mit denen ein verändertes Bildungsverständnis im Alltag umgesetzt werden kann. Blickt man auf verbreitete Ansätze der Begabtenförderung, so fällt auf, dass dort oft Angebote, Programme und Methoden im Vordergrund stehen. Institutionelle Strukturen werden dagegen oft nicht infrage gestellt. Nahezu alle Veröffentlichungen zum Thema Begabtenförderung verwenden zur Einordnung von Fördermaßnahmen die Kategorien *Enrichment* und *Akzeleration*, die oft als die „zwei Säulen der Begabtenförderung" bezeichnet werden. Unter *Enrichment* werden im Rahmen der Schule inhaltliche Erweiterungen des Lehrangebots gefasst: Maßnahmen der Binnendifferenzierung, zusätzliche Kurse und Angebote, frühes Fremdsprachenlernen und bilinguale Züge sowie Wettbewerbe. Darüber hinaus gehören dazu außerschulische Angebote, wie sie weiter unten beschrieben werden. Maßnahmen der *Akzeleration* sind vorzeitige Einschulung, flexible Schuleingangsphase, Überspringen von Klassen und Verkürzung der gymnasialen Schulzeit.

In der Praxis bedeutet *Enrichment* oft nicht mehr als zusätzliche Angebote, die zwar in den Inhalten, nicht aber im Verständnis der pädagogischen Prozesse über traditionellen Unterricht hinausgehen. Nur selten sind sie vom Ansatz her an den Selbstbildungsprozessen der Kinder orientiert. Viele Maßnahmen der *Akzeleration* wiederum, z. B. vorzeitige Einschulung oder Überspringen, verändern zwar die Position Einzelner in der vorgegebenen Struktur, stellen aber die institutionellen Gegebenheiten an sich nicht infrage. Dass Begabtenförderung darüber hinaus in vielfacher Hinsicht eine Veränderung der Rolle der Pädagogen erfordert, wird nur selten benannt und noch weniger konkretisiert. Unserer Ansicht nach sind Enrichment und Akzeleration nicht die entscheidenden Säulen, sondern lediglich zwei Elemente einer Begabtenförderung, die Methoden, personelle Faktoren sowie strukturelle Bedingungen gleichermaßen als grundlegend berücksichtigt.

Bei den personellen Faktoren handelt es sich um grundlegende Aspekte der inneren Haltung zu den Themen Bildung, Lernen, Begabung und Begabtenförderung. Eine Auseinandersetzung mit diesen Fragen ist für alle pädagogischen und psychologischen Fachkräfte von Bedeutung, die mit

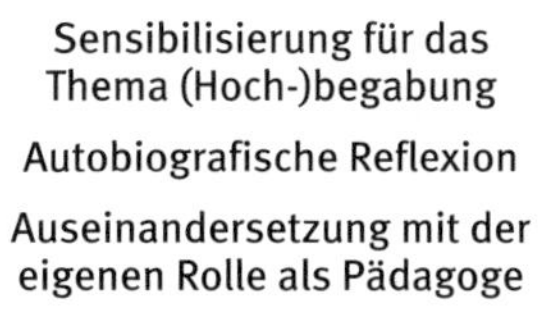


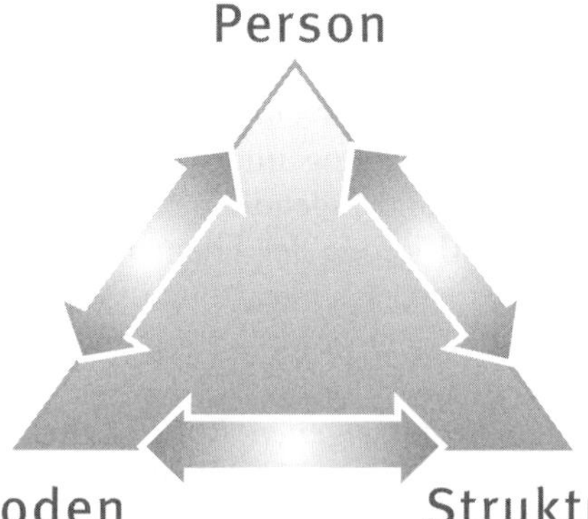


Beobachtung und Reflexion

Differenzierung und Individualisierung

Beteiligung von Kindern und Jugendlichen

spezielle Angebote für Begabte

alters- und jahrgangs- übergreifende Förderung

integrative Begabtenförderung

Akzeleration

Sonderförder- maßnahmen

**Abbildung 11:** Begabtenförderung im Wechselspiel von Person, Strukturen und Methoden

begabten Kindern und Jugendlichen arbeiten. Hierauf wird im Folgenden weiter eingegangen. Anschließend wird in den Kapiteln 7.3 und 7.4 dargestellt, inwieweit die institutionellen Rahmenbedingungen von Kindertageseinrichtungen und Schulen geeignet sind, um eine zeitgemäße Begabtenförderung zu realisieren. Dort geht es dann auch um konkrete Methoden.

## Reflexion der eigenen Bildungsgeschichte

Dass begabte Kinder und Jugendliche für PädagogInnen eine besondere Herausforderung darstellen, wird immer wieder einmal beschrieben. Nicht selten schwingt dabei eine Mischung von Angst und Bewunderung angesichts der herausragenden Leistungen und der Besonderheit von Hochbegabten mit. Wir halten das für übertrieben: Kinder und Jugendliche mit besonderen Begabungen sind keine Wesen vom anderen Stern, sondern zunächst einmal Kinder und Jugendliche. Eine Herausforderung stellen sie trotzdem dar, und dies umso mehr, je mehr Erwachsene bereit sind, sich ihnen als Begleiter zur Verfügung zu stellen.

Welche persönlichen Qualifikationen brauchen Fachkräfte, um angemessen auf den Umgang mit begabten Kindern und Jugendlichen vorbereitet zu sein? Die folgenden drei Schritte sollten Bestandteil jeder Qualifizierung zum Thema Begabtenförderung sein:

- *Sensibilisierung*. Fachkräfte sollen ein Grundverständnis der Zusammenhänge von Intelligenz, Begabung und Leistung entwickeln und ihren Blick für begabte Kinder und Jugendliche schärfen. Gleichzeitig geht es dabei um eine Entdramatisierung der Thematik.
- *Autobiografische Reflexion*. Fachkräfte müssen ihre persönliche Bildungsgeschichte sowie ihre eigene Haltung zum Thema Begabung und Intelligenz reflektieren.
- *Auseinandersetzung mit der eigenen Rolle*. Lehrkräfte, ErzieherInnen oder BeraterInnen müssen sich von der Rolle des Wissensvermittlers verabschieden und zu Lernbegleitern und Mentoren werden.

Laewen meint, das eigentliche Problem bestehe darin, „dass Erwachsene oft und weit reichend nicht in der Lage sind, die Formulierungen von Kindern, seien es die eigener Themen oder die Interpretation zugemuteter Themen, als solche wahrzunehmen, zu verstehen und angemessen zu beantworten. Je jünger die Kinder sind, desto stärker ausgeprägt ist dieses Unvermögen“ (2002, 91f). Da ein solches Verstehen aber von zentraler Bedeutung für kindliche Bildungsprozesse ist, benötigen PädagogInnen Wege, auf denen sie wieder Zugang zur Weltsicht von Kindern finden und die „hundert Sprachen der Kinder“ – so ein Schlagwort aus der Reggiopädagogik – verstehen lernen können. Laewen und Andres (2002a) regen in diesem Zusammenhang zwei Zugänge an: zum einen künstlerisch-ästhetische Experimente (Brée 2002), zum anderen autobiografische Reflexion der eigenen Bildungs- und Lerngeschichte (Musiol 2002).

Die Reflexion der eigenen Bildungsgeschichte ist gerade im Kontext der Förderung begabter Kinder und Jugendlicher wichtig, aber kein einfaches Thema. Besonders heikel ist dabei die Frage nach den eigenen Begabungen. Über die eigene Intelligenz spricht man nicht so ohne weiteres, schon gar nicht, wenn die der anderen möglicherweise deutlich höher oder niedriger sein könnte als die eigene. Die Frage nach der Bedeutung der eigenen Begabungen für die persönliche Entwicklung kann alte Kränkungen und Enttäuschungen wachrufen oder aktuelle Sinnkrisen berühren: das Gefühl, als Kind zu wenig anerkannt oder gefördert worden zu sein; ein Potenzial nicht verwirklicht zu haben, weil die Umstände es nicht erlaubten oder man im entscheidenden Moment nicht den Mut dazu hatte. Solche Erfahrungen prägen in entscheidendem Maße auch die Haltung zu begabten Kindern und Jugendlichen. Halte ich all die Aufregung um das Thema Hochbegabung für übertrieben, weil ich selbst „nur“ durchschnittlich intelligent bin? Oder setze ich all meinen Ehrgeiz dafür ein, diese Kinder optimal zu fördern, weil ich mir selbst als Kind so eine Förderung gewünscht hätte?

Die folgenden Fragen geben Anstöße zur Beschäftigung mit eigenen Lebenserfahrungen und Einstellungen. Sie eignen sich für die Einzelreflexion oder auch das Gespräch in einer vertrauten Gruppe.

**Macht Begabung glücklich? Einige Fragen zum Nachdenken**

*Wissen Sie Ihren eigenen IQ?*
*Wann ist Ihr IQ zuletzt gemessen worden?*
*Wissen Sie Ihren IQ aus der Schulzeit?*
*Wenn Sie ihn nicht wissen: Welchen Wert vermuten Sie?*

*Waren Sie in Ihrer Schulzeit mit Ihren Begabungen/Leistungen zufrieden?*
*Waren Ihre Eltern und Lehrer zufrieden?*

*Welche Rolle spielt(e) Intelligenz und Begabung für Ihren Lebensweg?*
*Welche Chancen und Möglichkeiten hatten Sie, Ihre Begabungen zu entwickeln?*
*Was haben Sie als Erwachsener aus Ihren Begabungen gemacht?*

*Kennen Sie hochbegabte Menschen?*
*Was, glauben Sie, hat intellektuelle Begabung mit Glück zu tun?*

*Wie geht es Ihnen mit Kindern, Schülern oder Klienten, die intelligenter sind als Sie?*
*Könnte das Unsicherheit auslösen? Wie gehen Sie damit um?*

## Auch BegleiterInnen brauchen Unterstützung

Es ist deutlich geworden, dass eine so verstandene Begabtenförderung hohe Anforderungen an die Beteiligten stellt. Gleichzeitig kann sie Ausgangspunkt für Veränderungen sein, von denen alle Kinder und Jugendliche profitieren. Sie kann zum Anstoß oder sogar zum Motor der Schulentwicklung werden und dem gesamten Bildungssystem neue Impulse geben. PädagogInnen brauchen dafür persönliche Begleitung, fachliche Unterstützung und Freiräume, um Neues erfahren und erproben zu können. Impulsveranstaltungen und Fortbildungen können erste Anregungen geben, aber reichen nicht aus. Wichtig ist eine kontinuierliche Reflexion des eigenen Handelns, wie sie z.B. in Langzeitfortbildungen und Beratungsprozessen ermöglicht wird. Insbesondere Supervision sollte zu einem selbstverständlichen Bestandteil von Maßnahmen und Projekten der Begabtenförderung werden.

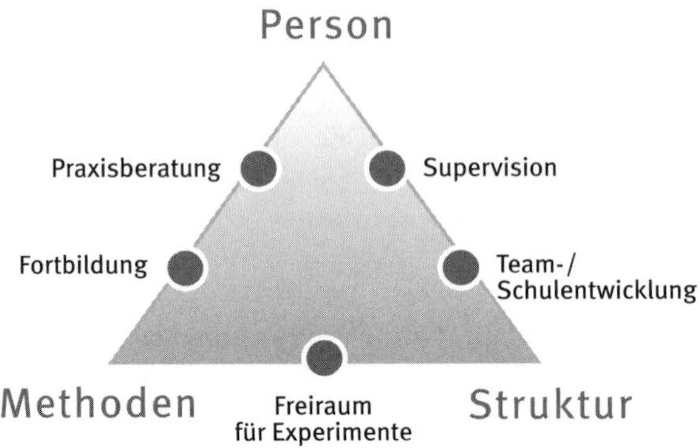


**Abbildung 12:** Perspektiven für LernbegleiterInnen

Wenn es das Ziel ist, möglichst viele begabte Kinder und Jugendliche differenziert fördern zu können, reicht es nicht aus, wenn sich vereinzelte Einrichtungen auf das Thema spezialisieren. Andererseits ist die Erwartung unrealistisch, dass sich in absehbarer Zeit jede Schule und jeder Kindergarten damit befasst. Eine Möglichkeit ist es daher, regionale Kooperationsverbünde einzurichten, in denen vom Kindergarten bis zum Gymnasium alle Stufen des Bildungssystems enthalten sind. Ein wichtiger Bestandteil ist dabei die Weiterbildung von FachberaterInnen mit dem Ziel, jedem Kooperationsverbund kompetente AnsprechpartnerInnen zur Verfügung zu stellen und die regionalen Einrichtungen zu begleiten.

Eine in den Regionen verankerte Vernetzung kann sicherstellen, dass interessierte Kinder, Eltern und auch pädagogische Fachkräfte regionale Anprechpartner finden, die sie unterstützen und ggf. beraten können. Sie ermöglicht zudem die bessere Begleitung einzelner Begabter bei Übergängen zwischen Einrichtungen. Wünschenswert wäre darüber hinaus, Erziehungsberatungsstellen sowie die Berufs- und Studienberatung der Universitäten mit in solche Kooperationsverbünde aufzunehmen.

## 7.3 Begabtenförderung im Kindergarten

„Die Zukunft lernt im Kindergarten“, schreibt Donata Elschenbroich in ihrem Buch zum „Weltwissen der Siebenjährigen“. In den letzten Jahren ist die Einsicht dafür gewachsen, dass die Grundlagen für den späteren Bildungsweg von Kindern in den ersten Lebensjahren gelegt werden. Damit sind auch die Chancen und Defizite des Kindergartens in den Blick geraten, der in Deutschland bis heute vielfach nicht als Teil des Bildungssystems wahrgenommen wird, sondern in erster Linie als Betreuungseinrichtung. Immer wieder kam und kommt es dabei zu undifferenzierter Kritik an

„den" deutschen Kindergärten, denen die Schuld an problematischen Entwicklungen im weiteren Bildungsverlauf von Kindern und Jugendlichen gegeben wird. Obwohl manche Kritik berechtigt ist, wird dabei oft übersehen, wie viele zukunftsweisende Ansätze und Konzepte Kindertageseinrichtungen in den letzten Jahrzehnten erprobt, umgesetzt und immer wieder weiterentwickelt haben. Nicht zuletzt gibt es seit einigen Jahren eine große Qualitäts- und Bildungsoffensive in Kindertageseinrichtungen, die inzwischen dazu geführt hat, dass in allen Bundesländern Orientierungspläne für frühkindliche Bildung und Erziehung erstellt wurden.

Aktuelle Forschungs- und Praxisprojekte zu kindlichen Bildungsprozessen haben gezeigt, dass Kindergärten mehr tun können, um die kindliche Lust am Lernen und Entdecken aufzugreifen und zu unterstützen (Laewen/Andres 2002a, 2002b; Leu 2003; Schäfer 2003). Elschenbroich fasst zusammen: „Für die frühen Jahre ist der Kindergarten ein ideales Bildungsmilieu. Hier werden Kinder aller Schichten unter einem Dach versammelt, hier werden noch keine Noten vergeben. Es gibt an den langen Tagen immer wieder pädagogisch unstrukturierte Zeiten, für Irrtümer, für Wiederholungen. Und man kann noch anders sein, ohne Nachteil" (2001, 49). Aufgabe von Kindertageseinrichtungen ist es, eine anregende Umgebung bereitzustellen, vielfältige Erfahrungen zu ermöglichen und die individuellen Lernbedürfnisse und Interessen von Mädchen und Jungen aufzugreifen. Damit wird der Kindergarten zu einer Bildungseinrichtung, in der nicht mehr nur das soziale Miteinander im Vordergrund steht, sondern auch der kognitiven Entwicklung von Kindern ein wichtiger Stellenwert zukommt.

Die allgemeine Bildungsdiskussion hat den Blick dabei zunächst vor allem auf diejenigen Kinder gelenkt, die Gefahr laufen, auf ihrem weiteren Bildungsweg zu scheitern. Dies hat nicht nur zur (manchmal sehr aktionistischen) Einrichtung von Förderprogrammen geführt, sondern auch zu einer neuen Diskussion über den Zusammenhang von sozialer Herkunft und Bildungserfolg. Thematisiert wird aber auch die Situation von Kindern, die anderen in ihrer Entwicklung voraus sind und im Kindergarten nicht genügend Herausforderungen finden oder womöglich in ihrer Begeisterung für Lernen und Wissen gebremst werden. Insbesondere Fachleute der Begabtenförderung und engagierte Eltern fordern, dass schon im Kindergarten mehr auf besondere Begabungen von Kindern eingegangen wird (mit Elternarbeit im Kindergarten beschäftigt sich Kapitel 8.4).

## Brauchen hochbegabte Kinder im Vorschulalter spezielle Programme?

Zur Frage, ob es bereits vor der Schule besondere Angebote für hochbegabte Kinder geben sollte, existieren verschiedene Ansichten. In Amerika gibt es seit längerem einen boomenden Markt für Förderprogramme für hochbegabte Vorschulkinder. Bekannt sind unter anderem die „Baby-Einstein"-Videos, die bereits Kleinstkindern wertvolle Lernfortschritte versprechen. Ahnert (2010, 234) spricht vom „Wahn der Frühförderung", der zu „reichlich skurrile(n) Versuchen von Eltern (führt), ihrem Nachwuchs in kürzester Zeit möglichst viel beizubringen". Von Kindergärten wird erwartet, Mathematik- und Englischkurse anzubieten und Lesen und Schreiben bereits vor Schulbeginn einzuüben. Nicht zuletzt deswegen müssen sich immer mehr Kindertageseinrichtungen die Frage stellen, was sie für die Förderung von besonderen Begabungen tun. Entsprechend häufig erhält das Thema Einzug in Fortbildungsprogramme.

Ausgehend von Ansätzen der Begabtenförderung mit älteren Kindern sind verschiedene Projekte und Konzepte entwickelt worden, die sich als spezifisches Förderangebot für hochbegabte Kinder verstehen (Stapf 2003; Vock 2005). Zum einen werden integrativ orientierte Schwerpunkteinrichtungen vorgeschlagen, in denen hochbegabte und nicht hochbegabte Kinder gemeinsam betreut werden. Zum anderen gibt es „Kinderakademien" und ähnliche Einrichtungen, die sich speziell an hochbegabte Vorschul- und Grundschulkinder richten (vgl. Kapitel 7.7). Nicht selten werden derartige Angebote durch private Sponsoren und Stiftungen großzügig gefördert. Im Gegensatz dazu wird – auch in diesem Buch – die Position vertreten, dass auf Begabtenförderung spezialisierte Einrichtungen nicht nötig sind, sondern die Förderung von begabten Kindern in jeder Kindertageseinrichtung ermöglicht werden sollte (Rohrmann 2004).

Bislang gibt es in Deutschland nur vereinzelt Kindergärten mit dem Schwerpunkt Begabtenförderung. Nicht selten werden dabei Konzepte und Ansätze aus der (schulischen) Begabtenförderung mit älteren Kindern übertragen, neuere Ansätze der Elementarpädagogik und aktuelle Forschungsergebnisse zu Selbstbildungsprozessen in der frühen Kindheit dagegen nicht oder nur oberflächlich aufgenommen. So ist es zum Beispiel unsinnig, Begabtenförderung im Kindergarten in erster Linie als Kursangebot für Begabte zu konzipieren, wie es zum Teil geschieht. Besonders problematisch ist es, wenn Auswahlprozeduren und spezielle Angebote an der Einordnung eines Kindes als „hochbegabt" festgemacht werden. Entgegen verbreiteten Behauptungen ist Hochbegabung im Vorschulalter nicht zuverlässig zu diagnostizieren. Die Unterscheidung zwischen „hochbegabten" und „nicht hochbegabten" Kindern sowie die davon abgeleitete Annahme einer besonderen Persönlichkeitsentwicklung hochbegabter Vorschulkinder ist wissenschaftlich nicht haltbar und pädagogisch fragwürdig (vgl. Kapitel 5.1). Auch die von Vertretern von Hochbegabteneinrichtungen vorgebrachte Behauptung, dass sich hochbegabte Kinder in speziellen Einrichtungen besonders wohl fühlen (Hartmann 1999), ist für das Vorschulalter wissenschaftlich nicht belegt. Auf der anderen Seite kann eine frühzeitige Identifizierung als „hochbegabt" zu problematischen Etikettierungsprozessen führen und damit der Entwicklung von Kindern mehr schaden als nutzen.

Zu bedenken ist nicht zuletzt, dass ein spezielles Angebot für „Hochbegabte“ überhöhte Erwartungen und Ansprüche von Eltern auslösen bzw. verstärken kann.

Vor diesem Hintergrund halten wir alle Ansätze für problematisch, in denen im Vordergrund steht, auf vermeintlich „besondere“ Bedürfnisse hochbegabter Kinder einzugehen. Sinnvoller ist, von Entwicklungsvorsprüngen zu sprechen und den Schwerpunkt auf eine Sensibilisierung der pädagogischen Fachkräfte für individuelle Unterschiede und Ansätze differenzierter Förderung aller Kinder zu legen. In erster Linie geht es darum, die Diskussion zu entdramatisieren und der Verunsicherung entgegenzuwirken, die viele ErzieherInnen angesichts des Themas Hochbegabung befällt. Pädagogische Maßnahmen sollten nicht speziell für „begabte Kinder“ konzipiert werden, sondern unabhängig von einer Annahme über Begabung ein differenziertes Lernangebot bereitstellen, das die konkret beobachtbaren Selbstbildungsprozesse der Kinder aufgreift und fördert. Im Vordergrund steht damit, die Kompetenzen von ErzieherInnen zu stärken und Kindergärten als Bildungseinrichtungen weiterzuentwickeln. Spezielle „Hochbegabtenkindergärten“ sind dann überflüssig. Im Bayerischen Bildungs- und Erziehungsplan für Kinder in Tageseinrichtungen wird dies so formuliert: „Jede Kindertageseinrichtung kann hochbegabte Kinder angemessen bilden und erziehen. […] Gerade bei Hochbegabten ist die Integration in eine Regelgruppe wichtig. Auch sie benötigen ganzheitliche Lernprozesse, wie sie in Kindertageseinrichtungen die Regel sind. Hochbegabte Kinder profitieren nicht von „schulorientierten“ Bildungsansätzen in Kindertageseinrichtungen, sondern von vielen Gelegenheiten für kooperatives, eigenständiges, selbsttätiges, entdeckendes und spielerisches Lernen, sofern ein entsprechendes Anspruchsniveau gewährleistet wird“ (Bayerisches Staatsministerium 2006, 170).

## Bildung ist der Schlüssel

Trotz der regen Diskussion über den Bildungsauftrag von Kindertageseinrichtungen wird im Alltagsverständnis Bildung nach wie vor mit Schule in Verbindung gebracht. Beim Kindergarten denken viele Menschen dagegen an die Förderung des sozialen Miteinanders oder an ungestörtes Kinderspiel, das möglichst frei von Anforderungen sein soll. Dies findet zum Beispiel darin Ausdruck, dass eine Empfehlung oder Entscheidung für einen späteren Einschulungstermin nicht selten damit begründet wird, den Kindern solle „noch ein Jahr Kindheit gegönnt werden“. Das Gegenteil ist richtig: Nicht nur für besonders begabte Jungen und Mädchen kann ein weiteres Jahr im Kindergarten eine Zumutung sein, wenn dort keine neuen Herausforderungen mehr für sie bereitstehen.

Stattdessen müssen Kitas spannende Lernorte sein, an denen Kinder forschen und entdecken können und dabei individuell gefördert werden. Voraussetzung dafür ist, dass sich Fachkräfte mit den Themen Bildung und Begabung auseinander setzen und das Profil ihrer Einrichtung kontinuierlich weiterentwickeln. Der Schlüssel für individuelle Förderung ist dabei genaues Beobachten. Wie das geht, beschreiben z. B. Hans-Joachim Laewen und Beate Andres (2002b) in ihrem Buch „Forscher, Künstler, Konstrukteure. Werkstattbuch zum Bildungsauftrag von Kindertageseinrichtungen". Zum einen regen sie an, bei der Beobachtung von Kindern verschiedene Intelligenzbereiche systematisch in den Blick zu nehmen. Die Theorie der multiplen Intelligenzen, die diesem Modell zugrunde liegt, ist wissenschaftlich zu Recht umstritten, und das Verfahren kann eine psychologische Diagnostik nicht ersetzen. In der Praxis im Kindergarten sind die Fragen aber gut geeignet, den Blick von Erzieherinnen für die unterschiedlichen Kompetenzen von Kindern zu stärken. Zum anderen wird ein Beobachtungsbogen vorgestellt, der dabei hilft, Bildungsthemen und Bildungsprozesse von Kindern zu entdecken und zu verstehen. Einen wichtigen Stellenwert hat dabei die fachliche Reflexion mit Kolleginnen.

Ein weiterer Ansatz ist die Arbeit mit Bildungs- und Lerngeschichten nach Margaret Carr (2001; Leu 2003). Carr beschreibt fünf Arten von „Lerndispositionen", die als grundlegende Voraussetzung für Lern- und Bildungsprozesse zu verstehen sind:

- das Interesse, sich Dingen oder Personen aufmerksam zuzuwenden
- die Bereitschaft und Fähigkeit, sich auf etwas einzulassen
- die Fähigkeit, eine Tätigkeit auch bei Schwierigkeiten und Unsicherheiten weiterzuführen
- der Austausch mit anderen über Ideen und Gefühle
- die Übernahme von Verantwortung für sich und andere

In der Arbeit mit „Lerngeschichten" werden konkrete Aktivitäten von Kindern mit Blick auf diese Bereiche beobachtet und reflektiert. Eine systematische Dokumentation der individuellen Lerngeschichten ermöglicht die Entscheidung darüber, wie weitere Bildungsschritte des Kindes gezielt unterstützt werden. Ausgangspunkt sind dabei die Kompetenzen und die Stärken, über die das Kind verfügt (Leu 2003).

Methoden wie diese sind eine gute Grundlage für die individuelle Förderung aller Kinder. Sie sind zudem gut geeignet, um Hinweise auf besondere Begabungen zu entdecken, weil sie nicht in erster Linie nach Schwächen und Defiziten fragen. Darüber hinaus helfen sie zu erkennen, dass auch begabte Kinder Unterstützung und Herausforderungen benötigen – und zeigen gleichzeitig, wo dabei angesetzt werden kann. Ein solches Vorgehen ermöglicht die Förderung von begabten Mädchen und Jungen in jeder Kindertageseinrichtung.

## Zusammenarbeit von Kindertageseinrichtungen und Grundschulen

Ein wichtiges Kernstück der Förderung von begabten Kindern ist die Kooperation von Kindertageseinrichtungen und Schule. Dies gilt sowohl für den Übergang vom Kindergarten in die Grundschule als auch für die Zusammenarbeit von Grundschule und Hort und die neuen Konzepte der Ganztagsschule. Dabei können beide Seiten gewinnen. Kindertageseinrichtungen können von Schulen lernen, Themen und Inhalte systematisch aufzubereiten und Lernziele konkret zu formulieren. Sie können auch vom methodischen Repertoire spezifischer Fachbereiche profitieren. Schulen können von Kindertageseinrichtungen lernen, ein Bildungsverständnis zu entwickeln, in dem individuelles Lernen und die Orientierung am Einzelfall im Vordergrund stehen. Dies setzt natürlich voraus, dass ein Dialog zwischen Schule und Kita überhaupt regelmäßig stattfindet – und Fachkräfte aus Tageseinrichtungen ihre Erfahrungen und Kompetenzen dort selbstbewusst vertreten.

In der Kooperation beim Übergang vom Kindergarten in die Grundschule geht es nicht zuletzt um die Frage, wann dieser Übergang stattfinden soll. Eine vorzeitige Einschulung ist in der Regel nur dann erforderlich, wenn die Lernumgebung des Kindergartens Kindern mit Entwicklungsvorsprüngen nicht mehr genügend Herausforderungen bereitstellen kann (vgl. ausführlich dazu Kapitel 7.5). Wichtiger als die Frage des Einschulungstermins ist es allerdings, den Übergang so zu gestalten, dass Entwicklungs- und Bildungsprozesse von Kindern fortgeführt und nicht unterbrochen werden. Je besser es im Kindergarten gelungen ist, individuelle Förderung zu realisieren, desto wichtiger ist, dass dies von der Grundschule aufgegriffen und weitergeführt wird. Ein Kind, das sich schon vor Schulbeginn intensiv mit griechischer Mythologie oder Elektrizität beschäftigt hat, muss die Chance bekommen, sein Interesse weiter zu vertiefen – und dazu müssen die Lehrkräfte wissen, dass sie es hier bereits mit „ExpertInnen“ zu tun haben. Andererseits ist es gerade für begabte Kinder wichtig, angemessen darauf vorbereitet zu werden, dass sie in der Schule mehr mit vorgegebenen Strukturen zurechtkommen müssen, zum Beispiel mit gemeinsamem Unterricht in der ganzen Klasse oder der Notwendigkeit, auch Sachen zu üben, die sie überhaupt nicht interessieren.

Besondere Chancen liegen außerdem in der Kooperation von Grundschule und Hort bzw. der Zusammenarbeit von Lehrkräften und ErzieherInnen in Ganztagsschulen. Der Vorteil liegt hier darin, dass dieselben Kinder in unterschiedlichem Rahmen beobachtet und begleitet werden können. Dies ermöglicht zum einen Perspektivenvielfalt beim Austausch über Beobachtungen. Zum anderen können Fördermaßnahmen gemeinsam geplant und realisiert werden. So kann einem Kind im freieren Rahmen des Horts viel Raum gegeben werden, um mit einem Lernvertrag ein spezielles Interesse zu verfolgen. Die Schule kann dazu fachliches Know-how und Material bereitstellen und dem Kind ermöglichen, seine Ergebnisse im „offiziellen" Rahmen des Unterrichts zu präsentieren.

## Anregungen für die Förderung von Kindern mit Entwicklungsvorsprüngen

Kindertageseinrichtungen haben die Aufgabe, den Rahmen für die Bildungsprozesse von Kindern bereitzustellen, sie dabei zu begleiten und differenziert zu fördern. Dies kann bei begabten Kindern manchmal eine Herausforderung für ErzieherInnen darstellen, denn diese möchten sich oft mit Themen beschäftigen, die in vielen Kindergärten ungewöhnlich sind oder der Schule zugeordnet und darum auf „später" verschoben werden. Hier sind Fantasie, neue Ideen und Mut zu Veränderungen gefragt – ein paar Beispiele sind im folgenden Kasten aufgeführt. Grundsätzlich ist wichtig, dass Kinder für ihre Entwicklung keine einfachen Beschäftigungen brauchen, sondern komplexe Reize und offene Fragen. Es ist nicht notwendig, auf alle Fragen von Kindern eine Antwort zu wissen. Wichtiger ist es, sich gemeinsam auf die Suche nach Antworten zu machen. Wenn dies gelingt und der Kindergarten ein Ort lebendigen Lernens ist, profitieren davon nicht nur Begabte, sondern alle Kinder in Tageseinrichtungen.

**Was tun mit pfiffigen Kindern? Einige Ideen für die Praxis**

- Hören Sie Kindern zu, wenn sie von seltsamen Interessen berichten. Stellen Sie Fragen – und suchen Sie gemeinsam mit Kindern nach Antworten. Sie müssen sich mit einem Thema nicht auskennen, um ein Projekt dazu mit Kindern machen zu können – Sie müssen nur bereit sein, sich mit Neuem auseinander zu setzen.
- Wenn das Kind beginnt, sich für Buchstaben zu interessieren, oder bereits lesen kann, verschaffen Sie ihm weitere Möglichkeiten und Angebote (z.B. ein neues Bilderbuch, Werbeblätter aus der Zeitung). Die Angst, das Kind werde Schwierigkeiten in der Schule bekommen, ist in der Regel unbegründet: Es gibt immer mehr Kinder, die bei Schuleintritt bereits lesen können.
- Auch das frühe Interesse an mathematischen Denkweisen können Sie unterstützen. Dabei geht es nicht um Rechenaufgaben, sondern um die Entdeckung von Mathematik als einer Methode, mit der Kinder die Welt strukturieren und erforschen können. Inspirierende Anregungen dazu gibt das Buch „Mathe-Kings" von Nancy Hoenisch und Elisabeth Niggemeyer (2004).

- Sorgen Sie für Knalleffekte: Führen Sie mit Kindern naturwissenschaftliche Experimente durch. Experimentieren Sie mit Wasser, Luft und Brausetabletten. Anregungen dazu gibt z.B. Gisela Lück (2003) in ihrem Handbuch der naturwissenschaftlichen Bildung für die Arbeit in Kindertageseinrichtungen.
- Richten Sie eine Lernwerkstatt ein, die Kindern vorbereitete Sets von Materialien zu unterschiedlichen, eingegrenzten Bildungsbereichen zur Verfügung stellt (z.B. Wiegen und Messen, Farben vergleichen und mischen). Wie das funktioniert, beschreibt Christel van Dieken (2004) in ihrem Buch „Lernwerkstätten und Forscherräume". Die Kinder können frei wählen, womit sie sich selbständig in Einzelarbeit beschäftigen wollen. Jedes Thema enthält Aufgaben von unterschiedlichem Schwierigkeitsgrad, so dass auch anspruchsvolle Kinder zu ihrem Recht kommen.
- Gehen Sie ins Kunstmuseum – und bringen Sie moderne Kunst mit, um die Wände Ihrer Einrichtung damit zu gestalten. Führen Sie ein Kunstprojekt durch, und ermöglichen Sie es Kindern, großformatige Bewegungsbilder im Stil Jackson Pollocks zu malen. „Wer ist das denn?", werden Sie vielleicht fragen. Finden Sie es mit den Kindern zusammen heraus, zum Beispiel in dem wunderbaren Buch „Ich sehe was, was du nicht siehst – Kunst für kleine Entdecker" von Claire d'Harcourt (2002).
- Die Beteiligung von Kindern an Entscheidungsprozessen (Partizipation) ist ein wunderbares Experimentierfeld für begabte Kinder: gemeinsame Gestaltung von Besprechungen, Wahl von Gruppensprechern, Beteiligung an der Innen- und Außenraumgestaltung … Hier sind sprachliche Fähigkeiten, Problemlösekompetenzen und Fantasie genauso gefragt wie soziale Fähigkeiten. Anregungen dazu geben zum Beispiel der Videofilm „Die Kinderstube der Demokratie" von Lorenz Müller und Thomas Plöger sowie die Dokumentation des gleichnamigen Modellprojekts (Hansen et al. 2005).
- Geben Sie Kindern Gelegenheit zur professionellen Informationsverarbeitung. Lassen Sie sie Interviews in der Öffentlichkeit durchführen und für das Kindergartenradio aufbereiten. Gestalten Sie eine Kinderzeitung gemeinsam mit anderen Einrichtungen im Stadtteil.
- Lassen Sie Kinder ihre Projekte selbst entwickeln. Bleiben Sie auf den Spuren der Kinder – und seien Sie vorsichtig, wenn Sie zu wissen glauben, worauf es hinausläuft. Lassen Sie sich überraschen!

## 7.4 Integrative Begabtenförderung in der Schule

„Lernen ist Vorfreude auf sich selbst", hat der Philosoph Peter Sloterdijk (2001, 40) formuliert. Diese wunderbare Aussage macht deutlich, dass das Wesentliche am Lernen nicht Leistungen, Lerntechniken oder konkrete Inhalte sind, sondern die Entdeckung und Entfaltung der eigenen Möglichkeiten. Etwas weniger poetisch lässt sich im Kontext dieses Buches fragen: Was brauchen begabte Kinder und Jugendliche in der Schule, um Spaß am Lernen zu behalten, sich persönlich weiterzuentwickeln und ihr volles Potenzial zu entfalten?

Betrachten wir die allgemeine Bildungsdiskussion und die Anliegen der Begabtenförderung im Zusammenhang, so wird deutlich, dass das entscheidende Problem des deutschen Schulsystems nicht fehlende Angebote für hochbegabte Kinder und Jugendliche sind. Vielmehr sind es die Defizite und Unzulänglichkeiten der an vielen deutschen Schulen nach wie vor verbreiteten Pädagogik, die einer differenzierten Förderung von SchülerInnen im Weg steht. Dies wird an der Situation von Begabten besonders deutlich, obwohl es die Entwicklungsmöglichkeiten aller SchülerInnen beschränkt. Insofern ist es nicht überraschend, dass bei vielen Themen, Projekten und Methoden der Begabtenförderung die Frage aufkommt, ob nicht auch „ganz normale" SchülerInnen von derartigen Angeboten profitieren könnten – in vielen Fällen kann sie umstandslos mit Ja beantwortet werden. Es erklärt auch, warum viele Eltern sich für Begabtenförderung interessieren, obwohl sie kein hochbegabtes Kind haben oder dem Begriff Hochbegabung sogar kritisch gegenüberstehen. Ihnen geht es schlicht um eine bessere Schule für ihr Kind.

Dies stellt für Schulen und Lehrkräfte, die mit der integrativen Förderung begabter SchülerInnen beginnen wollen, sowohl eine Entlastung als auch eine Herausforderung dar. Die Entlastung besteht in der Erkenntnis, dass hochbegabte SchülerInnen nicht eine andere Sorte Mensch sind, die ganz andere pädagogische Methoden und Ansätze benötigt. Dies löst auch das Problem, dass andere SchülerInnen sich zu Recht benachteiligt fühlen können, wenn besondere Angebote nur (vermeintlich) Hochbegabten zugänglich sind. An die Stelle einer Auswahl von SchülerInnen auf der Grundlage der schwierig zu treffenden Identifizierung als „hochbegabt" tritt die Orientierung an den individuellen Lernprozessen und Interessen von SchülerInnen.

Die Herausforderung besteht darin, dass eine Verbesserung der pädagogischen Situation für alle SchülerInnen erfordert, bisherige pädagogische Grundhaltungen und Strukturen des Schulsystems infrage zu stellen und zu verändern. So nennt E. Stern die Methode des „fragend entwickelnden Unterrichts", die an deutschen Schulen bis heute vorherrschend ist, „Osterhasenpädagogik" – weil der Lehrer das Wissen versteckt, dass die Kinder dann suchen müssen (Kahl 2004, 29). Diese Form des Unterrichts ist häufig nur auf wenige SchülerInnen zugeschnitten. Die neuere Bildungsforschung hat die Vorstellung widerlegt, dass Kinder am besten in homogenen Lerngruppen unter Anleitung der Lehrkraft lernen. Stattdessen könnten alle Schüler profitieren, wenn Lehrkräfte ihre Aufgabe in erster Linie in der Organisation differenzierter Möglichkeiten des selbstgesteuerten Lernens sehen – kurz: zu Lernbegleitern werden. Auf eine solche Rolle sind Lehrkräfte allerdings durch ihre Ausbildung in der Regel kaum vorbereitet, und einzelne Fortbildungsveranstaltungen zu Begabtenförderung können diesen Mangel nicht beheben.

Stern stellt auch fest, dass es eine völlig falsche Vorstellung sei, dass begabtere SchülerInnen am besten lernen, wenn sie unter sich sind (Kahl 2004, 102). Immer wieder wird es Situationen geben, in denen manche Kinder schon etwas können und andere nicht, und damit muss man umgehen. Die Lösung besteht aber nicht darin, ihnen verschiedene Plätze im dreigliedrigen Schulsystem oder auch in speziellen Einrichtungen für Hochbegabte zuzuweisen. Stattdessen geht es darum, in der bestehenden Schulsituation verschiedene Lernsituationen und Herausforderungen bereitzustellen. Müssen wir dazu zum „Wendekreis der Pädagogik“ reisen, wie Kahl (2004) die schwedischen Schulen nennt? Dass es auch in Deutschland möglich ist, Kinder und Jugendliche in all ihrer Verschiedenheit zu begleiten, dass Schule *gelingen* kann, zeigt das Projekt „Treibhäuser der Zukunft“ (Kahl 2004). Der gleichnamige Film ist ein Panoptikum von Ideen zur Veränderung unseres Bildungswesens.

Die „einfachste“ Möglichkeit für eine integrative Förderung begabter Kinder und Jugendlicher ist eine Aufhebung der altershomogenen Struktur des deutschen Schulwesens. Jahrgangsübergreifender Unterricht ist in Deutschland bislang selten und wurde lange Zeit nur noch in dörflichen Zwergvolksschulen praktiziert, denen auf Grund der geringen Schülerzahl gar nichts anderes übrig blieb, als alle SchülerInnen von der ersten bis zur vierten Klasse gemeinsam zu unterrichten. Ein wesentliches Element ist die Jahrgangsmischung in der Montessori-Pädagogik, der die Begabtenförderung viele Anregungen entnommen hat. Zunehmende Verbreitung findet außerdem die flexible Schuleingangsphase, in der die ersten beiden Klassen gemeinsam unterrichtet werden, wobei entwicklungsschnelle Kinder die Möglichkeit haben, bereits nach einem Jahr in die 3. Klasse aufgenommen zu werden. Inzwischen entdecken Schulen, die nach neuen Formen des Lernens suchen, die Möglichkeiten jahrgangsübergreifenden Lernens neu. Mehrere spannende Beispiele werden in der Dokumentation des Projekts „Treibhäuser der Zukunft“ dargestellt (Kahl 2004). Einzelne Aspekte jahrgangsübergreifenden Unterrichts wurden auch in den Schulen des von der Bertelsmannstiftung geförderten Projekts LIBRO (Lernnetzwerk zur integrierten Begabtenförderung im Rahmen offenen Unterrichts) erprobt, z. B. die Teilnahme an einzelnen Stunden des Unterrichts der nächsthöheren Klasse (Drehtürmodell) oder offene Werkstätten und Selbstlernzentren

(Höhmann 2004a). Jahrgangsübergreifender Unterricht könnte viele Probleme der Beschulung begabter SchülerInnen auf einen Schlag lösen und Maßnahmen der Akzeleration zum großen Teil überflüssig machen. Ihn zur Regel zu machen stellt allerdings viele Selbstverständlichkeiten des heutigen Schulsystems auf den Kopf.

Nachfolgend stellen wir ein Modell vor, das integrative Begabtenförderung an jeder Schule ermöglicht. Es wird durch die „Differenzierungs-Torte“ in Abbildung 13 veranschaulicht. Grundlage des Modells ist der Ansatz des selbstgesteuerten Lernens, der durch die folgenden drei Elemente charakterisiert ist:

- ein neues Selbstverständnis der Lehrkräfte als Lernbegleiter, die einen klaren Rahmen für die Selbstbildungsprozesse von SchülerInnen bereitstellen,
- die Förderung der sozial-emotionalen Entwicklung von Kindern und Jugendlichen und ihre Unterstützung bei der Entwicklung zum „autonomen Lerner“,
- die informelle und formale Beteiligung von SchülerInnen an Planung, Durchführung und Auswertung von Lernprozessen und darüber hinaus an der Gestaltung des gesamten schulischen Alltags (Partizipation).

Die verschiedenen Möglichkeiten von Differenzierung und Individualisierung bauen darauf als „Füllung“ auf. Spezielle Angebote für Begabte sind in diesem Modell nicht der Kern der Begabtenförderung, sondern quasi das „Sahnehäubchen“ auf einer fortschrittlichen Pädagogik, die die Potenziale aller SchülerInnen im Blick hat und in ihrer Entfaltung unterstützt. Ein ausführlich dokumentiertes Beispiel für die Umsetzung eines solchen Modells stellt der Schulversuch zur integrativen Förderung von Kindern mit besonderen Begabungen an der 16. Grundschule „Josephine“ in Dresden dar, den der Autor wissenschaftlich begleitet hat (Sächsisches Staatsministerium 2008; Rohrmann 2009a).

Über die konkreten pädagogischen Methoden hinaus ermöglicht und erfordert individualisiertes Lernen systematische Planung und Dokumentation von individuellen Lernprozessen durch Lern- und Entwicklungspläne oder Lernportfolios (Höhmann 2004a, b). Ein wesentlicher Aspekt integrativer Begabtenförderung ist schließlich fortlaufende Reflexion und Evaluation im Team. Dabei geht es neben der immer wieder neu zu beantwortenden Frage nach den Zielen von Begabtenförderung nicht zuletzt darum, Aufwand und Nutzen in ein realistisches Verhältnis zu setzen.

Eine so verstandene Begabtenförderung ist an jeder Schule und in jeder Schulform möglich. Dass die Förderung begabter Kinder einen festen Platz an Grundschulen sowie an Gymnasien haben sollte, ist unmittelbar einleuchtend. Auch und gerade an Gesamtschulen sollte integrative Begabtenförderung einen festen Platz haben. Dabei kann darauf aufgebaut werden, dass an

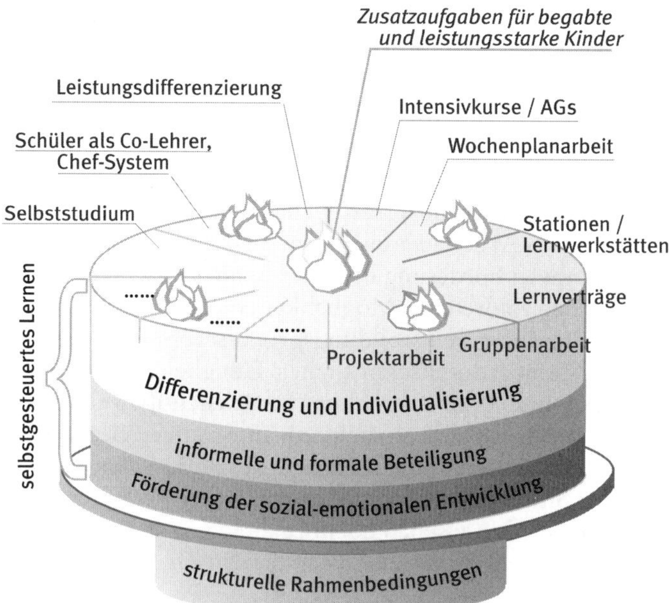


**Abbildung 13:** Die „Differenzierungs-Torte" – Ebenen und Methoden von Individualisierung und Differenzierung

Gesamtschulen sowieso die Notwendigkeit zur Differenzierung besteht. Im Weg steht manchmal eine Tradition von Gesamtschulen, sich schwerpunktmäßig um die Förderung schwächerer SchülerInnen zu kümmern.

Aber auch für Haupt- und Realschulen bzw. neue Modelle einer Einheitsschule macht es Sinn, sich mit Fragen besonderer Begabungen zu befassen. Zum einen geht es darum, den Blick für hochbegabte Underachiever zu schärfen. Das Ziel ist dabei nicht unbedingt, diese SchülerInnen (wieder) an das Gymnasium zu bringen. Insbesondere bei problematischen Schulkarrieren wird stattdessen eine differenzierte Förderung an der bestehenden Schule erforderlich sein. Zum anderen kann ein eher weiter, offener Begriff von Begabung ermöglichen, besondere Potenziale auch bei Kindern und Jugendlichen zu entdecken, die nicht im engeren Sinn (hoch-)begabt im Sinne überdurchschnittlicher kognitiver Leistungsfähigkeit sind.

## Differenzierung als Kern integrativer Begabtenförderung

Die Möglichkeiten der Differenzierung und Individualisierung sind grenzenlos. Ohne Anspruch auf Vollständigkeit seien hier genannt: Wochenplanarbeit, Stationen und Lernwerkstätten, Lernverträge, Gruppenarbeit,

Projektarbeit, Intensivkurse und AGs, Leistungsdifferenzierung, Einsatz von Schülern als Kolehrer bzw. das „Chefsystem“, Freie Stillarbeit, Selbststudium ... Hilfen für die praktische Umsetzung geben z. B. das Extraheft von Praxis Schule 5–10 zu Differenzierung und Individualisierung (Ahlring 2002), das Friedrich-Jahresheft zu Heterogenität (Becker et al. 2004) sowie der Band zu Differenzierung für die Sekundarstufe I und II von Paradies und Linser (2001). Auch viele neuere Lehrbücher sind so strukturiert, dass sie differenzierendes Arbeiten erleichtern.

Bei der integrativen Förderung begabter Kinder und Jugendlicher geht es nun darum, aus den zahlreichen Möglichkeiten diejenigen auszuwählen, die für die Begleitung ihrer Selbstbildungsprozesse besonders geeignet sind. Dazu müssen ihre überdurchschnittlichen Fähigkeiten und die Besonderheiten ihres Lern- und Arbeitsverhaltens berücksichtigt werden. Als Ergebnis der Evaluation eines Schulversuchs zur integrativen Begabtenförderung an der Grundschule beschreiben Henze et al. (2005, 195) sieben „Kriterien lernförderlicher Situationen“. Da die Forscher bei Verhaltensbeobachtungen keine Unterschiede zwischen hochbegabten und leistungsstarken Schülern feststellen konnten, verwenden sie in diesem Zusammenhang beide Begriffe parallel:

1. Hochbegabte/leistungsstarke Schüler setzen ihr Vorwissen ein.
2. Hochbegabte/leistungsstarke Schüler verfolgen zielstrebig eigene Lerninteressen.
3. Hochbegabte/leistungsstarke Schüler arbeiten selbständig.
4. Hochbegabte/leistungsstarke Schüler erweitern ihr Wissen.
5. Hochbegabte/leistungsstarke Schüler treiben den Unterricht voran.
6. Die anderen Schüler profitieren von Kompetenz, Ideen und Hilfe der hochbegabten/leistungsstarken Schüler.
7. Die Lehrkräfte ermöglichen dies durch differenzierte Lernangebote, sie wirken unterstützend und/oder korrigierend auf die Lernprozesse ein.

In der Praxis bedeutet dies zunächst, dass Begabten ein Lernangebot mit hohem Anforderungsniveau, großer Komplexität und weit reichender Autonomie bei der Bearbeitung ermöglicht werden muss. Angebote müssen das zum Teil erhebliche Vorwissen mancher Kinder berücksichtigen und weiter darauf aufbauen. Insbesondere Lehrkräfte, die wenig Erfahrung mit Differenzierung haben, werden immer wieder überrascht sein, wie mühelos Hochbegabte auch in den Augen der Lehrkräfte „schwierige“ Anforderungen bewältigen. Bereits in der Grundschule werden sie damit leben müssen, dass sich diese Kinder mit Fragen beschäftigen, für deren Beantwortung ihr Wissen trotz Lehramtsstudium nicht ausreicht. Sie müssen den Anspruch aufgeben, auf jede Frage eine Antwort geben zu können und immer besser Bescheid zu wissen als die SchülerInnen – was manchmal nicht so leicht ist.

Die entscheidenden „Zutaten" integrativer Begabtenförderung sind auf der einen Seite ein hohes Anforderungsniveau vor allem im Sinne von Komplexität, auf der anderen Seite ein großes Ausmaß individueller Förderung. Diese beiden Dimensionen können weit gehend voneinander unabhängig sein. So ermöglicht die Arbeit mit Lernverträgen weitgehende Individualisierung und kann auf jedes Anforderungsniveau abgestimmt werden. Die Vorbereitung und Verabredung eines Lernvertrags auf hohem Niveau kann allerdings im Einzelfall recht aufwändig sein, und dies umso mehr, je mehr sich Anforderungsniveaus und Interessen der SchülerInnen voneinander unterscheiden. Bei Wettbewerben steht dagegen ein hohes Anforderungsniveau im Vordergrund, weniger die individuelle Förderung. Auch das Angebot eines Intensivkurses Mathematik wiederum ermöglicht ein hohes Anforderungsniveau, aber weniger individuelle Förderung – außer wenn die Personalsituation es ermöglicht, den Kurs für sehr wenige SchülerInnen anzubieten.

Verschiedene Methoden der Leistungsdifferenzierung nehmen in Maßnahmen der Begabtenförderung einen zentralen Platz ein. Die Frage, welchen Stellenwert Leistung, Leistungsbeurteilungen und Leistungsvergleiche in der Schule haben sollten, ist so grundlegend und wird so kontrovers gesehen, dass sie hier nicht ausführlich erörtert werden kann. Dass individuelles und differenziertes Lernen auch ohne Leistungsdifferenzierung möglich ist, zeigt jedoch das Beispiel Schweden, wo es bis zur 8. Klasse keine Noten gibt. Eine strikte Leistungsdifferenzierung verbietet dort das Gesetz. Kahl (2004, 125) berichtet: „Bereits in der ‚grundskola' fallen Selbständigkeit, Gelassenheit und Zusammenarbeit der Schüler auf. Ihre Arbeitshaltung beeindruckt die Besucher am meisten. ‚Obwohl es bis zur achten Klasse keine Noten und keine Leistungsdifferenzierung gibt?', fragen die Deutschen. Und die Schweden fragen verwundert zurück, ‚Warum sagen Sie eigentlich *obwohl*?'"

Eine besondere Chance und Herausforderung integrativer Begabtenförderung liegt darin, dass andere Kinder von der Kompetenz begabter und leistungsstarker Kinder profitieren können. Grundsätzlich gibt es dafür drei Möglichkeiten:

- Präsentation von individuellen Arbeitsergebnissen
- Gruppenarbeit
- Einsatz von SchülerInnen als „Chefs" oder „Kolehrer"

Präsentationen von Arbeitsergebnissen sind sowohl ein wichtiges Lernfeld für die SchülerInnen, die eine Präsentation durchführen, als auch ein interessantes Angebot für die anderen SchülerInnen. Lediglich das Zeitproblem ist zu bedenken. Wenn alle Kinder individuelle Arbeitsergebnisse vorstellen wollen, erfordert dies viel Zeit – oder muss vom Umfang her klar strukturiert und begrenzt werden. Für gute Gruppenarbeit sind soziale Kompetenzen und insbesondere Konfliktfähigkeit Voraussetzung. Ansonsten besteht die Gefahr, dass schnellere Kinder genervt davon sind, dass andere nicht so schnell mitkommen, oder aber die Arbeit für die anderen mit übernehmen. Gerade leistungsstarke SchülerInnen sind daher nicht immer von Gruppenarbeit begeistert: „Da hat man lieber 'ne ganze Seite allein erledigt, als dass man sich geeinigt hat."

Ein zwiespältiges Unterfangen ist der Einsatz von SchülerInnen als „Chefs" oder „Kolehrer/in". Einerseits können alle Beteiligten davon profitieren, wenn SchülerInnen aktiv Verantwortung für Lernvorgänge übernehmen und sich gegenseitig unterstützen. Nicht zuletzt kann es den mit differenzierenden Maßnahmen verbundenen Aufwand deutlich reduzieren: Je weniger Lehrkräfte Unterstützungs- und Kontrollfunktionen bei *allen* Kinder übernehmen müssen, umso mehr Zeit haben sie für die differenzierte Förderung Einzelner. Andererseits kann die Rolle als „Kolehrer/in" für die jeweiligen Schüler auch zum Problem werden.

So hatten Kinder einer Dresdner Grundschule unterschiedliche Ansichten zur Frage, wie es ist, „Chef" oder „Kinder-Lehrer/in" zu sein. Manche fanden kein Problem dabei, aber andere berichteten von Schwierigkeiten: „Da kommen immer Kinder zu einem und wollen etwas erklärt bekommen oder kontrollieren lassen, da kann man sich gar nicht mehr richtig auf die eigene Arbeit konzentrieren" – Probleme, die ja auch Erwachsenen in Leitungspositionen bekannt sind. „Chef" zu sein muss also gelernt werden! Bedacht werden muss auf der anderen Seite gerade im Rahmen integrativer Begabtenförderung, was es für leistungsschwache SchülerInnen bedeuten kann, selten oder nie Chef zu sein. Vor diesem Hintergrund verlangt der Einsatz dieser Methode fortwährende Reflexion. Dabei muss unterschieden werden zwischen Situationen, in denen SchülerInnen von sich aus eine solche Rolle übernehmen (z. B. bei Gruppenarbeit), und Situationen, in denen von der Lehrkraft ein solcher Auftrag ausdrücklich erteilt wird. Gefragt werden kann danach, ob immer dieselben SchülerInnen die Rolle als „Kolehrer/in" innehaben, wer sich aktiv darum bemüht und wie mit SchülerInnen umgegangen wird, die diese Rolle evtl. auch einmal ausüben könnten, aber dies nicht von sich aus anstreben.

Das Hauptproblem, das Lehrkräfte mit Differenzierung und Individualisierung haben, ist der damit verbundene Aufwand. Dies gilt sowohl für viele der genannten Methoden als auch für die systematische Erfassung von Lern- und Entwicklungsverläufen. So wird die Arbeit mit Portfolios von Pädagogen und Verantwortlichen auf übergeordneten Ebenen hoch gelobt. Eine Reihe von interessanten und brauchbaren Vorlagen für Lern- und Förderpläne hat z. B. Höhmann (2004b) zusammengestellt. In der Praxis werden Lern- und Entwicklungspläne oder Portfolios jedoch kaum eingesetzt, weil der hohe Aufwand beklagt wird, der dafür erforderlich sei.

Allerdings ist festzuhalten, dass ein schülerzentrierter Unterricht mit leistungsstarken und selbständigen Kindern – und viele Kinder mit besonderen Begabungen sind das – leichter ist als mit lernschwachen Kindern, die mehr und kleinschrittige Unterstützung benötigen. Oft werden sie selbst in der Lage sein, zu entscheiden, welche Methode gerade richtig für sie ist. Vor diesem Hintergrund muss die Förderung begabter Kinder nicht übermäßig aufwändig sein: Moderne Unterrichtsformen, die SchülerInnen beteiligen und Lehrkräfte von der ständigen „Vortanzrolle“ entlasten, funktionieren mit ihnen besonders gut (Rohrmann 2009a). Darüber hinaus sind sie die eine gute Möglichkeit, auch angesichts schwieriger Personalsituationen den SchülerInnen ein kontinuierliches inhaltliches Arbeiten zu gewährleisten.

## Besondere Angebote für Begabte

Grundsätzlich gilt: Je besser Differenzierung und Individualisierung in der Klasse realisiert werden, umso weniger sind besondere Zusatzangebote für Begabte erforderlich. Über die beschriebenen Ansätze hinaus sind aber auch spezielle Angebote für begabte und leistungsstarke Kinder Bestandteil integrativer Begabtenförderung. Das können individuelle Zusatzaufgaben sein, kleine oder größere (Gruppen-)Projekte oder auch umfangreiche Vorhaben, die von den Begabten eigenständig entworfen und durchgeführt werden. Möglich ist, die Ergebnisse wieder in die Klasse einzubringen.

Eine grundlegende Kontroverse in der Begabtenförderung ist dabei die Frage, ob und inwieweit spezifische Begabungen (z. B. mathematische oder sprachliche Begabung) frühzeitig erkannt und gezielt gefördert werden müssen – oder aber ob Begabtenförderung im Sinne von „Ganzheitlichkeit“ eher Einseitigkeit entgegenwirken soll und daher bei einseitigen Interessen vor allem eine „kompensatorische“ Funktion haben sollte. Dies ist ein wichtiger Hintergrund für die Begründung und Bewertung von Angeboten und Anforderungen über den Lehrplan hinaus.

Die US-amerikanischen Begabungsforscher um Lubinski et al. (2001a; 2001b) befürworten eine frühe Unterstützung spezieller Begabungen, d. h. konkret die Förderung mathematisch-naturwissenschaftlicher vs. verbal-geisteswissenschaftlicher Orientierungen, obwohl dies gegen das Leitbild einer vielseitigen und breit angelegten Entwicklungsförderung spricht. Für problematische psychologische Folgen einer deutlichen intellektuellen Spezialisierung sehen sie keine Belege. In der konkreten Praxis ist allerdings zu reflektieren, wie es sich im Langzeitverlauf auswirken kann, wenn eine SchülerIn den anderen in einem Bereich voraus ist und daher hier gezielt und zusätzlich gefördert wird. Handelt es sich um einen zeitweiligen Entwicklungsvorsprung, den die anderen später aufholen? „Erledigt“ er/sie einen Bereich früher als andere und kann sich später dann anderen Bereichen und Themen widmen? Oder spezialisiert er/sie sich auf das Thema und benötigt immer mehr und immer anspruchsvolleren Stoff, entfernt sich dabei aber immer weiter vom Durchschnitt seiner Altersgruppe? Dies muss insbesondere dann bedacht werden, wenn eine entsprechende Förderung in der Grundschule beginnt, ohne dass sichergestellt werden kann, dass an der weiterführenden Schule darauf aufgebaut werden kann. Für die Sekundarstufe II schließlich ist eine Zusammenarbeit von Gymnasien mit Universitäten erforderlich, wenn das Konzept einer kontinuierlichen Förderung von spezifischen Begabungen erfolgreich umgesetzt werden soll.

In Deutschland wird überwiegend ein „ganzheitliches“ Konzept von Begabtenförderung vertreten. Bei Kindern und Jugendlichen mit sehr spezialisierten Fähigkeiten richten PädagogInnen den Blick häufig auf Defizite in anderen Bereichen und neigen dazu, kompensatorische Maßnahmen zu befürworten („er soll sich nicht immer nur mit Technik beschäftigen“). Auch Förderung, die nicht besondere Stärken von Kindern im Blick hat, muss allerdings „auf den Spuren der Kinder“ erfolgen, d.h. an ihren Interessen, Lernbedürfnissen und Selbstbildungsprozessen ansetzen. Sonst wird Begabtenförderung zu einem „Gemischtwarenladen“, in dem für alle etwas dabei ist, ohne dass ersichtlich ist, welche Bedeutung die Angebote für die jeweiligen Kinder konkret haben, und läuft Gefahr, an den Bedürfnissen von Kindern und Jugendlichen vorbeizugehen. Für die konkrete Planung von Maßnahmen müssen daher die folgenden Fragen differenziert beantwortet werden: Welche individuellen Defizite werden wahrgenommen oder befürchtet? Wie soll die durchzuführende Maßnahme diesen Defiziten entgegenwirken? Und wie wird dabei an den Stärken und Interessen des Schülers/der Schülerin angesetzt?

## Reflektierte Koedukation

Kinder sind nicht einfach Kinder, sondern Jungen und Mädchen. Dass dies auch für begabte Kinder und Jugendliche gilt, ist in diesem Buch immer wieder deutlich geworden. Wie kann Begabtenförderung dies berücksichtigen und die besonderen Bedürfnisse und Themen von Jungen und Mädchen aufgreifen?

Ein geschlechtsbewusster Ansatz in der Begabtenförderung beginnt mit der Wahrnehmung geschlechtstypischer Unterschiede im Erscheinungsbild von begabten Jungen und Mädchen. Zunächst steht dabei die Erfahrung im Vordergrund, dass ganz allgemein potenziell hochbegabte Mädchen deutlich seltener in den Blick geraten als potenziell hochbegabte Jungen. Geschlechtstypische Verhaltenstendenzen von Kindern und Jugendlichen tragen dazu bei, dass hochbegabte Mädchen weniger auffallen als Jungen. Andererseits gibt es auch Jungen, die versuchen, möglichst unauffällig zu sein, oder ihre Fähigkeiten verstecken, um nicht in Konflikte mit ihren Peers zu geraten.

Bei fachlichen Inhalten geht es wie in anderen Zusammenhängen auch um eine Balance zwischen der Zumutung von Themen und dem Aufgreifen der Themen von Jungen und Mädchen. Wie bereits dargestellt, sind die Interessen auch hochbegabter Jungen und Mädchen oft sehr geschlechtstypisch. Oft interessieren sich Kinder wenig für Bereiche, die dem anderen Geschlecht zugeordnet werden, und können darum Fähigkeiten in diesen Bereichen nicht entdecken, geschweige denn entwickeln. Dem können Lehrkräfte mit gezielten Angeboten entgegenwirken. Möglich ist auch, dass Kinder und Jugendliche mit geschlechtsuntypischen Interessen ausgegrenzt oder lächerlich gemacht werden. Bei Jungen kann in manchen Entwicklungsphasen schon das Interesse an schulischen Themen an sich zu spöttischen und abwertenden Bemerkungen von Klassenkameraden führen. Spätestens hier sind pädagogische Interventionen erforderlich, die nicht nur Einzelne schützen müssen, sondern den Umgang miteinander sowie Bewertungen abweichenden Verhaltens mit allen Jungen bzw. Mädchen thematisieren.

Besonders offensichtlich sind Geschlechterunterschiede zuungunsten von Mädchen im mathematisch-naturwissenschaftlichen Bereich (Stapf 2009). Vor diesem Hintergrund gab es etliche Versuche zur teilweisen Aufhebung der Koedukation insbesondere in naturwissenschaftlichen Fächern. Die Ergebnisse dieser zum größten Teil in der Sekundarstufe durchgeführten Forschungen sind allerdings widersprüchlich. Der entscheidende Schlüssel für bessere Leistungen ist vermutlich nicht die Frage des gemeinsamen oder getrennten Unterrichts, sondern die Reflexion geschlechtstypischer Attributionen von Erfolg und Misserfolg. Heller (2002, 247) ist der Ansicht, dass Reattributionstrainings mehr und dauerhafter zur Beseitigung von Geschlechtsunterschieden im mathematisch-naturwissenschaftlichen Gymnasialunterricht beitragen als geschlechtsgetrennter Unterricht. Zudem sei der damit verbundene Aufwand geringer.

Über fachliche Inhalte hinaus sind geschlechtsdifferenzierende Herangehensweisen wichtig für Maßnahmen, die Persönlichkeitsentwicklung, Kommunikation und Sozialverhalten fördern sollen. Hier kann am reichen Erfahrungsschatz der geschlechtsbezogenen Pädagogik, Jungen- und Mädchenarbeit angesetzt werden (z.B. Jantz/Brandes 2006; Kaiser 2001; Koch-Priewe 2002; Rohrmann, T. 2007). Ein geschlechtsbewusster Blick ist schließlich vor allem dann wichtig, wenn es um das Verständnis von Verhaltensauffälligkeiten und Schwierigkeiten begabter Mädchen und Jungen geht.

## Fortlaufende Reflexion und Selbstevaluation

Dieser Überblick hat gezeigt, dass es zahlreiche praktische Ideen und Methoden zur Förderung von Kindern mit besonderen Begabungen gibt. Allerdings wurde bislang kaum einmal untersucht, ob all diese Fördermaßnahmen tatsächlich die beabsichtigten Effekte erbringen – und oft wird noch nicht einmal genau spezifiziert, welche Effekte überhaupt beabsichtigt sind. Systematische Reflexion und Evaluation sollten daher wesentlicher Bestandteil von Maßnahmen der Begabtenförderung sein (vgl. Kapitel 7.8). Ausgangspunkt von Selbstevaluation können die folgenden drei Fragen sein:

- Welche Ziele haben Vorhaben zur Förderung begabter Kinder und Jugendlicher?
- Mit welchem Aufwand sind verschiedene Maßnahmen verbunden, und wie ist das Verhältnis von Aufwand und Nutzen?
- Was „bringen“ bestimmte Maßnahmen für die Förderung begabter Kinder bzw. Jugendlicher? Für wen sind welche Methoden geeignet? Welche Probleme und Risiken können mit ihnen verbunden sein?

Die Frage nach den Zielen von Begabtenförderung muss immer wieder gestellt werden, auch und gerade wenn sie in Rahmenvereinbarungen oder Schulprogrammen festgeschrieben worden sind. Diese Formulierungen sind meist so allgemein und umfassend, dass sie bei der Gestaltung der konkreten Praxis nicht viel weiterhelfen. Stattdessen müssen Ziele für konkrete Vorhaben formuliert werden, die sich in der Praxis überprüfen lassen. Dies wiederum wird nicht selten dazu führen, dass auch allgemeine Zielvorstellungen infrage gestellt oder verändert werden müssen. Einige Anregungen zur Reflexion von allgemeinen Zielen der Begabtenförderung wurden bereits zu Beginn dieses Kapitels gegeben.

**Fallbeispiel 18: Reflexion integrativer Begabtenförderung**

*In einem Modellversuch zur integrativen Begabtenförderung an der Grundschule stand anfangs das Ziel im Vordergrund, Kindern ein möglichst breites und vielfältiges Angebot an interessanten und anspruchsvollen Themen bereitzustellen. Dies wurde durch zahlreiche Kurse realisiert, die teils parallel zum Unterricht, teils am Nachmittag angeboten wurden.*

*Im Verlauf des Versuchs zeigte sich, dass dies nicht nur mit erheblichem organisatorischem Aufwand für die beteiligten Fachkräfte verbunden war, sondern zum Teil auch für die Kinder eine Belastung darstellte. Die Kinder, die nachmittags in der Regel den an die Schule angeschlossenen Hort besuchen, waren oft nicht begeistert davon, ihr Spiel für das Kursangebot unterbrechen zu müssen. So fragte eines Nachmittags ein Kind die Betreuerin mit Tränen in den Augen, ob es weiterspielen dürfe oder zu einem Kreativkurs gehen müsse.*

*Die Reflexion ergab, dass hinter dem umfangreichen Angebot nicht zuletzt der Druck von Eltern stand. So wurde vermutet, dass Eltern ihre Kinder überfordern oder „sich auf Kosten der Kinder selbst verwirklichen wollen“. Andererseits standen auch die Lehrkräfte unter Druck, als Schulversuch den Eltern ein breiten Angebot zur Förderung ihrer Kinder machen zu müssen. Auf der anderen Seite stellte sich heraus, dass durch die ständigen Unterbre-*

*chungen des Nachmittags die Möglichkeiten des Horts eingeschränkt waren, Interessen der Kinder aufzugreifen und ihre Selbstbildungsprozesse zu begleiten.*

*Ergebnis der Reflexion war, das Kursangebot zu begrenzen und nicht mehr an allen Tagen stattfinden zu lassen. Dies bedeutete eine Veränderung von Zielsetzungen: Wichtiger als ein möglichst breites Angebot wurde es, den Kindern Raum und Zeit zu geben, ihre eigenen Themen und Interessen zu entfalten.*

Im Alltag ist es nicht möglich, jedes Vorhaben und jede pädagogische Methode ausführlich zu reflektieren. Dennoch kann Begabtenförderung auf eine kritische Reflexion der durchgeführten Maßnahmen und der dabei eingesetzten Methoden nicht verzichten. Ziel ist dabei nicht, die „ideale" Fördermaßnahme herauszufinden, sondern die besonderen Chancen und Potenziale verschiedener Maßnahmen zu konkretisieren. Dies kann dann Ausgangspunkt für individuelle Förderung sein. Für die Evaluation von Fördermaßnahmen und Methoden der Begabtenförderung haben wir verschiedene Verfahren entwickelt, die unter anderem in der wissenschaftlichen Begleitung eines Schulversuchs zur integrativen Begabtenförderung an der Grundschule erprobt wurden (Rohrmann 2009a). Dabei geht es nicht darum, strenge wissenschaftliche Kriterien einzuhalten, sondern Werkzeuge bereitzustellen, die sowohl eine Bewertung ermöglichen als auch direkte Hinweise für die Veränderung der pädagogischen Praxis geben können.

Ein grundlegendes Problem von Modellprojekten und innovativen Vorhaben ist, dass sie in der Regel einen erheblichen Einsatz verlangen. Ein solch großes Engagement kann auf die Dauer nicht durchgehalten werden, was erklärt, warum gute Erfahrungen von Modellprojekten so oft nicht in den regulären Alltag überführt werden können. Eine zentrale Frage ist in diesem Zusammenhang das Verhältnis von Aufwand zu Nutzen. Weil es dabei in erster Linie darum geht, wie dieses Verhältnis empfunden wird, macht es Sinn, hierzu zunächst subjektive Einschätzungen von Lehrkräften einzuholen. Konkret kann dies erfolgen, indem für verschiedene Maßnahmen jeweils der subjektiv eingeschätzte Nutzen und der empfundene Aufwand auf einer Skala von eins bis zehn eingeschätzt werden. Die Differenz der beiden Werte ergibt eine Aussage über das Verhältnis von Aufwand und Nutzen, die zwar testtheoretisch in keiner Weise fundiert ist, aber ein guter Ausgangspunkt für die Reflexion verschiedener Fördermaßnahmen und Methoden sein kann.

Im erwähnten Modellversuch ergab sich zum Beispiel, dass das Verhältnis von Aufwand zu Nutzen immer dann besonders günstig war, wenn Kinder in die Maßnahmen aktiv mit einbezogen waren, z. B. durch die Beteiligung von Kindern an der Planung, den Einsatz als KolehrerInnen oder in Lernverträgen (Rohrmann 2009a, 134ff). Dass die aktive Beteiligung von

Kindern auch für Selbstbildungsprozesse zentral ist, macht dieses Ergebnis doppelt interessant.

Sehr erhellend ist darüber hinaus der Vergleich der Aussagen verschiedener Lehrkräfte. Er kann nicht nur Ansatzpunkt für eine Diskussion über den Sinn verschiedener Maßnahmen sein, sondern auch und vor allem erhebliche Unterschiede im Aufwand deutlich machen, den verschiedene Lehrkräfte mit bestimmten Maßnahmen verbinden. Von einem entsprechenden Austausch können alle Beteiligten profitieren. Im genannten Fall führte er nicht zuletzt dazu, dass eine intensivere Zusammenarbeit im Team vereinbart und organisatorisch realisiert wurde.

Um den Nutzen verschiedener Methoden besser einschätzen zu können, ist es erforderlich, Stärken und Schwächen der Methoden differenziert zu analysieren. Dazu lassen sich zum Beispiel die auf S. 174 sieben genannten „Kriterien lernförderlicher Situationen“ verwenden. Ob diese Kriterien bei konkreten Maßnahmen erfüllt sind, kann durch systematische Beobachtungen im Rahmen von wissenschaftlicher Forschung untersucht werden. Aber auch die einfache Reflexion einzelner Maßnahmen anhand dieser Kriterien kann auf Chancen, Grenzen und Risiken der jeweiligen Maßnahme hinweisen. Auf diese Weise können Stärken und Schwächen verschiedener Methoden verglichen werden, was für die individuellen Lern- und Entwicklungsplanung hilfreich sein kann. So wird für ein Kind, das gewohnt ist, eigenbrötlerisch vor sich hinzuarbeiten, möglicherweise eine Maßnahme angezeigt sein, bei der andere von den Ergebnissen profitieren können (Punkt 6), z. B. ein Einsatz als „Kolehrer“. Kommt ein Kind dagegen nicht dazu, seine eigenen Themen weiterzuverfolgen, weil es sich ständig von den Wünschen und Bedürfnissen anderer Kinder ablenken lässt, sollte eine Maßnahme ergriffen werden, die das Verfolgen eigener Lerninteressen (Punkt 2) in den Vordergrund stellt, z. B. ein allein bearbeiteter Lernvertrag.

## 7.5 Vorzeitige Einschulung und Überspringen von Klassenstufen

Nicht immer ist eine angemessene Förderung von begabten Kindern in ihrem bestehenden Lernumfeld möglich. Dann wird in der Begabtenförderung oft *Akzeleration* im Sinne einer Aufnahme in Lerngruppen älterer Kinder empfohlen und durchgeführt. Vorzeitige Einschulung und Überspringen sind nicht zuletzt deshalb verbreitet, weil sie eine Veränderung der Lernsituation von Kindern ermöglichen, ohne dass grundsätzlich etwas an den Strukturen des Bildungssystems verändert werden muss – das Kind, das für sein Alter „zu weit“ ist, wird einfach nach oben abgegeben. Dies liegt nicht zuletzt daran, dass das traditionelle deutsche Schulsystem auf altershomogenen Gruppen aufbaut, die die Schulstufen Schritt für Schritt gemeinsam vorangehen. Während in Kindertageseinrichtungen altersübergreifende Gruppen inzwischen üblich sind, sind entsprechende Ansätze im Schulsystem bislang eher selten. Zunehmend verbreitet sind lediglich verschiedene Modelle einer flexiblen Schuleingangsphase, die es ermöglichen, den ersten Schulabschnitt in ein bis drei Jahren zu durchlaufen (s. u.).

Vor diesem Hintergrund sind vorzeitige Einschulung und Überspringen manchmal die einzige Möglichkeit, entwicklungsschnellen bzw. begabten Kindern eine angemessene Lernumgebung bereitzustellen. Gleichzeitig sind mit einem solchen Schritt Risiken in der sozial-emotionalen Entwicklung verbunden, da die Altershomogenität im Schulsystem dazu führt, dass „akzelerierte" Kinder immer jünger als der Durchschnitt ihrer schulischen Bezugsgruppe sind. Eine entsprechende Entscheidung ist daher immer sorgfältig zu bedenken.

## Vorzeitige Einschulung: „Wer kann, soll auch dürfen"

Mit dem Hinweis auf andere Länder, in denen die Kinder oft schon beträchtlich früher, also mit fünf oder sogar vier Jahren, eingeschult werden, ist auch in Deutschland seit einiger Zeit eine Tendenz zur früheren Einschulung festzustellen. Eine frühere Einschulung kommt, so glaubt man, auch den besonders begabten Kindern zugute, weil sie dann nicht mehr „nur" spielen und betreut werden, sondern etwas lernen und gefördert werden. Hinter diesen Argumentationen steckt damit oft die Abwertung von Kindertageseinrichtungen als einem Ort, an dem nichts gelernt wird und darum wertvolle Zeit für die Entwicklung des Kindes verloren geht.

Zentral für die Begabtenförderung im Vor- und Grundschulalter ist aber nicht die Frage des Einschulungstermins. Gelingt es Kindertageseinrichtungen und Grundschulen, sich zu offenen Bildungsorten (weiter) zu entwickeln und das negative Image des betulichen Spielorts abzulegen, ist auch dort eine differenzierte Förderung von Kindern mit besonderen Begabungen möglich.

In den letzten Jahren wurden zudem in vielen Bundesländern die Bestimmungen für eine vorzeitige Einschulung deutlich gelockert. Heute ist es in der Regel kein Problem mehr, so genannte „Kann-Kinder" einzuschulen. Dagegen ist sicherlich nichts einzuwenden – frei nach dem Motto „Wer kann, soll auch dürfen". Eine Entscheidung über eine vorzeitige Einschulung muss dabei sowohl die aktuellen Bedingungen im Kindergarten als auch die zu erwartende Situation in den ersten Klassen der Grundschule bedenken.

Eine vorzeitige Einschulung von Kindern mit Entwicklungsvorsprüngen ist in der Regel nur dann sinnvoll, wenn die Lernumgebung des Kindergartens nicht mehr genügend Herausforderungen für sie bereitstellen kann, was jeweils im konkreten Fall eingeschätzt werden muss. Wenn sich ein Kind im Kindergarten wohl fühlt, spannende Dinge entdecken kann und nicht ständig unterfordert ist, besteht kein Anlass, es früher einzuschulen. Hier spielt eine entscheidende Rolle, inwieweit der jeweilige Kindergarten bereit und in der Lage ist, auf individuelle Bedürfnisse von entwicklungsschnellen Kindern einzugehen, z.B. durch differenzierte Lern- und Entwicklungspläne.

Auf der anderen Seite nutzt eine gute Förderung im Kindergarten wenig, wenn sie in der Grundschule nicht weitergeführt wird. Es muss daher mit bedacht werden, inwieweit die zukünftige Grundschule Binnendifferenzierung ermöglicht und individuellen Interessen und Lernbedürfnissen von Kindern Raum gibt. Dies gilt im Übrigen nicht nur für Kinder mit deutlichen Entwicklungsvorsprüngen oder besonderen Begabungen, sondern für viele neugierige und wache Kinder, die in Elternhaus und Kindergarten gut gefördert worden sind.

Wenn eine differenzierte Förderung in Kindergarten und Grundschule nicht stattfindet und/oder ein Kind seiner Altersgruppe extrem weit voraus ist, ist in jedem Fall eine vorzeitige Einschulung zu empfehlen. Voraussetzung dafür ist neben der körperlichen Schulreife die Erwartung, dass das betreffende Kind den Leistungsanforderungen der ersten Klasse gewachsen sein wird. Zudem müssen seine Interessen und vor allem seine Anstrengungsbereitschaft entsprechend entwickelt sein. Kinder, die zwar über eine hohe kognitive Leistungsfähigkeit verfügen, aber am liebsten den ganzen Tag spielen möchten, werden nicht glücklich, wenn sie täglich mehrere Stunden auf der Schulbank sitzen müssen. Auch eine von manchen Eltern angestrebte Einschulung schon mit vier Jahren ist unangemessen. Hier sollte auch dann, wenn eine herausragende kognitive Entwicklung festgestellt wird, eine differenzierte Förderung im Kindergarten oder auch im Freizeitbereich angestrebt werden.

Dass ein Kind „noch so kindlich“ bzw. „noch nicht so weit in der sozialen Entwicklung“ ist, spricht dagegen nicht gegen eine frühere Einschulung. Immer wieder gibt es Beispiele von kognitiv sehr leistungsfähigen Fünf- bis Sechsjährigen, die im Kindergarten durch regressives Verhalten auffallen. Werden diese Kinder dann in die Schule aufgenommen, manchmal auch kurzfristig ins laufende erste Schuljahr, stellt sich sofort eine erhebliche Veränderung ihres Verhaltens ein: Sie passen sich ihrer Umgebung an.

Wichtig ist weiter, dass die Schule bzw. die zuständigen Lehrkräfte für eine Altersmischung bzw. Aufnahme jüngerer SchülerInnen grundsätzlich aufgeschlossen sind. Sie müssen akzeptieren, dass diese Kinder manche Dinge sehr schnell begreifen, in anderen Dingen aber altersgemäß entwickelt sind – und damit nicht im Klassendurchschnitt liegen. Dies kann feinmotorische Fähigkeiten betreffen, z.B. beim Schreiben, aber auch Aspekte des sozialen Verhaltens, z.B. ein Bedürfnis nach besonderer Nähe zur Lehrperson.

Eine psychologische Diagnostik ist für eine Entscheidung zur vorzeitigen Einschulung nicht unbedingt erforderlich. Sie dient oft in erster Linie der Sicherheit der Eltern. Zu empfehlen ist sie in jedem Fall dann, wenn widersprüchliche Einschätzungen von Eltern, ErzieherInnen, Schulreifeuntersuchungen oder anderen Fachleuten vorliegen.

Zukunftsweisend auch für die Begabtenförderung ist die Einführung der flexiblen Schuleingangsphase, in der der erste Schulabschnitt in ein, zwei oder auch drei Jahren durchlaufen werden kann (siehe unten). Zum einen ermöglicht und erfordert sie einen differenzierten Unterricht, zum anderen kann die Entscheidung über den weiteren Schulverlauf aus der konkreten Erfahrung in der Schule heraus getroffen werden.

## Überspringen von Klassenstufen

Wie die vorzeitige Einschulung ist auch eine Verkürzung der Schulzeit ein Thema, das unabhängig vom Thema Hochbegabung seit längerem diskutiert wird. Ausgangspunkt dafür war zum einen eine Angleichung der Schulsysteme in Ost und West nach der Wiedervereinigung, zum anderen die zunächst vor allem von Seiten der Wirtschaft geäußerte Kritik, dass (west-)deutsche SchülerInnen und StudienabsolventInnen im europäischen Vergleich zu alt seien. In einigen Ländern der ehemaligen DDR wurde die zwölfjährige Schulzeit auch bei der Anpassung des Schulsystems an gesamtdeutsche Standards beibehalten. In Westdeutschland wurde eine entsprechende Verkürzung zunächst nur in vereinzelten Programmen für besonders leistungsstarke Schüler erprobt. Inzwischen ist sie zu einer verbreiteten Forderung geworden und in einigen Bundesländern bereits Realität.

Entscheidend für eine Verkürzung der Schulzeit ist die Frage, an welchem Zeitpunkt diese angesetzt wird. Die flexible Schuleingangsphase ermöglicht eine Verkürzung der Grundschulzeit auf drei Jahre. Bei der Umstellung des auf 13 Jahre zugeschnittenen gymnasialen Lehrplans auf zwölf Jahre wird manchmal die Sekundarstufe I um ein Jahr verkürzt, indem der Stoff der Klassen 7 bis 10 auf drei Jahre umverteilt wird. In anderen Modellen wird das elfte Schuljahr „eingespart“, das bislang dazu diente, nach Abschluss der Sekundarstufe I eine gemeinsame Ausgangsbasis für alle SchülerInnen herzustellen. Alle diese Modelle können in manchen Fällen ein individuelles Überspringen überflüssig machen.

Im Umgang mit individuellen Leistungs- und Entwicklungsunterschieden sollten Maßnahmen der Binnendifferenzierung in der bestehenden Klasse generell Vorrang haben. Ein individuelles Überspringen ist nur dann zu empfehlen, wenn in der momentanen Klasse eine differenzierte Förderung nicht stattfindet oder das Kind den Klassenkameraden extrem weit voraus ist. An einer Entscheidung über das Überspringen einer Klassenstufe sollten die Schüler selbst in jedem Fall beteiligt werden. Dies gilt auch für das Grundschulalter. Dabei muss jedoch klar sein, dass die Verantwortung für die Entscheidung letztlich bei den Erwachsenen liegt. Kinder können die langfristigen Folgen eines solchen Wechsels nicht überblicken, auch wenn sie der Entscheidung zustimmen oder sogar darauf drängen. Wird ihnen zu viel Verantwortung zugemutet, dann ist zu befürchten, dass sie sich später für eventuelle negative Konsequenzen selbst die Schuld geben.

Für ein Überspringen gibt es besser und weniger gut geeignete Zeitpunkte. Eher ungünstig ist ein Überspringen in Jahrgängen, in denen Lernvorgänge neu begonnen oder abgeschlossen werden:

- die vierte Klasse (in der vierjährigen Grundschule), weil hier die Lernprozesse der Grundschule abgeschlossen werden und die Vorbereitung auf die weiterführende Schule im Vordergrund steht;
- die fünfte, sechste und siebte Klasse, weil hier eine Fremdsprache neu begonnen wird;
- die achte oder neunte Klasse, wenn naturwissenschaftliche Fächer neu aufgenommen werden; zudem ist dieser Jahrgang auch in Hinsicht auf die psychosoziale Entwicklung oft ein ungünstiger Zeitpunkt;
- die zehnte Klasse, weil hier der Abschluss der Sekundarstufe 1 erreicht wird.

Angesichts verschiedener Regelungen zur Verkürzung der Schulzeit muss die Frage des Überspringens sehr individuell entschieden werden. Ist eine Entscheidung zu Gunsten des Überspringens getroffen worden, muss der Übergang sorgfältig begleitet werden. Dabei müssen sowohl die fachlichen Anforderungen als auch soziale Aspekte berücksichtigt werden. Sinnvoll ist eine Probezeit, in der alle Beteiligten überprüfen können, ob die Entscheidung richtig ist.

Alternativen zum Überspringen einer Klassenstufe sind ein zeitweiser Unterricht in der höheren Klassenstufe (Drehtürmodell), offene altersübergreifende Angebote zum eigenständigen Lernen z.B. in Werkstätten oder aber ein Schulwechsel sowie längere Auslandsaufenthalte. Ein stundenweiser Wechsel zum Fachunterricht einer höheren Klasse kann eine Möglichkeit insbesondere bei spezifischen Begabungen sein, ist allerdings oft mit erheblichem organisatorischem Aufwand verbunden. Wenn in der momentanen Schulsituation keine differenzierte Förderung stattfindet, kann der Wechsel auf eine andere Schule ermöglicht werden. Bislang kommt dafür in vielen Fällen nur der Wechsel auf eine Privatschule infrage, wobei es sich nicht unbedingt um eine Sondereinrichtung für Hochbegabte handeln muss. Die wachsende Autonomie von Schulen sowie die Verbreitung von Modellen der integrativen Begabtenförderung lässt erwarten, dass sich in Zukunft auch staatliche Schulen mehr eigenes Profil geben und differenziertere Lernangebote entwickeln. Damit wird es häufiger möglich sein, im näheren Umkreis eine Schule mit besseren Fördermöglichkeiten zu finden.

Kinder oder Jugendliche können auch für einen längeren Auslandsaufenthalt aus der Schule genommen werden. Dies kann nicht nur für die persönliche Entwicklung bereichernd sein, sondern stellt auch erhöhte Anforderungen beim dann notwendigen Nacharbeiten des verpassten Schulstoffs. Beim verbreiteten Austauschjahr nach der zehnten Klasse ist heute üblich, dass die Jugendlichen danach die Schule mit der 11. Klasse fortsetzen, obwohl sie auch im Auslandsjahr die Schule besucht haben. Leistungsstarke SchülerInnen können stattdessen die Sekundarstufe II gleich mit der 12. Klasse beginnen.

Alle genannten Maßnahmen setzen weniger eine hohe Begabung voraus als Erfolg und hohe Motivation angesichts schulischer Leistungsanforderungen. Im Rahmen der Begabtenförderung wird Überspringen dagegen immer wieder auch als Maßnahme bei schlechten Schulleistungen Hochbegabter empfohlen. Die dahinter stehende Annahme, dass Underachievement bei hoch und überdurchschnittlich begabten Kindern in erster Linie eine Folge schulischer Unterforderung ist, ist allerdings in vielen Fällen unzutreffend. Die Ursachen von Underachievement sind vielfältig und in der Regel durch höhere kognitive Anforderungen nicht aufzulösen (vgl. Kapitel 6.2). Der Wechsel in eine andere Klassenstufe kann stattdessen sogar zu einer Verschärfung der Problematik führen (vgl. dazu Fallbeispiel 4, S. 118). Auch wenn die kognitive Leistungsfähigkeit eines Kindes oder Jugendlichen dem Durchschnitt der höheren Klassenstufe entspricht, fehlen bei schon länger bestehenden Schulschwierigkeiten meist sowohl Arbeitstechniken als auch Faktenwissen, das für das erfolgreiche Bewältigen des Stoffs erforderlich ist. Im Gegensatz zu verbreiteten Behauptungen ist der Wechsel in eine höhere Klasse für SchülerInnen nur selten so motivierend, dass die oft erheblichen Defizite im Lern- und Arbeitsverhalten rasch überwunden werden.

Im konkreten Einzelfall ist eine differenzierte psychologische Diagnostik zu empfehlen. Der Vergleich von Ergebnissen in einem sprachfreien und in einem bildungsabhängigen Intelligenztest kann Hinweise darauf geben, wie weit reichend Wissensdefizite des Kindes oder Jugendlichen sind. Unverzichtbar ist außerdem eine Diagnostik des Lern- und Arbeitsverhaltens. Zu bedenken ist schließlich, dass durch ein Überspringen Freundschaften und soziale Bindungen in der Klasse verloren gehen können, was gerade für SchülerInnen mit Schulschwierigkeiten eine weitere Belastung darstellt.

## Mögliche soziale und emotionale Folgen von Akzeleration

Grundsätzlich muss bei der Entscheidung für eine vorzeitige Einschulung oder das Überspringen einer Klassenstufe im Schulsystem bedacht werden, dass die intellektuelle Entwicklung von der sozialen Entwicklung nicht zu trennen ist. Untersuchungen zu den Folgen von Akzeleration, soweit es sie überhaupt gibt, haben sich überwiegend mit den Auswirkungen auf Leistungen und akademischen Erfolg befasst, soziale und emotionale Belange dagegen nur selten berücksichtigt. Dabei ist nahe liegend, dass die Tatsache, immer ein bis zwei Jahre jünger zu sein als der Altersdurchschnitt der Klasse, nicht ohne Folgen für die soziale und emotionale Entwicklung ist. Was bedeutet es zum Beispiel für einen Zehnjährigen, von zwölf- bis dreizehnjährigen Klassenkameraden umgeben zu sein, die sich am Beginn der Pubertät vor allem dafür interessieren, wer gerade mit wem „geht"? Freeman (1996, 2001) hat im Rahmen einer umfangreichen Langzeitstudie ausführliche Interviews mit Hochbegabten und ihren Eltern geführt. 16 von 17 Befragten, die als Kinder eine oder zwei Klassen übersprungen hatten, gaben an, dass sich durch diesen Schritt die normalen Probleme des Aufwachsens verschärft hätten. Sowohl Kinder als auch Eltern berichteten z. B., dass es Probleme mit der Frage gab, bis wann sie abends unterwegs sein durften, da die älteren Klassenkameraden in der Regel mehr Freiheiten hatten. Einige der Befragten nahmen sich als klein wahr und wurden auch von Freunden so gesehen, obwohl sie altersgemäß entwickelt waren. Andere kompensierten die Enttäuschung, niemals für Sportmannschaften ausgewählt zu werden, mit der Aussage, dass sie Sport sowieso nicht mögen würden. Der einzige Junge, der sich positiv äußerte, war groß und reif für sein Alter; er war froh, dass er früher mit der Schule fertig war.

Hochbegabte Kinder, die vorzeitig eingeschult wurden und/oder ein oder sogar zwei Klassen übersprungen haben, haben eine doppelte Sonderrolle: zum einen als Hochbegabte, die auch nach der Akzeleration oft zur Leistungsspitze der Klasse gehören, zum anderen als jüngste Kinder in der Klasse. Eine besonders schwierige Zeit ist dabei die Pubertät. Zwar gibt es auch bei gleichaltrigen Kindern in der Adoleszenz erhebliche Entwicklungsunterschiede, aber die Altersdifferenz kann sich in dieser Zeit besonders massiv auswirken. Ein Vater aus der Studie von Freeman brachte es auf den Punkt, als er über seinen Sohn sprach, der zwei Klassen übersprungen hatte: „Er tat mir Leid; sie waren Männer und er war ein Junge" (Freeman 1996, 198). Auf Grund des Entwicklungsvorsprungs der Mädchen in der Pubertät ist dieses Problem für Mädchen möglicherweise nicht ganz so massiv.

Die Entscheidung für oder wider eine vorzeitige Einschulung oder das Überspringen einer Klassenstufe muss diesen möglichen Folgen Rechnung tragen und sorgfältig abgewogen werden. Gefragt werden muss nach sozialen Kompetenzen sowie nach Ressourcen des sozialen Umfelds. Fällt es dem Kind leicht, neue Kontakte aufzubauen? Hat es eher gleichaltrige oder eher ältere Freunde? Gibt es stabile Sozialbeziehungen zu Gleichaltrigen, die möglicherweise erhalten werden können? Gibt es Freundschaften und/oder soziale Zusammenhänge im privaten Bereich, die kognitive Herausforderungen bereitstellen können? Bedacht werden muss schließlich auch die körperliche Entwicklung. Oft wird es keine ideale Lösung geben; dann bleibt nur die Aufgabe, die sozialen und emotionalen Folgen der getroffenen Entscheidung im Blick zu behalten.

Ein grundlegender Ausweg aus diesem Dilemma kann nur in einem Bildungssystem liegen, in dem die altershomogene Struktur aufgelöst und altersübergreifendes Lernen vom Kindergarten bis zum Studium zur Selbstverständlichkeit wird. Dies würde ermöglichen, soziale Bezüge und kognitive Lernumwelten zu differenzieren und teilweise zu entkoppeln. In jedem Fall wäre es ein Gewinn an Vielfalt, wenn gemeinsames Lernen vom Alter unabhängiger würde.

## 7.6 Übergänge im Bildungsweg

Übergänge sind entscheidende Momente im Bildungsweg von Kindern, Jugendlichen und jungen Erwachsenen (Maaz et al. 2006; Griebel/Niesel 2004). Die aktuelle Fachdiskussion zu Transitionen im Bildungssystem sowie das öffentliche Interesse an dieser Thematik haben oft Fragen der Chancengerechtigkeit und sozialen Selektion im deutschen Bildungssystem zum Gegenstand, insbesondere die Kritik am bzw. die Verteidigung des drei- bzw. zweigliedrigen Schulsystems.

Insbesondere der Übergang am Ende der Grundschulzeit ist für den weiteren Bildungsweg sehr bedeutsam, da mit der Entscheidung für die weiterführende Schule unterschiedliche Zukunftsoptionen angebahnt werden. Daher gilt gerade dieser Übergang als eine der wichtigsten Statuspassagen im Leben junger Menschen, dem eine Schlüsselfunktion für eine erfolgreiche schulische Entwicklung zukommt (Artelt et al. 2006; Beutel 2006; van Ophuysen 2005). In Deutschland erfolgt diese Entscheidung im internationalen Vergleich früh, was dazu beiträgt, dass die Übergangsentscheidung nach wie vor zu den zentralen bildungspolitischen Streitthemen gehört.

Wie Kinder, die sich am oberen Ende des Leistungs- und Begabungsspektrums befinden, Übergänge erleben und bewältigen, wird bislang allerdings nur selten thematisiert. Die Bedeutung des Übergangs für Maßnahmen der Begabtenförderung wurde bislang überhaupt nicht wissenschaftlich untersucht und nur in vereinzelten Praxisprojekten systematisch beachtet. In der Dokumentation eines Forums der Karg-Stiftung zum Thema Übergänge (Koop/Steenbuck in Vorbereitung) wird von verschiedenen Projekten und Praxisbeispielen zur Verbesserung der Übergangssituation im Kontext der Begabtenförderung berichtet.

Am ehesten beachtet ist noch der Übergang vom Kindergarten in die Grundschule. Hier gibt es inzwischen zunehmend Kooperationsformen und Modelle, die auch für die Förderung von Begabten relevant sind. Zu nennen sind z.B. Kooperationsvereinbarungen zwischen Kindergärten und Grundschulen, die sich für Begabtenförderung engagieren, oder die bereits genannte flexible Schuleingangsphase.

Auch am anderen Ende der Schullaufbahn, dem Übergang ins Studium, gibt es mancherorts interessante Modelle wie das „Junior"- oder „Schülerstudium", das Gymnasiasten den Sprung an die Universität ermöglicht. Begabte SchülerInnen haben dabei die Möglichkeit, bereits während der Schulzeit universitäre Veranstaltungen zu besuchen und sich diese später für ein Studium anerkennen zu lassen.

Kaum im Blick ist trotz seiner zentralen Bedeutung dagegen der Übergang von der Grundschule in die Sekundarstufe, auf den an dieser Stelle deswegen ausführlicher eingegangen werden soll.

## Der Übergang an die weiterführende Schule

„Ich denke, die Grundschule und das Gymnasium sollten sich besser aufeinander abstimmen", meinte ein Sechstklässler, der von einer Grundschule mit besonderen Förderangeboten auf ein naturwissenschaftliches Spezialgymnasium gewechselt war. In einem kleinen Aktionsforschungsprojekt mit Lehrkräften einer Grundschule sowie zweier Gymnasien, in deren Konzept verschiedene Formen der Begabtenförderung einen zentralen Platz einnehmen, sind wir diesem Thema nachgegangen (Korn/Rohrmann in Vorbereitung; Rohrmann 2009b). Die Ergebnisse dieses Projekts waren zum Teil recht ernüchternd. Oft waren es eher Problemanzeigen als Lösungen. Dabei wurden pädagogische und strukturelle Probleme des schulischen Übergangs von der Primar- in die Sekundarstufe sehr deutlich.

Die Umsetzung der von der Grundschule ausgesprochenen Empfehlung für den weiteren Bildungsweg („Bildungsempfehlung") an der weiterführenden Schule ist unbefriedigend. Vom Gymnasium werden diese Empfehlungen nicht in einem Maße genutzt, die dem Aufwand für ihre Entstehung angemessen wäre.

Die Lehrkräfte der verschiedenen Schularten kennen die curricularen Rahmenbedingungen und Leitziele der anderen Schularten kaum. Allerdings sind diese schon auf der begrifflichen Ebene oft so unterschiedlich konstruiert, dass eine Verständigung darüber auch eine schwierige Aufgabe darstellt. Dies bestätigen die Ergebnisse anderer Untersuchungen. So stellen Schürer, Harazd und van Ophuysen (2005) fest, dass Lehrkräften Wissen über Arbeitsweisen, Zielstellungen und Einstellungen der Lehrkräfte der jeweils anderen Schulform fehlt, was erforderlich wäre, um SchülerInnen angemessen auf die weiterführende Schule vorzubereiten bzw. auf der Sekundarschule aufzunehmen.

Lehrkräfte an weiterführenden Schulen wissen in der Regel nicht, über welche Kompetenzen die von ihnen aufgenommenen SchülerInnen verfügen; dies gilt um so mehr für besondere methodische Kompetenzen, die SchülerInnen in Maßnahmen der Begabtenförderung erworben und entwickelt haben. Solche besonderen Kompetenzen von SchülerInnen werden zu Beginn der Sekundarstufe denn auch kaum aufgegriffen und genutzt.

Ein besonderes Problem stellt die Anschlussfähigkeit im frühen Fremdsprachenerwerb dar. An die zahlreichen Projekte im Grundschulbereich wird in der Sekundarstufe nicht systematisch angeknüpft. Je erfolgreicher eine Fremdsprache an der Grundschule eingeführt worden ist, um so höher ist daher das Risiko, dass dies in der Sekundarstufe zu Langeweile und Frustration führt. Dieses Problem stellt sich im übrigen auch, wenn bereits im vorschulischen Bereich mit Englischkursen begonnen wird, aber im weiteren schulischen Bildungsweg zunächst nicht darauf aufgebaut werden kann.

Wichtige Ergebnisse hat das Projekt darüber hinaus zur individuellen Entwicklung der beteiligten SchülerInnen geliefert. Zwar waren deutliche Indikatoren für Schulunlust und Unzufriedenheit auch bei begabten Kindern nicht zu übersehen. Insbesondere die Ergebnisse des sechsten Schuljahres zeigen aber, dass es gerade den SchülerInnen, die zuvor an einem erfolgreichen Schulversuch zur Begabtenförderung teilgenommen hatten, mehrheitlich gut gelang, die Anforderungen des Gymnasiums selbstbewusst zu meistern.

Dennoch erschienen die SchülerInnen am Ende der sechsten Klasse Lichtjahre entfernt von denen, die sie zwei Jahre zuvor gewesen waren. Die Begeisterung, mit der sie am Ende der Grundschulzeit über ihre Lernprozesse, ihre Kompetenzen und den Unterricht gesprochen hatten (Rohrmann 2009a, 168ff), war nicht ansatzweise mehr festzustellen.

Zwar hat die Mehrheit der Schüler und Schülerinnen den Übergang an das Gymnasium gut bewältigt. Es wurde aber auch deutliche Kritik am gymnasialen Unterricht geäußert. Dabei wurden sowohl Belastung durch hohe Anforderungen als auch immer wieder Langeweile genannt. Insbesondere die Möglichkeiten eigenaktiven Lernens, die als wesentlicher Ansatzpunkt der Begabtenförderung an der Grundschule eine zentrale Rolle gespielt hatten, wurde am Gymnasium zunächst weit weniger erlebt.

Die Befürchtung, dass es bei begabten Kindern zu problematischen Entwicklungen kommen könnte, wenn eine besondere individuelle Förderung am Gymnasium nicht mehr fortgesetzt wird, scheint dennoch eher wenig begründet. Vielmehr ist zu vermuten, dass eine gute Förderung an der Grundschule eine gute Grundlage für die Bewältigung des Gymnasiums legt, auch wenn dort nicht an alle Kompetenzen angeknüpft wird, die in der Grundschulzeit erworben wurden.

Ein spezielles Risiko von Underachievement ist für manche Schüler mit überdurchschnittlicher Begabung, aber spezifischen Schwierigkeiten zu konstatieren. Am Gymnasium besteht aufgrund der einheitlicheren Anforderungen die Gefahr von problematischen Entwicklungen. Hier ist es wichtig, Anzeichen von Underachievement besser erkennen und Lösungsmöglichkeiten entwickeln zu können.

Das Aktionsforschungsprojekt hat viele Defizite in der Kooperation von Grundschulen und Gymnasium aufgezeigt und als Antwort darauf verschiedene Möglichkeiten des Austauschs und der Zusammenarbeit angeregt. Erwähnenswert ist in diesem Zusammenhang das bayerische Internetportal „Übergänge gestalten". Dieses hat sich aus der Internetplattform „Virtuelle Grundschule" heraus entwickelt, befasst sich schulartübergreifend mit Übergängen und stellt dazu vielfältige Informationen und Materialien bereit (Virtuelle Schule 2008). Unter anderem wurde ein intensiver Erfahrungsaustausch zwischen Grundschulen und weiterführenden Schulen initiiert und der Einsatz von Grundschullehrkräften an weiterführenden Schulen als Beitrag zur besseren Gestaltung des Übergangs erprobt.

Einen wichtigen Beitrag zu einer systematischen Lern- und Entwicklungsplanung und Bildungsdokumentation über den Schulwechsel hinweg können Entwicklungsberichte darstellen, wie sie in unserem Aktionsforschungsprojekt erprobt worden sind. Das größte Hindernis für eine differenzierte Lern- und Entwicklungsplanung von Seiten der Grundschule ist dabei – neben dem erforderlichen Aufwand – der Bewertungsaspekt einer schulischen Empfehlung für die weiterführende Schule (d. h. die Konkurrenz um Plätze am Gymnasium). Die Notwendigkeit einer Bewertung steht einer offenen und differenzierten Darstellung des Entwicklungsstandes einzelner Schüler und Schülerinnen im Wege.

Als wesentlicher Schlüssel für Begabtenförderung am Übergang von der Grundschule ans Gymnasium stellte sich das Thema der methodischen Kompetenzen von SchülerInnen heraus. Die Auseinandersetzung damit offenbarte massive und grundlegende Defizite in der Anschlussfähigkeit von Grundschule und Gymnasium, sowohl auf der Ebene von Begriffen und curricularen Vorgaben als auch auf der Ebene der praktischen Umsetzung. Dabei handelt es sich zum einen um strukturelle Probleme des Übergangs, zum anderen um Fragen der Gestaltung des gymnasialen Unterrichts. Eine bessere Anschlussfähigkeit von Grundschule und Gymnasium im Bereich methodischer Kompetenzen, insbesondere bei der Förderung besonders begabter SchülerInnen, würde folgendes voraussetzen:

- Austausch und Verständigung über als wichtig erachtete Kompetenzen, insbesondere Methodenkompetenzen, Lern- und Arbeitstechniken im Verlauf der Grundschule und des Gymnasiums,
- systematische Lernstandsanalysen zu Beginn der 5. Klasse, in denen vorhandene Kompetenzen abgefragt werden,
- Möglichkeiten zu differenziertem und individualisiertem Unterricht am Gymnasium, in dem diese Kompetenzen auch genutzt werden können.

Insgesamt bestätigen die Erfahrungen des Aktionsforschungsprojekts Aussagen und Vorschläge anderer Projekte zum Übergang von der Grundschule an die weiterführende Schule (Schürer et al. 2005; van Ophuysen 2005). Wie ein Austausch auf dem bereits erwähnten Forum der Karg-Stiftung (Koop/Steenbuck in Vorbereitung) zeigte, spiegeln die aus dem Aktionsforschungsprojekt berichteten Erfahrungen bekannte Schwierigkeiten in anderen Bundesländern wieder.

Es gibt aber auch speziell im Bereich der Begabtenförderung bereits eine Reihe von erfolgreichen Ansätzen in der Praxis (Hackl 2009; Korn/Rohrmann 2009). So haben Gymnasien Teams von Lehrkräften gebildet, die schwerpunktmäßig mit den Jahrgangsstufen 5 bis 8 arbeiten. Eine andere Möglichkeit ist es, parallele fünfte Klassen mit denselben Lehrkräften zu besetzen, um es letzteren zu erleichtern, sich intensiver mit dem Übergangsthema zu befassen und in diesem Rahmen auch den Austausch mit der Grundschule zu suchen.

Kooperation von Grundschule und Gymnasium ist zudem einfacher, wenn die Zahl der beteiligten Schulen gering ist. Im ländlichen Raum lassen sich daher Kooperationsprojekte manchmal leichter initiieren. Freie Schulwahl angesichts einer großen Anzahl konkurrierender Grundschulen und Gymnasien kann dagegen ein Faktor sein, der Kooperation schon aus organisatorischen Gründen erschwert oder einschränkt.

Es lässt sich zusammenfassen, dass eine bessere Gestaltung von Übergängen eine entscheidende Herausforderung ist, der sich Begabtenförderung in Zukunft stellen muss. Das Ziel einer individuellen Förderung vom Kindergarten bis zum Studium kann nicht erreicht werden, wenn an erfolgreiche Strategien auf einer Stufe des Bildungssystem in der folgenden Stufe nicht angeknüpft werden kann. Gleichzeitig ist deutlich, dass das Ziel einer besseren Anschlussfähigkeit der verschiedenen Institutionen auf sehr grundlegende strukturelle Probleme stößt, die keineswegs nur die Begabtenförderung betreffen. Gelingende Konzepte der Begabtenförderung am Übergang können daher durchaus wegweisend für das Bildungssystem insgesamt sein.

## 7.7 Besondere Förderangebote und Spezialeinrichtungen

Obwohl sich in den letzten Jahren Ansätze der integrativen Begabtenförderung verbreiten, wie sie auch in diesem Buch vertreten werden, überwiegen auf dem inzwischen schwer überschaubaren „Markt“ von Möglichkeiten und Angeboten für Kinder und Jugendliche mit besonderen Begabungen nach wie vor solche, die sich ausschließlich an Hochbegabte und/oder leistungsstarke Kinder und Jugendliche richten.

Viele spezielle Angebote für Hochbegabte beruhen auf privater Initiative und haben sich zunächst abseits des öffentlichen Bildungssystems entwickelt. Inhalte und Zielsetzungen dieser Angebote sind sehr heterogen. Im Gegensatz dazu geht es bei Talentsuchen und Wettbewerben, die eine lange Tradition haben, um Spitzenleistungen in konkreten Fächern bzw. Bereichen. Schließlich gibt es eine Reihe von Sonderfördereinrichtungen und Spezialschulen für begabte Jugendliche, die inhaltlich recht unterschiedlich ausgerichtet sind.

Insgesamt wurde in den verschiedenen Angeboten der selektiv ausgerichteten Begabtenförderung ein reichhaltiges Spektrum von Ideen und Methoden entwickelt und in der Praxis erprobt. Wichtigster positiver Aspekt ist dabei die Entwicklung des besonderen Blicks auf die individuellen Möglichkeiten einzelner begabter Kinder und Jugendlichen. Immer wieder hervorgehoben wird auch, dass hochbegabte Kinder und Jugendliche Kontakte zu anderen Hochbegabten schätzen, weil zu diesen auf Grund gemeinsamer Interessen und Erfahrungen leichter Kontakt hergestellt werden kann als zu anderen Gleichaltrigen. Entsprechende Gelegenheiten können damit dem Problem der sozialen Isolation Hochbegabter entgegenwirken. Angeführt wird auch, dass spezielle Angebote die Entwicklung eines realistischen Selbstkonzepts der eigenen Fähigkeiten Hochbegabter fördern können.

Allerdings haben durchaus nicht alle begabten Kinder und Jugendlichen Interesse an solchen Kontakten außerhalb ihrer alltäglichen Bezugsgruppe. Systematische Untersuchungen zu dieser Frage gibt es kaum. Sparfeldt, Schilling und Rost (2004) haben eine Befragung von Jugendlichen, Eltern und Lehrkräften zur Akzeptanz verschiedener Fördermaßnahmen für Hochbegabte durchgeführt. Es ergab sich zwar eine große Zustimmung zu außerschulischen Förderangeboten. Segregierende Maßnahmen wie die Einrichtung von Extraklassen und Extraschulen stießen dagegen eher auf Ablehnung. Begründungen für Zu- bzw. Ablehnung wurden allerdings nicht erfragt, so dass die Frage, welches Interesse Hochbegabte am Kontakt mit „ihresgleichen“ haben, offen bleiben muss.

Problematisch ist die Betonung einer „Besonderheit“ von Hochbegabten, die mit vielen speziellen Angeboten für Hochbegabte einhergeht oder durch diese noch verstärkt wird. Außerdem liegt vielen Angeboten eine pädagogische Haltung zugrunde, die nicht von den Selbstbildungsprozessen von Kindern und Jugendlichen, sondern von Vorstellungen und Zielen der Erwachsenen ausgeht. Dies hat dazu geführt, dass die Annahme, dass Hochbegabte „besondere Angebote“ brauchen, heute weite Verbreitung hat. Dies steht im Kontext einer allgemeinen Pädagogisierung der Kindheit, die dazu geführt hat, dass heute bereits manche Vorschulkinder nicht mehr ohne Terminkalender zurechtkommen.

Vor diesem Hintergrund sollte im Einzelfall genau bedacht werden, wann und in welchem Umfang Angebote wie die nachfolgend dargestellten tatsächlich eine Bereicherung für die Entwicklung eines Kindes oder Jugendlichen darstellen oder ihm neue Perspektiven eröffnen können. Viele Eltern, deren Kinder als hochbegabt identifiziert worden sind, befürchten, dass sie nun viel Zeit, Geld und Mühe für besondere Fördermaßnahmen aufwenden müssen, damit ihr Kind glücklich wird. Manchmal führt dies allerdings nur zu Stress bei allen Beteiligten. Bevor nach speziellen Angeboten für Hochbegabte gesucht oder sogar der Besuch einer Spezialeinrichtung erwogen wird, sollte daher geprüft werden, ob es im sozialen Nahraum interessante und herausfordernde Möglichkeiten gibt, mit denen die Neugier und der Wissensdurst begabter Kinder befriedigt und eine Entfaltung ihrer Potenziale unterstützt werden kann. Das können Kurse in Kunst- oder Musikschulen sein, Aktivitäten im lokalen Museum, ein Engagement in Umweltgruppen oder Stadtteilinitiativen. Vielleicht gibt es auch Freunde, Verwandte oder ältere Kinder bzw. Jugendliche im Bekanntenkreis, die sich Zeit für ein interessiertes Kind nehmen und ihm ein spannendes Thema nahe bringen können. Je mehr Kinder oder Jugendliche die Möglichkeit haben, dabei ihre aktuellen Interessen und Themen einzubringen, desto größer ist die Wahrscheinlichkeit, dass sie auch etwas davon haben.

## Spezielle Kursangebote, Kinderakademien und Sommercamps

Überall in Deutschland existieren inzwischen Gruppen, Kurse und Arbeitsgemeinschaften, die sich an begabte Kinder und Jugendliche aller Altersstufen richten. Es gibt Angebote zu verschiedensten Themen von Archäologie bis Zeichnen, die in der Regel als wöchentliche Kurse, manchmal aber auch als Wochenendveranstaltungen oder größere Projekte angeboten werden. In manchen Bundesländern sind Arbeitsgemeinschaften oder ein spezielles Kursangebot für hochbegabte Kinder und Jugendliche zentraler Bestandteil der Begabtenförderung im Rahmen des öffentlichen Schulsystems. Häufiger gehen entsprechende Angebote aber von privaten Initiativen aus, die in erster Linie das Ziel haben, Hochbegabte mit anderen Hochbegabten zusammenzubringen. Dabei stehen zum Teil gemeinsame soziale Aktivitäten im Vordergrund, in die auch die Eltern mit einbezogen werden. Manche Initiativen sind an größere Institutionen angeschlossen oder verfügen über eigene Räume, in denen sie ein umfangreiches Kursangebot und vielfältige Materialien bereitstellen können. Diese manchmal als „Kinderakademien“ firmierenden Angebote richten sich in erster Linie an Kinder im Grundschulalter. Für Jugendliche gibt es auch überregionale Angebote, zu denen sich begabte Schülerinnen und Schüler aus ganz Deutschland treffen. Ein besonderes Angebot ist die Schülerakademie des Vereins „Bildung & Begabung e.V.“, die jedes Jahr in den Sommerferien an verschiedenen Standorten stattfindet. Hier haben Oberstufenschüler die Möglichkeit, sich drei Wochen lang intensiv in unterschiedlichsten Kursen mit spannenden und herausfordernden Themen zu beschäftigen. Teilnehmen können nur Jugendliche, die von ihrer Schule vorgeschlagen wurden oder erfolgreich an einem Wettbewerb (s. u.) teilgenommen haben.

Neben den interessanten Inhalten wird als positiver Effekt dieser Maßnahmen vor allem genannt, dass Hochbegabte hier mit ähnlich Gesinnten zusammenkommen können. Oft wird berichtet, dass soziale Auffälligkeiten in diesem Rahmen nicht oder weniger als sonst auftreten. Zu Problemen kann es dann kommen, wenn das Interesse an den Angeboten mehr von den Eltern als von den Kindern und Jugendlichen selbst ausgeht (vgl. Fallbeispiel 2, S. 107).

## Wettbewerbe

Wettbewerbe sind das Extrem einer leistungsorientierten Begabtenförderung. Sie dienen nicht nur der *Förderung*, sondern auch der *Entdeckung* von Spitzenbegabungen – oder, um genau zu sein, hochleistungsfähigen Kindern und Jugendlichen. Schüler- und Jugendwettbewerbe bzw. Olympiaden haben in Deutschland eine lange Tradition und waren auch schon vor der „Entdeckung“ des Themas Hochbegabung in Deutschland weit verbreitet. Inhaltlich sind viele Wettbewerbe nach Fachbereichen organisiert, die tendenziell an Schulfächern orientiert sind, z. B. Fremdsprachen, Mathematik, Naturwissenschaften oder Musik. Einige Wettbewerbe bauen stufenweise aufeinander auf, beginnend an Schulen über Stadt und Bundesland bis hin zu Bundeswettbewerben. Neben staatlich organisierten Wettbewerben gewinnen zunehmend auch Initiativen aus der Wirtschaft an Bedeutung. SchülerInnen können sich einzeln oder auch als Gruppen an Wettbewerben beteiligen. Teilnehmen können im Prinzip alle, die die Voraussetzungen des jeweiligen Wettbewerbs erfüllen. Informationen über Wettbewerbe gibt die Broschüre „Begabte Kinder finden und fördern“ des BMBF (2009) sowie die Internetseite www.jugendwettbewerbe.info.

Wettbewerbe sind in erster Linie ein gutes Angebot für leistungsstarke und -bereite SchülerInnen. Für sie stellt die Konkurrenzsituation einen Anreiz und eine Herausforderung dar, die sie zu besonderen Leistungen motiviert. Andererseits können sie auch eine gute Gelegenheit für (schulische) Underachiever sein, ihre Fähigkeiten in einer außerschulischen Situation unter Beweis zu stellen. Gerade in solchen Fällen kann eine erfolgreiche Teilnahme neue Perspektiven eröffnen, die im schulischen Kontext nicht mehr gesehen werden. Weniger zu empfehlen sind Wettbewerbe als Maßnahme der Begabtenförderung, wenn es um extreme Hochleister und Perfektionisten geht. Hier besteht das Risiko einer zu einseitigen Orientierung auf Leistung, die auf Kosten der Entwicklung der Gesamtpersönlichkeit geht. Inhaltlich sollte bedacht werden, ob in einem Wettbewerb eine reine Leistungsprüfung im Vordergrund steht oder ob die Aufgabenstellungen auch Kreativität und Experimentierfreudigkeit erfordern und anregen.

## Spezialeinrichtungen für Hochbegabte

Die weitreichendste Umsetzung einer selektiven Begabtenförderung sind spezielle Schulen und Sonderfördermaßnahmen für Hochbegabte. Hier fanden sehr unterschiedliche Entwicklungen in der ehemaligen DDR und BRD statt. In der DDR bestand die Tradition einer ausgeprägt leistungsorientierten Begabtenförderung, in deren Rahmen es etliche Spezialschulen mit verschiedenen Schwerpunkten gab (Sport, Mathematik, Chemie, Musik, Sprachen sowie Zeichnen) (Fels 1999, 63ff). In der BRD gab es dagegen lange kein Interesse an Fragen der Begabtenförderung. Erst mit Beginn der 80er Jahre kam es zu einer stärkeren Hinwendung zum Thema (1999, 67ff). Eine besondere Rolle spielte dabei lange Zeit die private CJD Jugenddorf-Christophorusschule Braunschweig, an der seit 1982 ein Sonderförderzweig für Hochbegabte kontinuierlich weiterentwickelt wurde. Mit dem „Boom“ des Themas Hochbegabung im letzten Jahrzehnt kam es dann zur Gründung etlicher weiterer Einrichtungen, so dass inzwischen in fast jedem Bundesland Spezialschulen für Hochbegabte existieren. Darüber hinaus gibt es zahlreiche Schulen mit besonderen Schwerpunkten wie Mathematik/Naturwissenschaften, Musik oder Sport, die sich insbesondere im Osten aus den ehemaligen Spezialschulen der DDR-Zeit entwickelt haben. Außerdem gibt es eine Reihe von Gymnasien, die Spezialklassen für Hochbegabte eingerichtet haben. Auf die fachspezifisch ausgerichteten Spezialschulen kann aus Platzgründen an dieser Stelle nicht weiter eingegangen werden. Die Abgrenzung zwischen Spezialschulen für Hochbegabte und Schulen mit anspruchsvollem Schulprogramm wird zunehmend bedeutungslos, da zum einen die Spezialschulen keine einheitliche Kategorie bilden, zum anderen immer mehr Schulen in irgendeiner Weise Begabtenförderung in ihr Profil aufnehmen. Nicht zuletzt gibt es immer mehr private Internate mit einem vielseitigen und umfangreichen Angebot. Diese sind allerdings – wie auch Internatsschulen für Hochbegabte – mit erheblichen Kosten verbunden, die in der Regel privat übernommen werden müssen und daher nur für zahlungskräftige Eltern infrage kommen.

Die speziell auf intellektuell Hochbegabte ausgerichteten Schulen unterscheiden sich erheblich in ihren Aufnahmekriterien, strukturellen Bedingungen und inhaltlichen Schwerpunkten. Zum Teil werden nur Hochbegabte aufgenommen, die dazu ein anspruchsvolles Auswahlverfahren durchlaufen müssen, zum Teil sind die Aufnahmekriterien weicher. Manche Schulen sind Internate, oder es ist zumindest ein Internat angeschlossen, so dass SchülerInnen aus dem gesamten Bundesgebiet aufgenommen werden können. In anderen Fällen handelt es sich lediglich um eine Erweiterung des Schulprofils regional verankerter Gymnasien. Was die inhaltlichen Unterschiede betrifft, so ist entscheidend, inwieweit ein „ganzheitlicher Ansatz“, der in den meisten Konzepten verankert ist, in der Praxis auch umgesetzt wird. Ein breites inhaltliches Programm mit einer Vielzahl von Zusatzangeboten ist für die meisten Einrichtungen charakteristisch. Inwieweit tatsächlich eine Förderung der ganzen Person realisiert wird, hängt mehr davon ab, welches Bildungsverständnis dem Konzept zu Grunde liegt, in welcher Weise SchülerInnen an der Weiterentwicklung des Schulprogramms beteiligt werden und welches Gewicht sozialen und emotionalen Prozessen im Schul- und ggf. Internatsalltag gegeben wird – anders ausgedrückt: von der Atmosphäre der jeweiligen Einrichtung.

Bei der Einrichtung von Sonderfördermaßnahmen für Hochbegabte stand anfangs das Ziel im Vordergrund, eine anspruchsvolle Lernumgebung für lernwillige und leistungsbereite begabte Jugendliche bereitzustellen. Inzwischen ist dieser Bedarf deutlich geringer geworden, da viele Schulen differenziertere Angebote für hochbegabte und/oder besonders leistungsbereite SchülerInnen in ihrem Programm haben und es darüber hinaus in vielen Regionen Deutschlands interessante spezielle Angebote für Begabte gibt. Gewachsen ist dagegen der Bedarf an Fördermöglichkeiten für überdurchschnittlich und hochbegabte Jugendliche mit schulischen und anderen Problemen. Dies stellt viele Einrichtungen der Begabtenförderung vor massive Probleme, da ihre Konzepte nicht auf die Arbeit mit dieser speziellen Klientel ausgerichtet sind. Weder Lehrkräfte noch sozialpädagogisches Personal sind für den Umgang mit verhaltensauffälligen, zum Teil auch psychosozial schwer gestörten Jugendlichen geschult. In den meisten Einrichtungen steht eine angebots- und leistungsorientierte Förderung im Vordergrund. Dahinter steht oft die – meist unzutreffende – Annahme, hochbegabte Kinder und Jugendliche müssten nur genügend „Futter" bekommen, also mehr gefördert werden, dann würden sich die Verhaltensprobleme von allein erledigen.

Für Spezialeinrichtungen für Hochbegabte bestehen vor diesem Hintergrund drei Alternativen. Erstens können sie im Aufnahmeverfahren sicherstellen, dass der Anteil von Jugendlichen mit massiven schulischen oder persönlichen Schwierigkeiten gering bleibt. Dann müssen sie sich allerdings den Vorwurf gefallen lassen, nicht Hoch*begabte*, sondern eigentlich Hoch*leister* zu fördern. Diese würden vermutlich auch im Regelschulsystem gut zurechtkommen. Diejenigen Hochbegabten, die im traditionellen Schulbetrieb „unter die Räder kommen", bleiben dagegen außen vor.

Die zweite Möglichkeit ist, Abschied von der Idee einer speziellen Hochbegabtenförderung zu nehmen und sich stattdessen zu Einrichtungen weiterzuentwickeln, die ihre Erfahrungen in der Förderung von begabten Kindern und Jugendlichen in ein integratives Konzept der Begabtenförderung einbringen. Das Problem der Hochbegabten mit massiven Schwierigkeiten ist damit allerdings nicht gelöst.

Die dritte Möglichkeit ist schließlich, Einrichtungen zu entwickeln, die im Konzept Begabtenförderung mit einem differenzierten Programm für Jugendliche mit besonderen Schwierigkeiten verbinden. Anders als viele bisherige Angebote der Begabtenförderung kann sich ein solcher Ansatz nicht auf kognitiv anspruchsvolle Fördermaßnahmen beschränken, sondern muss sozialpädagogische und psychologische/psychotherapeutische Maßnahmen in den Mittelpunkt stellen. Entsprechende Angebote sind als Maßnahme der Jugendhilfe einzuordnen. Angesichts einer nicht unerheblichen Zahl von massiv verhaltensauffälligen Underachievern ist dies ein wünschenswertes, allerdings auch schwieriges und vor allem teures Vorhaben. Voraussetzung dafür sind entweder Elternbeiträge in erheblicher Höhe oder eine staatliche Kostenübernahme nach §35a SGB VIII. Letztere lässt sich allerdings allein mit Hochbegabung nicht begründen (s. Kapitel 8.5).

Es lässt sich zusammenfassen, dass es in Deutschland inzwischen ein vielfältiges Angebot an Spezialeinrichtungen für Hochbegabte gibt. Die Entscheidung für ein solches Angebot muss von den individuellen Fähigkeiten und Bedürfnissen des Kindes bzw. Jugendlichen ausgehen, für das bzw. den ein solches Angebot erwogen wird. Zum anderen ist ein genauer Blick auf das Konzept und die Praxis der infrage kommenden Angebote erforderlich. Dabei sollte nicht davon ausgegangen werden, dass Hochbegabte unbedingt eine Einrichtung benötigen, die auf Hochbegabte ausgerichtet ist. Stattdessen sollten spezifische Interessen, soziale Aspekte und nicht zuletzt äußere Bedingungen wie lange Fahrzeiten oder Internatsunterbringung gründlich bedacht werden.

## 7.8 Evaluation von Begabtenförderung

Bildungsforschung und Fragen nach der Qualität von Bildungseinrichtungen sind seit einigen Jahren Themen geworden, die großes öffentliches Interesse finden. Nicht zuletzt die großen Schulleistungsstudien PISA und IGLU haben dazu geführt, dass Evaluation ein zunehmend selbstverständlicher Teil der Qualitätsentwicklung pädagogischer Einrichtungen und Maßnahmen geworden ist.

Dies gilt allerdings bislang nicht für den Bereich der Begabtenförderung, in dem ein deutlicher Mangel an systematischer Evaluation und Reflexion von Praxisansätzen zu verzeichnen ist. So berichten Mittag und Heinbokel von der 16. Weltkonferenz für Hochbegabung im Jahre 2005: „Auffallend war, dass sowohl in den Vorträgen als auch in den Posterpräsentationen und bei den Anbietern von Literatur das Thema Evaluation von Fördermaßnahmen kaum eine Rolle spielt. Dabei vermissen viele Fachleute Methoden, um die Wirksamkeit ihrer Arbeit überprüfen zu können. Hier besteht nicht nur in Deutschland, sondern weltweit eine Lücke, die dringend geschlossen werden muss" (Mittag/Heinbokel 2005, 498).

Auch Vock, Holling und Preckel (2007) beklagen in ihrer Expertise zum Thema, dass im Bereich der Begabtenförderung nach wie vor kaum Evaluation betrieben wird. Die meisten Evaluationsstudien über Hochbegabtenfördermaßnahmen stammen bislang aus den USA. „Im deutschen Sprachraum begnügen sich viele Anbieterinnen und Anbieter von Maßnahmen mit dem Hinweis darauf, dass bestimmte Maßnahmen offenkundig zu großen Lernfortschritten bei den teilnehmenden Schülerinnen und Schülern geführt hätten. Dabei wird allerdings kaum berücksichtigt, dass allein die exzellenten Eingangsvoraussetzungen der Teilnehmerinnen und Teilnehmer wie eine hohe Begabung, Lernfreude oder eine hohe Leistungsmotivation, schon derartige Erfolge begünstigen" (2007, 17; auch Ullrich/Strunck 2008; Schröer 2006).

Der beschriebene Mangel führt dazu, dass in der Begabtenförderung insgesamt oft verschiedenste Maßnahmen und Methoden ausprobiert, grundsätzliche Fragen aber übergangen werden. Es wird auch nur selten überprüft, ob die aktuelle Praxis eigentlich den ursprünglichen Erwartungen und Idealen noch entspricht. Inwieweit die beteiligten Kinder davon profitieren, kann oft überhaupt nicht festgestellt werden. Rost (2007, 37) stellt fest: „Solange es wissenschaftlich unterfütterte einschlägige Evaluationsstudien für Fördermaßnahmen nicht gibt [...], solange stehen bei uns alle Effektaussagen auf ausgesprochen wackeligen Füßen."

Umfassendere Evaluationsstudien lassen sich im deutschsprachigen Raum an einer Hand abzählen:

- Eine 1997 durchgeführte Evaluation des Sonderförderzweiges für Hochbegabte an der CJD Christophorusschule in Braunschweig umfasste alle Jahrgänge seit dem Zeitpunkt seiner Einrichtung im Jahre 1981. Analysiert wurden eine rückblickende Einschätzung des Sonderförderzweiges (Platzer 2000) und die Lebenszufriedenheit der Absolventen (Linke 2006) sowie ihre weitere Entwicklung im Studium (Platzer 2002).
- In Baden-Württemberg wurde von 1992 bis 2001 ein Schulmodellversuch zur Schulzeitverkürzung, kurz „G8" genannt, evaluiert (Heller 2002). In einer Längsschnittstudie wurden die ersten drei G8-Einschulungsjahrgänge jährlich untersucht.
- Zur Begabtenförderung an Grundschulen wurden zwei umfangreiche Evaluationsstudien veröffentlicht. Henze et al. (2006) untersuchten über mehrere Jahre einen Schulversuch zur Begabtenförderung in Hannover. Rohrmann (2009a) begleitete mit einem Aktionsforschungsprojekt über fünf Jahre einen Schulversuch zur integrativen Förderung von Kindern mit besonderen Begabungen in Dresden.

Die meisten vorliegenden Studien beziehen sich auf umgrenzte Maßnahmen oder kleinere Projekte der Begabtenförderung. Evaluation ist in der Pädagogik allerdings grundsätzlich eine schwierige Angelegenheit: „[...] pädagogische und sozialpädagogische Leistungsprozesse (sind) gekennzeichnet von ihrer hohen Abhängigkeit von den konkret am Leistungsprozess beteiligten Menschen, vom chronischen Fehlen klarer, in der Fachwelt akzeptierter Bewertungsmaßstäbe und von einem ausgeprägten Dissens darüber, auf welche Ursachen positive oder negative Ergebnisse pädagogischer Prozesse letztlich zurückzuführen sind [...]" (Beywl/Bestvater 1998, 37).

Dies gilt auch und gerade für die Begabtenförderung. Wie zu Beginn dieses Kapitels zu Begabtenförderung beschrieben besteht durchaus keine Einigkeit darüber, was die Ziele von Begabtenförderung sind bzw. sein sollten – weder unter Fachleuten und Lehrkräften noch unter den geförderten Kindern und Jugendlichen sowie ihren Eltern. Selbst zur grundlegenden Frage der Definition von besonderen Begabungen bzw. Hochbegabung gibt es unterschiedliche Ansichten. Von daher ist nicht überraschend, dass es kaum Maßstäbe dafür gibt, ob bzw. wann eine Fördermaßnahme als erfolgreich zu bewerten ist.

Für die Beteiligten selbst stellt Evaluation stets eine besondere Herausforderung dar. In aller Regel stoßen dabei sehr unterschiedliche Erwartungen aufeinander. Der Anspruch, über die Anforderungen einer aktuellen Pädagogik hinaus ein Konzept für die Förderung von Kindern mit besonderen Begabungen zu entwickeln, führt manchmal zu mehr offenen Fragen als Antworten. Im Sinne von Forschung ist dies durchaus positiv zu bewerten. Für pädagogische Fachkräfte in der Praxis, die stets unter Handlungs- und Erwartungsdruck der Träger, TeilnehmerInnen und Eltern stehen, stellt sich die Situation manchmal anders dar. Evaluation kann als zusätzliche Belastung erlebt werden und die aufgeworfenen Fragen können manchmal verunsichernd wirken.

Evaluation steht daher vor der Aufgabe, das Verhältnis von wissenschaftlichem Erkenntnisinteresse, Bewertung des Vorhandenem und dem Wunsch der Praxis nach unmittelbar umsetzbaren Erkenntnissen immer wieder neu zu bestimmen. Dies stellt einen Balanceakt zwischen der Offenheit für Fragen, Zweifel und Irrtümer auf der einen Seite, der Notwendigkeit fachlicher Anforderungen, Bewertung und Kontrolle auf der anderen Seite dar.

Wenn Evaluation nicht aus dem „Elfenbeinturm" heraus geschieht, sondern gemeinsam mit den Beteiligten entwickelt und durchgeführt wird, kann sie außerordentlich gewinnbringend sein. In der vom Autor durchgeführten Begleitforschung zu einem Schulversuch zur integrativen Begabtenförderung an der Grundschule wurden dabei immer wieder zwei Aspekte hervorgehoben: „der ‚Blick von außen' und die Ermutigung zum Ausprobieren" (Rohrmann 2009a, 230). Methodische Anregungen und Arbeitsaufträge im Rahmen der Evaluation gaben auch erfahrenen Lehrkräften immer wieder Anstöße zur Reflexion. Diskussionen und Rückmeldungen von Evaluationsergebnissen trugen einerseits zu mehr Gelassenheit bei, bewirkten andererseits immer wieder konstruktive Irritationen. Eine Lehrerin fasste abschließend zusammen: „Es ist schon klar, dass das eine Belastung gewesen ist, aber eine Belastung, die sich im Laufe der Jahre ausgezahlt hat. Das, was man an einer Stelle 'reingesteckt' hat, bekommt man an andere Stelle doppelt und dreifach zurück" (2009a, 231f).

Die Frage ist daher nicht *ob*, sondern *wie* Evaluation Bestandteil von Maßnahmen der Begabtenförderung ist. Evaluation, die sich auf eine Erhebung von diagnostischen Daten und Lerneffekten beschränkt, bringt der Praxis oft wenig (auch wenn sie manchmal für Auftraggeber erforderlich ist). Eine dialogisch orientierte Forschung, die sowohl pädagogische Fachkräfte als auch Kinder und Jugendliche mit einbezieht, kann dagegen wichtige Impulse für die Weiterentwicklung der Begabtenförderung geben.

# 8 Beratung

Endlich wissen wir, dass nicht alle Probleme Lösungen haben müssen, weil manche Lösungen katastrophaler sein können als die Probleme.

*(Breyten Breytenbach 1997)*

## 8.1 Beratungsanlässe

Wie kann ich erkennen, ob ein Kind hochbegabt ist? Sollte Förderung so früh wie möglich beginnen? Hängen die Schwierigkeiten unseres Kindes vielleicht damit zusammen, dass es hochbegabt ist? Können begabte Kinder und Jugendliche auch an einer „ganz normalen" Schule ausreichend gefördert werden? Wo gibt es spezielle Angebote für Hochbegabte? Wie können junge Menschen dabei unterstützt werden, ihre Potenziale und Interessen in eine tragfähige Zukunftsperspektive einzubringen?

Fragen wie diese können Anlass dafür sein, dass professionelle Beratung gesucht wird. Um einen Überblick über mögliche Beratungsanlässe im Zusammenhang mit Begabung und Bildung zu erhalten, muss unterschieden werden, wer Beratung sucht, an wen sich der oder die Ratsuchende wendet und warum eine Beratung aufgesucht wird. Ratsuchende sind in erster Linie Eltern, eher selten auch Jugendliche. Auch pädagogische Fachkräfte suchen Beratung auf, sind dabei aber in einer Doppelrolle, weil sie selbst Eltern, Kindern und Jugendlichen gegenüber in der Rolle des Beraters sind. Ansprechpartner für Ratsuchende sind Erziehungsberatungsstellen, SchulpsychologInnen, Kinder- und JugendlichentherapeutInnen sowie auf das Thema Hochbegabung spezialisierte Einrichtungen und Fachleute.

Unterschieden werden muss zunächst, ob allgemeine Schwierigkeiten Anlass dafür sind, Beratung in Anspruch zu nehmen, oder ob die Frage nach der Begabung eines Kindes oder Jugendlichen expliziter Grund für das Aufsuchen der Beratung ist. Eltern von begabten Kindern oder auch die begabten Jugendlichen selbst können aus verschiedensten Gründen Beratung suchen, z. B. auf Grund von Entwicklungsstörungen, bei Schwierigkeiten in der Erziehung oder angesichts von Schul- und Leistungsproblemen. Nicht immer ist die hohe Begabung dabei Thema. Möglicherweise ist sie noch gar nicht erkannt worden, oder sie wird nicht im Zusammenhang mit den aktuellen Problemen gesehen. In diesen Fällen müssen Berater die Möglichkeit im Kopf haben, dass ein Kind oder Jugendlicher hochbegabt sein kann und individuelle oder familiäre Probleme damit zusammenhängen können. Dies ist nicht zuletzt wichtig, weil eine hohe Begabung eine wichtige Ressource ist, die bei der Lösung von Problemen genutzt werden kann.

Anders stellt sich die Situation dar, wenn gezielt eine Beratungseinrichtung ausgesucht wird, um eine mögliche Hochbegabung abzuklären. Die Vermutung, dass bei einem Kind eine überdurchschnittliche intellektuelle Begabung oder sogar Hochbegabung vorliegt, kann von ganz verschiedenen Personen geäußert worden sein. Oft sind es Lehrkräfte oder bei kleineren Kindern Erzieherinnen im Kindergarten, die Eltern auf diese Idee bringen. Nicht selten weisen aber auch Kinderärzte die Eltern auf ein möglicherweise hohes intellektuelles Niveau ihres Kindes hin und regen eine testdiagnostische Untersuchung an. Manchmal wird eine solche Untersuchung geradezu gefordert: Die Eltern sollen überprüfen lassen, ob das Kind „eine Hochbegabung hat". Angenommen wird, dass es wichtig ist zu wissen, ob ein Kind hochbegabt ist oder nicht, weil nur dann das Kind „richtig behandelt" werden könne. Eltern geraten zunehmend unter Druck, weil sie sich fragen, was sie tun können, um ihr Kind (noch mehr) zu fördern. Manchmal haben sie Angst, sie müssten ihr gesamtes Erziehungsverhalten ändern. Sie befürchten, dass sich Versäumnisse negativ auf die weitere Entwicklung des Kindes auswirken könnten und sie sich später Vorwürfe machen müssten – oder, schlimmer noch, dass ihre Kinder ihnen vorwerfen könnten, sie hätten sich nicht genügend um sie gekümmert. Die Angst, Fehler zu machen und möglicherweise wichtige Aspekte in der Entwicklung ihres Kindes zu übersehen, kann zu übertriebenen Aktionismus führen und auch zur Bereitschaft, erhebliche Geldmittel für Diagnostik, Förderung und Beratung auszugeben.

Dass Eltern nicht selten aufgefordert werden, eine testdiagnostische Untersuchung der intellektuellen Leistungsfähigkeit bei ihrem Kind vornehmen zu lassen, macht deutlich, dass unterschieden werden muss, von wem das Interesse an Beratung und Diagnostik ausgeht. In einigen Fällen wollen Eltern selbst wissen, warum ihr Kind so „schwierig" ist und in der Schule oder auch zu Hause nicht „funktioniert", oder sie suchen ganz konkret Hilfestellung und Informationen zum Thema Begabtenförderung. In anderen Fällen sind sie selbst nur mittelbar an der Beratung interessiert, sondern werden von Kinderärzten, Erzieherinnen oder Lehrkräften „geschickt".

In der Regel ist die Anfrage auf eine diagnostische Untersuchung auf Hochbegabung nicht in einen bereits bestehenden Beratungsprozess eingebettet. Die typische Situation einer Diagnostik auf Hochbegabung stellt eine besondere Herausforderung für Berater dar, weil es sich oft um einen einmaligen Beratungskontakt handelt. Es ist in der Regel nicht davon auszugehen, dass die Diagnostik der Anfang eines längeren Beratungsprozesses ist, in dem Zeit vorhanden ist, verschiedene Möglichkeiten und Lösungswege zu bedenken und gegeneinander abzuwägen. Stattdessen müssen in nur einem Termin die Schilderungen der Ratsuchenden zu einer

Fragestellung verdichtet, die Frage mittels Diagnostik beantwortet und nach Lösungsmöglichkeiten gesucht werden. In erster Linie wird es dabei darum gehen, die Ressourcen der Ratsuchenden zu aktivieren und Möglichkeiten dafür herauszuarbeiten, wie Ratsuchende sich selbständig Lösungen erarbeiten können.

Die Formulierung, es solle „abgeklärt" werden, ob eine Hochbegabung vorliegt, ist irreführend, weil mit einer Diagnose als „hochbegabt" allein in der Regel noch gar nichts geklärt ist. Stattdessen fängt die Arbeit hier erst an: die Suche nach angemessenen Fördermöglichkeiten, die Bearbeitung von Leistungsproblemen, die oft nur wenig mit der Begabung zu tun haben, die Reflexion von möglichen Risiken einer Etikettierung als „hochbegabt" ...

Wenn es um „erkannte" Hochbegabte geht, wird Beratung auch von pädagogischen Fachkräften nachgefragt. Erzieherinnen oder Lehrkräfte kommen, weil sie wissen wollen bzw. unsicher sind, wie sie ein bestimmtes Kind besser fördern können. Oft haben sie das Gefühl, begabten Kindern nicht genügen zu können. In manchen Fällen suchen sie auch Beratung für den Umgang mit Eltern, die ihr Kind für hochbegabt halten und davon ausgehend überzogene Forderungen an den Kindergarten oder die Schule stellen. Im Sinne von „Beratung für Berater" geht es in diesen Fällen vor allem darum, Beratungskompetenzen der pädagogischen Fachkräfte zu aktivieren und zu stärken.

Am wenigsten fragen diejenigen nach Beratung, um die es in jeder Beratung vornehmlich geht: die Kinder und Jugendlichen selbst. Sie kommen von allein eher selten in die Beratung und wenn, dann nicht wegen ihrer hohen Begabung, sondern auf Grund von anderen Problemen. Das ist nicht ungewöhnlich und auch nicht prinzipiell falsch: Es ist die Verantwortung und Fürsorgepflicht der Erwachsenen, dafür zu sorgen, dass Kinder und Jugendliche Bedingungen vorfinden oder erhalten, die es ihnen ermöglichen, sich (optimal) zu entwickeln.

Manchmal werden allerdings Kinder oder Jugendliche auch in die Beratung geschickt, wenn Schwierigkeiten in der Schule oder in der Familie bestehen und Eltern oder Lehrkräfte meinen, dass es einen Zusammenhang mit ihrer Begabung gäbe. Natürlich spielt es in der Beratung von Kindern und Jugendlichen eine große Rolle, wenn diese lediglich „geschickt" sind und selbst gar keinen Grund dafür sehen, sich untersuchen und beraten zu lassen. Dies muss gleich zu Anfang eines Kontakts aufgegriffen werden, damit es zwischen Klient und Berater zu einer Verständigung über Anliegen und Ziele einer diagnostischen Untersuchung oder weitergehenden Beratung kommen kann. Ziel ist eine ressourcenorientierte Beratung, die begabte Kinder, Jugendliche und junge Erwachsene bei wichtigen Entscheidungen über ihren Lebensweg unterstützt und begleitet.

## 8.2 Elternberatung

„Ob sie hochbegabt ist oder nicht, ist uns egal. Wir wollen, dass es ihr gut geht – auch in der Schule!", sagen Meikes Eltern zu Beginn des Beratungsgesprächs. So wie den Eltern von Meike geht es vielen Eltern. Die Frage nach der Begabung kommt meist erst dann ins Spiel, wenn Eltern von Lehrkräften, ErzieherInnen, Kinderärzten oder auch von Verwandten und Bekannten auf besondere Fähigkeiten ihres Kindes angesprochen werden. Viele dieser Eltern versuchen daraufhin zunächst einmal, sich selbst umfassend zu informieren, lesen Bücher und surfen im Internet. Die Informationen, die sie auf diese Weise erhalten, sind nicht selten widersprüchlich und verwirrend. Es kann auch sein, dass es in Kindergarten oder Schule zu Schwierigkeiten gekommen ist und die Vermutung besteht, dass Kinder nicht ihr volles Potenzial zur Entfaltung bringen. Medienberichte, Informationen von anderen Eltern und Elternvereinen oder Ratgeber können Eltern dann auf die Idee bringen, dass ihr Kind hochbegabt sein könnte. Manche Eltern finden eine solche Erklärung sehr einleuchtend und bringen zunehmend alle möglichen Schwierigkeiten damit in Verbindung. Hochbegabung ist in diesem Sinne ein eher „angenehmer" Beratungsanlass.

Vielen Eltern ist die Vorstellung, ein so „besonderes" Kind zu haben, dagegen eher unangenehm, und sie möchten eigentlich nicht, dass es hochbegabt ist. Sie fürchten, es nicht begleiten und „richtig" erziehen zu können. Abschreckend ist für viele Eltern auch die Vorstellung, von anderen Eltern als überambitioniert angesehen zu werden („Eislaufeltern"). Schließlich gibt es Eltern, die befürchten, versagt zu haben, wenn ihr als hochbegabt identifiziertes Kind keine Spitzenleistungen erbringt. Dies führt nicht selten zu überhöhten Erwartungen und Leistungsdruck. Von Lehrkräften oder auch BeraterInnen wird dies manchmal als übertriebener Ehrgeiz der Eltern missverstanden. Stattdessen steht die Angst der Eltern dahinter, keine guten Eltern zu sein, wenn ihr Kind nicht bis an die Grenzen seiner Möglichkeiten herausgefordert wird. Welcher Aspekt überwiegt, hängt nicht zuletzt mit dem Bildungshintergrund sowie den Wertvorstellungen der Eltern zusammen.

Relativ häufig versuchen Eltern dann, Ansprechpartner in der näher gelegenen Umgebung zu finden, die ihnen helfen können, in einem persönlichen Gespräch ihre Situation zu klären und Licht in das Dunkel der verwirrenden Aussagen zum Thema Hochbegabung zu bringen. Dabei werden sie meist fündig: Es gibt mittlerweile eine Vielzahl von Selbsthilfegruppen und Elternvereinen, in denen sich Eltern zusammengefunden haben, die ein hochbegabtes Kind haben und die engagiert, oft auch sehr forsch, für eine stärkere Berücksichtigung der Anliegen und Interessen hochbegabter Kinder und Jugendlicher kämpfen. Viele Elternvereine bieten kostenlose telefonische Beratungen an, die in der Regel von den Mitgliedern der Gruppe, also von selbst „betroffenen" Eltern, durchgeführt werden. Ratsuchende Eltern schildern diese Telefonate häufig als ausgesprochen hilfreich: Endlich haben sie jemanden gefunden, der ihre Sorgen und Probleme ernst nimmt und sogar aus eigener Erfahrung kennt. Sie fühlen sich in ihrer schwierigen Situation verstanden und oft auch entlastet. Zudem erhalten sie eine Fülle von Informationen, mit Hilfe derer die Situation vor Ort besser einzuschätzen ist, z.B. welche Schulen in der näheren Umgebung die Förderung von Begabten in ihr Programm aufgenommen haben oder welche außerschulischen Angebote in der Region zu finden sind. Elterngruppen wurden auch gegründet, um begabten und hochbegabten Kindern und Jugendlichen Möglichkeiten zu schaffen, auf „ihresgleichen" zu treffen, gemeinsam zu spielen, zu lernen und Erfahrungen auszutauschen. Viele Schwierigkeiten und Probleme relativieren sich, wenn ein „schräger Vogel" erlebt, dass es viele andere „schräge Vögel" gibt und er nicht mehr so allein und besonders dasteht.

Neben diesen positiven Effekten gibt es allerdings auch problematische Aspekte von Elternvereinen. Zum einen kann eine fundierte psychologische Diagnostik und Beratung durch solche Gespräche nicht geleistet werden. Zum anderen halten manche Elternvereine hartnäckig an unzutreffenden Mythen und Halbwahrheiten über Hochbegabte fest. Dies kommt auf manchmal haarsträubende Weise in Veröffentlichungen und Internetseiten zum Ausdruck, auf denen Probleme von Hochbegabten überdramatisiert („Selbstmordgefahr, wenn keine Förderung erfolgt", und Ähnliches) und absurde Ideen über Intelligenz und Begabung verbreitet werden. Das ist insbesondere im Zusammenhang mit Prozessen der Etikettierung von Kindern als „hochbegabt" von Bedeutung.

Den Gegenpol zu Initiativen von „Betroffenen" bilden Fachleute in Erziehungsberatungsstellen sowie Kinder- und Jugendlichenpsychotherapeuten, die über große Praxiserfahrung verfügen, aber über keine spezielle Kompetenz zum Thema Hochbegabung. Viele BeraterInnen fragen sich, ob für die angemessene Begleitung von Familien Hochbegabter spezielle Methoden nötig sind. Die Scheu von Beratern, auf oft in langjähriger Berufstätigkeit erworbene bewährte Methoden und Strategien zurückzugreifen und den Beratungsprozess in einer Weise zu führen, wie er auch sonst praktiziert wird, ist unbegründet: Hochbegabte und ihre Familien brauchen keine grundsätzlich anderen oder speziellen Beratungstechniken. Für die konkrete Beratungssituation mit dem hochbegabten Kind oder Jugendlichen bzw. seinen Eltern ist es wichtig, sich klar zu machen, dass die Beratung mit dieser Klientel nicht grundsätzlich anders ist als mit anderen Familien und deren Kindern. Das zeigt nicht zuletzt der Blick auf die Themen, um die es bei der Beratung von Eltern hochbegabter Kinder oft geht. Abgesehen von konkreten Fragen zu angemessener (schulischer) Förderung geht es im Wesentlichen um Erziehungsfragen – wie in anderen Familien auch.

In der Beratung kann daher die Frage nach der Begabung der Kinder meist zunächst in den Hintergrund treten. Hochbegabte Kinder benötigen kein grundsätzlich anderes Erziehungsverhalten als andere Kinder. Wie alle Kinder brauchen sie klare Spielregeln, Grenzen und Konsequenzen. Für viele Eltern ist das immer wieder ein eher neuer Gedanke, der eine deutliche Entlastung im Erziehungsalltag ermöglicht, weil er von der vermeintlichen Notwendigkeit befreit, auf die besondere Begabung ihrer Kinder mit einer besonderen Behandlung reagieren zu müssen.

Die Verunsicherung vieler heutiger Eltern ist vor dem Hintergrund allgemeiner Veränderungen zu sehen, die im Verhältnis zwischen Eltern und Kindern seit den 80er Jahren zu beobachten sind. Juul (1997) beschreibt in seinem Buch „Das kompetente Kind“: „Das kollektive Selbstbewusstsein der Kinder und Jugendlichen ist im Lauf der letzten dreißig Jahre beträchtlich gewachsen. Angst und Respekt vor Autoritäten sind weniger geworden“ (1997, 218). Viele Eltern, die selbst noch mit Verboten aufgewachsen waren, sind heute der Ansicht, Kinder hätten ein Recht darauf, dass Normen und Grenzen erklärt werden. Im Vordergrund steht heute nicht mehr das Bemühen, Kinder zu *erziehen*, sondern der Versuch, sie zu *verstehen*. Ein traditioneller Erziehungsstil, in dem im Wesentlichen die Eltern die Spielregeln bestimmen, hat sich überlebt und kann nur noch mit massiven Machtmitteln durchgesetzt werden. Allerdings fehlen vielen Eltern (und damit auch ihren Kindern) Modelle dafür, wie Konflikte erfolgreich ausgehandelt werden können. Die Lösung kann nicht darin bestehen, dass Eltern den Kindern nun wieder mehr Grenzen setzen, weil „Kinder Grenzen brauchen“. Noch einmal Jesper Juul: „Stattdessen müssen die Erwachsenen anfangen, *für sich selbst* Grenzen zu setzen. [...] die Erwachsenen sollen lernen, persönliche Grenzen im Umgang mit den Kindern zu kennzeichnen. Statt autoritärer Macht wird persönliche Autorität gebraucht.“ (1997, 219)

Diese Themen betreffen die Familien Hochbegabter in besonderer Weise. Die Eltern sind angesichts der beeindruckenden Fähigkeiten ihrer Kinder oft besonders bereit, ihre Erziehungsvorstellungen zu hinterfragen und eigene Interessen zurückzustellen. Intelligente Kinder wiederum sind besonders gut in der Lage, Unsicherheiten und Zweifel der Erwachsenen schnell zu bemerken und für sich zu nutzen, indem sie, redegewandt und diskussionsfreudig wie sie sind, den Erwachsenen lange Auseinandersetzungen abverlangen und auf logischen Begründungen beharren. Oft wird in Beratungsprozessen offensichtlich, dass viele Eltern große Zweifel haben, ob sie überhaupt und, wenn ja, wie viel „Druck“ sie auf ihre Kinder ausüben dürften, beispielsweise um diese am familiären Arbeitsalltag zu beteiligen. Eltern wollen nicht nur ungern vermeintlich streng und autoritär auftreten, sondern erwarten gerade von ihren begabten Kindern, dass diese verstehen, dass gestellte Verpflichtungen notwendig sind, und sie daher freiwillig übernehmen. In der Elternberatung muss in diesem Fall veranschaulicht werden, dass lästige Verpflichtungen auch für hochbegabte und sensible Kinder lästig sind und es daher ganz verständlich ist, wenn Kinder ihre

Möglichkeiten einsetzen, um sich diesen Aufgaben und Pflichten zu entziehen (wie Erwachsene übrigens auch).

Über diese Zusammenhänge hinaus gibt es spezielle Themen in der Beratung von Eltern hochbegabter Kinder (Elbing 2000). Im Vordergrund stehen zunächst meist Fragen zur schulischen Entwicklung sowie Entscheidungen über die weitere Schullaufbahn. Wenn sich dabei Probleme herausstellen, die auch mit dem Erziehungsverhalten zusammenhängen, benötigen Eltern weitergehende Unterstützung. Bei konkreten Schwierigkeiten in der Schule geht es zunächst darum, die Rolle der Eltern zu klären, z.B. wenn es um mangelnde Lern- und Arbeitstechniken geht oder den Umgang mit Langeweile im Unterricht und allgemeiner Schulunlust. Darüber hinaus sind immer wieder zwei typische Verhaltensmuster von begabten Kindern und Jugendlichen Gegenstand von Beratung: auf der einen Seite Perfektionismus, auf der anderen Seite Anstrengungsvermeidung. Im Folgenden wird auf diese Themen eingegangen. Weil bei diesen Themen die Situation in der Schule bzw. ggf. schon im Kindergarten einen zentralen Platz einnimmt, wird auch auf die Möglichkeiten einer Beratung von Eltern durch pädagogische Fachkräfte in der Schule eingegangen.

Immer wieder kommen in der Eltern- oder Familienberatung tiefer liegende Konflikte der Eltern zum Vorschein. Dies ist insbesondere dann der Fall, wenn die Beschäftigung mit der Hochbegabung ihres Kindes für Eltern – oft für die Mutter – zu einer zentralen Lebensaufgabe geworden ist und/oder Eltern selbst hochbegabt waren oder dies vermuten. Aufgabe der Beratung ist dann, das Kind bzw. den Jugendlichen aus dem Fokus zu nehmen und die Themen der Eltern in den Mittelpunkt der Beratung zu stellen. Nicht selten kommt es in solchen Fällen zu besonders problematischen Etikettierungsprozessen, die sich manchmal nur im Rahmen von Psychotherapie bearbeiten lassen. Dies auszuführen würde jedoch den Rahmen dieses Buches sprengen.

## 8.3 Schullaufbahnberatung

Die Antwort auf die Frage, ob ein Kind oder Jugendlicher hoch oder zumindest überdurchschnittlich begabt ist, ist nur der Anfang eines Prozesses. Im Zusammenhang mit einer diagnostischen Untersuchung auf Hochbegabung ist Beratung daher immer auch Schullaufbahnberatung. Die Schritte einer solchen Beratung fasst Abbildung 14 zusammen.

Am Anfang des Beratungsprozesses steht eine Klärung der Fragestellung sowie die Erhebung der Ausgangssituation. In manchen Fällen geht es zunächst nur um das Bedürfnis von Eltern oder pädagogischen Fachkräften, Klarheit über das intellektuelle Potenzial eines Kindes zu gewinnen. In anderen Fällen sind Leistungsprobleme oder auffällige Verhaltensweisen Anlass für den Beratungswunsch. Häufig werden konkrete Entscheidungen

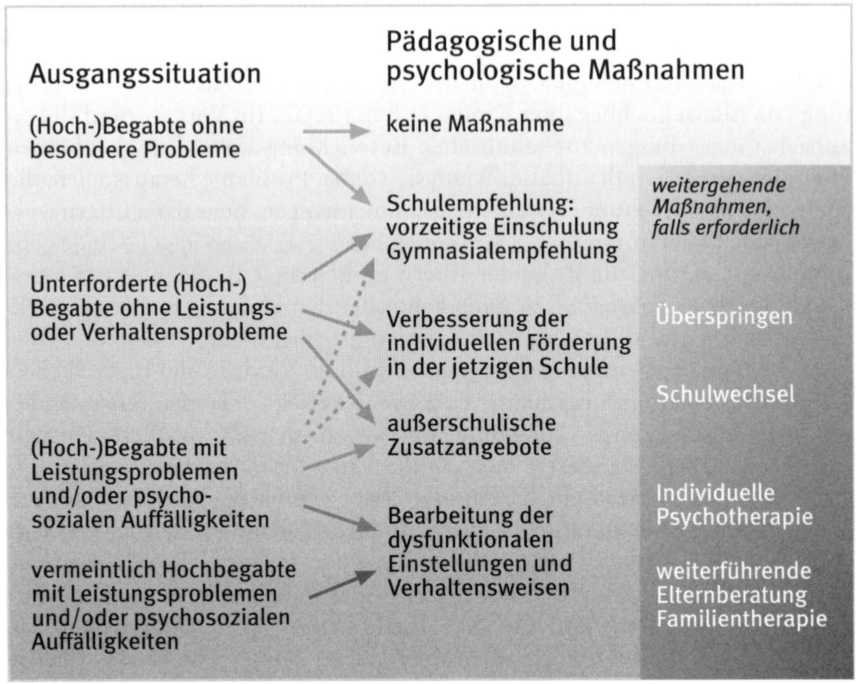


**Abbildung 14:** Schullaufbahnberatung

bezüglich der schulischen Entwicklung im Raum stehen, z.B. frühzeitige Einschulung, Überspringen oder die Frage der Schulempfehlung am Ende der Grundschulzeit. Wichtig ist die Frage danach, wer eigentlich welche Ziele mit der Beratung verfolgt. Bereits erwähnt wurde, dass nicht selten Eltern von Erzieherinnen oder Lehrkräften zur Beratung geschickt werden. Die Frage nach den Beratungszielen muss in altersgemäßer Formulierung auch Kindern und Jugendlichen gestellt werden. Dazu kann bei Jugendlichen auch die Frage gehören, was für eine Bedeutung eine Diagnose als „hochbegabt" für ihn oder sie hätte. Dass dies gerade in der Arbeit mit Jugendlichen von großer Bedeutung für den Beratungsverlauf sein kann, wurde zum Beispiel in Fallbeispiel 15 deutlich.

Eine Anamnese der Ausgangssituation in Schule oder ggf. im Kindergarten kann drei mögliche Ergebnisse haben. Erstens gibt es Fälle, in denen eigentlich überhaupt keine Probleme vorliegen. Hier ist genauer nachzufragen, warum eigentlich eine diagnostische Untersuchung durchgeführt werden soll. Nicht selten besteht in diesen Fällen Beratungsbedarf bei den Eltern oder auch bei den pädagogischen Fachkräften, die eine Untersuchung veranlasst haben, nicht aber aus Sicht des Kindes oder Jugendlichen selbst. Zweitens gibt es Fälle mit Anzeichen von Unterforderung, ohne dass damit

Leistungsprobleme oder andere Verhaltensauffälligkeiten verbunden sind. Die dritte Gruppe schließlich sind Fälle, in denen Probleme aufgetreten sind, die in irgendeiner Weise mit der Begabung des Kindes in Verbindung gebracht werden, z. B. über die Annahme, dass Unterforderung zu Langeweile und diese wiederum zu Schulunlust und Verhaltensproblemen führt.

Auf die Anamnese folgt die Klärung des weiteren Vorgehens. Eine diagnostische Untersuchung kann auch dann sinnvoll sein, wenn eigentlich keine Probleme vorliegen, weil sie Eltern oder pädagogischen Fachkräften Sicherheit geben kann. In der Regel sollte diese sich nicht auf eine intelligenzdiagnostische Untersuchung beschränken. Insbesondere wenn es bereits zu Problemen im Lern- und Leistungsbereich gekommen ist, ist eine Untersuchung von Lern- und Arbeitsverhalten und Motivationsaspekten unverzichtbar. Dies wurde in Kapitel 5 ausführlich dargestellt.

Ist tatsächlich eine überdurchschnittliche Begabung festgestellt worden, muss im Beratungsgespräch zunächst geklärt werden, was diese Feststellung für das betroffene Kind bzw. den Jugendlichen bedeutet. Nicht selten machen insbesondere Grundschulkinder deutlich, dass sie mit dem Ergebnis nichts anfangen können und – anders als die Erwachsenen – an einer Veränderung ihrer konkreten Schulsituation gar kein Interesse haben. Wenn die Kinder selbst mit ihrer Situation zufrieden sind und keine massiven Anzeichen von Unterforderung wie häufige (!) Langeweile oder Schulunlust festzustellen sind, scheint es oft müßig, sich über besondere Maßnahmen und Angebote Gedanken zu machen.

## Hochbegabte ohne Leistungs- bzw. Verhaltensprobleme

Wenn die Notwendigkeit von Veränderungen gesehen wird, dann ist zunächst zu klären, welche Möglichkeiten das momentane Lernumfeld dem Kind oder Jugendlichen bereitstellen kann. Meist stellt sich dabei heraus, dass die Möglichkeiten einer differenzierten Förderung im bestehenden Rahmen (noch) nicht ausgeschöpft sind. Bei *Vorschulkindern* wird die Möglichkeit einer vorzeitigen Einschulung in Betracht gezogen werden müssen. Für eine Entscheidung müssen die konkreten pädagogischen Bedingungen sowohl im Kindergarten als auch in der zukünftigen Grundschule in den Blick genommen werden. Detaillierter wird auf die Frage einer vorzeitigen Einschulung in Kapitel 7.5 eingegangen.

Bei unterforderten *SchülerInnen* sind Gespräche mit den unterrichtenden Lehrkräften darüber erforderlich, wie Veränderungen in der konkreten Schul- und Unterrichtssituation mit dem Ziel einer Binnendifferenzierung möglich gemacht werden können. Da damit in die Arbeit der Pädagogen eingegriffen wird, ist dies ein heikles Thema. Eltern, die zu solchen Gesprächen aufgefordert werden, sind daher von dieser Aussicht oft wenig begeistert. Nicht selten haben bereits unbefriedigende Gespräche stattgefunden, und die Chance, auf Lehrkräfte positiv einwirken zu können, wird von den Eltern eher als gering eingeschätzt. Andererseits haben viele Lehrkräfte bereits unangenehme Erfahrungen mit sehr fordernd auftretenden Eltern gemacht und nehmen deswegen manchmal von vornherein eine Abwehrhaltung ein. In der Beratungssituation müssen daher auch die Gespräche mit den pädagogischen Fachkräften vorbereitet werden. In Einzelfällen kann es erforderlich sein, ein Gespräch zwischen Eltern und Schule zu moderieren.

Parallel können Möglichkeiten zusätzlicher Förderung außerhalb der Schule erarbeitet werden. Dabei geht es zunächst darum, ob es interessante und herausfordernde Angebote für das Kind bzw. den Jugendlichen gibt, die wohnortnah zu erreichen sind. Solche Angebote müssen nicht explizit unter dem Motto Begabtenförderung laufen. Vielmehr muss geprüft werden, was für Angebote es überhaupt in den Bildungs- und Freizeitinstitutionen in der näheren Umgebung gibt. In der Regel ist es nicht so entscheidend, was und vor allem auf welchem Niveau das Angebot stattfindet, sondern vielmehr, dass überhaupt etwas stattfindet. Darüber hinaus gibt es inzwischen bundesweit vielfältige Angebote, die sich speziell an leistungsstarke und/oder begabte Kinder und Jugendliche sowie zum Teil auch an ihre Familien richten (vgl. Kapitel 7.7). Diese können von unterschiedlicher inhaltlicher Qualität sein, haben aber nicht zuletzt den Vorteil, dass die Chance besteht, dort auf Kinder bzw. Jugendliche mit gleichem Entwicklungsstand und gleichen Interessen zu treffen. Im Beratungsgespräch stellt sich beim Thema zusätzliche Angebote allerdings oft heraus, dass die Kinder bzw. Jugendlichen bereits vielen verschiedenen Aktivitäten nachgehen. Eine weitere Förderung erscheint dann nicht nur als nicht notwendig, sondern kann im Gegenteil Belastung und Überforderung bedeuten. Der Hinweis, dass nicht jedes Angebot aufgegriffen und auch nicht jeder Laune des Kindes nachgegeben werden muss, wirkt auf viele Eltern entlastend.

Wird in der Beratung deutlich, dass weder eine stärkere Differenzierung in der Schule noch außerschulische Zusatzangebote eine Verbesserung der Situation des Kindes erwarten lassen, müssen weitergehende Maßnahmen in Betracht gezogen werden. Möglich ist zum einen das Überspringen einer Klassenstufe, zum anderen ein Wechsel auf eine andere Schule, die dem persönlichen Profil der Lernbedürfnisse des jeweiligen Kindes oder Jugendlichen besser entspricht. Alternativ kann überlegt werden, das Kind oder den Jugendlichen für eine längere Zeit aus der Schule herauszunehmen, z. B. für einen längeren Auslandsaufenthalt (vgl. Kapitel 7.5).

Aufgabe der Schullaufbahnberatung ist in diesem Zusammenhang, die jeweiligen Chancen und Risiken differenziert abzuschätzen. Ein hoher Wert der allgemeinen Intelligenz (erhoben z. B. in einem sprachfreien Intelligenztest) ist als Begründung für ein Überspringen keineswegs ausreichend, da das Kind auch seinen Wissensstand und seine Arbeits- und Lerntechniken an den Stand der aufnehmenden Klasse angleichen muss. Diese Aspekte müssen daher bereits in der diagnostischen Untersuchung berücksichtigt werden. Darüber hinaus müssen auch soziale Aspekte und Auswirkungen auf das Zusammenleben in der Familie thematisiert werden. Da ein Klassen- oder Schulwechsel eine erhebliche Veränderung der sozialen Situation bedeutet, sollte auch das Kind oder der Jugendliche selbst dazu gehört werden. Insbesondere bei Vor- und Grundschulkindern bedeutet das aber nicht, dass die Verantwortung für diese Entscheidung bei ihnen liegt. Den Eltern muss deutlich gemacht werden, dass sie diesen Wechsel initiieren und begleiten müssen – emotional, sozial und in vielen Fällen auch durch aktive Unterstützung beim Aufarbeiten und „Nachholen" verschiedener „Lücken". In der Regel kann auch bei hochbegabten Kindern nicht davon ausgegangen werden, dass sie den Anschluss in der fortgeschrittenen Lerngruppe ohne weiteres finden. Stattdessen ist davon auszugehen, dass es Bereiche gibt, die für das Kind neu sind und die es daher in kurzer Zeit einüben muss.

Ein Schulwechsel wird in Betracht gezogen werden müssen, wenn an der momentanen Schule keine Bereitschaft oder Möglichkeit zu erkennen ist, auf die besonderen Lernbedürfnisse und die Leistungsbereitschaft des hochbegabten Kindes bzw. Jugendlichen einzugehen. Das Beratungsgespräch ist an dieser Stelle oft ein Informationsgespräch, in dem die verschiedenen Möglichkeiten aufgezeigt werden. Sollte für einen Schulwechsel aus schulrechtlichen Gründen eine Sondergenehmigung erforderlich sein, kann ein testpsychologisches Gutachten hilfreich sein, das einen besonderen Förderungsbedarf bescheinigt. In Einzelfällen können Interessen und Leistungen eines Kindes oder Jugendlichen auch so herausragend bzw. spezifisch sein, dass der Besuch einer Spezialschule erwogen werden kann. Dies gilt insbesondere bei einer hohen Ausprägung von spezifischen Begabungen z.B. im mathematischen oder musischen Bereich. Der Besuch einer Spezialschule ist allerdings häufig mit einer Internatsunterbringung verbunden, so dass diese Alternative die stärksten Veränderungen mit sich bringt, da die Familie und die bisherigen sozialen Einbindungen verlassen werden müssen. Kosten und Nutzen einer solchen Entscheidung müssen daher sorgfältig abgewogen werden.

## Hochbegabte mit Leistungs- bzw. Verhaltensproblemen

Sind in der Anamnese und der diagnostischen Untersuchung Leistungs- bzw. Verhaltensprobleme deutlich geworden, wird die Bearbeitung dieser Probleme im Vordergrund des weiteren Vorgehens stehen müssen. Ein höheres Anforderungsniveau durch anspruchsvolle Fördermaßnahmen oder Akzeleration wird in der Regel keineswegs diese Probleme lösen, sondern eher verschärfen oder zu realer Überforderung führen. Wie in Kapitel 5.3 dargestellt, können diagnostische Verfahren zur Erfassung von Lern- und Arbeitsverhalten sowie von Motivation und Tendenzen zur Anstrengungsvermeidung gute Ansatzpunkte für die Beratung liefern. Erforderlich ist zunächst eine genaue Analyse der problematischen Einstellungen und dysfunktionalen Strategien (vgl. Kapitel 6.2). Weil diese oft durch eingefahrene problematische Muster in der Familie unterstützt oder ermöglicht werden, müssen in Veränderungsbemühungen sowohl die Kinder und Jugendlichen selbst als auch die Eltern mit einbezogen werden. Konkrete Anregungen dazu werden in den nächsten Kapiteln gegeben. In manchen Fällen werden diese Maßnahmen nicht ausreichend sein, weil die Ursachen der Probleme tiefer liegen oder in ganz anderen Bereichen zu suchen sind. Dann ist ggf. Psychotherapie erforderlich.

Ein häufiger Anlass für diagnostische Untersuchungen ist die Frage der Gymnasialempfehlung am Ende der Grundschulzeit. Natürlich sollte überdurchschnittlich und Hochbegabten der Besuch eines Gymnasiums prinzipiell möglich sein. Auch hier ist allerdings zu bedenken, dass aus einem Intelligenztestwert allein keine Aussage über gymnasiale Reife abgeleitet werden kann. In jedem Fall sind ein gewisses Vorwissen sowie Leistungs- und Anstrengungsbereitschaft Voraussetzung für ein erfolgreiches Absolvieren des Gymnasiums. Darauf müssen sich auch Hochbegabte einstellen. Im Einzelfall muss genau abgeschätzt werden, ob ein erfolgreicher Besuch des Gymnasiums trotz der vorliegenden Probleme zu erwarten ist.

Was die aktuelle Schulsituation betrifft, so steht in entsprechenden Fällen eine Veränderung zunächst nicht zur Debatte. Lediglich die Aussicht auf ein anspruchsvolles Schulprogramm an einer anderen Schule kann als Grund für einen Schulwechsel kaum gelten. Zu überlegen ist ein solcher Wechsel sicher, wenn die Situation in der bisherigen Schule so verfahren ist, dass eine grundlegende Veränderung nicht mehr erwartet werden kann. Dann ist aber auch gründlich zu prüfen, ob das Angebot der gewählten Schule wirklich die gewünschten Veränderungen erwarten lässt. Die Hoffnung, ein auf Begabtenförderung spezialisiertes Internat werde die Sache schon richten, erweist sich oft als Trugschluss. Insbesondere in Fällen schwieriger Schulkarrieren ist nicht davon auszugehen, dass ein solcher Wechsel allein die nötige Veränderung und Verbesserung ermöglicht.

## Vermeintlich Hochbegabte mit Problemen

Hat die diagnostische Untersuchung keine Hochbegabung ergeben, ist dies für die Betroffenen manchmal ein Schock (vgl. die Fallbeispiele 13-16 am Ende von Kapitel 6.5). Dies gilt insbesondere dann, wenn in früheren Untersuchungen eine Hochbegabung festgestellt oder eine solche Annahme nahe gelegt worden war. Die damit verbundene Enttäuschung muss als Erstes aufgegriffen und bearbeitet werden. In manchen Fällen hat die vermeintliche Hochbegabung des Kindes als „Familienthema“ alle beschäftigt und spielt eine zentrale Rolle in der Dynamik der Familie. Wenn sich dies herausstellt, kann eine negative diagnostische Aussage eine schwere Krise auslösen, die ggf. familientherapeutisch bearbeitet werden muss.

Ansonsten schließt sich – wie im letzten Abschnitt geschildert – an die diagnostische Untersuchung eine Analyse der Ursachen und anschließend eine Bearbeitung der tatsächlichen Problematik an. Dabei bestehen zunächst keine wesentlichen Unterschiede zwischen hochbegabten und durchschnittlich begabten SchülerInnen. Allerdings ist bei Vorliegen einer „nur“ durchschnittlichen Intelligenz die Wahrscheinlichkeit etwas größer, dass Schulprobleme auch mit realer Überforderung zusammenhängen können. Eine Zuschreibung als „hochbegabt“ kann in solchen Fällen eine negative Spirale auslösen, die zu erheblichen Problemen führt.

Hintergrund von Beratungs- und Diagnostikanfragen gegen Ende der Grundschulzeit ist nicht selten das Bemühen vieler Eltern, ihrem Kind auch dann einen Platz auf dem Gymnasium zu sichern, wenn sein Leistungsstand am Ende der Grundschule dies zunächst nicht nahe legt. In manchen Fällen geht es konkret darum, der Empfehlung der Grundschule etwas entgegensetzen zu können. Berichte von Kindern, die entgegen der Empfehlung der Grundschule das Gymnasium erfolgreich absolviert haben, bestärken Eltern in diesem Ansinnen. Ein prominentes Beispiel ist der internationale Koordinator der PISA-Studie, Andreas Schleicher: Ein Grundschullehrer befand, dass das Professorenkind nicht für das Gymnasium geeignet sei. Schleicher gewann später einen Preis bei „Jugend forscht“, bestand sein Abitur mit 1,0 und studierte Mathematik und Physik (Kahl 2004, 107). Immer wieder gibt es Kinder, die die Grundschule „vielversprechend“ begonnen haben, grundsätzlich interessiert und leistungsbereit sind, aber am Ende der Grundschulzeit den Kriterien der Schule für eine Gymnasialempfehlung nicht genügen. Dies hängt nicht zuletzt mit dem Bundesland zusammen, in dem die Familie wohnt, da sowohl die Bedingungen für eine Gymnasialempfehlung als auch der Anteil der Gymnasiasten sich von Bundesland zu Bundesland sehr unterscheiden. So ist in Bayern die Chance, aufs Gymnasium zu kommen, bei gleicher Leistungsfähigkeit geringer als in vielen anderen Bundesländern.

Vor diesem Hintergrund macht es durchaus Sinn, externen Rat einzuholen, wenn der Eindruck besteht, dass die Einschätzung der Schule dem Potenzial eines Kindes nicht gerecht wird. Und natürlich muss man nicht hochbegabt sein, um an einem deutschen Gymnasium bestehen zu können. Auf der anderen Seite wird ein durchschnittlich begabter Schüler *mit Schulproblemen* dort nicht unbedingt gut zurechtkommen. Im Einzelfall müssen daher die tatsächlichen Fähigkeiten und Schwierigkeiten differenziert miteinander abgeglichen werden.

## 8.4 Beratung durch pädagogische Fachkräfte

### Elternarbeit im Kindergarten

Die Arbeit mit Eltern ist ein zentraler Aufgabenbereich von pädagogischen Fachkräften in Kindertageseinrichtungen. Eine wichtige Funktion haben ErzieherInnen insbesondere bei Kindern, deren besondere Potenziale im familiären Umkreis nicht wahrgenommen und gefördert werden. Manche Eltern würden nie auf die Idee kommen, dass ihr Kind hochbegabt sein könnte, und reagieren verunsichert oder sogar ablehnend, wenn ihnen ein solcher Eindruck mitgeteilt wird. Gerade in diesen Fällen hat der Kindergarten eine wichtige Funktion, denn die pädagogischen Fachkräfte können Eltern auf die besonderen Potenziale und Stärken ihres Kindes hinweisen und damit den Weg für eine differenzierte Förderung auch auf dem weiteren Bildungsweg bahnen.

Auf der anderen Seite gibt es zunehmend Eltern, die in Gesprächen mit Erzieherinnen anspruchsvoll und fordernd auftreten. Eltern, die sich für Begabtenförderung interessieren, sind oft gut ausgebildet, sozial eher besser gestellt und können ihren Kindern ein anregungsreiches Umfeld bieten. Vielen dieser Eltern geht es allerdings gar nicht um eine mögliche Hochbegabung ihres Kindes, sondern darum, dass nicht alle über einen Kamm geschoren und ihre Kinder möglichst gut gefördert werden. Wenn Kindertageseinrichtungen diese Herausforderung annehmen und ihre Bildungsangebote weiterentwickeln, werden Eltern nicht mehr vor das Problem gestellt, ob sie ihr Kind früher einschulen müssen, weil der Kindergarten ihrem Kind „nichts mehr bieten kann".

Für eine erfolgreiche Elternarbeit zum Thema Bildung und Begabung benötigen Erzieherinnen sicherlich Grundlagenwissen, vor allem aber Selbstbewusstsein. Sie müssen ein Selbstverständnis als Fachleute für Bildung im Elementarbereich entwickeln und dies in Elterngesprächen klar vertreten können. Die folgende Übersicht gibt ErzieherInnen konkrete Empfehlungen für Elterngespräche im Zusammenhang mit Entwicklungsvorsprüngen und Hochbegabung.

**Empfehlungen für Elterngespräche im Kindergarten**

- Teilen Sie Eltern Ihre Beobachtungen des Kindes möglichst konkret mit und vermeiden Sie Bewertungen.
- Stellen Sie Ihre konkrete pädagogische Arbeit und Ihre Angebote dar und vermitteln Sie, in welcher Weise dabei die Bildungsprozesse von Kindern unterstützt werden. Wichtiger als das Ergebnis ist oft der Weg, der dahin geführt hat!

- Greifen Sie die Unsicherheit von Eltern auf und ziehen Sie ggf. Fachleute hinzu, insbesondere wenn es um die Frage einer vorzeitigen Einschulung geht.
- Lassen Sie sich von Eltern nicht einschüchtern, wenn diese übertriebene Forderungen an Sie bzw. an Ihre Einrichtung stellen.
- Glauben Sie nicht uneingeschränkt alles, was in einem Gutachten steht und ein Psychologe unterschrieben hat. Manche Psychologen sind sehr „großzügig" mit der Diagnose „hochbegabt" oder verwenden Verfahren, die veraltet oder für die Diagnose von Hochbegabung nicht geeignet sind.
- Informieren Sie sich – und vertrauen Sie Ihrer eigenen Wahrnehmung!

## Beratung von Kindern und Jugendlichen in der Schule

In Kapitel 7 wurde ein neues Verständnis der Rolle pädagogischer Fachkräfte in Kindergarten und Schule entwickelt. Diese haben als Lernbegleiter eine Funktion, die über die traditionelle Aufgabe der Vermittlung von Wissen und Fertigkeiten weit hinausgeht. Dies schließt auch ein, Kinder und Jugendliche bei Schwierigkeiten zu begleiten und zu beraten. Aber auch im traditionellen Schulsystem ist es Aufgabe von Lehrkräften, in Problemsituationen unterstützend einzugreifen. Nach einer gemeinsamen Erklärung von Kultusministerkonferenz und Lehrerverbänden vom 5.10.2000 haben Lehrkräfte als „Fachleute für das Lernen" folgende Aufgaben:

- Planung, Organisation und Reflexion von Lehr- und Lernprozessen
- Erziehung
- Beurteilung und Beratung
- Verwaltung
- Weiterentwicklung eigener Kompetenzen durch Fortbildung
- Evaluation

Um in der Schule erfolgreich zum Thema Hochbegabung beraten zu können, benötigen Lehrkräfte zum einen allgemeine Beratungskompetenzen. Dazu gehören Wissen über Kommunikation, Erfahrungen in der Gesprächsführung und handlungsorientierte Strategien zur konkreten Vereinbarung und Umsetzung von Zielen. Zum anderen benötigen sie spezifisches Wissen zum Thema Hochbegabung und Begabtenförderung. Dies schließt Kenntnisse und Kompetenzen in den folgenden Bereichen ein:

- *Diagnostik*. Lehrkräfte müssen über grundlegendes Wissen über Testverfahren verfügen und in der Lage sein, psychologische Gutachten einschätzen zu können. Das dient letztlich auch ihrem eigenen Schutz im Umgang mit unangemessenen Forderungen von Eltern.

- *Störungen und Probleme*. Lehrkräfte müssen wissen, welche Schwierigkeiten im Zusammenhang mit hoher Begabung auftreten können. Im Einzelfall müssen sie differenzieren, ob Auffälligkeiten durch Unterforderung verursacht sind, Probleme mit Lern- und Arbeitstechniken vorliegen oder tiefere Ursachen und weitergehende Probleme zu bearbeiten sind.
- *Schullaufbahnberatung*. Aufgabe von Lehrkräften ist eine kompetente und differenzierte Einschätzung von Potenzialen, Leistungsstand und Motivation begabter Kinder und Jugendlicher als Grundlage von Empfehlungen zur Schullaufbahn. Sie haben insbesondere eine wichtige Aufgabe bei der Begleitung von Maßnahmen zur Akzeleration (vgl. Kapitel 7.5).
- *Fördermöglichkeiten*. Lehrkräfte müssen Ideen zur Förderung von begabten Kindern und Jugendlichen in ihrer Klasse und an ihrer Schule entwickeln und umsetzen. Darüber hinaus müssen sie über Fördermöglichkeiten in der Region und darüber hinaus informieren können.
- *Etikettierung*. Lehrkräfte müssen schließlich für mögliche Risiken sensibilisiert sein, die eine Etikettierung von Kindern und Jugendlichen als „hochbegabt“ mit sich bringen kann (vgl. Kapitel 6.4 und 6.5). Ihre Aufgabe besteht in solchen Fällen nicht zuletzt in einem behutsamen, aber klaren Einwirken auf die Eltern.

Wie immer wieder dargestellt, kommen viele Hochbegabte in der Schule gut zurecht. Wenn die Schule ihnen interessante Angebote bereitstellt, sind sie in der Regel gut in der Lage, Lernprozesse aktiv selbst zu gestalten und sich eigeninitiativ Herausforderungen zu suchen. Sie suchen auch Modelle und Orientierungen, wenn es darum geht, eine Berufs- und Lebensperspektive zu entwickeln und ihren Platz in der Welt zu finden. Einzelne Lehrkräfte können dabei zu Mentoren werden.

Konkrete Beratung benötigen vor allem zwei Gruppen von begabten SchülerInnen. Klar ist, dass Underachiever gezielte und handlungsorientierte Unterstützung benötigen. Weniger offensichtlich sind Probleme bei erfolgreichen und leistungsorientierten SchülerInnen. Hier ist auf Anzeichen von (Selbst-)Überforderung zu achten, die zu einem Verlust von Sozialkontakten oder zu psychosomatischen Symptomen führen kann. Dies kann sowohl erfolgreiche hochbegabte SchülerInnen betreffen als auch „nur“ gut begabte, aber sehr leistungsstarke SchülerInnen. Bei Hochleistern geht es zunächst vor allem darum, überhaupt mögliche Probleme wahrzunehmen. Bei Lehrkräften sind sie in der Regel beliebt, was diesen den Blick auf Schwierigkeiten verstellt, die hinter der erfolgreichen Fassade verborgen liegen. Die Beratung und Begleitung von Underachievern muss zum einen an den konkreten Defiziten im Lern- und Arbeitsverhalten an-

**Tabelle 3:** Hochleister und Underachiever

| **Hochleister**<br>**gut angepasst an das System Schule** | **Underachiever**<br>**auf verschiedene Weise auffällig** |
|---|---|
| wenig Furcht vor sozialen Bewertungssituationen | Furcht vor sozialen Bewertungssituationen |
| höhere Leistungsmotivation | niedrigere Leistungsmotivation |
| größere Konzentration | Konzentrationsschwierigkeiten |
| weniger Autoritätsabhängigkeit | Abhängigkeit |
| internale Ursachenzuschreibung bei Erfolg | externale Ursachenzuschreibung bei Erfolg |
| gute Kontrollmöglichkeiten | geringe Kontrollmöglichkeiten |
| wenig Leistungsangst | Leistungsangst |
| hoher Pflichteifer, Ehrgeiz | Anstrengungsvermeidung |
| gutes Selbstwertgefühl bis allgemeines Überlegenheitsgefühl | geringes Selbstwertgefühl |

setzen, zum anderen an den dahinter liegenden dysfunktionalen Attributionen, Motivations- und Selbstwertproblemen. Tabelle 3 stellt typische Eigenschaften, Verhaltensweisen und Risiken dieser beiden Gruppen einander gegenüber.

Konkrete Handlungsstrategien zu den verschiedenen Themen werden in Kapitel 8.5 vorgestellt. Veränderungen müssen in der Regel in Abstimmung mit den Eltern erarbeitet und umgesetzt werden. Wichtig ist die Zusammenarbeit mit den Eltern und ein konsequentes Verhalten der Schule vor allem, wenn es nicht mehr nur um Schulunlust oder schlechte Schulleistungen geht, sondern Kinder oder Jugendliche die Schule verweigern.

Die folgende Übersicht fasst die wesentlichen Stichworte zusammen, die für die Beratung und Begleitung begabter Kinder und Jugendlicher in der Schule grundlegend sind.

**Was Lehrerinnen und Lehrer wissen müssen ...**

- Begabte Kinder und Jugendliche gibt es an jeder Schule. Manchmal werden sie entdeckt, manchmal auch nicht.
- Nicht alle, die für hochbegabt gehalten werden, sind das auch. Weder herausragende Leistungen noch herausragende Verhaltensauffälligkeiten sind ein Beleg für besondere Begabungen – sie können lediglich ein Hinweis darauf sein.
- Es gibt viele Intelligenztests. Nicht alle sind aktuell, und nicht alle sind geeignet, um Hochbegabung zu diagnostizieren. Genauso wichtig wie ein Testergebnis ist die Frage, was ein bestimmtes Ergebnis für die Beteiligten bedeutet.
- Wer hochbegabt ist (oder sich dafür hält), kommt um Anstrengung nicht herum. Um ausgezeichnete Leistungen und „Expertise" zu erreichen, sind viele Jahre des Lernens und Übens erforderlich.
- Underachievement ist ein Problem – nicht nur von Hochbegabten. Ob besonders begabt oder nicht: Eine Veränderung der Situation erfordert in erster Linie, an eigenen Einstellungen und Verhaltensweisen zu arbeiten.
- Begabtenförderung kann an jeder Schule stattfinden. Zusatzangebote außerhalb der Schule oder spezielle Sonderfördermaßnahmen sind nicht die erste Wahl.
- Begabte Schülerinnen und Schüler brauchen nicht Lehrerinnen und Lehrer, die alles besser wissen. Sie brauchen Lehrerinnen und Lehrer, die sie in ihren Selbstbildungsprozessen begleiten.
- Begabtenförderung bedeutet nicht, begabte Schülerinnen und Schüler mit Angeboten zu überhäufen. Es bedeutet, Differenzierung als Leitprinzip der Pädagogik zu etablieren und Schule gemeinsam mit Schülerinnen, Schülern und Eltern zu verändern und weiterzuentwickeln.

*Lassen Sie sich nicht verrückt machen. Informieren Sie sich – und vertrauen Sie Ihren eigenen Kompetenzen!*

## 8.5 Kinder und Jugendliche in Beratung und Therapie

Hochbegabte Kinder und auch Jugendliche kommen in der Regel nicht von selbst auf die Idee, sich Hilfe und Unterstützung durch Beratung und Therapie zu holen. In der Regel werden sie geschickt – und zwar häufig von „wohlmeinenden" Erwachsenen, mit denen sie gerade Stress haben und deren Sicht der Dinge sie überhaupt nicht teilen. Dies wird schon bei diagnostischen Untersuchungen deutlich. Auf die zu Beginn gestellte Frage „Warum bist du hier?" geben viele Kinder und Jugendliche mehr oder weniger deutlich zu verstehen, dass sie das auch nicht wissen oder verstehen, sich aber den Wünschen der Erwachsenen gebeugt hätten. Bereits für die Diagnostik gilt es dann, das Interesse und die Bereitschaft des Kindes bzw. Jugendlichen zu wecken und zu klären, was von der Untersuchung zu erwarten ist und wie sie persönlich davon profitieren können. Noch mehr gilt das für die längere Beratung oder Therapie.

Bereits im Zusammenhang mit der Beratung von Eltern wurde angesprochen, dass es auch bei BeraterInnen mit langjähriger Erfahrung Unsicherheiten und manchmal eine gewisse Scheu gibt, sich auf die Beratung von Hochbegabten und deren Familien einzulassen. Manchmal steht dahinter mehr oder weniger uneingestanden die Befürchtung, den Anforderungen, die diese Klientel stellt, nicht gewachsen zu sein. Eine hohe allgemeine Intelligenz eines Klienten scheint zu verunsichern. Dies ist nicht überraschend: Es ist nicht weiter schlimm, zuzugeben, dass man unsportlich oder unmusikalisch ist, aber das Zu- oder auch nur Eingeständnis, dass jemand anderes (und in diesem Fall jemand, der deutlich jünger ist und Hilfe braucht) möglicherweise intelligenter ist, fällt schwer.

Dem ist noch einmal entgegenzuhalten: Hochbegabte sind erst einmal nicht anders als andere Kinder und Jugendliche. Sie haben Probleme wie andere Kinder und Jugendliche auch – und diese Probleme werden behandelt wie bei anderen Kindern und Jugendlichen auch. Dies gilt auch für schwerwiegendere psychosoziale Probleme und klinische Störungen. Aus diesem Grund wird in diesem Buch keine spezielle Anleitung zu Beratung und Therapie Hochbegabter gegeben. Die Tatsache, dass sie überdurchschnittlich oder hochbegabt sind, sollte in der Problemanalyse in erster Linie als eine besondere Ressource berücksichtigt werden. Das macht es möglich, in vielen Fällen problemorientiert und kognitiv zu arbeiten, weil diese Kinder und Jugendlichen auch komplexen Problemanalysen mühelos folgen können. Allerdings kann genau das auch Teil ihrer Probleme sein.

Auf der anderen Seite gibt es auch spezifische Reaktionen von Hochbegabten auf BeraterInnen und TherapeutInnen. Manche Jugendliche verwenden ihre überragende kognitive Leistungsfähigkeit, um die Auseinandersetzung mit persönlichen Problemen zu vermeiden. Sie reden bereitwillig (und oft auch lange, d. h. über die vereinbarte Zeit hinaus) mit ihrem Therapeuten oder Berater, strukturieren fleißig die Problemlage, reflektieren unermüdlich über die verschiedensten Einflüsse und Bedingungen und – ändern wenig. Sie unterscheiden sich darin möglicherweise nicht von anderen Klienten, haben aber eine Fülle wohlklingender Erklärungen parat, warum sie Vereinbarungen nicht einhalten konnten oder Hinweisen nicht nachgegangen sind. Gemeinsam ist diesen Beispielen die Tendenz vieler hochbegabter Kinder und Jugendlichen, ihre besonderen Fähigkeiten in Konflikten einzusetzen. Warum sollten sie das auch nicht tun?

Manchmal haben Berater es auch mit Zügen elitärer Arroganz zu tun, nach dem Motto „Was wollen die Sozialfrickel mir schon sagen?“. Ähnliches gilt auch für Eltern und Lehrkräfte. Z.B. machen begabte Kinder manchmal bereits im Kindergartenalter ihre Eltern auf höchst differenzierte Weise dafür verantwortlich, dass sie mit etwas nicht zurechtkommen, oder erläutern Lehrkräften, dass sie schlecht in der Schule seien, weil sie (von den Lehrkräften!) nicht genügend motiviert worden seien. Sie nutzen ihre Fähigkeiten, um „Fallen“ für BeraterInnen und TherapeutInnen aufzustellen. Nur wem es gelingt, diesen Fallen zu entkommen, wird als vertrauenswürdig eingeschätzt werden.

**„Fallen“ für BeraterInnen und TherapeutInnen**

Begabte Jugendliche verhalten sich in vielerlei Hinsicht in Beratungs- und Therapiesituationen nicht anders als andere Jugendliche auch. Sie testen ihr Gegenüber aus, lassen es nicht an sie heran, entwerten oder idealisieren es – all das ist nicht ungewöhnlich und erfahrenen BeraterInnen vertraut. Sie können dabei aber ihre herausragenden kognitiven, insbesondere verbalen Fähigkeiten einsetzen, um Auseinandersetzungen auszuweichen und BeraterInnen auszutricksen.

Begabte Jugendliche ...

- ... *reden, reden und reden* über sich und die Welt – bei näherer Betrachtung mehr über die Welt als über sich. Damit können sie BeraterInnen beschäftigt halten und von ihren tatsächlichen Problemen ablenken.
- ... *wissen eigentlich immer schon alles.* Sie neigen dazu, ihre Schwierigkeiten zu intellektualisieren. Möglicherweise liefern sie BeraterInnen eine komplette Theorie ihrer Problematik samt einer Begründung dafür, warum sie daran nichts ändern können.
- ... *machen ihre Probleme kompliziert* – so kompliziert, dass kein normaler Mensch sie mehr verstehen kann. Die Erklärungen der Beraterin oder des Therapeuten sind immer zu einfach. Q. e. d.: „Mich versteht ja sowieso keiner.“
- ... *entwerten BeraterInnen und TherapeutInnen.* „Was wollen die Sozialfrickel mir schon sagen?“, meinen manche Hochbegabten, die annehmen, dass diese ihnen intellektuell nicht gewachsen seien und daher nichts zu bieten hätten.
- ... *durchschauen therapeutische Strategien.* Manchmal legen sie ihren Ehrgeiz darein, herauszufinden, was BeraterInnen mit diagnostischen oder therapeutischen Maßnahmen herausfinden wollen oder beabsichtigen – um dann das Gegenteil von dem zu tun, was von ihnen erwartet wird.

Was ist zu tun, wenn Jugendliche diese oder ähnliche Strategien verwenden, um einer Bearbeitung ihrer Probleme auszuweichen? Es hat wenig Sinn, sich zu ihnen in Konkurrenz zu begeben. Begabten Jugendlichen kann man wenig vormachen. Es ist notwendig, sie mit ihren Vermeidungsstrategien zu konfrontieren – aber BeraterInnen sind auch aufgefordert, sich den eigenen Begrenzungen zu stellen. „Du weißt also besser über deine Probleme Bescheid als ich. Und was fangen wir jetzt damit an?"

Hochbegabte erleben immer wieder – manchmal sehr schmerzhaft –, dass individuelle Erfolge und Leistungen nicht nur von ihren kognitiven Fähigkeiten abhängen, sondern auch von zahlreichen anderen Persönlichkeits- und Umgebungsfaktoren bestimmt werden. Sie reagieren darauf sehr unterschiedlich. Manche entwickeln sich zu Hochleistern und geraten in eine Spirale der Selbstüberforderung. In manchen Fällen werden psychosomatische und klinische Störungen durch die herausragenden Leistungen maskiert. Andere entscheiden sich für das Gegenteil und versuchen, Anstrengungen möglichst aus dem Weg zu gehen. Hintergrund sind oft dysfunktionale Attributionsmuster, die in der Beratung thematisiert werden müssen. Auf diese beiden Grundmuster wird im folgenden Kapitel eingegangen.

Über diese konkreten Probleme hinaus stellt sich hochbegabten Kindern und Jugendlichen immer wieder die Aufgabe, ihre realen Leistungen mit dem eigenen Selbstbild als Hochbegabter in Einklang zu bringen. Das gilt auch, wenn gar nicht sicher ist, ob tatsächlich eine überdurchschnittliche Begabung vorliegt. Wenn von Hochbegabten ständig Hoch- und Höchstleistungen erwartet werden, kann dies auch Überforderung bedeuten. Die Frage ist daher berechtigt, wie Kinder oder Jugendliche eine durch intellektuelle Begabung begründete Sonderstellung individuell verarbeiten (Cornell 1984; Cornell/Grossberg 1989; Freeman 1979). Die Erwartung, herausragend zu sein und besondere Leistungen zu erbringen, kann einen besonderen Druck erzeugen, dem nicht alle Hochbegabten gerecht werden können oder wollen. Die pauschale Erwartung herausragender Leistungen kann zudem bei genauem Blick sehr widersprüchlich sein, wenn von einem „vielversprechenden" Hochbegabten zum einen erwartet wird, Anforderungen schnell und erfolgreich zu bewältigen, andererseits er sich aber auch Zeit lassen soll, in verschiedenste Bereiche hineinzuschnuppern, um seinen vielfältigen Potenzialen und Interessen gerecht zu werden. Ein Hochbegabter, dem dies nicht so mühelos gelingt, kann diese Widersprüche als massives persönliches Problem erleben. Manche Hochbegabte, die es nicht schaffen, die an sie gestellten Erwartungen und Ansprüche umzusetzen und in konkreten Leistungen zu verwirklichen, geraten in schwere Sinnkrisen und Orientierungslosigkeit. Diese Schwierigkeiten können dann im Zirkelschluss wiederum auf ein „Anderssein" auf Grund der Hochbegabung attribuiert werden. Dies ist auch dann möglich, wenn im strengen Sinn gar keine Hochbegabung vorliegt.

Dieser Aspekt gewinnt eine besondere Bedeutung bei Jugendlichen, die in Sonderfördermaßnahmen für Hochbegabte aufgenommen werden. Dass Probleme von Hochbegabten auch in der (frühzeitigen) Etikettierung als „hochbegabt" begründet sein können, ist mittlerweile ein weit verbreiteter Einwand gegen die frühe Separation und besondere Hervorhebung von Hochbegabten. In diesem Zusammenhang kann auch eine frühe Festlegung von hochbegabten Kindern und Jugendlichen auf kognitive Leistungen und Intellektualität zum Problem werden.

Abschließend ist noch einmal zu betonen, dass hohe Begabung in erster Linie eine Ressource darstellt. Dies gilt auch und gerade für die Beratung und Therapie von begabten Kindern und Jugendlichen. Eines der wichtigsten Ziele in der Arbeit mit diesen Klienten ist daher, dass sie sich mit ihrer Begabung nicht selbst im Weg stehen, sondern diese konstruktiv für die Erfüllung ihrer Bedürfnisse und die Verwirklichung ihrer Ziele einsetzen können.

## 8.6 Strategien für konkrete Problembereiche

### Mangelnde Lern- und Arbeitstechniken

Wenn Eltern begabter Kinder oder Jugendlicher auf Grund von Leistungsproblemen in die Beratung kommen, formulieren sie nicht selten, dass ihr Kind „nicht gelernt habe zu lernen". Eltern klagen über die langen Kämpfe, die zum Thema Hausaufgaben geführt werden müssen. Lehrkräfte stöhnen über die chaotische Heftführung oder den nicht sehr pfleglichen Umgang mit Arbeitsmaterialien. Alle sind davon irritiert, dass diese Kinder und Jugendlichen überhaupt kein System in ihren Schulmaterialien oder für die Zeiteinteilung für das Lernen zu haben scheinen. Ihre Schulranzen sehen chaotisch aus – oft tragen sie sämtliche Unterlagen jeden Tag zwischen Schule und Zuhause hin und her, weil sie es zu schwierig finden, immer die benötigten Sachen zurechtzulegen. Ihre Heftführung lässt sehr zu wünschen übrig. Ein „Musterbeispiel" für ein solches Kind ist Jasmin aus Fallbeispiel 4 (S. 118). Vor diesem Hintergrund wird immer wieder der Wunsch geäußert, ein spezielles Training zu Lern- und Arbeitstechniken gerade auch für hochbegabte SchülerInnen durchzuführen. Manchmal werden die Kinder und Jugendlichen deshalb auch zur Beratung oder sogar zur Therapie angemeldet. Jugendliche übernehmen diese Erklärungen und führen sie manchmal selbst an, wenn sie um Unterstützung bitten.

Ein genauerer Blick auf den Einzelfall zeigt häufig, dass hinter dem scheinbaren Mangel an guten Techniken ganz andere Probleme verborgen sind (s. u.). Die vorhandenen Lern- und Arbeitstechniken wären im Grunde ausreichend, um gute Leistungen erzielen zu können, auch wenn sie nicht den Vorstellungen der Erwachsenen von Ordnung und Struktur entsprechen. Dies lässt sich meist schnell durch die Frage klären, ob es einen Bereich im Leben des Kindes oder Jugendlichen gibt, im dem er oder sie gut organisiert ist. „Oh ja", heißt es dann oft, und dann beschreiben die Eltern die umfangreiche Dinosauriersammlung, die akkurate Archivierung von Pferdefotos samt dazugehöriger Accessoires oder den stets mit den neuesten Updates eingerichteten Computer. An mangelnden Arbeitstechniken kann es in solchen Fällen nicht liegen, dass schulische Notwendigkeiten nicht mit entsprechender Gründlichkeit erledigt werden!

Es kann aber tatsächlich vorkommen, dass Kindern oder Jugendlichen Lern- und Arbeitstechniken fehlen, die sie benötigen, um wachsenden schulischen Anforderungen gerecht werden zu können. Dabei handelt es sich in der Regel um Kinder oder Jugendliche, denen lange Zeit alles so leicht gefallen war, dass sie es schlicht nicht nötig hatten, ihre Energie in regelmäßiges Lernen und Üben zu investieren. Oft haben diese Kinder ein ausgezeichnetes Gedächtnis; sie erinnern sich so gut an konkrete Unterrichtssituationen oder einmal gelesene Texte, dass sie die Inhalte nicht wiederholen müssen. Wenn die Anforderungen dann allerdings steigen oder Transferleistungen gefragt sind, reichen die Fähigkeiten nicht mehr aus. Die Lockerheit, mit der sie ihr Wissen dargestellt haben, mag der Grundschullehrerin noch imponiert haben. Auf dem Gymnasium wird ihnen zum Verhängnis, dass sie sich nie sonderlich Mühe gegeben haben, auf die Details zu achten. Solchen Kindern und Jugendlichen kann eine Verbesserung ihrer Lern- und Arbeitstechniken tatsächlich „auf die Sprünge helfen".

Ein spezifisches Problem vieler Hochbegabter ist ihre geringe Bereitschaft zum Üben und Wiederholen. Dieses Phänomen ist bei Hochbegabten so verbreitet, dass es unter dem Stichwort „Langeweile bei Routineaufgaben" auf vielen Checklisten zu finden ist. Eine mögliche Konsequenz kann sein, dass Hochbegabte immer wieder Lehrkräfte darum bitten, bestimmte Zusammenhänge *erklärt* zu bekommen, die sie eigentlich *lernen* müssen, z. B. das Periodensystem der Elemente in Chemie oder bestimmte grammatische Regeln in den Fremdsprachen. An dieser Stelle muss SchülerInnen vermittelt werden, was der Unterschied zwischen Verstehen und Lernen ist und welchen Sinn Übungs- und Trainingsphasen haben. Darüber hinaus müssen ihre Annahmen über den Zusammenhang von Begabung und Leistung reflektiert werden. Es kann hilfreich sein, SchülerInnen darauf hinzuweisen, dass auch Hochbegabte zehn Jahre des Übens brauchen, um auf einem Gebiet Expertise zu erlangen.

Eltern muss in diesem Zusammenhang verdeutlicht werden, dass ihre Aufgabe nicht darin besteht, ihre Kinder beim eigentlichen Lernen zu unterstützen. Die große Bereitschaft vieler Eltern, sich hier sehr zu engagieren, z. B. sich mit ihrem Kind stundenlang hinzusetzen und gemeinsam zu lernen, führt nur selten zum Erfolg. Die Aufgabe der Eltern besteht vielmehr darin, einen klaren Rahmen zu setzen und ihren Kindern dabei zu helfen, Lernaktivitäten besser zu planen und zu strukturieren. Die Verantwortung für das eigentliche Lernen muss dagegen unbedingt vom Kind oder Jugendlichen selbst übernommen werden.

Zum konkreten Erwerb von Lern- und Arbeitstechniken gibt es zahlreiche Materialien und Ratgeber, in denen es letztlich immer um Systematik geht. Kinder und Jugendliche sträuben sich allerdings oft gegen die starren Formen, die ihnen dabei von außen vorgegeben werden, weil sie ihrem individuellen Zugang zu Lernen und Wissen nicht entsprechen – an dieser Stelle sei auf die Ausführungen zu Selbstbildungsprozessen in Kapitel 7 verwiesen. Eltern müssen manchmal erkennen, dass das, was ihnen am Lern- und Arbeitsverhalten ihrer Kinder chaotisch vorkommt, durchaus Sinn und Struktur hat, auch wenn es ihren eigenen Vorstellungen widerspricht. Wenn ein Einüben von Lern- und Arbeitstechniken erfolgreich sein soll, muss es daher an den vorhandenen Ressourcen der SchülerInnen ansetzen und sich möglichst konkret auf die Inhalte beziehen, die jeweils gelernt und erarbeitet werden sollen. Je früher eine entsprechende Einführung erfolgt, umso besser. In der siebten oder neunten Klasse, in der Trainings zu Lern- und Arbeitstechniken häufiger angeboten werden, haben viele Jugendliche dagegen schon eingefahrene Strategien entwickelt, die auch und gerade dann nur schwer zu verändern sind, wenn sie sich als dysfunktional erwiesen haben.

Das größte Problem vieler Ratgeber und Programme ist die ihnen zugrunde liegende Annahme, dass sich allgemeine Lern- und Methodenkompetenzen unabhängig von spezifischen Inhalten erwerben lassen. Wie die Bildungs- und Expertiseforschung in aller Deutlichkeit gezeigt hat, ist diese Annahme falsch. Entscheidende Grundlage für gute Leistungen in einem bestimmten Bereich sind nicht allgemeine Fähigkeiten, sondern gut strukturiertes und vernetztes Wissen (vgl. Kapitel 4). Lernen muss immer mit sinnvollen Inhalten verbunden sein. In der Beratung von SchülerInnen muss daher genau geklärt werden, was, in welchem Fach, mit welchen Methoden bislang nicht funktioniert hat, damit Fördermaßnahmen konkret auf die tatsächlichen Problembereiche abgestimmt werden können.

Ein Problem, mit dem Jugendliche selbst Beratung aufsuchen, sind schließlich Konzentrationsschwierigkeiten. Die Jugendlichen beschreiben z. B., dass sie in den verschiedensten Fächern immer wieder Phasen hätten, in denen „alles an ihnen vorbeirauscht" und sie „nichts mitkriegen". Auch wenn sie sich sehr anstrengen würden, könnten sie ihre Aufmerksamkeit nicht auf den Lehrer und den Unterricht lenken. Von der Beratung erhoffen sie sich konkrete Verhaltensstrategien zur Verbesserung ihrer Aufmerksamkeit. In der Beratung muss sorgfältig geprüft werden, ob es sich tatsächlich um ein Konzentrationsproblem handelt. Oft stellt sich heraus, dass das vermeintliche Konzentrationsproblem tatsächlich eher ein Motivationsproblem ist: Die geschilderten Schwierigkeiten treten nie auf, wenn es sich um selbst gewählte Aufgaben handelt – wenn es zum Beispiel um langwierige und komplizierte Programmierungen am Computer geht, haben diese

Jugendlichen keine Probleme. Von einem klinisch relevanten Konzentrationsproblem ist daher nur selten auszugehen. Wie bei der Frage der Lern- und Arbeitstechniken wird sich in der Beratung häufiger herausstellen, dass sich die Probleme mit einem Training allein nicht bewältigen lassen.

### Anstrengungsvermeidung

Die Tendenz, Anstrengungen möglichst zu vermeiden und zu versuchen, Anforderungen möglichst ohne großen Aufwand zu bewältigen, ist zunächst einmal nicht Ausdruck einer Störung, sondern ganz gesund: Warum sollte man sich anstrengen, wenn es auch ohne Anstrengung geht? Problematisch wird dies erst, wenn Kinder und Jugendliche

- nicht gelernt haben, sich überhaupt einmal anzustrengen;
- Aufgaben und Anforderungen verweigern;
- nicht realistisch einschätzen können, wenn mangelnde Anstrengung zu Misserfolg führt;
- keine Herausforderungen mehr suchen und überhaupt keine Initiative mehr zeigen.

Kinder und Jugendliche mit einem stark desorientierten Arbeitsstil versuchen, durch besonders nachlässiges Arbeiten von Leistungsanforderungen befreit zu werden. Ihre wichtigste Vermeidungsstrategie besteht im Abschieben von Arbeit. Dabei werden die verschiedensten Ausreden gebraucht. Das gelingt hochbegabten oder überdurchschnittlich begabten Kindern und Jugendlichen häufig besonders gut, da sie in der Regel sprachlich sehr eloquent sind und gut zu argumentieren wissen. Wesentlich häufiger als der desorganisierte Arbeitsstil wird von Kindern allerdings eine betont langsame Arbeitsweise zur Vermeidung von Arbeitsanforderungen eingesetzt. Dies wird als apathischer Arbeitsstil bezeichnet, der sich vordergründig in Interesse- und Teilnahmslosigkeit zeigt. Scheinbar ohne Widerstand wird auf Anforderungen der Umwelt eingegangen. Die Aufgaben werden dann aber so langsam ausgeführt, dass sie nicht zu Ende gebracht werden können. Diese Kinder und Jugendlichen sitzen oft stundenlang über den Hausaufgaben. In der Schule fallen sie meist nicht auf, da sie keine Disziplinschwierigkeiten zeigen. Das gilt insbesondere für hochbegabte oder überdurchschnittlich begabte Kinder und Jugendliche, von denen Lehrkräfte annehmen, „dass sie mehr könnten, wenn sie nur wollten“. Auch in der Familie versuchen Anstrengungsvermeider, jede Verpflichtung von sich fern zu halten.

Wie problematische Attributionen und mangelnde Übung zu einer Negativspirale von Vermeiden und Versagen führen können, wurde in Kapitel 6.2 mit dem „Teufelskreis Underachievement“ dargestellt.

In der Beratung zum Thema Anstrengungsvermeidung muss zunächst deutlich gemacht werden, dass schulische Leistungsanforderungen zunächst Angelegenheit der Schule sind. Das gilt auch für den „Dauerbrenner“ Hausaufgaben. Juul (1997) hat dies so prägnant zusammengefasst, dass er hier etwas ausführlicher zitiert werden soll: „Aber worin besteht hier das Dilemma der Eltern? Unter anderem darin, dass alle Lehrer dieser Welt sich zusammengerottet und entschieden haben, dass Schularbeiten in der Verantwortung der Eltern liegen. Das ist nicht nur unlogisch, sondern auch unzweckmäßig und bringt Eltern wie Kinder in eine unmögliche Lage. [...] Schularbeiten sind Sache von Schüler und Lehrer, das versteht sich von selbst, und den Eltern steht frei, sich für das zu interessieren, was die Kinder zu Hause tun, und ihnen beim Fachlichen so weit zu helfen, wie es nötig ist. Das wird den Kindern optimale Möglichkeiten geben, ihre Eigenverantwortlichkeit zu entwickeln, und den Eltern die Möglichkeit, mit ihrer elterlichen Verantwortung und intimen Kenntnis des Kindes sich dann einzuschalten, wenn ernste Konflikte in der Zusammenarbeit zwischen Lehrern und dem Kind entstehen“ (1997, 214).

Auch wenn es nicht „nur“ um Probleme in der Schule geht, sondern die Vermeidung und Verweigerung von Anstrengung den Familienalltag gleichermaßen prägen, geht es in erster Linie darum, die Eigenverantwortlichkeit von Kindern und Jugendlichen zu stärken. Die folgende Liste gibt (nicht nur) Eltern konkrete Hinweise dafür, was im Umgang mit Anstrengungsvermeidern zu beachten ist und wie Veränderungen begonnen werden können. Damit kann es gelingen, Schritt für Schritt aus der Negativspirale von Vermeidung und Misserfolg zu entkommen. Sie sind zwar für Kinder formuliert, aber gleichermaßen auf Jugendliche anwendbar.

**Tipps und Tricks zum Umgang mit Anstrengungsvermeidern**

*Fangen Sie klein an*
Versuchen Sie nicht, alle Probleme auf einmal anzugehen – das wird sowieso nichts. Greifen Sie eine überschaubare Aufgabe oder Anforderung heraus und konzentrieren Sie sich darauf, hier etwas zu verändern. Das macht Erfolg wahrscheinlicher und ermutigt zum Weitermachen.

*Üben Sie „freundliche Konsequenz“*
Stellen Sie Anforderungen an das Kind mit klarer Konsequenz. Lassen Sie in keinem Fall irgendwelche Ausreden oder Ausnahmen zu. Verbinden Sie diese Unnachgiebigkeit und Härte in der Sache mit größtem freundlichem Entgegenkommen in Ihrem Umgang mit dem Kind.

*Vermeiden Sie „falsche“ Diskussionen*
Unterscheiden Sie „echte“ Diskussionen, die zu einer Problemlösung oder Einstellungsänderung führen können, von „falschen“, die lediglich dazu

dienen, von Anforderungen abzulenken und Aufgaben zu vermeiden. Stellen Sie sicher, dass Ihr Kind nicht in langwierige Erörterungen abschweift, sondern sich den aktuellen Aufgaben zuwendet und seine Fluchttendenzen unter Kontrolle bringt.

*Dosieren Sie Arbeitsanforderungen angemessen*
Setzen Sie Anforderungen zunächst recht gering an und sorgen Sie dafür, dass diese vom Kind (und von niemandem sonst!) erfüllt werden. Seien Sie darauf gefasst, dass Sie einige Aufgaben immer wieder stellen müssen. Achten Sie deshalb schon bei der Aufgabenstellung darauf, dass Sie es aushalten können, wenn diese Aufgaben auch über einen längeren Zeitraum nicht erledigt werden.

*Loben Sie das Kind nur eingeschränkt („bedingtes Lob")*
Alle Kinder brauchen Lob – aber: Bei Kindern, die Anstrengung grundsätzlich vermeiden, ist ein Lob für eine gute Leistung immer mit dem Hinweis auf die nächste Aufgabe oder Anforderung zu verbinden. Zusätzlich sollten Sie deutlich machen, dass Sie nicht sicher sind, ob das Kind diesen nächsten Schritt erreichen wird. Ziel ist es, den Kindern keine Möglichkeit zu lassen, sich in Sicherheit zu wiegen und in ihren Bemühungen nachzulassen.

*Formulieren Sie schriftliche Übereinkünfte*
Schriftliche Festlegungen wirken in der Regel neutraler und lösen weniger Emotionen aus als psychischer Druck in Form von ständig wiederholten persönlichen Ermahnungen. Insbesondere wenn Sie sich schwer tun, Forderungen mit Nachdruck einzuklagen, können Sie von dieser Form profitieren. Hüten Sie sich dabei vor nachträglichen Abänderungen, Ausnahme- und Sonderregelungen. Lassen Sie das auch nur einmal zu, besteht die Gefahr, dass Sie einen zähen Kampf um immer neue Abweichungen vom formulierten Vertrag beginnen müssen.

*Rechnen Sie damit, dass Sie resignieren möchten – und tun Sie es nicht!*
Seien Sie darauf gefasst, dass nach ersten Verbesserungen in der Leistungsbereitschaft des Kindes ein massiver Einbruch erfolgt. Möglicherweise erscheint Ihnen dann alles hoffnungslos und Ihre Bemühungen völlig umsonst. Geben Sie jetzt nicht auf! Halten Sie durch und achten Sie darauf, dass der festgelegte Auftrag auch tatsächlich erledigt wird.

*Lassen Sie sich nicht um den Finger wickeln*
Möglicherweise werden Sie sich selbst für „zu streng" oder „autoritär" halten, wenn Sie diese Ratschläge befolgen. Vielleicht wird Ihnen das auch von Ihrem Kind vorgeworfen. Das macht nichts! Ziel ist nicht, dass Ihr Kind Sie nett findet, sondern dass Sie besser miteinander zurechtkommen.

*Sorgen Sie für sich selbst*
Sagen Sie nicht zu Ihrem Kind, dass Ihre Maßnahmen in seinem Interesse sind – das wird es Ihnen (zumindest zunächst) nicht glauben. Andersherum wird ein Schuh daraus: Wenn sich die Situation für Sie selbst verbessert und es Ihnen besser geht, hat auch Ihr Kind etwas davon. Darum: Belohnen Sie sich für Erfolge, tun Sie sich selbst etwas Gutes!

## Selbstüberforderung und Perfektionismus

Der Gegenpol zu den Anstrengungsvermeidern sind die Perfektionisten. Im Gegensatz zu Anstrengungsvermeidung gilt Perfektionismus zunächst nicht als Problem. Dies ändert sich jedoch, wenn Eltern jeden Tag ertragen müssen, dass ihr Kind eine Seite aus dem Schulheft reißt, heftig weint und sich auf den Boden wirft – nur weil es findet, dass seine Schrift zu krakelig aussieht. Warum Kinder so etwas tun, bleibt zunächst oft unverständlich. Es kann damit zu tun haben, dass das Kind auf Grund seiner hohen Begabung nur allzu gut weiß, wie etwas aussehen müsste, damit es ganz richtig ist, angesichts seiner noch nicht entwickelten Fähigkeiten (Expertise!) aber jeden Tag wieder an den eigenen Ansprüchen scheitert. Es kann auch sein, dass Anerkennung in der Familie stark an Leistung und Erfolg gekoppelt sind. Ein solcher Zusammenhang ist im konkreten Fall weder offensichtlich noch den Beteiligten bewusst.

In der Folgezeit gelingt es vielen hochbegabten Kindern immer besser, den eigenen Ansprüchen gerecht zu werden. Sie entwickeln sich zu Hochleistern, die an sich selbst wie auch an andere hohe Ansprüche stellen. Dies bringt ihnen ein hohes Maß an Anerkennung ein, die für ihr Selbstwertgefühl von großer Bedeutung ist. Auf der anderen Seite erhöht dies die Gefahr, dass Scheitern zur Katastrophe wird. Oft sind diese Kinder bzw. Jugendlichen extrem empfindlich gegenüber Kritik. Misserfolg muss daher entweder der Umwelt zugeschoben oder um jeden Preis vermieden werden.

Dass damit eine chronische Selbstüberforderung verbunden ist, ist kaum mehr bewusst. Es ist daher unwahrscheinlich, dass die Betroffenen selbst zur Sprache bringen, dass sie sich von Leistungsanforderungen in der Schule oder auch später im Studium überfordert fühlen. Allerdings bedeutet das subjektive Gefühl, keine Probleme mit Leistungsanforderungen zu haben, nicht, dass tatsächlich keine Schwierigkeiten bestehen. Möglicherweise wird dadurch die Entwicklung eines Selbstbildes unterstützt, das die Ursache von Leistungsproblemen eher in äußeren Bedingungen vermuten lässt als in eigenen Defiziten – unabhängig von der eigenen Leistungsfähigkeit. Mit einer solchen Sichtweise kann z. B. eine missglückte Prüfungsleistung mit der mangelnden Qualifikation des Prüfers begründet werden, der dem Befragten nicht habe folgen können.

In der Beratung muss diese Möglichkeit deshalb immer wieder vom Berater thematisiert werden. Das wird von den Betroffenen z. T. als massive Kränkung erlebt. Sie befürchten, dass an ihrer hohen kognitiven Leistungsfähigkeit gezweifelt wird. Daher empfiehlt sich eine solche Konfrontation erst, wenn sichergestellt ist, dass eine stabile und tragfähige Beziehung zwischen dem Jugendlichen und der BeraterIn bzw. PsychotherapeutIn besteht. Aufgabe der Beratung ist dann, Arbeitsplan und selbstauferlegte Verpflichtungen sehr konkret zu reduzieren und gemeinsam zu überlegen, wie die gewonnene freie Zeit verbracht werden kann. Zu bedenken ist, dass diese Begabten dann erst einmal nichts anderes haben: keine Freunde, keine Interessen, die nicht in Hinsicht auf Leistung betrieben werden könnten.

Diese Problematik ist in besonders scharfer Form bei Jugendlichen mit Essstörungen zu beobachten. Immer wieder werden essgestörte weibliche Jugendliche im Anschluss an Klinikaufenthalte in Sonderfördermaßnahmen für Hochbegabte aufgenommen. Begründung ist zum einen eine hohe intellektuelle Leistungsfähigkeit, zum anderen die Befürchtung, dass eine Rückkehr in das alte System schnell zum Rückfall führen würde. In der Sonderfördermaßnahme sind diese Jugendlichen oft sehr erfolgreich. Besonders bei Lehrkräften sind sie wegen ihrer Gründlichkeit und ihrer Anstrengungsbereitschaft sehr beliebt. Die eigentliche Problematik, die der Essstörung zugrunde liegt, ist aber keineswegs gelöst. Stattdessen wird der Kontrollzwang, der mit dem gestörten Essverhalten einhergeht, auf den Umgang mit schulischen Anforderungen übertragen. In der Folge kommt es oft zu massiver Selbstüberforderung, die zu großer Verzweiflung und auch körperlichen Stresssymptomen führen kann.

Wie bereits dargestellt, hängen Perfektionismus und Selbstüberforderung oft mit Einstellungen und Erwartungen der Eltern zusammen. Dies ist allerdings nicht in dem Sinne zu verstehen, dass Eltern direkt übertriebene Leistungsanforderungen an ihre Kinder stellen. Eher ist es die gesamte Atmosphäre in der Familie, die übertriebenen Perfektionismus und Selbstüberforderung begünstigen kann. Dies spielt insbesondere im Zusammenhang mit Etikettierungsprozessen eine wichtige Rolle (vgl. Kapitel 6.4).

Die folgende Liste gibt Eltern einige Anregungen dafür, wie sie dieser Tendenz entgegenwirken und zu einer entspannteren Situation für alle beitragen können. Zunächst muss allerdings geklärt werden, ob sich hinter Perfektionismus möglicherweise Anstrengungsvermeidung verbirgt – in der Praxis liegen die beiden Phänomene nämlich näher beieinander, als man zunächst denken könnte.

**Tipps und Tricks zum Umgang mit Perfektionisten**

*Überprüfen Sie, ob es sich bei dem Perfektionisten um einen „Anstrengungsvermeider" handelt (nach dem Motto: „Ich setze meine Ziele so hoch an, dass ich sie sowieso nicht erreichen werde, daher muss ich mich auch nicht anstrengen")* –, und wenn ja, lesen Sie unter „Tipps und Tricks für den Umgang mit Anstrengungsvermeidern" weiter.

*Belohnen Sie Ihr Kind nicht nur für Erfolge, sondern auch für seine Bemühungen*
Ermutigen Sie Ihr Kind, Mängel und Irrtümer als wichtige Stufen auf dem Weg zum Erfolg zu betrachten. Analysieren Sie gemeinsam mit Ihrem Kind, warum es nicht geklappt hat, und helfen Sie ihm, es noch einmal zu versuchen.

*Unternehmen Sie etwas mit Ihrem Kind, das einfach nur Spaß macht*
Erfreuen Sie sich mit Ihrem Kind an Aktivitäten und Erlebnissen, die keinerlei Leistungsbezug haben, sondern Spaß machen und auch nur deshalb getan werden, z.B. Kissenschlachten, Grimassen schneiden, Nachtwanderungen, laut und falsch singen.

*Einen Misserfolg erlitten zu haben heißt nicht, dass jetzt alles verloren ist*
Die Tendenz, alles in schwarzweißen Extremen wahrzunehmen, kann dazu führen, dass sehr konkreter Kummer und konkrete Nöte das ganze Leben beeinträchtigen. Prüfen Sie, inwiefern auch Sie diese Neigung haben, und üben Sie mit Ihrem Kind zusammen, Sorgen nur auf den Bereich zu beschränken, der dazu wirklich Anlass gibt.

*Und wenn der Misserfolg eingetreten ist: Äußern Sie Mitgefühl für die Situation des Kindes, aber nicht Mitleid*
Machen Sie Ihrem Kind deutlich, dass Sie die schmerzliche Erfahrung, die es gemacht hat, sehen –, aber geraten Sie nicht in die Mitleidsfalle. Halten Sie die Enttäuschung gemeinsam mit Ihrem Kind aus.

*Loben Sie Ihr Kind*
Erkennen Sie an, dass Ihr Kind sich hohe Ziele gesetzt hat. Sprechen Sie mit ihm darüber, wie man mit Kritik und Versagen umgeht. Üben Sie, Fehler zu machen.

*Nehmen Sie dem Kind das Problem nicht weg*
Mit der Frage „Was ist das Problem?" erkennen Sie an, dass ein Problem besteht, das Sie dem Kind bei aller Hilfe nicht abnehmen können – und auch nicht wollen. Seien Sie aber bereit, gemeinsam mit Ihrem Kind nach Antworten zu suchen, z.B. auf die ganz praktische Frage, was man tun kann, um eine Lösung zu finden oder eine Verbesserung der Situation zu erreichen.

*Und nicht zuletzt: Sorgen Sie für sich selbst*
Sagen Sie nicht zu Ihrem Kind, dass Ihre Maßnahmen in seinem Interesse sind – das wird es Ihnen (zumindest zunächst) nicht glauben. Andersherum wird ein Schuh daraus: Wenn sich die Situation für Sie selbst verbessert und es Ihnen besser geht, hat auch Ihr Kind etwas davon. Darum: Belohnen Sie sich für Erfolge, tun Sie sich selbst etwas Gutes!

## Langeweile, Schulunlust und Schulverweigerung

Schulunlust und Schulverweigerung sind ein seit längerer Zeit zunehmendes Phänomen. Dies steht nicht zuletzt im Zusammenhang mit einer kritischeren Haltung sowohl von Kindern und Jugendlichen als auch ihren Eltern zu dem, was in der Schule passiert, aber auch mit einem veränderten Umgang mit Grenzen und „Sekundärtugenden" wie Pflichten und Gehorsam in der heutigen Erziehung. Dabei hat die Selbstverständlichkeit abgenommen, mit der die Schule als „Pflichtveranstaltung" akzeptiert wird. Viele Eltern werden Verständnis dafür haben, wenn ihr Kind eine Hausaufgabe nicht machen will, weil es sie unsinnig findet, oder wenn es als Jugendlicher einmal die Schule schwänzt, weil es etwas Wichtigeres vorhat. Damit daraus schwerwiegendere Probleme werden, müssen allerdings weitere Faktoren hinzukommen.

Schulunlust und Schulverweigerung sind keine Themen, die Hochbegabte in besonderem Maße betreffen. In der Diskussion über Hochbegabung wird allerdings schulischen Bedingungen ein großer Teil der Verantwortung für problematische Entwicklungen zugeschrieben. Dies kann problematische Einstellungen zur Schule sowohl bei Eltern als auch bei Kindern und Jugendlichen begünstigen.

Dass ein Kind oder Jugendlicher tatsächlich oder vermeintlich hochbegabt ist, kann daher dazu führen, dass Eltern oder auch Lehrer übersensibel oder verunsichert darauf reagieren, wenn ein Kind oder Jugendlicher über die Schule klagt oder nicht mehr zur Schule gehen will.

**Fallbeispiel 19: Alina**
*Alina ist sieben und besucht die erste Klasse einer Grundschule mit speziellem Angebot für begabte Kinder. Auf Grund eines beruflich bedingten Ortswechsels der Familie hatte sie eine Zeit lang befürchten müssen, erst mit sieben eingeschult zu werden. Sie war darüber längere Zeit extrem unglücklich und machte den Eltern massive Vorwürfe, weil sie nun nicht in die Schule käme.*

*Sie konnte dann am neuen Wohnort etwas verspätet doch noch eingeschult werden. Nach einer Weile beklagte sie sich aber häufiger über die*

*Schule und wollte manchmal nicht dorthin gehen. Die Mutter war darüber sehr verunsichert und befürchtete, dass Alina in der Schule unglücklich sei und die Probleme aus der Vorschulzeit wieder aufflammen würden. Sie behielt ihre Tochter daher zu Hause und sprach telefonisch mit der Klassenlehrerin. Diese wiederum machte sich Sorgen, ob Alina in der Schule nicht ausreichend gefordert und gefördert würde, und fragte sich, welche zusätzlichen Angebote man dem Mädchen machen sollte.*

*Das Mädchen selbst wirkt im Gespräch mit dem Psychologen wenig belastet. Auf ihr Fehlen angesprochen und gefragt, ob sie denn manchmal keine Lust auf die Schule habe, antwortet sie: „Ja, aber nur ganz selten." Offensichtlich ist ihr daran gelegen, möglichst „normal" zu erscheinen, und es ist ihr eher unangenehm, auf ihr Fehlen angesprochen zu werden.*

Alina ist hochbegabt und war bereits vor Schulbeginn in diesem Zusammenhang psychisch auffällig. Andernfalls wäre wohl niemand auf die Idee gekommen, gelegentliche Äußerungen von Schulunlust als Anzeichen einer problematischen Entwicklung zu deuten, die zu massiven Verhaltensproblemen und Scheitern der schulischen Entwicklung führen könnte. Noch weniger hätten Lehrkräfte an sich selbst gezweifelt und überlegt, wie man Alina noch mehr fordern und fördern könnte.

Unabhängig davon, ob Alina sich in der Schule tatsächlich (womöglich verständlicherweise) unwohl fühlt und langweilt oder aber eigentlich familiäre Schwierigkeiten hinter ihren Bemerkungen stecken: Zum Problem wird alles erst, als die Mutter akzeptiert, dass Unlust eine Rechtfertigung dafür ist, nicht zur Schule zu gehen, und von der Schule höhere Anforderungen erwartet. Eine solche Haltung wird allerdings durch Medienberichte unterstützt, nach denen Unterforderung ein Hauptproblem von Hochbegabten sei und zu dramatischem Scheitern von Schulkarrieren führen könne. In derartigen Fällen ist Hochbegabung in erster Linie als Erklärung für das Verhalten der Erwachsenen von Bedeutung. Die Beratung wird in erster Linie die Aufgabe haben, zu entdramatisieren und sowohl Eltern als auch Lehrkräfte darin zu bestärken, hochbegabte Kinder und Jugendliche „ganz normal" zu behandeln. In der Regel wird dies alle Beteiligten entlasten – auch das Kind oder die Jugendlichen selbst.

Massivere Fälle von Schulphobie und Schulverweigerung werden meistens eine ambulante Therapie erfordern. Oft – und dies gilt insbesondere für Fälle massiver psychosozialer Auffälligkeit – ist das Thema Hochbegabung dabei nicht der wesentliche Schlüssel für die Bewältigung der aktuellen Schwierigkeiten. So mag bei Schulverweigerern manchmal Unterforderung, seltener Überforderung ursprünglich Hintergrund der Weigerung, in die Schule zu gehen, gewesen sein. Für die aktuelle Intervention steht aber im Vordergrund, überhaupt wieder einen Schulbesuch zu ermöglichen. Je länger die Abwesenheit von der Schule dauert, desto mehr ist eine Verstärkung der Symptomatik zu befürchten, nicht zuletzt, weil die lange

Abwesenheit bei den Mitschülern Fragen auslöst, die dem Schulverweigerer unangenehm sind und die er nicht beantworten möchte. Dies gilt für hochbegabte Schulverweigerer gleichermaßen.

Besonders problematisch ist, wenn Eltern ihr hochbegabtes Kind bzw. den Jugendlichen nicht mehr zur Schule schicken, weil sie Verständnis für seine negative Haltung zur Schule haben und auf ein „besseres" Angebot warten (z. B. die Aufnahme in eine Sonderfördereinrichtung) – selbst wenn es ein solches geben sollte. So berechtigt Kritik an der Schule grundsätzlich sein kann – inhaltlich auf die Probleme und Argumente der Kinder einzugehen ist kontraindiziert, wenn es um 7.30 Uhr morgens darum geht, ob es jetzt in die Schule gehen soll. Stattdessen muss immer wieder deutlich gemacht werden, dass das Kind durchaus in der Lage ist, die Schule zu besuchen. Es ist wichtig, dass alle Beteiligten herausstellen, dass das Kind nicht krank und insbesondere nicht körperlich krank ist.

Da es Eltern häufig schwer fällt, den Schulbesuch gegen den Willen ihres Kindes durchzusetzen, bedarf es einer intensiven Elternarbeit, um diese darin zu unterstützen, ihrem Kind gegenüber klar und konsequent aufzutreten. Wichtig ist dabei eine intensive Absprache aller beteiligten Personen. Nur auf diese Weise können Pannen vermieden werden, wie etwa, dass das Kind von der Schule aus wieder nach Hause geschickt wird.

Etwas anders liegt der Fall, wenn Jugendliche die Schule schwänzen, weil sie Schule „doof finden". In Kapitel 3.3 wurde der „Aussteiger" beschrieben, der eigentlich alles kann, aber nicht einsieht, wofür er sich anstrengen soll. Manche begabte Jugendliche entwickeln eine arrogante Einstellung zum Schulunterricht, halten die Anforderungen für „Pillepalle" und meinen, dass sie es nicht nötig haben, dort regelmäßig anwesend zu sein. Manchmal kann eine solche Haltung durchaus verständlich sein: Wenn ausgebrannte Lehrer nur ein Standardprogramm durchziehen oder selbst regelmäßig zu spät zu ihrem eigenen Unterricht kommen, ist nicht so ohne weiteres einsichtig, welchen Sinn ein regelmäßiger Schulbesuch haben soll. Andererseits erwächst aus Schulschwänzen in der Regel keine alternative Perspektive, auch wenn man immer wieder einmal Berichte von Ausnahmefällen hört, in denen Jugendliche die Schule vorzeitig verlassen, um einer persönlichen Passion zu folgen, und damit Erfolg haben.

Wichtig ist in derartigen Fällen zweierlei. Auf der einen Seite muss den Jugendlichen deutlich gemacht werden, dass ihr Verhalten Konsequenzen hat, für die sie selbst Verantwortung übernehmen müssen. Oft sind sie daran gewöhnt, dass ihre Eltern nicht nur die alltägliche Versorgung sicherstellen, sondern auch ein großzügiges Taschengeld geben oder teure Hobbys finanzieren. Sie müssen nicht befürchten, dass schlechte Noten oder auch eine gefährdete Versetzung ernsthafte Konsequenzen für sie zur Folge haben werden. Noch weniger machen sie sich klar, dass auf einen Abbruch der Schule die Notwendigkeit folgt, sich selbst um einen Ausbildungs- oder

Arbeitsplatz zu bemühen, was ohne einen guten Schulabschluss nicht leichter wird.

Auf der anderen Seite sollte nicht nur die Kritik von Jugendlichen an der Schule ernst genommen, sondern müssen auch die Sinnfragen aufgegriffen werden, die hinter dieser Form der Schulverweigerung stehen. Hilfreich ist es, einen Mentor oder eine Mentorin zu finden, der oder die den Jugendlichen dabei unterstützt, eine persönliche Lebensperspektive zu entwickeln. Vor diesem Hintergrund kann dann die Notwendigkeit eines Schulbesuchs noch einmal anders eingeschätzt werden – und sei es als lästige Pflicht, der man sich unterziehen muss, um spätere Ziele verwirklichen zu können.

Wenig hilfreich ist es dagegen, wenn Eltern zu viel Verantwortung für die Entwicklung ihrer Kinder übernehmen, indem sie immer wieder Druck ausüben, Aktivitäten initiieren (z. B. ihr Kind noch einmal testpsychologisch untersuchen lassen oder zu Fördermaßnahmen anmelden) und bei Konflikten zu vermitteln suchen, während die Jugendlichen gelangweilt und lustlos auf der Stelle treten. Auch wenn es für Eltern schwer auszuhalten ist: Manchmal muss ein Jugendlicher erst „auf die Schnauze“ fallen, damit er sein Leben in die Hand nimmt.

**Tipps und Tricks für Eltern beim Umgang mit Schulunlust und Schulverweigerung**

*Finden Sie heraus, warum Ihr Kind keine Lust auf Schule hat.*
Wenn Ihr Kind darüber klagt, dass es sich in der Schule langweilt, kann das alle möglichen Ursachen haben. Langweilt es sich wirklich immer, oder geht es um ganz bestimmte Bereiche? Ist es tatsächlich unterfordert? Oder stecken vielleicht Konflikte mit LehrerInnen oder MitschülerInnen dahinter?

*Schicken Sie Ihr Kind auf jeden Fall in die Schule.*
In Deutschland herrscht Schulpflicht, und das ist gut so. Wenn eine ärztliche Abklärung ergeben hat, dass keine körperliche Krankheit vorliegt, sollte ihr Kind auf jeden Fall in die Schule gehen. Ansonsten ist zu befürchten, dass die Tendenz, die Schule zu vermeiden, sich nur verstärkt.

*Lassen Sie sich nicht verunsichern.*
In Veröffentlichungen zu Hochbegabung wird oft der Eindruck erweckt, dass sofort etwas geschehen muss, wenn ein begabtes Kind sich in der Schule langweilt oder unterfordert ist. Lassen Sie sich davon nicht verrückt machen. Lassen Sie sich Zeit, um zu beobachten, wie es Ihrem Kind tatsächlich geht.

*Akzeptieren Sie Langeweile in gewissem Ausmaß als normal.*
Es ist keine Katastrophe, wenn Kinder oder Jugendliche keine Lust haben, zur Schule zu gehen. Manchmal muss man eben Dinge tun, zu denen man

keine Lust hat – auch wenn man hochbegabt ist. Dass Kinder die Lust am Lernen völlig verlieren, ist deswegen noch lange nicht zu befürchten.

*Machen Sie Ihrem Kind deutlich, dass sein Verhalten Konsequenzen hat.*
Es hilft Kindern und Jugendlichen nicht, wenn ihre Eltern immer wieder vermittelnd eingreifen, Aufgaben für ihre Kinder erledigen oder Fehlzeiten entschuldigen. Stattdessen müssen sie lernen, selbst Verantwortung für ihr Handeln zu übernehmen – auch wenn sie erst einmal auf den Bauch fallen.

*Setzen Sie sich mit allen Beteiligten zusammen.*
Sowohl Ursachen als auch Konsequenzen der Schulprobleme müssen von Kind, Eltern und Schule gemeinsam besprochen werden. Dies gilt vor allem dann, wenn vereinbarte Maßnahmen konsequent umgesetzt werden sollen. Es nützt nichts, wenn Kinder von ihren Eltern zur Schule geschickt werden, die Lehrerin sie dann aber wegen Kopfschmerzen doch wieder nach Hause entlässt.

*Unterstützen Sie Ihr Kind dabei, Unzufriedenheit und Kritik konkret zu benennen.*
Anstatt ihre Energie darauf zu richten, der Schule zu entkommen, sollten sie die Möglichkeit haben, das an der Schule zu verändern, was ihnen nicht passt. Dazu müssen sie konkret formulieren, was das genau ist, und das müssen insbesondere Grundschüler erst einmal lernen.

*Greifen Sie die Sinnfragen auf, die hinter Schulverweigerung stehen können.*
Welche Bedeutung hat für Sie der Satz „Nicht für die Schule, sondern für das Leben lernen wir“? Sprechen Sie mit Ihren Kindern über mögliche Lebensperspektiven, damit sie konkreter einschätzen können, welchen Stellenwert Schulbildung dafür hat.

*Eröffnen Sie Kindern und Jugendlichen Spielräume für Mitgestaltung.*
Wenn sich herausstellt, dass hinter Schulunlust eine verständliche Unzufriedenheit mit schulischen Abläufen und Anforderungen steht, sollten im Gespräch mit der Schule Ansätze für Veränderungen entwickelt werden. Dabei geht es vor allem darum, die Eigenaktivität von Kindern und Jugendlichen herauszufordern und zu unterstützen.

*Ermutigen Sie Ihr Kind dazu, seine Situation selbst zu verändern.*

Kinder und Jugendliche sollten dazu ermutigt und dabei unterstützt werden, sich offen für ihre Belange und Interessen einzusetzen. Das kann auch bedeuten, ihnen in Konflikten mit der Schule an der Seite zu stehen – aber nur dann, wenn sie das selbst wollen. Im Allgemeinen regeln Kinder und Jugendliche ihre Angelegenheiten gern selbst.

## 8.7 Hochbegabung – ein Fall für die Jugendhilfe?

Wenn Familien überfordert sind und es nicht gelingt, Schwierigkeiten von begabten Kindern und Jugendlichen mit Hilfe von Beratung und Förderung im vertrauten Lebensumfeld zu bewältigen, muss über weitergehende Möglichkeiten nachgedacht werden. In diesem Zusammenhang wird die Frage einer Finanzierung von Fördermaßnahmen für Hochbegabte durch die Kinder- und Jugendhilfe immer häufiger diskutiert. Dabei geht es allerdings nicht nur um Jugendliche, die massive psychosoziale Probleme haben. Stattdessen spielt nicht zuletzt die vor allem von Elternverbänden vertretene Kritik eine Rolle, dass staatliche Fördermaßnahmen für Kinder und Jugendliche „am anderen Ende des Spektrums“ bereitgestellt werden (z. B. Sonderschulen für Lernbehinderte), woraus die z. T. vehement vorgebrachte Forderung nach entsprechender Unterstützung auch für Hochbegabte abgeleitet wird. Dabei werden die aktuellen Probleme der Jugendlichen als „Sekundärstörungen“ aufgefasst, die ihre Ursache in der Hochbegabung bzw. im unangemessenen Umgang mit der Hochbegabung insbesondere im bisherigen Schulverlauf haben. Vor diesem Hintergrund sind in den letzten Jahren Jugendämter damit konfrontiert, dass Eltern hochbegabter Kinder einen Antrag auf die Finanzierung von Fördermaßnahmen, insbesondere im Internat einer Spezialschule, nach § 35a SGB VIII stellen. Sind tatsächlich Jugendhilfemaßnahmen erforderlich, um „seelischen Behinderungen“ (so der Wortlaut in § 35a SGB VIII, auf den Bezug genommen wird) von Hochbegabten entgegenzuwirken oder vorzubeugen? Oder wird hier nur versucht, teure Sonderfördermaßnahmen zu finanzieren, die Eltern sonst aus eigener Tasche bezahlen müssten?

**Fallbeispiel 20: Dennis**

*Dennis, 14 Jahre alt, wird von seiner Mutter beim Jugendamt vorgestellt. Sie möchte, dass das Jugendamt die Kosten für eine Internatsunterbringung ihres Sohnes übernimmt. Dennis habe seit der Grundschulzeit immer große soziale Schwierigkeiten mit Lehrern und Mitschülern gehabt. In letzter Zeit seien seine Leistungen immer schlechter geworden, und es gehe ihm sehr schlecht. Auch ein Schulwechsel habe die Situation nicht verbessert. Dabei war Dennis immer ein schlaues Kerlchen, was auch die Lehrer bestätigt hätten.*

*Durch einen Zeitungsartikel wären sie dann darauf gekommen, dass Dennis vielleicht hochbegabt sei. Ein Intelligenztest habe dies jetzt bestätigt. An der Schule würden sich die Lehrer mit dem Thema nicht auskennen und seien wohl überfordert. Sie habe aber erfahren, dass es Schulen gibt, die speziell auf Hochbegabte ausgerichtet seien, wobei das Jugendamt auf der Grundlage von § 35a SGB VIII die Finanzierung der Unterbringung übernimmt, wenn einem Jugendlichen anders nicht zu helfen ist. Unter anderem hat sie davon gehört, dass es ein solches Internat in Schottland geben soll.*

So oder ähnlich sieht das Anliegen aus, mit dem Mitarbeiterinnen und Mitarbeiter von Jugendämtern zunehmend konfrontiert sind. Wenn die zuständigen Mitarbeiter in Jugendämtern in solchen Fällen von den kognitiven Fähigkeiten der Jugendlichen beeindruckt sind und glauben, dass gängige Jugendhilfemaßnahmen für sie nicht geeignet sind, befinden sie sich in einem Dilemma. Sie glauben eigentlich nicht, dass eine besonders hohe Begabung eine „seelische Behinderung" ist oder eine solche befürchten lässt. Andererseits sind viele Jugendhilfeeinrichtungen in der Tat nicht auf überdurchschnittlich intelligente Jugendliche mit psychosozialen Problemen ausgerichtet. Möglicherweise haben sie auch den Verdacht, dass es den – gewöhnlich gut informierten – Eltern nur darum geht, dem Jugendamt die hohen Kosten für eine Sonderförderung aufzubürden, da diese sonst von den Eltern selbst übernommen werden müssten.

Dieser Verdacht wird erhärtet, wenn man im Internet auf Vorlagen für Anträge nach §35a SGB VIII stößt, die es Eltern von hochbegabten Kindern ermöglichen sollen, Internatsaufenthalte durch das Jugendamt finanzieren zu lassen. Dazu werden psychische Probleme und Auffälligkeiten konkret vorformuliert und Versatzstücke aus Untersuchungen zusammengestellt, die den Eindruck erwecken, dass hochbegabte Kinder und Jugendliche besonders problembelastet seien. Außerdem geht aus den Vorlagen hervor, wie die gewünschte Einrichtung dargestellt werden muss, damit sie für Jugendämter akzeptabel erscheint.

Der Nachfrage seitens der Eltern steht ein immer größer werdendes Angebot an speziellen Fördermöglichkeiten für Hochbegabte gegenüber. Angesichts der zunehmenden regionalen Ausbreitung von Fördermöglichkeiten sind überregionale Träger von stationären Angeboten bzw. Schulen mit Internatsunterbringung heute oft nur noch für Eltern von Jugendlichen interessant, die massive Schwierigkeiten haben. Umgekehrt haben angesichts der zunehmenden Konkurrenz auch manche Anbieter ein wirtschaftliches Interesse daran, vermehrt verhaltensschwierige Jugendliche aufzunehmen. Jugendhilfeplätze bringen deutlich mehr Geld als übliche Schul- und Internatsplätze, die von Eltern oder über Stipendien finanziert werden. Die Definition von Hochbegabung wird dabei von den aufnehmenden Einrichtungen zuweilen sehr großzügig ausgelegt.

Die Verunsicherung der Jugendämter und die Interessen von Eltern und Fördereinrichtungen wirken also zusammen – allerdings nicht immer im Interesse der Kinder. Es kann vor diesem Hintergrund dazu kommen, dass Hochbegabung als (drohende) „seelische Behinderung" eingestuft wird und damit in den Aufgabenbereich der Jugendhilfe fällt. Die wissenschaftlichen Belege für diese Verknüpfung sind jedoch dürftig – ganz davon abgesehen, dass die Bezeichnung von besonderen Begabungen als „Behinderungen" zumindest fragwürdig ist, nicht zuletzt für die Betroffenen selbst.

Wie in Kapitel 6 dargestellt, kann nicht davon ausgegangen werden, dass Hochbegabung als solche Ursache von Problemverhalten ist oder gar eine

Behinderung darstellt – im Gegenteil ist sie eine Ressource, die von vielen Hochbegabten auch erfolgreich genutzt werden kann und wird. Dennoch gibt es natürlich hochbegabte Jugendliche mit teils massiven psychosozialen Schwierigkeiten. In manchen derartigen Fällen können Förderangebote oder ein Schulwechsel weiterhelfen. Wie bereits dargestellt, ist oft allerdings nicht das Thema Hochbegabung der wesentliche Schlüssel für die Bewältigung der aktuellen Schwierigkeiten. In jedem Fall kann das Vorliegen einer Hochbegabung keine Begründung für Jugendhilfemaßnahmen nach §35a SGB VIII sein: Hochbegabung ist keine seelische Behinderung und führt auch nicht dazu. Hochbegabung kann aber ein wesentliches Element von komplexen lebensgeschichtlichen Entwicklungsverläufen und Problemlagen sein, die Jugendhilfemaßnahmen erforderlich machen (Rohrmann 2004).

Unabhängig davon, welchen Stellenwert eine hohe Begabung für die Entstehung psychosozialer Auffälligkeiten hat, ist es wichtig, sie bei der Suche nach Lösungen und konkreten Maßnahmen zu berücksichtigen. Hochbegabte können ihre intellektuellen Fähigkeiten dazu nutzen, bei dieser Suche mitzuarbeiten – sie können sie aber auch dafür einsetzen, Pädagogen und Sozialarbeiter zu verunsichern, Schwachstellen schonungslos zu analysieren und ihre Bemühungen damit zu entwerten, und dies sehr effektiv. Je mehr sie sich selbst für hochbegabt halten und dies ihr Selbstkonzept wesentlich bestimmt, umso mehr ist zu befürchten, dass sie ihre Fähigkeiten einsetzen, um Auseinandersetzungen über eigenes Problemverhalten aus dem Weg zu gehen. Dies gilt gleichermaßen für „magersüchtige, überangepasste Hochleister“ (meist Mädchen) wie für „arrogante oder bockige Faulpelze“ (meist Jungen). In diesen Fällen kann es besonders problematisch sein, Hochbegabung in den Vordergrund von Interventionen und Maßnahmen zu stellen.

Wird im konkreten Einzelfall die Notwendigkeit einer Jugendhilfemaßnahme gesehen, dann stellt sich die Frage, welcher Art diese sein soll. Viele herkömmliche Jugendhilfemaßnahmen sind nicht für die besonderen Fähigkeiten und Problemlagen hochbegabter Jugendlicher eingerichtet. So sollte es hochbegabten Jugendlichen prinzipiell ermöglicht werden, das Abitur zu machen, auch wenn zum Zeitpunkt des Beginns der Jugendhilfemaßnahme nicht absehbar ist, ob sie dieses Ziel erreichen werden.

Wenn hochbegabte Jugendliche in Hilfemaßnahmen überwiegend mit unterdurchschnittlich begabten Jugendlichen zusammen sind, besteht die Gefahr, dass sie auf Grund ihrer überlegenen Fähigkeiten zum „King“ der Einrichtung werden – oder sich aus Mangel an adäquaten Gesprächspartnern noch weiter zurückziehen und vereinsamen. Schließlich sind die meisten Fachkräfte der Jugendhilfe für den Umgang mit hochbegabten Jugendlichen nicht ausgebildet. Oft lassen sie sich von der „Arroganz des Wissens“, die manche Hochbegabte gezielt einsetzen, einschüchtern und überschätzen deren intellektuelle Fähigkeiten. Das schwächt ihre Autorität und führt zu

Problemen bei Anweisungen und Grenzsetzungen. Dies gilt im Übrigen nicht nur für hochbegabte, sondern auch für überdurchschnittlich begabte Kinder und Jugendliche allgemein.

Angesichts dieser Schwierigkeiten erscheinen Spezialeinrichtungen für Hochbegabte manchmal als rettende Alternative. Allerdings sind diese ursprünglich keine Jugendhilfeeinrichtungen und nicht auf die Betreuung und Begleitung massiv verhaltensauffälliger Jugendlicher eingestellt (vgl. Kapitel 7.6), sondern in erster Linie auf kognitive Förderung ausgerichtet. Ausgearbeitete Konzepte für die sozialpädagogische Betreuung gibt es dagegen kaum. SozialpädagogInnen und Lehrkräfte stehen vor denselben Problemen wie andere Fachkräfte der Jugendhilfe. Ihrem (oft nur oberflächlichen) Wissen über Hochbegabung steht ein eklatanter Mangel an Wissen über Störungsbilder und psychiatrische Zusammenhänge gegenüber, das Grundlage anderer Einrichtungen der Jugendhilfe ist. Dies gilt z.T. auch für PsychologInnen, deren Arbeitsschwerpunkt in Fördereinrichtungen für Hochbegabte Diagnostik und schulpsychologische Beratung ist, ausdrücklich nicht aber die therapeutische Begleitung und Behandlung, wie sie in Jugendhilfeeinrichtungen z.T. üblich und angesichts der Klientel auch erforderlich ist. So werden z.B. gruppentherapeutische Angebote in Spezialeinrichtungen für Hochbegabte kaum oder überhaupt nicht durchgeführt. Vor diesem Hintergrund ist es erforderlich, Konzepte und Praxis von Einrichtungen, die Maßnahmen für Hochbegabte anbieten (wollen), genau unter die Lupe zu nehmen. Zwischen wünschenswerten Fördermaßnahmen für hochbegabte Kinder und Jugendliche im schulischen und außerschulischen Bereich einerseits, bestehender oder drohender seelischer Behinderung im Sinne des § 35a SGB VIII andererseits muss klar unterschieden werden.

Jugendhilfeeinrichtungen müssen in Betracht ziehen, dass ein Teil ihrer Klientel überdurchschnittlich oder sogar hochbegabt sein könnte. Sinnvoll ist, zumindest einen Teil der MitarbeiterInnen für das Thema zu sensibilisieren und gegebenenfalls durch Fortbildungen zu qualifizieren. Dies gilt in jedem Fall für JugendamtsmitarbeiterInnen, die Entscheidungen nach § 35a treffen müssen. Auf der anderen Seite müssen Einrichtungen der Hochbegabtenförderung, die Jugendhilfemaßnahmen durchführen (wollen), sich an den allgemeinen Standards der Jugendhilfe messen lassen, fundierte Konzepte vorlegen und ihre Mitarbeiter entsprechend qualifizieren.

## 8.8 Studien- und Berufswahl

Bildung bedeutet, sich in der Welt zu orientieren und den eigenen Weg zu finden. Für Jugendliche und junge Erwachsene ist das heute nicht immer einfach. Wenn gegen Ende der Schulzeit die Entscheidung über Studien- und Berufswahl näher rückt, geraten viele junge Menschen unter Druck.

Mehr und mehr wird heute von ihnen erwartet, sich früh für eine berufliche Orientierung zu entscheiden. Dabei wirken die Angst vor späterer Arbeitslosigkeit und die Kritik an den in Deutschland zu langen Ausbildungszeiten zusammen. Die Schule bereitet auf diese Entscheidungen allerdings kaum vor. Das Ideal der „Allgemeinbildung" führt dazu, dass sich oft kaum ein Bezug zwischen schulischen Inhalten und späteren Anforderungen in Studium und Beruf herstellen lässt. Konkrete Berufsberatung oder sogar weitergehende Unterstützung bei der Entwicklung von Berufs- und Lebensperspektiven findet an der Schule nur in geringem Umfang oder überhaupt nicht statt.

Für begabte junge Menschen wird dabei oft die Breite ihrer Interessen und Fähigkeiten zum Problem. Viele Maßnahmen der Begabtenförderung haben zum Ziel, genau diese Vielseitigkeit zu erhalten oder sogar auszubauen. Unterschiedlichste Maßnahmen und Angebote geben Kindern und Jugendlichen die Gelegenheit, verschiedenen Neigungen nachzugehen und unterschiedliche Potenziale zu entfalten. Am Ende ihrer Schulzeit stehen die jungen Erwachsenen dann oft vor einer schwierigen Entscheidung – ihnen stehen zu viele Möglichkeiten offen. So formuliert eine Absolventin eines Sonderförderzweigs für Hochbegabte: „Aus den vielen Begabungen (dies Dilemma!) muss eine ausgewählt werden; damit ist die Unzufriedenheit vorprogrammiert" (Platzer 2002, 236). Das fällt vielen Jugendlichen schwer. Sie befürchten, bei der Entscheidung für die eine Alternative andere zu „verpassen", oder sie haben das Gefühl, nur mittelmäßige Leistungen erbringen zu können, wenn sie allen Interessen nachgehen und keine zum Spezialgebiet erklären. Untersuchungen zeigen, dass die Studien- und Berufswahl für Hochbegabte eine besonders schwierige Aufgabe ist – und dass Schulen der Aufgabe, sie dabei zu unterstützen, kaum gerecht werden (Freeman 2001; Platzer 2002). Auch Schulen, die sich auf die Förderung Hochbegabter spezialisiert haben, beziehen SchülerInnen bei Entscheidungen über Schulprofile, Spezialisierungen und Richtungsentscheidungen oft nicht ein. Genauso wenig bieten sie eine fundierte Berufs-, Studien- oder Karriereberatung an, die die vielfältigen individuellen Begabungen ihrer SchülerInnen differenziert berücksichtigt. Freeman (2001, 148) berichtet aus einer umfangreichen Längsschnittstudie, dass Hochbegabte Kursen zugeordnet wurden, die nicht ihren Interessen entsprachen, und ihnen die Inhalte von empfohlenen Kursen nicht mitgeteilt wurden. Viele Schulen bieten Fächer, die nicht als wesentlich erachtet werden – wie Sprachen oder Musik für einen zukünftigen Naturwissenschaftler – einfach nicht an. An Schulen, in denen die Förderung begabter und leistungsbereiter Schüler Innen im Vordergrund steht, wird oft davon ausgegangen, dass die Absolventen anschließend studieren, obwohl dies nicht der einzige mögliche Weg für Hochbegabte ist. Insgesamt meint Freeman (2001), dass an Schulen substantielle Hilfe für wichtige Lebensentscheidungen nicht nur nicht gegeben, sondern von den SchülerInnen auch gar nicht erwartet wird – diese kommen gar nicht auf die Idee, dass die Schule hier eine wichtige Funktion haben könnte.

Das Gegenteil ist richtig: Orientierung zu Fragen der Studien- und Berufswahl sollte – neben der Unterstützung im Elternhaus – in erster Linie Aufgabe der Schule sein. Auf dieser Grundlage kann dann eine spezifische individuelle Beratung aufbauen. Vorteil der Schule ist zum einen, dass hier Informationen über Stärken und Schwächen der jeweiligen SchülerInnen bereits vorliegen. Zum anderen ist es in der Schule möglich, aus Berufswünschen und -zielen von SchülerInnen Konsequenzen für die individuelle Förderung abzuleiten, z.B. im Rahmen von Kurswahlen, Lernverträgen, Projektarbeit oder Praktika. Voraussetzung ist natürlich, dass in der Sekundarstufe II ein Unterrichtskonzept verwirklicht wird, das überhaupt Raum für eine solche Individualisierung gibt.

Entscheidende Bedeutung für die Orientierung in Studium und Beruf haben geschlechtstypische Unterschiede. So sind die Fächerpräferenzen von Hochbegabten nicht weniger geschlechtstypisch als die von durchschnittlichen Studierenden. Insbesondere werden mathematisch-naturwissenschaftliche Studiengänge häufiger von Männern gewählt. Hier kann von einer Wechselwirkung zwischen Begabung und geschlechtstypischen Interessen ausgegangen werden, die möglicherweise bei hochbegabten Mädchen und Frauen besonders deutlich wird (Platzer 2002).

Sind im Einzelfall spezifische Begabungen in der gesamten Schulzeit intensiv gefördert worden, kann es sein, dass über die Orientierungsfunktion der Schule hinaus eine Zusammenarbeit mit Universitäten erforderlich ist. SchülerInnen, die den gymnasialen Stoff deutlich vor dem Abitur beherrschen, finden nur noch an der Uni ein angemessenes Anforderungsprofil vor. Ihnen kann ermöglicht werden, parallel zur Schule bereits an universitären Veranstaltungen teilzunehmen. Wie bei Akzelerationsmaßnahmen generell bleibt hier allerdings das Problem asynchroner Entwicklung bestehen.

Neben dieser individuellen Förderung gehört auch die Auseinandersetzung mit Fragen der allgemeinen Lebens- und Berufsplanung an die Schule. Eine wichtige Rolle spielt hier das Thema der Vereinbarkeit von Familie und Beruf. Die in letzter Zeit wiederholt diskutierte Beobachtung, dass viele Akademikerinnen spät oder überhaupt keine Kinder bekommen, macht deutlich, dass dies von besonderer Bedeutung für begabte und leistungsstarke Mädchen und junge Frauen ist. Genauso ist es aber ein Thema für (begabte) Jungen und Männer: Diese müssen als mögliche Partner dieser Frauen damit konfrontiert werden, dass eine Partnerschaft mit einer erfolgreichen Frau auf Männerseite die Bereitschaft voraussetzt, eine mögliche Aufgabenteilung in der Familie in die eigene Lebensperspektive zu integrieren.

Eine fundierte Beratung von begabten jungen Menschen zum Thema Studien- und Berufswahl beinhaltet eine umfassende Begabungsdiagnostik, die eine differenzierte Erfassung der Intelligenz, von Interessen und spezifischen Fähigkeiten sowie von individuellen Lernstrategien, Einstellungen und Motivation berücksichtigt. Die Suche nach Informationen zu möglichen Berufen und Studiengängen sowie zu den jeweils dafür erforderlichen Voraussetzungen kann weitgehend den jungen Menschen selbst überlassen werden. Aufgabe der Beratung ist stattdessen:

- die Erarbeitung eines differenzierten Bildes von Interessen, Potenzialen und Lebenszielen gemeinsam mit dem Klienten
- die Entwicklung von Entscheidungshilfen angesichts der Vielfalt von Möglichkeiten, die begabten Menschen offen stehen
- die Entlastung vom Druck, möglichst schnell eine Entscheidung treffen zu müssen
- die Auseinandersetzung mit Erwartungs- und Erfolgsdruck von Seiten der Eltern

In der Beratungspraxis ist es in vielen Fällen hilfreich, jungen Erwachsenen ausdrücklich zu erlauben, eine endgültige Entscheidung erst einmal zu vertagen. So kann der Zivildienst oder ein freiwilliges soziales Jahr genutzt werden, um neue Perspektiven zu entwickeln. Möglich ist auch, im ersten Studienjahr mehrere Studiengänge zu beginnen bzw. unterschiedlichen Berufszielen nachzugehen. Die damit verbundenen Anforderungen sind für Hochbegabte durchaus zu bewältigen. Eine von der Autorin durchgeführte Untersuchung hochbegabter Studierender ergab, dass jeder sechste Befragte mehr als einen Studiengang studierte (Platzer 2002, 174f).

Manchen Hochbegabten steht die Selbstverständlichkeit im Weg, mit der von ihnen eine (bestimmte) akademische Karriere erwartet wird.

**Fallbeispiel 21: Daniela**

*Daniela wurde mit zwölf Jahren als hochbegabt diagnostiziert. Seit dem neunten Schuljahr hat sie eine Spezialeinrichtung für Hochbegabte besucht, die sie jetzt mit einem guten Abitur abschließt. Außerdem spielt sie Klarinette und hat einen Preis bei „Jugend musiziert" gewonnen. Nun hat sie sich dafür entschieden, Grundschullehramt zu studieren; zum einen, weil sie gern mit Kindern arbeitet, zum anderen, weil sie meint, dass eine Tätigkeit als Grundschullehrerin ihr mehr Freiräume lassen wird, daneben noch anderen Interessen nachzugehen. Ganz im Geheimen denkt sie auch daran, dass sie eventuell doch einmal Kinder haben will, obwohl sie im Moment keine feste Beziehung hat.*

*Danielas Mutter ist durch diese Entscheidung sehr irritiert. Am Rande der Abschlussfeier meint sie: „Da haben wir jahrelang so viel Geld in Danielas Schulausbildung gesteckt, und jetzt so was. Mit dem Abschluss könnte sie doch alles studieren. Wenn die Schule sich schon Begabtenförderung auf die Fahnen schreibt, dann müsste sie die Schüler auch dazu bringen, hinterher etwas aus sich zu machen, Technik oder Wirtschaft oder etwas in der Richtung, was sich hinterher auch auszahlt."*

Für die Berufs- und Studienberatung bedeutet das, auch die Erwartungen von Bezugspersonen, insbesondere der Eltern, zum Thema zu machen und gemeinsam zu erörtern, wie der Studierende selbst zu diesen Erwartungen steht. Dass Eltern erwarten, dass ihr Kind einen Berufsweg wählt, in dem es auf seinen vorhandenen Fähigkeiten aufbaut und seine Potenziale entfaltet, ist verständlich. Auf der anderen Seite müssen Hochbegabte dabei unterstützt werden, sich von diesen Erwartungen frei zu machen. Unterstützung brauchen dann möglicherweise die Eltern, deren Hoffnungen enttäuscht wurden. Dies gilt insbesondere für Mütter, die auf eigene Ambitionen verzichtet haben, um ihr Kind besser fördern zu können.

Beratung von begabten jungen Erwachsenen ist nicht nur am Ende der Schulzeit notwendig, sondern auch im Studium. Dies zeigen die Untersuchungen von Freeman (2001), die umfangreiche Langzeituntersuchungen von Hochbegabten durchführte, sowie eine Studie der Autorin, die die weitere Entwicklung von mehreren Absolventenjahrgängen eines Sonderförderzweigs für Hochbegabte im Studium analysierte (Platzer 2002). Beide Untersuchungen stellen heraus, dass die meisten hochbegabten Studenten im Studium erfolgreich sind und gut zurechtkommen. Wie schon in der Schulzeit sind Befragte mit hohen Intelligenzwerten kritischer und machen mehr Vorschläge zur Verbesserung des Bildungssystems. Freeman (2001) berichtet, dass eine Reihe hochbegabter Studierender ihre Zeit an der Universität wie „eine nettere Form von Schule“ erlebten (2001, 157). Sie kamen gut zurecht, richteten ihre Energien voll auf das Studium und konnten die meisten sozialen und emotionalen Probleme vermeiden, die von anderen Studierenden berichtet wurden. Platzer (2002) gibt an, dass Hochbegabte deutlich weniger Probleme mit Prüfungsdruck hatten.

Trotz Lippenbekenntnissen für Gleichberechtigung gibt es allerdings offene und subtile Benachteiligung von Mädchen und Frauen, die insbesondere hochbegabte und erfolgreiche Frauen betreffen. Dies zeigt sich nicht zuletzt im gerade in Deutschland unverändert niedrigen Anteil von Frauen in ranghohen Positionen in Wissenschaft und Wirtschaft (Krais 2000; Platzer 2002; Stapf 2003, 2009). Freeman (2001) berichtet, dass von manchen hochbegabten Frauen ausdrücklich erwartet wurde, Karriereziele zugunsten der traditionellen Frauenrolle (Heirat, Kinder, Versorgungs- und Pflegeaufgaben) zurückzustellen. Insbesondere wurden einige Mädchen bzw. Frauen massiv entmutigt oder daran gehindert, mathematisch-naturwissenschaftlichen Neigungen nachzugehen. Trotz aller Diskussionen um Frauenförderung steht nach wie vor das abwertende Bild der „Intelligenzbestie“ im Raum, das viele Frauen darin bremst, ihre Begabung offensiv für das Vorankommen in Studium und Beruf einzusetzen. Individuelle Beratung kann diesen Problemen nur begrenzt entgegenwirken. Darüber hinaus sind weiterhin politische Strategien erforderlich, die fähigen Frauen den Zugang zu höheren Positionen erleichtern.

Darüber hinaus gibt es eine kleinere Gruppe von hochbegabten Studierenden, die charakteristische individuelle Probleme haben. Manche der von Freeman (2001) Befragten beschrieben eine Leere, nachdem der hohe Leistungsdruck der Eltern von ihnen abfiel, weil sie ihr Ziel – einen Studienplatz an einer guten Universität – erreicht hatten. Weiter berichteten sie Ängste und Unsicherheiten angesichts höherer intellektueller Anforderungen und der Begegnung mit anderen Studierenden, die ähnlich gute Leistungen erbrachten wie sie selbst. Obwohl nahezu alle Hochbegabten zuvor angegeben hatten, dass sie gern mit intellektuell Gleichgestellten zusammenarbeiten würden, war diese Erfahrung in der Realität für manche von ihnen zunächst ein Schock (2001, 156).

Manche Hochbegabte werden auch nach Abschluss der Schule von Eltern mit Erfolgserwartungen unter Druck gesetzt, oder sie haben entsprechende Haltungen verinnerlicht. Wenn von Hochbegabten ständig Hoch- und Höchstleistungen erwartet werden, kann dies auch Überforderung bedeuten. Darüber hinaus ist fraglich, ob ein solches Ziel überhaupt sinnvoll ist. Die einseitige Betonung von intellektuellen Spitzenergebnissen entspricht nicht den wirklichen Bedürfnissen vieler Hochbegabter. Ein erfolgreiches Studium ist nur ein mögliches Element von Lebensplänen, in denen Selbstverwirklichung im Beruf, außerberufliche Interessen sowie persönliche Beziehungen einen eigenen Stellenwert beanspruchen. Einige Hochbegabte gelangten erst nach langen Umwegen, die Studienfachwechsel und -abbruch mit einschließen können, zu einem Beruf, der nicht nur ihren herausragenden Fähigkeiten, sondern auch ihren Wünschen entspricht. Nicht immer handelt es sich dabei um akademische Berufe. So berichtet eine Hochbegabte, die nach verschiedenen Studienversuchen und beruflichen Anläufen schließlich Heilpraktikerin wurde: „Als mir eine akademische Karriere auf dem ‚Silbertablett' angeboten wurde, spürte ich, dass sich mir Prestige und Geld boten, auch intellektuelle Auslastung, aber keine persönliche Entfaltung und Zufriedenheit. Ich war sicher, dass das nicht ‚mein Platz im Leben' war, da das Studienfach zu austauschbar war und mich nicht voll erfüllte" (Platzer 2002, 190). Hierin liegt die Aufgabe der Förderung und Beratung von jungen Menschen, ob hochbegabt oder nicht: Sie zu begleiten und dabei zu unterstützen, ihren „Platz im Leben" zu finden. Wenn dieses Buch etwas dazu beitragen kann, dass Erwachsene diese Verantwortung wahrnehmen, dann hat es sein Ziel erreicht.

## Zum Abschluss

Der Mensch lebt durch den Kopf.
Der Kopf reicht ihm nicht aus.
Versuch es nur, von deinem Kopf
lebt höchstens eine Laus.
Denn für dieses Leben
Ist der Mensch nicht schlau genug.
Niemals merkt er eben
Allen Lug und Trug.

(Bertolt Brecht, aus:
„Das Lied von der Unzulänglichkeit menschlichen Strebens“)

# Literatur


Ahlring, I. (Hrsg.) (2002). Differenzieren und individualisieren. (Praxis Schule 5–10 Extra). Braunschweig: Westermann.

Ahnert, L. (2010). Wieviel Mutter braucht ein Kind? Bindung – Bildung – Betreuung: öffentlich und privat. Heidelberg: Spektrum.

Ahnert, J., Bös, K., Schneider, W. (2003). Motorische und kognitive Entwicklung im Vorschul- und Schulalter: Befunde der Münchner Längsschnittstudie LOGIK. Zeitschrift für Entwicklungspsychologie und Pädagogische Psychologie, 35, 185–199.

Alfonso, V. C., Flanagan, D. P., Radwan, S. (2005). The impact of the Cattell-Horn-Carroll Theory on test development and interpretation of cognitive and academic abilities. In: Flanagan, D. P., Harrison, L. (eds). Contemporary intellectuell assessment. Theories, tests and issues (2. edition). New York: Guilford. 185–202.

Alvarez, Christiane (2007). Hochbegabung: Tipps für den Umgang mit fast normalen Kindern. München: dtv.

Artelt, C., Rossbach, H.-G., Blossfeld, H.-P., Faust, G., Weinert, S. (2006). DFG-Forschergruppe „Bildungsprozesse, Kompetenzentwicklung und Selektionsentscheidungen im Vor- und Grundschulalter (BiKS)“: Erste Ergebnisse. Symposium auf der 68. Tagung der Arbeitsgruppe für Empirische Pädagogische Forschung (AEPF) vom 11.–13.9.2006 in München. In: http://www.paed.uni-muenchen.de/~paed/aepf/tagungsband.pdf, 20.05.2010

Bandura, A. (1997). Self-efficacy: the exercise of control. Basingstoke: Freeman.

– (1986). Social foundations of thought and action: A social cognitive theory. Englewood Cliffs, N. J.: Prentice Hall.

Barnett, W. S., Hustedt, J. T. (2005). Head Start's Lasting Benefits. Infants & Young Children, 18 (1), 16–24.

Bayerisches Staatsministerium für Arbeit und Sozialordnung, Familie und Frauen, Staatsinstitut für Frühpädagogik München (Hrsg.) (2006). Der Bayerische Bildungs- und Erziehungsplan für Kinder in Tageseinrichtungen bis zur Einschulung. 2. Auflage. Weinheim: Beltz.

Becker, G., Lenzen, K.-D., Stäudel, L., Tillmann, K.-Jürgen, Werning, R., Winter, F. (Hrsg.) (2004). Heterogenität. Unterschiede nutzen – Gemeinsamkeiten stärken. Friedrich-Jahresheft 2004. Seelze: Friedrich.

Bergs-Winkels, D., Reinders, H. (2008). Editiorial zum Schwerpunkt: Hochbegabung in der Kindheit. Diskurs, 3(1), 3–6.

Birke, M., Lehn, B. (2009). Intellektuelle Hochbegabung. In: Petermann, Daseking (Hrsg.). 39–63.

Betts, G. T., Kercher, J. K. (1999). Autonomous Learner Model: Optimizing Ability. Greeley, CO: ALPS.

Beuster, F. (2006). Die Jungenkatastrophe. Das überforderte Geschlecht. Reinbek: Rowohlt.

Beutel, S.-I. (2006). Nach der Grundschule – Der Übergang in weiterführende Schulen. Online-Familienhandbuch des Staatsinstituts für Frühpädagogik (IFP). In: http://www.familienhandbuch.de/cmain/f_Aktuelles/a_Schule/s_1172.html, 20.05.2010

Bewyl, W., Bestvater, H. (1998). Selbst-Evaluation in pädagogischen und sozialen Arbeitsfeldern. In: Bundesvereinigung Kulturelle Jugendbildung e.V. (Hrsg.). Qualitätssicherung durch Evaluation. Remscheid: Eigendruck.

Bos, W., Hornberg, S., Arnold, K.-H., Faust, G., Fried, L., Lankes, E.-M., Schwippert, K., Valtin, R. (Hrsg.) (2007). IGLU 2006. Lesekompetenzen von Grundschulkindern in Deutschland im internationalen Vergleich. Münster: Waxmann.

–, Lankes, E.-M., Prenzel, M., Schwippert, K., Walther, G., Valtin, R. (Hrsg.) (2003). Erste Ergebnisse aus IGLU. Schülerleistungen am Ende der vierten Jahrgangsstufe im internationalen Vergleich. Münster: Waxmann.

Bourdieu, P. (2001). Wie die Kultur zum Bauern kommt. Über Bildung, Schule und Politik. Hamburg: VSA-Verlag.

Brecht, B. (1978). Sämtliche Stücke von Bertolt Brecht in einem Band. Frankfurt a.M.: Suhrkamp.

Brée, S. (2002). Bildungsfragen als ästhetisches Experiment. In: Laewen, Andres (2002a), 244–284.

Breytenbach, B. (1997): Die Erinnerung von Vögeln in Zeiten der Revolution. Frankfurt: Suhrkamp.

Brown, L., Gilligan, C. (1994). Die verlorene Stimme. Wendepunkte in der Entwicklung von Mädchen. Frankfurt: Campus.

Budde, J. (2005). Männlichkeit und gymnasialer Alltag. Doing Gender im heutigen Bildungssystem. Bielefeld: transcript.

–, Mammes, I. (Hrsg.) (2009). Jungenforschung empirisch. Zwischen Schule, männlichem Habitus und Peerkultur. Wiesbaden: VS Verlag.

Bundesministerium für Bildung und Forschung (BMBF) (2009). Begabte Kinder finden und fördern. Ein Ratgeber für Eltern, Erzieherinnen und Erzieher, Lehrerinnen und Lehrer. Bonn: BMBF.

Campbell, F. A., Ramey, C. T., Pungello, E. P., Sparling, J., Miller-Johnson, S. (2002). Early Childhood Education: Young Adult Outcomes from the Abecedarian Project. Applied Developmental Science, 6, 42–57.

Carli, L. L., Bukatko, D. (2000). Gender, Communication, and Social Influence: A Developmental Perspective. In: Eckes, T., Trautner, H. M. (eds). The developmental social psychology of gender. Mahwah, NJ: Lawrence Erlbaum Associates. 295–332.

Carr, M. (2001). Assessment in Early Childhood Settings. Learning Stories. London: Paul Chapman Publishing.

Carrol, L., Tober, J. (1999). Die Indigo-Kinder. Eltern aufgepasst … die Kinder von morgen sind da! Burgrain: Koha.

Ceci, S. J. (1996). On Intelligence. A Biological Treatise on Intellectual Development. Expanded Edition. Cambridge, MA: Harvard University Press.

Childre, D. (2003). Die Herzintelligenz entdecken. Kirchzarten: VAK.

Coles, R. (2001). Kinder brauchen Werte. Wie Eltern die moralische Intelligenz fördern können. Reinbek: Rowohlt.

Comenius, J. A. (1658). Orbis Sensualium Pictus. Nachdruck: Dortmund: Harenberg (1978).

Cornell, D. G. (1984). Families of gifted children. Ann Arbor, MI: UMI Research Press.

–, Grossberg, I. N. (1989) Parent use of the term „gifted“: Correlates with family environment and child adjustment. Journal for the Education of the Gifted, 12, 218–230.

d'Harcourt, C. (2002). Ich sehe was, was du nicht siehst. Kunst für kleine Entdecker. Köln: Dumont.

Dabrowski, K. (1996). Multilevelness of emotional and instinctive functions. Part 1: Theory and description of levels of behavior. Lublin, Poland: Towarzystwo Naukowe Katolickiego Universytetu Lubelskiego.

Daseking, M., Petermann, F., Waldmann, H.-Ch. (2008). Der allgemeine Fähigkeitsindex (AFI) – eine Alternative zum Gesamtintelligenzquotienten (G-IQ) des HAWIK-IV? Diagnostica, 54, 211–220.

Deci, E. L., Ryan, R. M. (1993). Die Selbstbestimmungstheorie der Motivation und ihre Bedeutung für die Pädagogik. Zeitschrift für Pädagogik, 39, 223–228.

Deutsches PISA-Konsortium (Hrsg.) (2001). PISA 2000. Basiskompetenzen von Schülerinnen und Schülern im internationalen Vergleich. Opladen: Leske + Budrich.

Dickens, W. T., Flynn, J. R. (2001). Heritability estimates versus large environmental effects: The IQ paradox resolved. Psychological Review, 108 (2), 346–369.

Diefenbach, H. (2008). Jungen und schulische Bildung. In: Tischner, Matzner (Hrsg.). 92–108.

Dieken, C. v. (2004). Lernwerkstätten und Forscherräume in Kitas und Kindergarten. Freiburg: Herder.

Dilling, H., Mombour, W., Schmidt, M. H. (2004). Internationale Klassifikation psychischer Störungen: ICD-10, Kapitel V (F). Klinisch-diagnostische Leitlinien. 5. Aufl. Bern, Göttingen, Toronto, Seattle: Huber.

Döpfner, M., Schürmann, S., Frölich, J. (1998). Therapieprogramm für Kinder mit hyperkinetischem und oppositionellem Problemverhalten. 2., korr. Aufl. Weinheim: Beltz.

Dornes, M. (1992). Der kompetente Säugling. Die präverbale Entwicklung des Menschen. Frankfurt: Fischer.

Doyé, G., Lipp-Peetz, C. (1998). Wer ist denn hier der Bestimmer? Das Demokratiehandbuch für die Kita. Ravensburg: Praxisreihe Situationsansatz.

Elbing, E. (2000): Hochbegabte Kinder – Strategien für die Elternberatung. München, Basel: Ernst Reinhardt.

Eliot, L. (2001). Was geht da drinnen vor? Die Gehirnentwicklung in den ersten fünf Lebensjahren. Berlin: Berlin Verlag.

Elschenbroich, D. (2001). Weltwissen der Siebenjährigen. Wie Kinder die Welt entdecken können. München: Kunstmann.

Endres, W. (Hrsg) (2007). Lernen lernen – Wie stricken ohne Wolle? 13 Experten streiten über Konzepte und Modelle zur Lernmethodik. Weinheim: Beltz.

Faulstich-Wieland, H. (2007). Lernen Mädchen anders als Jungen? Geschlecht und Lernen: Welche Zusammenhänge lassen sich zeigen? In: Endres (Hrsg). 126–151.

–, Horstkemper, M. (1995). „Trennt uns bitte, bitte nicht!“, Koedukation aus Mädchen- und Jungensicht. Opladen: Leske + Budrich.

Feger, B., Prado, T. (1998). Hochbegabung. Die normalste Sache der Welt. Darmstadt: Primus.

Fels, C. (1999). Identifizierung und Förderung Hochbegabter in den Schulen der Bundesrepublik Deutschland. Bern, Stuttgart, Wien: Paul Haupt.

Flammer, A. (1996). Entwicklungstheorien. Psychologische Theorien der menschlichen Entwicklung. Bern: Huber.

– (1995). Kontrolle, Sicherheit und Selbstwert in der menschlichen Entwicklung. In: Edelstein, W. (Hrsg.). Entwicklungskrisen kompetent meistern. Heidelberg: Asanger.

– (1990). Erfahrung der eigenen Wirksamkeit. Bern: Huber.

Freeman, J. (2001). Gifted children grown up (2. Aufl.). London: David Fulton Publishers.

– (1996): Self-reports in Research on High Ability. High Ability Studies 17 (2), 191–201.

– (1979). Gifted children. Their identification and development in a social context. Lancaster: MTP Press.

Frenzel, A. C., Nett, U. (2008). Berliner Intelligenz-Strukturtest für Jugendliche: Begabungs- und Hochbegabungsdiagnostik (BIS-HB) von A. O. Jäger et al. [Testrezension]. Diagnostica 54, 221–225.

Freund-Braier, I. (2000). Persönlichkeitsmerkmale. In: Rost (Hrsg.) (2000b). 161–210.

Gagné, F. (2000). Understanding the Complex Choreography of Talent Development Through DMGT-Based Analysis. In: Heller, Mönks, Sternberg, Subotnik (Eds.). 67–79.

Gardner, H. (2007). Five minds for the future. Boston MA: Harvard Business School Press.

– (2002). Intelligenzen. Die Vielfalt des menschlichen Geistes. Stuttgart: Klett-Cotta.

– (1991). Abschied vom IQ. Die Rahmen-Theorie der vielfachen Intelligenzen. Stuttgart: Klett-Cotta.

Goleman, D. (1995). Emotionale Intelligenz. München, Wien: Hanser.

Gross, M. (2000). Issues in the Cognitive Development of Exceptionally and Profoundly Gifted Individuals. In: Heller, Mönks, Sternberg, Subotnik (Eds.). 179–192.

Griebel, W., Niesel, R. (2004). Transitionen. Fähigkeit von Kindern in Tageseinrichtungen fördern, Veränderungen erfolgreich zu bewältigen. Weinheim: Beltz.

Hackl, A. (2009). Übergänge erfolgreich gestalten. In: Thesenreferat auf dem „Fachforum Ministerien“ der Karg Stiftung für Hochbegabtenförderung am 13.5.2009 in Wallerfangen bei Saarbrücken.

Hansen, R., Knauer, R., Friedrich, B., Ministerium für Justiz, Frauen, Jugend und Familie des Landes Schleswig-Holstein (Hrsg.) (2005). Die Kinderstube der Demokratie. Partizipation in Kindertagesstätten. Kiel: Eigendruck. Bezug: Deutsches Kinderhilfswerk e. V., dkhw@dkhw.de.

Hanses, P., Rost, D. H. (1998). Das „Drama“ der hochbegabten Underachiever. „Gewöhnliche oder außergewöhnliche“ Underachiever? Zeitschrift für Pädagogische Psychologie, 25, 170–176.
Hartmann, C. (1999). Ein Kindergartenmodell zur Förderung hochbegabter Kinder. In: Fitzner, T., Stark, W., Kagelmacher, H.-P., Müller, T. (Hrsg.). Erkennen, Anerkennen und Fördern von Hochbegabten. Stuttgart: Klett. 35–38.
Hehenkamp, C. (2002). Kinder einer neuen Zeit. Das Indigo-Phänomen. Das Geschenk der Indigo-Kinder. Darmstadt: Schirner.
Heilmann, K. (1999). Begabung – Leistung – Karriere. Die Preisträger im Bundeswettbewerb Mathematik 1971–1995. Göttingen: Hogrefe.
Heller, K. A. (Hrsg.) (2002). Begabtenförderung im Gymnasium. Ergebnisse einer Längsschnittstudie. Opladen: Leske + Budrich.
– (Hrsg.) (1992). Hochbegabung im Kindes- und Jugendalter. Göttingen: Hogrefe.
– (1990). Zielsetzung, Methode und Ergebnisse der Münchner Längsschnittstudie zur Hochbegabung. Psychologie in Erziehung und Unterricht, 37, 85–100.
–, Kratzmeier, H., Langfelder, A. (1998). Matrizen-Test-Manual, Band 1. Handbuch mit deutschen Normen zu den Standard Progressive Matrices von J. C. Raven. Göttingen: Hogrefe Testzentrale.
–, Kratzmeier, H., Langfelder, A. (1998). Matrizen-Test-Manual, Band 2. Handbuch mit deutschen Normen zu den Advanced Progressive Matrices von J. C. Raven. Göttingen: Hogrefe Testzentrale.
–, Mönks, F. J., Sternberg, R. J., Subotnik, R. F. (Eds.). (2000) International Handbook of Giftedness and Talent (2nd Edition). Oxford: Pergamon.
–, Ziegler, A.(2007). Begabt sein in Deutschland. Münster: Lit.
Helmke, A. (1998): Selbstvertrauen und schulische Leistung. Göttingen: Hogrefe.
Hentig, H. v. (2003). Wissenschaft. Eine Kritik. München: Hanser.
– (1996). Bildung. München: Hanser.
Henze, G., Koch, U., Schulz, N., Bringmann, S., Sandfuchs, U., Zumhasch, C. (2005): Abschlussbericht der wissenschaftlichen Begleitung des „Schulversuchs zur integrativen Förderung von Schülerinnen und Schülern mit besonderen Begabungen an der Grundschule Beuthener Straße in Hannover“, 1997–2004. Universität Hildesheim/Technische Universität Dresden: Unveröffentlichtes Manuskript.
–, Sandfuchs, U., Zumhasch, C. (2006). Integration hochbegabter Grundschüler. Längsschnittuntersuchung zu einem Schulversuch. Bad Heilbrunn: Klinkhardt.
Hessel, G. (Hrsg.) (2003). Die neuen Kinder. Leben mit hyperaktiven, hochbegabten und Indigo Kindern. Neuhausen: Urania.
Hoberg, K., Rost, D. H. (2000). Interessen. In: Rost (Hrsg.) (2000b). 339–365.
Höhmann, K. (Hrsg.)(2004a). Nicht automatisch schnell und effektiv. Wege zu einer begabtenfreundlichen Lernkultur. In: Becker, Lenzen, Stäudel, Tillmann, Werning, Winter (Hrsg.). 28–31.
– (Hrsg.)(2004b). Förderpläne für jedes Kind! In: Becker, Lenzen, Stäudel, Tillmann, Werning, Winter (Hrsg.). 128–143.
Hoenisch, N., Niggemeyer, E. (2004). Mathe-Kings. Junge Kinder fassen Mathematik an. Berlin: Verlag das Netz.
Holling, H., Kanning, U. P. (1999). Hochbegabung. Forschungsergebnisse und Fördermöglichkeiten. Göttingen: Hogrefe.
–, Preckel, F., Vock, M. (2004). Intelligenzdiagnostik. Kompendien Psychologische Diagnostik, Bd. 6. Göttingen: Hogrefe.

Horstkemper, M. (1987). Schule, Geschlecht und Selbstvertrauen. Weinheim: Juventa.

Howe, M. J. A., Davidson, J. W., Sloboda, J. A. (1998). Innate Talents: Reality or myth? Behavioral and Brain Sciences, 21(3), 399–442. (incl. Open Peer Commentary).

Hüther, G., Bonney, H. (2002). Neues vom Zappelphilipp. ADS: verstehen, vorbeugen und behandeln. München: Walter.

Høeg, P. (1995). Der Plan von der Abschaffung des Dunkels. München/Wien: Hanser.

Irblich, D. (2010). WPPSI-III. Wechsler Preschool and Primary Scale of Intelligence-III. Testrezension. Praxis der Kinderpsychologie und Kinderpsychiatrie 59, 316-325.

Jacobs, C., Petermann, F. (2007). Grundintelligenztest (CFT 20-R) [Testrezension]. Diagnostica 53, 109–113.

Jantz, O., Brandes, S. (2006). Geschlechtsbezogene Arbeit an Grundschulen. Basiswissen und Modelle zur Förderung sozialer Kompetenzen bei Jungen und Mädchen (Hg. vom Institut für berufliche Bildung und Weiterbildung, Göttingen). Wiesbaden: Verlag für Sozialwissenschaften.

Jensen, A. R. (1998). The G Factor: The Science of Mental Ability (Human Evolution, Behavior, and Intelligence). Westport: Praeger Publishers.

Juul, J. (1997). Das kompetente Kind. Auf dem Weg zu einer neuen Wertgrundlage für die ganze Familie. Reinbek: Rowohlt.

Kahl, R. (2004). Treibhäuser der Zukunft. Wie in Deutschland Schulen gelingen. 2., überarb. Auflage. 3 DVDs und ein Buch. Hamburg: Archiv der Zukunft.

Kaiser, A. (Hrsg.) (2005). Koedukation und Jungen. Soziale Förderung von Jungen in der Schule. 2., überarb. Auflage. Weinheim: Deutscher Studienverlag.

– (Hrsg.) (2001). Praxisbuch Mädchen- und Jungenstunden. Hohengehren: Schneider.

Kasten, H. (1998). Geschlechtsunterschiede. In: Rost (Hrsg.). 156–162.

Kempter, U. (2007). Ein Zugang zur Identifikation von Begabten über Verhaltensprofile. Journal für Begabtenförderung, Heft 2/07, 7–16.

Kerr, B. A., Cohn, S. J. (2001). Smart Boys. Talent, Manhood and the Search for Meaning. Scottsdale, AZ: Great Potential Press.

Koch-Priewe, B. (Hrsg.) (2002). Schulprogramme zur Mädchen- und Jungenförderung. Die geschlechterbewusste Schule. Weinheim: Beltz.

Koop, Chr., Steenbuck, O. (Hrsg.) (in Vorbereitung). Herausforderung Übergänge – Bildung für hochbegabte Kinder und Jugendliche gestalten. Karg-Hefte – Beiträge zur Begabtenförderung und Begabungsforschung, Nr. 1. Frankfurt am Main: Karg-Stiftung.

Korn, M., Rohrmann, T. (in Vorbereitung). Übergang Grundschule – Sekundarstufe I: Begabtenförderung am Übergang – Kooperation als Herausforderung. In: Koop, Chr., Steenbuck, O. (Hrsg.). Herausforderung Übergänge – Bildung für hochbegabte Kinder und Jugendliche gestalten. Karg-Hefte – Beiträge zur Begabtenförderung und Begabungsforschung, Nr. 1. Frankfurt am Main: Karg-Stiftung.

Krais, B. (Hrsg.) (2000). Wissenschaftskultur und Geschlechterordnung. Über die verborgenen Mechanismen männlicher Dominanz in der akademischen Welt. Frankfurt: Campus.

Krapp, A., Ryan, R. M. (2002). Selbstwirksamkeit und Lernmotivation. In: Jerusalem, M., Hopf, D. (Hrsg.). Zeitschrift für Pädagogik. Selbstwirksamkeit und Motivationsprozesse in Bildungsinstitutionen 44, Beiheft, 54–82.

Kubinger, K. D., Holocher-Ertl, S. (2010). Die Vorteile adaptiven Testens in der Hochbegabungsdiagnostik. In: Preckel, Schneider, Holling (Hrsg). 197–209.

Laewen, H.-J. (2002). Bildung und Erziehung in Kindertageseinrichtungen. In: Laewen, Andres (2002a), 16–102.

–, Andres, B. (Hrsg.) (2002a). Bildung und Erziehung in der frühen Kindheit. Bausteine zum Bildungsauftrag von Kindertageseinrichtungen. Weinheim: Beltz.

–, – (Hrsg.) (2002b). Forscher, Künstler, Konstrukteure. Werkstattbuch zum Bildungsauftrag von Kindertageseinrichtungen. Weinheim: Beltz.

Lanvers, U. (2004). Gender in discourse behavior in parent-child dyads: a literature review. Child Care, Health and Development, 30 (5), 481–494.

Leu, H. R. (2003). Der Bildungsauftrag in der Praxis. Lerngeschichten als Methode. Kindergarten heute, 1/2003, 6–12.

Linke, S. (2006). Wie zufrieden sind Hochbegabte? Glück – Lebensqualität – Wohlbefinden. Marburg: Tectum.

Lohman, D. F. (2005). The role of non-verbal ability tests in identifiyng academically gifted students: an aptitude perspective. Gifted Child Quarterly, 49, 111–138.

Lubinski, D., Benbow, C. P., Shea, D. L., Eftekhari-Sanjani, H., Halvorson, M. B. (2001a). Men and women at promise for scientific excellence: Similarity not dissimilarity. Psychological Science, 12, 309–317.

–, Webb, R., Morelock, M. J., Benbow, C. P. (2001b). Top one in ten thousand: A ten year follow up of the profoundly gifted. Journal of Applied Psychology, 86, 718–129.

Lück, G. (2003). Handbuch der naturwissenschaftlichen Bildung für die Arbeit in Kindertageseinrichtungen. Freiburg: Herder.

Maaz, K., Hausen, C., McElvany, N., Baumert, J. (2006). Stichwort: Übergänge im Bildungssystem. Theoretische Konzepte und ihre Anwendung in der empirischen Forschung beim Übergang in die Sekundarstufe. Zeitschrift für Erziehungswissenschaft, 9, Heft 3/2006, 299–327.

Maccoby, E. (2000). Psychologie der Geschlechter. Sexuelle Identität in den verschiedenen Lebensphasen. Stuttgart: Klett-Cotta.

Marland, S. P. (1971). Education of the Gifted and Talented, Vol. I, Report to the Congress of the United States by the Commisioner of Education. Washington: US Government Printing Office.

Mendaglio, S. (2010). Overxcitabilities and Dabrowskis Theorie der Positiven Desintegration. In: Preckel, Schneider, Holling (Hrsg). 169–195.

Miller, A. (1994). Das Drama des begabten Kindes und die Suche nach dem wahren Selbst. Eine Um- und Fortschreibung. Frankfurt: Suhrkamp.

– (1979). Das Drama des begabten Kindes und die Suche nach dem wahren Selbst. Frankfurt: Suhrkamp.

Mittag, E., Heinbokel, A. (2005). 16. Weltkonferenz für Hochbegabung (Tagungskurzbericht). Report Psychologie, 11-12/2005, 498–499.

Mönks, F. J. (2001). Begabungsforschung und Begabtenförderung. Journal für Begabtenförderung, 1/2001, 7–15.

– (1992): Ein interaktionales Modell der Hochbegabung. In: Hany, E. A., Nickel, H. (Hrsg.): Begabung und Hochbegabung. Bern/Göttingen: Huber, 17–22.
–, Ypenburg, I. H. (2005). Unser Kind ist hochbegabt. Ein Leitfaden für Eltern und Lehrer. 4., aktual. Aufl. München, Basel: Ernst Reinhardt.
Musiol, M. (2002). Biografizität als Bildungserfahrung. In: Laewen, Andres (2002a), 300–328.

Neubauer, A., Stern, E. (2007). Lernen macht intelligent. Warum Begabung gefördert werden muss. München: DVA.
Newman, C. J., Dember, C. F., Krug, O. (1973). He can but he won't. Psychoanalytic Study of the child, 173, 83–129.

Oerter, R., Montada, L. (Hrsg.) (2002). Entwicklungspsychologie. 5. vollst. überarb. Auflage. Weinheim: Beltz (Psychologie Verlags Union).
Orthmann, D. (1998). Lernstörungen. In: Rost (Hrsg.). 313–317.

Pagel, R. (2003). Droht eine Psychiatrisierung der Pädagogik? Ein Beitrag zur Diskussion um die ADHS-Diagnose und die Verabreichung von Ritalin. Pädagogik, Heft 2/03, 38–42.
Paradies, L., Linser, H. J. (2001). Differenzieren im Unterricht. Berlin: Cornelsen Scriptor.
Pech, D. (Hrsg.) (2009). Jungen und Jungenarbeit.Eine Bestandsaufnahme des Forschungs- und Diskussionsstandes. Hohengehren: Schneider.
Perleth, Ch. (2010). Checklisten in der Hochbegabungsdiagnostik. In: Preckel, Schneider, Holling (Hrsg). 65–87.
Petermann, F., Daseking, M. (Hrsg.) (2009). Fallbuch HAWIK-IV. Göttingen: Hogrefe.
Peters, W. A. M., Grager-Loidl, H., Supplee, P. (2000). Underachievement in Gifted Children and Adolescents: Theory and Practice. In: Heller, Mönks, Sternberg, Subotnik (Eds.) (2000). 609–620.
Pilgrim, V. E. (1986). Muttersöhne. Düsseldorf: Claassen.
PISA-Konsortium Deutschland (Hrsg.) (2004). PISA 2003. Der Bildungsstand der Jugendlichen in Deutschland – Ergebnisse des zweiten internationalen Vergleichs. Münster: Waxmann.
Platzer, S. (2002). Erfolg ist nicht alles. Zum Studierverhalten von Absolventen eines Sonderförderzweiges für Hochbegabte. Dissertation an der Universität Nijmegen, Niederlande.
– (2000). Die Beurteilung der Fördermöglichkeiten an der Jugenddorf-Christophorusschule in Braunschweig aus der Perspektive der Absolventen. In: Joswig, H. (Hrsg.): Begabungen erkennen – Begabte fördern. Universität Rostock: Eigendruck. 145–156.
Preckel, F. (2010). Intelligenztests in der Hochbegabtendiagnostik. In: Preckel, Schneider, Holling (Hrsg). 19–43.
Preckel, F. (2003). Diagnostik intellektueller Hochbegabung. Testentwicklung zur Erfassung der fluiden Intelligenz. Göttingen: Hogrefe.
–, Brüll, M. (2008). Intelligenztests. München, Basel: Ernst Reinhardt Verlag
–, Schneider, W., Holling, H. (Hrsg.) (2010). Diagnostik von Hochbegabung. Tests und Trends N.F. Bd. 8. Göttingen: Hogrefe.

Renzulli, J. S. (1986). The three-ring conception of giftedness: a developmental model for creative productivity. In: Sternberg, R. J., Davidson, J. (Eds.). Conceptions of giftedness. New York: Cambridge University Press. 53–92.

– (1978). What makes giftedness? Reexamining a definition. Phi Delta Kappan, 60, 180–184.

–, Reis, S. M., Stedtnitz, U. (2001). Das schulische Enrichment Modell SEM: Begabtenförderung ohne Elitebildung. Mit Begleitbd. Aarau: Bildung Sauerländer.

Report Psychologie (2002). Mogelpackung. Ein Plädoyer für die Einhaltung diagnostischer Leitlinien. Interview mit Prof. Dr. Gerhard Lauth. Report Psychologie, 27, 9/2002, 572–577.

Richert, E. S. (1991). Patterns of underachievement among gifted students. In: Bireley, M., Genshaft, J. (Eds.). Understanding the Gifted Adolescent. Educational Development and Multicultural Issues 139–162, New York: Teachers College Press.

Richter, S. (1996). Unterschiede in den Schulleistungen von Mädchen und Jungen. Geschlechtsspezifische Aspekte des Schriftsprachenerwerbs und ihre Berücksichtigung im Unterricht. Regensburg.

Rindermann, H., Heller, K. A. (1998). Bericht über die wissenschaftliche Begleitforschung zum Förderprojekt „Geometrisches Lehrmaterial für hochbegabte Grundschulkinder“. München: Institut für Pädagogische Psychologie, Univ. München.

Röhner, Ch. (2006). LeseRförderung – SchreibeRförderung. Brauchen Jungen spezielle Lese- und Schreibanregungen? Die Grundschulzeitschrift, 20, Heft 194, 5/2006, 30–35.

Rogge, J.-U. (2000). Kinder brauchen Grenzen. Reinbek: Rowohlt.

Rohrmann, S. (2008). Begabte Kinder in der Grundschule. Die Grundschulzeitschrift, 22, Heft 220, 16–21.

– (2007). Besondere Begabung – Besondere Pädagogik? Theorie und Praxis der Sozialpädagogik, Heft 2/07, 23–27.

– (2004). Hochbegabt – und doch immer Kind. Besonders begabte Kinder erkennen, begleiten und fördern. Kindergarten heute, 34 (8), 26–31.

– (2004). Hochbegabung – ein Fall für die Jugendhilfe? Nachrichtendienst des Deutschen Vereins für öffentliche und private Fürsorge, 11/2004.

Rohrmann, T. (2009a). Individuelle Förderung begabter Grundschüler. Evaluation eines Schulversuchs. Wiesbaden: Verlag für Sozialwissenschaften.

– (2009b). Förderung von Kindern mit besonderen Begabungen am Übergang von der Grundschule zum Gymnasium. Projekt im Auftrag des Sächsischen Staatsministeriums für Kultus. Unveröffentlichter Abschlussbericht.

– (2008a). Zwei Welten? Geschlechtertrennung in der Kindheit. Forschung und Praxis im Dialog. Opladen: Budrich UniPress.

– (2008b). Jungen in der Grundschule. In: Tischner, Matzner (Hrsg.). 109–121.

– (2007). Jungen und Mädchen in der Schule. In: Fleischer, Th., Grewe, N., Jötten, B., Seifried, K., Sieland, B. (Hrsg.). Handbuch Schulpsychologie. Psychologie für die Schule. Stuttgart: Kohlhammer.

– (2001). Echte Kerle. Jungen und ihre Helden. Reinbek: Rowohlt.

Rosenthal, R., Jacobson, L. (1992). Pygmalion in the Classroom: Teacher Expectation and Pupils' Intellectual Development. New York: Irvington Publishers.

Rost, D. H. (2010). Stabilität von Hochbegabung. In: Preckel, Schneider, Holling (Hrsg). 233–266.

– (2009). Intelligenz. Fakten und Mythen. Weinheim: Beltz PVU.
– (2007). Redlichkeit und vergleichende wissenschaftliche Evaluationen tun not. Zur Diskussion um die Effektivität von Fördermaßnahmen für Hochbegabte. Das Labyrinth, Nr. 92, Juli 2007, 30–34.
– (2000a). Hochbegabung: Mythen, Konzepte und Fakten. Vortrag auf einer Fortbildungsveranstaltung der „JANUS“ Interessengemeinschaft zur Förderung von Schulen für Hochbegabte e. V. am 19.2.2000 in Hannover. Unveröffentlicht.
– (Hrsg.) (2000b). Hochbegabte und hochleistende Jugendliche: Neue Ergebnisse aus dem Marburger Hochbegabtenprojekt. Münster, New York, München, Berlin: Waxmann.
– (1991). Identifizierung von „Hochbegabung“. Zeitschrift für Entwicklungspsychologie und Pädagogische Psychologie, 23, 197–231.
–, Bachmann, I. U. (2010). Vorsicht! Fehler im FLM 7-13 und im FLM 4-6. Diagnostica, 56(1), 13–16.
–, Czeschlik, T. (1994). Beliebt und intelligent? Abgelehnt und dumm? Zeitschrift für Sozialpsychologie, 25, 170–176.
–, – (1990). Überdurchschnittlich intelligente Zehnjährige: Probleme mit der psycho-sozialen Anpassung? Zeitschrift für Entwicklungspsychologie und Pädagogische Psychologie, 22, 284–295.
–, Hanses, P. (2000). Selbstkonzept. In: Rost (2000b), 211–278.

Sächsisches Staatsministerium für Kultus (2008). Integrative Begabtenförderung – Ein Beitrag zur Schul- und Unterrichtsentwicklung an Sachsens Grundschulen. Dresden.
Schäfer, G. E. (Hrsg.) (2003). Bildung beginnt mit der Geburt. Förderung von Bildungsprozessen in den ersten sechs Lebensjahren. Weinheim: Beltz.
Schilling, S., Sparfeldt, J. R., Rost, D. H. (2006). Facetten schulischen Selbstkonzepts: Welchen Unterschied macht das Geschlecht? Zeitschrift für Pädagogische Psychologie, 20(1/2), 9–18.
Schilling, S. R., Graf, S., Hanses, P., Pruisken, C., Rost, D. H., Sparfeldt, J. R., Steinheide, P. (2002). Klare Information für Betroffene. Erfahrungen aus der begabungsdiagnostischen Beratungsstelle BRAIN. Report Psychologie, 27(10), 642–647.
Schnack, D., Neutzling, R. (2000). Kleine Helden in Not. Jungen auf der Suche nach Männlichkeit. Reinbek: Rowohlt.
Schneider, W. (2000): Giftedness, Expertise, and (Exceptional) Performance; A Developmental Perspective. In: Heller, Mönks, Sternberg, Subotnik (2000), 165–177.
– (1992). Erwerb von Expertise: Zur Relevanz kognitiver und nichtkognitiver Voraussetzungen. In: Hany, E. A., Nickel, H. (1992). Begabung und Hochbegabung. Theoretische Konzepte – Empirische Befunde – Praktische Konsequenzen. Bern, Göttingen: Huber. 105–122.
–, Bullock, M., Sodian, B. (1998). Die Entwicklung des Denkens und der Intelligenzunterschiede zwischen Kindern. In: Weinert, F. E. (Hrsg.). Entwicklung im Kindesalter. Weinheim: Beltz. 53–74.
Schröer, A. (2006). Evaluation von Programmen und Institutionen der Begabtenförderung – ein Überblick. In: Böttcher, W., Holtappels, H. G., Brohm, M. (Hrsg). Evaluation im Bildungswesen. Eine Einführung in Grundlagen und Praxisbeispiele. Weinheim: Juventa. 265–280.

Schürer, S., Harazd, B., van Ophuysen, S. (2005). Übergangsgestaltung durch schulstufen-übergreifende Lehrerkooperation. Tagungsband der 14. Jahrestagung der Kommission „Grundschulforschung und Pädagogik der Primarstufe“ der DGfE, Dortmund.

Schütz, C. (2000). Leistungsbezogene Kognitionen. In: Rost (Hrsg.) (2000b). 303–338.

Schulte-Körne, G., Deimel, W., Remschmidt, H. (2001). Zur Diagnostik der Lese-Rechtschreibstörung. Zeitschrift für Kinder- und Jugendpsychiatrie und Psychotherapie, 29 (2), 113–116.

Schultheis, K., Strobel-Eisele, G., Fuhr, Th. (Hrsg.) (2006). Kinder: Geschlecht männlich. Pädagogische Jungenforschung. Stuttgart: Kohlhammer.

Schwippert, K., Bos, W., Lankes, E.-M. (2003). Heterogenität und Chancengleichheit am Ende der vierten Jahrgangsstufe im internationalen Vergleich. In: Bos, Lankes, Prenzel, Schwippert, Walther, Valtin (Hrsg.). 265–302.

Sloterdijk, P. (2001). Lernen ist Vorfreude auf sich selbst. Peter Sloterdijk im Gespräch mit Reinhard Kahl über den Abschied vom Ernstfall und die Entprofessionalisierung der Schule. Pädagogik, 12/2001, 40–45.

Sparfeldt, J. R., Schilling, S. R., Rost, D.h. (2004). Segregation oder Integration? Einstellungen potenziell Betroffener zu Fördermaßnahmen für hochbegabte Jugendliche. Report Psychologie, 29(3), 170–177.

Stapf, A. (2010). Differentialdiagnostik: Hochbegabung und Aufmerksamkeitsstörung (ADHS). In: Preckel, Schneider, Holling (Hrsg). 293-318.

– (2009). Hochbegabte Mädchen. In: Matzner, M., Wyrobnik, I. (Hrsg). Handbuch Mädchen-Pädagogik. Weinheim: Beltz. 185–196.

– (2003). Hochbegabte Kinder. Persönlichkeit, Entwicklung, Förderung. München: Beck.

Stedtnitz, U. (2008). Mythos Begabung. Vom Potential zum Erfolg. Bern: Verlag Hans Huber.

Stern, D. N. (1992). Die Lebenserfahrung des Säuglings. Stuttgart: Klett-Cotta.

– (1991). Tagebuch eines Babys. München: Piper.

Stern, E. (2003). Wissen ist der Schlüssel zum Können. Psychologie Heute, 30(7), 30–35.

– (2001). Intelligenz, Wissen, Transfer und der Umgang mit Zeichensystemen. In: Stern, E., Guthke, J. (Hrsg.). Perspektiven der Intelligenzforschung. Lengerich: Pabst Publisher. 163–203.

Sternberg, R. J. (2001). Giftedness as developing expertise: a theory of the interface between high abilities and achieved excellence. High Ability Studies, 12, 159–179.

– (2000). Giftedness as developing expertise. In: Heller, Mönks, Sternberg, Subotnik (Eds.). 55–66.

– (1998). Erfolgsintelligenz. Warum wir mehr brauchen als EQ + IQ. München: Lichtenberg.

– (1985). Beyond IQ: A triarchic theory of human intelligence. New York, NY: Cambridge University Press.

Stöger, H. (2007). Berufskarrieren hochbegabter Frauen. In: Heller, K. A., Ziegler, A. Begabt sein in Deutschland. Münster: Lit. 265–290.

–, Schirner, S., Ziegler, A. (2008). Ist die Identifikation Begabter schon im Vorschulalter möglich? Ein Literaturüberblick. Diskurs, 3(1), 7–24.

Teasdale, T. W., Owen, D. R. (2005). A long-term rise and recent decline in intelligence test performance: The Flynn Effect in reverse. Personality and Individual Differences, 39, 837–843.

Tenenbaum, H. R., Leaper, C. (2003). Parent-child conversations about science: the socialization of gender inequieties? Developmental Psychology, 39 (1), 34–47.

Terman, L. M. (1925). Mental and physical traits of a thousand gifted children (Genetic studies of Genius, Vol 1) 2. edition. Stanford, Cal.: Stanford University Press

Tettenborn, A. (1996). Familien mit hochbegabten Kindern. Münster: Waxmann.

Tischner, W., Matzner, M. (Hrsg.) (2008). Handbuch Jungen-Pädagogik. Weinheim: Beltz.

Ullrich, H., Strunck, S. (2008). Begabtenförderung an Gymnasien. Entwicklungen, Befunde, Perspektiven. Wiesbaden: VS Verlag für Sozialwissenschaften.

Urban, K. K. (1981). Zur Geschichte der Hochbegabtenforschung. In: Wieczerkowski, W., Wagner, H. (Hrsg.). Das hochbegabte Kind. Düsseldorf: Schwann. 15–37.

van Ophuysen, S. (2005). Gestaltungsmaßnahmen zum Übergang von der Grundschule zur weiterführenden Schule. In: Höhmann, K., Holtappels, H.G. (Hrsg.). Schulentwicklung und Schulwirksamkeit. Weinheim: Juventa. 141–152.

Virtuelle Schule (Hrsg.) (2008). Übergänge gestalten. Internet-Plattform. http://www.uebergaengegestalten.de, 20.05.2010

Vock, H. (2005). Hoch begabte Kinder im Kindergarten – was brauchen sie? Klein & Groß, 2-3/2005, 7–9.

Vock, M., Preckel, F., Holling, H. (2007). Förderung Hochbegabter in der Schule. Evaluationsbefunde und Wirksamkeit von Maßnahmen. Göttingen: Hogrefe.

Waldmann, M. R. (1996). Kognitionspsychologische Theorien von Begabung und Expertise. In: Weinert, F. E. (Hrsg.). Enzyklopädie der Psychologie. Pädagogische Psychologie, Psychologie des Lernens und der Instruktion. Göttingen, Hogrefe. 445–475.

–, Weinert, F. E. (1990). Intelligenz und Denken – Perspektiven der Hochbegabungsforschung. Göttingen: Hogrefe.

Webb, R. M., Lubinski, D., Benbow, C. P. (2007). Spatial abilitity: a neglected dimension in talent searches for intellectually precocious youth. Journal of Educational Psychology, 99, 397–420.

–, –, – (2002). Mathematically Facile Adolescents with Math-Science Aspirations: New Perspectives on Their Educational and Vocational Development. Journal of Educational Psychology, 94 (4), 785–794.

Weiner, B. (1976). Motivationspsychologie. Stuttgart: Klett-Cotta.

Weinert, F. E. (Hrsg.) (1998). Entwicklung im Kindesalter. Weinheim: Psychologie Verlags Union.

Wittmann, A. J., Holling, H. (2001). Hochbegabtenberatung in der Praxis. Ein Leitfaden für Psychologen, Lehrer und ehrenamtliche Berater. Göttingen, Bern, Toronto, Seattle: Hogrefe.

Ziegler, A. (2008). Hochbegabung. München, Basel: Ernst Reinhardt Verlag.

– (2005). The Actiotope Model of Giftedness. In: Sternberg, R. J., Davidson, J. E. (Hrsg.): Conceptions of Gifteness, 411–436. New York: Cambridge University Press.

–, Grassinger, R., Stöger, H. (2007). Wie lobt man begabte Schüler richtig? Theoretische Hintergründe auf der Basis des Aktiotopmodells und Vorschläge für die Praxis. In: Endres (Hrsg). 77–102.

–, Perleth, Ch. (1997a). Mit welcher Elle messe ich zukünftige Meister: IQ, QI, EQ oder PQ? In: Dunkel, L., Enders, Ch., Hanckel, Ch. (Hg): Schule – Entwicklung – Psychologie Schulentwicklungspsychologie. Kongreßbericht der 12.Bundeskonferenz 1996 in Münster. Bonn: Deutscher Psychologen Verlag. 23–31.

–, – (1997b). Schafft es Sisyphos, den Stein den Berg hinaufzurollen? Eine kritische Bestandsaufnahme der Diagnose- und Fördermöglichkeiten von Begabten in der beruflichen Erstaus- und Weiterbildung vor dem Hintergrund der des Münchner Begabungs-Prozeß-Modells. Psychologie in Erziehung und Unterricht, 44, 152–163.

–, Stöger, H. (2009). Begabungsförderung aus einer systemischen Perspektive. Journal für Begabtenförderung, Heft 2/09, 6–31.

# Testverfahren


| | |
|---|---|
| **AFS** | Wieczerkowski, W., Nickel, H., Janowski, A., Fittkau, B. & Rauer, W. (1981). Angstfragebogen für Schüler. 6. Auflage Göttingen: Hogrefe Testzentrale. |
| **AID 2** | Kubinger, K. D. (2009). Adaptives Intelligenz Diagnostikum 2 (AID 2), 2. Auflage. Göttingen: Hogrefe Testzentrale. |
| **APM** | Raven, J. C. (1998). Advanced Progressive Matrices Deutsche Bearbeitung und Neunormierung von S. Bullheller & H. O. Häcker. Frankfurt: Pearson Assessment. |
| **AVI** | Thiel, R.-D., Keller, G. & Binder, A. (1979). Arbeitsverhaltensinventar. Göttingen: Hogrefe Testzentrale. |
| **AVT** | Rollett, B. & Bartram, M. (1998). Anstrengungsvermeidungstest. 3. Auflage Göttingen: Hogrefe Testzentrale. |
| **BIS** | Jäger, A. O., Süß, H.-M., Beauducel, A. (1997). Berliner Intelligenzstrukturtest. Göttingen: Hogrefe Testzentrale. |
| **BIS-HB** | Jäger, A. O., Holling, H., Preckel, F., Schulze, R., Vock, M., Süß, H.-M., Beauducel, A. (2006). Berliner Intelligenztest für Jugendliche. Begabungs- und Hochbegabungsdiagnostik. Göttingen: Hogrefe Testzentrale. |
| **BIVA** | Schaarschmidt, U., Ricken, G., Kieschke, U., Preuß, U. (2004). Bildbasierter Intelligenztest für das Vorschulalter. Göttingen: Hogrefe Testzentrale. |
| **BOMAT (A)** | Hossiep, R., Turck, D., Hasella, M. (1999). Bochumer Matrizentest – Advanced. Göttingen: Hogrefe Testzentrale. |
| **BOMAT (St)** | Hossiep, R., Hasella, M. (2010). Bochumer Matrizentest – Standard. Göttingen: Hogrefe Testzentrale. |
| **CFT 1** | Cattell, R. B., Weiß, R. H., Osterland, J. (1997). Grundintelligenztest Skala 1. Göttingen: Hogrefe Testzentrale. |
| **CFT 20-R** | Weiß, R. H. (2008). Grundintelligenztest Skala 2 Revision mit Wortschatztest und Zahlenfolgentest- Revision (WS/ZF-R). Göttingen: Hogrefe Testzentrale. |
| **CFT 3** | Cattell, R. B., Weiß, R. H. (1971). Grundintelligenztest Skala 3. Göttingen: Hogrefe Testzentrale. |
| **CPM** | Raven, J. C. (2001). Coloured Progressive Matrices. Deutsche Bearbeitung und Neunormierung von S. Bullheller, H. O. Häcker. Frankfurt: Pearson Assessment. |
| **DAI** | Rost, D. H. & Schermer, F. J. (1997). Differentielles Leistungsangst Inventar. Frankfurt: Pearson Assessment. |
| **DISK** | Rost, D.H., Sparfeldt, J. R. & Schilling, S. R. (2007). Differentielles Schulisches Selbstkonzept-Gitter (DISK-Gitter mit SKSLF-8). Göttingen: Hogrefe Testzentrale. |

| | |
|---|---|
| **FEEL-KJ** | Grob, A. & Smolenski, C. (2009). Fragebogen zur Erhebung der Emotionsregulation bei Kindern und Jugendlichen. 2. Auflage Göttingen: Hogrefe Testzentrale. |
| **FEESS 1-2** | Rauer, W. & Schuck, K.-D. (2004). Fragebogen zur Erfassung emotionaler und sozialer Schulerfahrungen von Grundschulkindern erster und zweiter Klassen. Göttingen: Hogrefe Testzentrale. |
| **FEESS 3-4** | Rauer, W. & Schuck, K.-D. (2003). Fragebogen zur Erfassung emotionaler und sozialer Schulerfahrungen von Grundschulkindern dritter und vierter Klassen. Göttingen: Hogrefe Testzentrale. |
| **FLM 4-6** | Petermann, F. & Winkel, S. (2007): Fragebogen Leistungsmotivation für Schüler der 4. bis 6. Klasse. Frankfurt: Pearson Assessment. |
| **FLM 7-13** | Petermann, F. & Winkel, S. (2007). Fragebogen Leistungsmotivation für Schüler der 7. bis 13. Klasse. Frankfurt: Pearson Assessment. |
| **FRT-J** | Daniels, J., Booth, J. (2004): Figure Reasoning Test für Kinder und Jugendliche. Frankfurt: Pearson Assessment. |
| **HAWIK IV** | Petermann, F., Petermann, U. (2010). Hamburg-Wechsler-Intelligenztest für Kinder-IV. Göttingen: Hogrefe Testzentrale. |
| **HAWIVA-III** | Ricken, G., Fritz, A., Schuck, K. D., Preuß, U. (2007). Hannnover-Wechsler-Intelligenztest für das Vorschulalter – III. Bern: Huber. |
| **IST 2000-R** | Liepmann, D., Beauducel, A., Brocke, B., Amthauer, R. (2007). Intelligenz-Struktur-Test 2000-R. 2. Aufl. Göttingen: Hogrefe Testzentrale. |
| **KFT 1-3** | Heller, K. A., Geisler, H. J. (1983). Kognitiver Fähigkeitstest für 1. bis 3. Klassen. Göttingen: Hogrefe Testzentrale. |
| **KFT 4-12+R** | Heller, K. A., Perleth, Ch. (2000). Kognitiver Fähigkeitstest für 4. bis 12. Klassen, Revision. Göttingen: Hogrefe Testzentrale. |
| **KFT-K** | Heller, K. A., Geisler, H. J. (1983). Kognitiver Fähigkeitstest – Kindergartenform. Göttingen: Hogrefe Testzentrale. |
| **LAVI** | Keller, G. & Thiel, R.-D. (1998). Lern- und Arbeitsverhaltensinventar. Göttingen: Hogrefe Testzentrale. |
| **MHBT-P** | Heller, K. A., Perleth, Ch. (2007). Münchner Hochbegabungstestbatterie für die Primarstufe. Göttingen: Hogrefe Testzentrale. |
| **MHBT-S** | Heller, K. A., Perleth, Ch. (2007). Münchner Hochbegabungstestbatterie für die Sekundarstufe. Göttingen: Hogrefe Testzentrale. |
| **PSB-R 4-6** | Lukesch, H., Kormann, A., Mayrhofer, S. (2002). Prüfsystem für Schul- und Bildungsberatung für 4.–6. Klassen – revidierte Fassung. Göttingen: Hogrefe Testzentrale. |
| **PSB-R 6-13** | Lukesch, H., Mayrhofer, S., Mayrhofer. A (2003). Prüfsystem für Schul- und Bildungsberatung für 6.–13. Klassen – revidierte Fassung. Göttingen: Hogrefe Testzentrale. |
| **SELLMO** | Spinath, B., Stiensmeier-Pelster, J., Schöne, C. & Dickhäuser, O. (2002). Skalen zur Erfassung der Lern- und Leistungsmotivation. Göttingen: Hogrefe Testzentrale. |

**SESSKO** Schöne, C., Dickhäuser, O., Spinath, B. & Stiensmeier-Pelster, J. (2002). Skalen zur Erfassung des schulischen Selbstkonzepts. Göttingen: Hogrefe Testzentrale.

**SON-R 2½-7** Tellegen, P.J. & Laros, J.A. (2007): Non-verbaler Intelligenztest (SON-R 2 ½ -7). Göttingen: Hogrefe Testzentrale.

**SON-R 5½-17** Tellegen, P.J. & Laros, J.A. (2005). Non-verbaler Intelligenztest (SON-R 5 ½ -17). Göttingen: Hogrefe Testzentrale.

**SPM** Raven, J.C. (1998). Standard Progressive Matrices und Standard Progressive Matrices plus. Deutsche Bearbeitung und Neunormierung von S. Bullheller, H.O. Häcker. Frankfurt: Pearson Assessment.

**WIT-2** Kersting, M., Althoff, K, Jäger, A.O. (2008). Wilde-Intelligenztest-2. Göttingen: Hogrefe Testzentrale.

**WPPSI III** Petermann, F. unter Mitarbeit von Lipsius, M. (2009). Wechsler Preschool and Primary Scale of Intelligence-III. Deutsche Version. Frankfurt: Pearson Assessment.

**ZVT** Oswald, W.D., Roth, E. (1987). Der Zahlen-Verbindungs-Test. Göttingen: Hogrefe Testzentrale.

# Kontakt und Information

In Deutschland gibt es eine ganze Reihe von Vereinigungen und Institutionen, die sich in unterschiedlicher Weise auf die Diagnostik, Beratung und Förderung begabter Kinder und deren Familien sowie auf Forschung in diesen Bereichen spezialisiert haben. Viele Bundesländer haben inzwischen Internetportale zur Begabtenförderung oder zur individuellen Förderung mit vielen Informationen und weiterführenden Links eingerichtet.

Eine Übersicht über Initiativen und Einrichtungen der Begabtenförderung gibt die Broschüre „Begabte Kinder finden und fördern" des Bundesministeriums für Bildung und Forschung (2009). Enthalten ist darin auch eine ausführliche Übersicht über Schüler- und Jugendwettbewerbe. Die Broschüre ist kostenlos erhältlich:

Bundesministerium für Bildung und Forschung
Postfach 30 02 35, 53182 Bonn
Telefon (01805) 262-302
Telefax (01805) 262-303
E-mail books@bmbf.bund.de.

Darüber hinaus gibt es in Deutschland ein relativ dichtes Netz von Erziehungsberatungsstellen und schulpsychologischen Dienststellen. Diese sind in erster Linie auf Verhaltensstörungen, Leistungsschwächen und Erziehungsprobleme spezialisiert. Einige von ihnen haben allerdings durch Fortbildung oder Modellprojekte Erfahrungen mit dem Thema Hochbegabung und Begabtenförderung. Ratsuchende sollten ggf. nachfragen, ob es MitarbeiterInnen gibt, die mit dem Thema vertraut sind.
Wir beschränken uns an dieser Stelle auf einige überregional tätige Einrichtungen, auf die Internetseiten und Ansprechpartner sowie ggf. eigene Beratungsstellen in den Kultusministerien der Bundesländer.

**Überregional**

Bildung und Begabung e. V.
Wissenschaftszentrum, Ahrstraße 45,
53175 Bonn
Telefon (0228) 959-150
Fax (0228) 959-1519
E-mail info@bildung-und-begabung.de
Internet http://www.bildung-und-begabung.de
*Der Verein bietet nicht nur umfassende Information zu allen Fragen der Begabtenförderung, sondern veranstaltet u. a. die Deutsche SchülerAkademie in Form von Sommerprogrammen für besonders befähigte und motivierte Schülerinnen und Schüler. Er führt außerdem die deutsche Geschäftsstelle des European Council for High Ability (ECHA).*

Karg-Stiftung für Hochbegabtenförderung
Lyoner Straße 15, Im Atricom,
60528 Frankfurt
Telefon (069) 66 56 2-114
Fax (069) 66 56 2-119
E-mail dialog@karg-stiftung.de
Internet http://www.karg-stiftung.de
*Die Karg-Stiftung fördert zahlreiche Projekte der Begabtenförderung und ge-*

*währt Einrichtungen, die Hochbegabte fördern, finanzielle Zuschüsse. Weiter initiiert sie den Aufbau von regionalen und länderübergreifenden Netzwerken pädagogischer Einrichtungen und anderer Initiativen und unterstützt Angebote zur Fortbildung und Qualifizierung.*

Internationales Centrum für Begabungsforschung – ICBF – der Universitäten Münster und Nijmegen.
Georgskommende 33, 48143 Münster
Telefon (0251) 832-4230
Fax (0251) 832-8461
E-mail icbf@uni-muenster.de
http://www.icbf.de
*Das ICBF bietet neben anderen Aktivitäten in Zusammenarbeit mit ECHA eine postgraduierte Fortbildung an, die zur Erlangung des „European Advanced Diploma in Educating the Gifted" führt.*

AnsprechpartnerInnen in den Kultusministerien bzw. Senatsverwaltungen der Bundesländer (Stand: Mai 2010)

**Baden-Württemberg**
Ministerium für Kultus, Jugend und Sport
Schlossplatz 4 (Neues Schloss), 70173 Stuttgart
Internetportal zur Begabtenförderung:
http://www.begabtenfoerderung-bw.de
Ansprechpartnerin:
StD Gernot Tauchmann
Telefon (0711) 279-2583
Fax (0711) 279-2947
E-mail
Gernot.Tauchmann@km.kv.bwl.de

**Bayern**
Bayerisches Staatsministerium für Unterricht und Kultus
Salvatorstraße 2, 80333 München
Internetportal zur Begabtenförderung:
http://www.km.bayern.de/km/aufgaben/begabtenfoerderung/
Ansprechpartnerin für Begabtenförderung:
Kerstin Bold
Telefon (089) 2186–2548
E-Mail kerstin.bold@stmuk.bayern.de

**Berlin**
Senatsverwaltung für Bildung, Jugend und Sport
Beuthstr. 6–8, 10117 Berlin
Internetportal zur Begabtenförderung:
http://www.berlin.de/sen/bildung/foerderung/begabungsfoerderung/

**Brandenburg**
Ministerium für Bildung, Jugend und Sport
Heinrich-Mann-Allee 107, 14478 Potsdam
Internet http://bildungsserver.berlin-brandenburg.de/2666.html
Ansprechpartnerin:
Dr. Christiane Standke
Referentin für Schülerwettbewerbe und Begabtenförderung
Telefon (0331) 866-3835
Fax (0331) 866-3807
E-mail Christiane.Standke@mbjs.brandenburg.de

**Bremen**
Senatorin für Bildung und Wissenschaft
Rembertiring 8–12, 28195 Bremen
Internetportal zur Begabtenförderung:
http://www.bildung.bremen.de/sixcms/detail.php?gsid=bremen117.c.22942.de
Ansprechpartnerin:
Gabriele Langel-Carossa
Telefon (0421) 361-6476
Fax (0421) 496-6476
E-mail gabriele.langel-carossa@bildung.bremen.de

**Hamburg**
Landesinstitut für Lehrerbildung und Schulentwicklung
Beratungsstelle besondere Begabungen (BbB)
Beltgens Garten 25, 20537 Hamburg
Ansprechpartner: Jan Kwietniewski
Telefon (040) 42 88 42 2-206
Fax (040) 42 88 42 2-218
E-mail bbb@li-hamburg.de
Internet http://www.li-hamburg.de/abt.liq/bbb/index.html

**Hessen**
Hessisches Kultusministerium – Referat I.4
Luisenplatz 10, 65185 Wiesbaden
Internetportal zur Begabtenförderung: http://dms-schule.bildung.hessen.de/allgemeines/begabung/
Ansprechpartner:
MinRat Walter Diehl M.A.
Telefon (0611) 368-27 08 / -2518 / -2223
Fax (0611) 327152708
E-mail Walter.Diehl@hkm.hessen.de

**Mecklenburg-Vorpommern**
Ministerium für Bildung, Wissenschaft und Kultur
Werderstraße 124, 19055 Schwerin
Ansprechpartnerin:
Maren Skroblien
Telefon (0385) 588-7515
Fax (0385) 588-7082
E-mail m.skroblien@bm.mv-regierung.de

**Niedersachsen**
Niedersächsisches Kultusministerium
Referat 26 – Begabungsförderung und Angebote zur individuellen Lernentwicklung
Hedwigstraße 19, 30159 Hannover
Ansprechpartnerinnen:
Margret Stobbe (Referentin)
Telefon (0511)1207-7318
E-mail margret.stobbe@mk.niedersachsen.de
Christine Nüsken (Sachbearbeiterin)
Telefon 0511) 1207-258
Fax (0511) 1207-7459
E-mail christine.nuesken@mk.niedersachsen.de

**Nordrhein-Westfalen**
Ministerium für Schule und Weiterbildung
Völklinger Straße 49, 40221 Düsseldorf
Internet http://www.schulministerium.nrw.de/BP/Lehrer/Gleichstellung/Begabtenfoerderung/index.html
Regionale Ansprechpartner
Chancen NRW – Portal zur individuellen Förderung
http://www.chancen-nrw.de/test/cms/front_content.php

**Rheinland-Pfalz**
Ministerium für Bildung, Wissenschaft, Jugend und Kultur
Mittlere Bleiche 61, 55116 Mainz
Internetportal zur Begabtenförderung: http://foerderung.bildung-rp.de/begabtenfoerderung.html
Ansprechpartner:
Michael Emrich
Telefon (06131) 16 29 04
Fax (06131) 16 17 29 04
E-mail Michael.Emrich@mbwjk.rlp.de
für den Grundschulbereich:
Hans-Josef Dormann
Telefon (06131) 16 45 51
Fax (06131) 16 17 45 51
E-mail Hans-Josef.Dormann@mbwjk.rlp.de

**Saarland**
Ministerium für Bildung
Internetportal zur Begabtenförderung: http://www.saarland.de/4524.htm
IQ XXL Beratungsstelle Hochbegabung
Wallerfanger Straße 25, 66763 Dillingen
AnsprechpartnerInnen:
Herbert Jacob, Sandra Behrend
Telefon (06831) 7 69 83-0

Fax (06831) 7 69 83-22
E-mail info@iq-xxl.de
Internet http://www.iq-xxl.de

**Sachsen**
Sächsisches Staatsministerium für Kultus
Carolaplatz 1, 01097 Dresden
Internetportal zur Begabtenförderung: http://www.sachsen-macht-schule.de/schule/216.htm
Ansprechpartner für Gymnasien:
Dr. Matthias Korn
Telefon (0351) 56 42 848
E-Mail matthias.korn@smk.sachsen.de

Beratungsstelle zur Begabtenförderung (BzB)
Siebeneichener Schloßberg 2,
01662 Meißen
Ansprechpartnerinnen: Dr. Heike Petereit, Kathrin Jäger,
Dr. Brit Reimann-Bernhardt
Telefon (03521) 412756 / 412725 / 412755
Fax (0351) 564-2703
E-Mail Kathrin.Jaeger@smk.sachsen.de

**Sachsen-Anhalt**
Kultusministerium des Landes Sachsen-Anhalt
Turmschanzenstraße 32,
39114 Magdeburg
Internetportal zur Begabtenförderung: http://www.sachsen-anhalt.de/LPSA/index.php?id=7292
Ansprechpartner/in:
E-mail referat23@mk.sachsen-anhalt.de

Landesweite Koordinierungs- und Beratungsstelle für Hochbegabtenförderung
Landesinstitut für Schulqualität und Lehrerbildung Sachsen-Anhalt (LISA)
Ansprechpartnerin:
Annett Vonau
Riebeckplatz 9, 06110 Halle (Saale)
Telefon (0345) 2042 188
Fax (0345) 2042 260
E-Mail annett.vonau@lisa.mk.sachsen-anhalt.de
http://www.lisa.bildung-lsa.de/208.html

**Schleswig-Holstein**
Ministerium für Bildung und Kultur des Landes Schleswig-Holstein
Brunswiker Straße 16–22, 24105 Kiel
Internet: http://www.schleswig-holstein.de/Bildung/DE/Schwerpunkte/Begabtenfoerderung/begabtenfoerderung_node.html
AnsprechpartnerInnen
Andrea Schönberg
Tel. (0431) 988-2503
E-Mail andrea.schoenberg@mbk.landsh.de
Jochen Frese
Tel (0431) 988-2409
Fax (0431) 988-2318

**Thüringen**
Thüringer Kultusministerium,
Referat 23
Internetportal zur Begabtenförderung: http://www.thillm.th.schule.de/pages/thillm/projekte/begab/index.html

**Österreich**
*Die offizielle Infrastruktur der österreichischen Begabungs- und Begabtenförderung ist in in drei Instanzen gegliedert:*

- *das Bildungsministerium,*
- *das Österreichische Zentrum für Begabungs- und Begabtenförderung (ÖZBF)*
- *sowie die Bundesländer-Koordinationsstellen.*

Ansprechpartner für Fragen der Bildungsplanung, Schulentwicklung und Qualitätssicherung im Bildungsministerium:
Dr. Alfred Fischl
Bundesministerium für Bildung, Wissenschaft und Kultur

Minoritenplatz 5, A-1014 Wien
Telefon +43 (01) 531 20-4793
Fax +43 (01) 531 20-81 4793
E-Mail alfredfischl@bmbwk.gv.at

Ansprechpartner für österreichweite Beratung und Betreuuung, Diagnostik, Fortbildung und Evaluation:
Österreichisches Zentrum für Begabtenförderung und Begabungsforschung
Geschäftsführung: Dr. Waltraud Rosner
Schillerstr. 30 Techno 12, A-5020 Salzburg
Telefon +43 (0) 662-43 95 81
Fax +43 (0) 662-43 95 81 310
E-mail info@begabtenzentrum.at
Internet http://www.begabtenzentrum.at

Ansprechpartner auf regionaler Ebene siehe unter http://www.bmbwk.gv.at/schulen/unterricht/ba/ansprechpartner.xml

**Schweiz**

*Im Netzwerk Begabungsförderung sind all jene Personen zusammengeschlossen, die sich beruflich oder als Eltern mit der Thematik Begabungsförderung auseinandersetzen. Das Netzwerk ist eine Dienstleistung der Schweizerischen Koordinationsstelle für Bildungsforschung in Aarau.*

Schweizerische Koordinationsstelle für Bildungsforschung
Netzwerk Begabungsförderung
Entfelderstr. 61, 5000 Aarau
Telefon +44 (0) 62 835 23 90
Fax +44 (0) 62 835 23 90
E-Mail skbf.csre@email.ch
Internet http://www.begabungsfoerderung.ch

# Sachregister